PEN Research 2022
Innovation & ESG

# 공공기관의 혁신 & ESG

최대식 곽채기 정한규 박대영 김정훈
이명환 문두철 오민영 문태곤 추형석
문강분 최영종 허 웅 박형근 신창림
& 공공기관 [공저]

## 공공기관의 혁신 & ESG

2022년 10월 20일 인쇄
2022년 10월 28일 발행

지은이 | 최대식 외
펴낸곳 | 레인보우북스
주　소 | 서울특별시 관악구 신림로 75 레인보우 B/D
전　화 | 02-2032-8875
팩　스 | 02-871-0935
이메일 | min8728151@rainbowbook.co.kr

값　36,000원
ISBN　978-89-6206-521-3 (13320)

* 본서의 무단복제를 금하며, 잘못된 책은 구입한 곳에서 교환해 드립니다.

## 글머리에

코로나19로 인한 마스크 착용이 일상이 되어 버린 시기이다. 사회적 거리두기가 해제되어 국민의 일상이 서서히 회복되고 있다. 그러나 세계는 경기침체터널로 빠르게 진입하고 있다. 러시아와 우크라이나 전쟁 장기화로 인한 식량과 에너지난이 심화되고, 연속적인 빅스텝 금리인상으로 인해 금융환경이 빠르게 악화되고 있다. 또한 DNA로 상징되는 4차 산업혁명 기술이 산업의 지형을 근본적으로 바꾸고 있으며, 이에 따른 소득 불균형도 가속화되고 있다. 기후위기로 인한 생태계의 붕괴로 지속가능한 성장도 쉽지 않은 상황이다.

이러한 격변기에 새로운 정부가 들어섰다. 정부는 공공기관에 혁신을 통한 질 높은 대국민 서비스 제공을 주문하고 있다. 이러한 주문은 최근 공공기관의 비대화, 생산성 저하 및 방만경영에 대한 국민적 우려에서 비롯된 것으로 보인다. 공공기관 스스로 재무건전성을 확보하고자 노력하고 공공기관의 체질을 개선하기 위한 노력을 기울일 때 이러한 우려는 해소될 수 있을 것이다. 이러한 정부와 공공기관의 노력이 성공하기 위해서는 국민의 눈높이에서 이해관계자 사이의 공감을 토대로 이루어져야 한다. 그렇지 않으면 갈등으로 인한 사회적 비용만 커질 뿐이다. 그러나 아쉽게도 우리 사회의 신뢰 수준은 다른 OECD 국가들에 비해 낮은 편으로, 사회 구성원 사이의 신뢰를 회복하는 것이 급선무이다. 이를 위해서는 사회의 투명성을 제고하고 이해관계자에 대한 고려가 무엇보다 필요하다. 신뢰를 바탕으로 사회적 문제를 해결하려는 사회 구성원의 공동체적 노력과 실천이 요구된다.

이 책은 이러한 시기에 공공기관이 당면한 현안 이슈와 앞으로 나야가야 할 방향에 대해 PEN 연구진의 고민과 ESG, 직무중심 보수체계 등 공공기관의 우수사례를 담았다. 제1부는 「공공기관의 이슈와 과제」라는 주제로 공공기관에서 현재 이슈가 되고 있는 사안에 대해 PEN 연구진의 성과를 담았다.

Chapter 1. "공공기관의 '재무예산 운영·성과' 지표 개편방안"에서는 2022년 경영평가편람의 '재무예산 운영·성과' 지표에 대한 형성적 메타평가를 통해 현행 평가지표의 문제점을 분석하고, 재무건전성 확보 관련 정책수요를 분석하여 현재의 평가지표가 이러한 정책수요에 효과적으로 대응할 수 있는가를 분석하였다. 이를 토대로 맞춤형 '재무예산 운영·성과' 지표 개편방안을 제시하였다.

Chapter 2. "공공기관 혁신에 대한 이해와 정책 제언: 인력운영의 효율화, 직무중심 보수체계 개편 및 합리적인 복리후생제도 운영을 중심으로"에서는 최근 6년간의 공공기관 인력운영 현황분석, 중기 인력운영계획의 적정성 검토 및 효율적 인력운영을 위한 정책제언을 담았다. 또한 2022년 직무급 점검 결과를 분석하여 향후 직무중심 보수체계 전환을 위한 방향을 모색하고, 국민 눈높이를 고려한 지속가능한 복리후생제도 운영을 위한 정부와 공공기관의 역할과 책임에 대해 살펴보았다.

Chapter 3. "ESG 이해와 ESG경영"에서는 ESG의 개념 및 세부요소에 대한 이해, ESG 프레임워크, ESG경영 관련 최근 해외 및 정부 정책 동향을 자세하게 소개함으로써 공공기관이 ESG경영을 이해하고 적용하는 데 도움이 되는 내용을 담았다.

Chapter 4. "IFRS ESG 공시기준의 이해"에서는 ESG경영의 중요성이 강조되고 이에 따른 기업의 ESG 관련 활동 및 정보를 제공하기 위한 국제표준 공시기준의 필요성이 제기되는 상항에서 국제지속가능성기준위원회(International Sustainability Standards Board)의 공시 공개초안의 특성을 살펴보고 쟁점사항에 대한 논의를 담았다.

Chapter 5. "직장 내 괴롭힘 예방 전략: HWI 진단 사례를 중심으로"에서는 공공기관의 직장 내 괴롭힘 실태조사를 통한 괴롭힘 예방전략 수립사례를 소개하고, 진단모형 소개 및 직장 내 괴롭힘 예방을 위한 개선과제를 제시하였다.

Chapter 6. "정년퇴직 근로자의 재고용기대권 등에 관한 고찰"에서는 정년퇴직 후 기간제 근로자로 재고용되지 못하고 근로계약이 종료되거나, 기간제 근로자로 재고용되었다가 근로계약이 갱신되지 못하고 근로계약이 종료되는 사례에서 제기될 수 있는 재고용기대권 혹은 갱신기대권 문제를 심도있게 다루었다.

Chapter 7. "공익법인 기타공공기관의 공익법인회계기준 적용 실태 연구"에서는 기타공공기관이 적용하고 있는 회계기준 실태조사를 통해 기타공공기관의 공익법인회계기준 적용에 있어 문제점을 파악하고 이를 해결하기 위한 방안을 제시하였다.

제2부는 「공공기관의 혁신 노력과 성과」라는 내용으로 공공기관의 ESG경영 실천사례를 중심으로, 직무중심 보수체계 전환 사례 등 7개 공공기관의 우수사례를 실었다.

Chapter 8. "ESG경영으로 친환경 에너지 산업을 선도하는 한국남동발전"에서는 환경을 생각하는 넥스트 에너지, 사회가치를 높이는 넥스트 에너지, 지배구조를 개선하는 넥스트 에너지 등 분야별 한국남동발전의 ESG 사례를 담았다.

Chapter 9. "캠코, 국민과 함께 ESG의 새로운 미래를 열다"에서는 도시 저탄소화를 위한 친환경 공공건축 확대, 2040 RE100, 2030 EV100 실현으로 탄소중립 가속화, 캠코형 ESG 가이드라인 고도화 등 한국자산관리공사의 ESG경영 내용을 소개하였다.

Chapter 10. "한국도로공사, ESG경영의 길로 세상을 넓혀가다"에서는 우리강산 푸르게 푸르게 '탄소중립 숲', 안성휴게소 공공병원, 중소기업 성장파트너 '기술마켓', 도공형 부패영향평가제도 등 한국도로공사의 ESG 사례를 담았다.

Chapter 11. "한국동서발전, ESG경영으로 에너지 현안 해결 '총력'"에서는 이익공유형 신재생에너지 사업, 중소기업의 에너지 효율화 지원, 선도적인 탄소경영정보 공개(CDP) 등 한국동서발전의 ESG 사례를 소개하였다.

Chapter 12. "K-water, 지속가능한 사회를 위한 ESG경영과의 공진화 노력"에서는 온실가스인지예산제, ESG형 댐 오염원 저감모델 개발, 2050 탄소중립 로드맵 수립, '에코마켓'을 통한 지역상생 등 한국수자원공사의 ESG 사례를 담았다.

Chapter 13. "데이터 기반 LX ESG경영 실현"에서는 친환경 경계점표지 제작, 창업기업 육성공간인 LX공간드림센터 운영, ESG경영에서 메타버스의 활용 등 한국국토정보공사의 데이터 기반 ESG경영 사례를 소개하였다.

Chapter 14. "K-sure, 노사 합심으로 전직원 대상 직무급제를 완성하다."에서는 한국무역보험공사 이해당사자 사이의 신뢰와 참여를 기반으로 공공기관 최고 수준의 직무중심 보수체계 전환을 위한 노력과 성과를 담았다.

공공부문 전문가 네트워크(PEN: Public Expert Network)의 연구 성과를 정기적으로 출간할 수 있음에 PEN 연구진과 공공기관 관계자 여러분께 이 자리를 통해 진심으로 감사의 인사를 올린다. 또한 어려운 경영환경임에도 불구하고 출간작업을 묵묵히 수행해주신 민선홍 사장님을 비롯한 레인보우북스 가족들께도 감사를 드린다. 아울러 PEN 회원들의 아낌없는 격려와 PEN 사무국의 김선영 연구원의 노고에도 감사의 말씀을 전한다.

2022년 10월

저자들을 대표하여

최 대 식

# 공공기관의 혁신 & ESG

## Part 01

**Chapter 01**
공공기관의 '재무예산 운영·성과' 지표 개편방안           13

**Chapter 02**
공공기관 혁신에 대한 이해와 정책 제언           83

**Chapter 03**
ESG 이해와 ESG경영           103

**Chapter 04**
IFRS ESG 공시기준의 이해           145

**Chapter 05**
직장 내 괴롭힘 예방 전략           169

**Chapter 06**
정년퇴직 근로자의 재고용기대권 등에 관한 고찰           189

**Chapter 07**
공익법인 기타공공기관의 공익법인회계기준 적용 실태 연구           205

# Part 02

Chapter 08
ESG경영으로 친환경 에너지 산업을 선도하는 한국남동발전     239

Chapter 09
캠코, 국민과 함께 ESG의 새로운 미래를 열다     257

Chapter 10
한국도로공사, ESG경영의 길로 세상을 넓혀가다     283

Chapter 11
한국동서발전, ESG경영으로 에너지 현안 해결 '총력'     307

Chapter 12
K-water, 지속가능한 사회를 위한 ESG경영과의 공진화 노력     321

Chapter 13
데이터 기반 LX ESG경영 실현     343

Chapter 14
K-sure, 노사 합심으로 전직원 대상 직무급제를 완성하다.     365

PEN Research 2022 Innovation & ESG

Part **01**

# Chapter 01 공공기관의 '재무예산 운영·성과' 지표 개편방안

Part 01

곽채기(동국대학교 교수)

## Ⅰ. 서론

1984년 정부투자기관 경영평가제도로 처음 도입된 공공기관 경영평가제도가 제도 시행 40주년을 목전에 두고 있다. 지난 40년 동안 경영평가제도가 공공기관 성과관리 도구로서 생명력을 유지하고 있는 원동력은 유연성과 개방성을 바탕으로 지속적으로 제도적 진화를 도모해 온 데서 찾을 수 있다.

현재 운영되고 있는 공공기관 경영평가제도도 새로운 도전에 직면해 있다. 이러한 도전에 대응하기 위해 2021년 기획재정부는 경영평가제도개선T/F를 통해 「공공기관 경영평가제도 개편 방안(2021.8.31.)」을 수립하였고, 이를 단계적으로 이행하고 있다. 기획재정부가 당시 제시한 4대 개편방안은 "상시적·전문적 평가관리시스템 구축, 평가의 실효성 강화, 국민체감형+기관맞춤형 평가체계 도입, 평가추진 조직·인력 체계적 정비"로 구성되어 있다.

이러한 4대 개편방안에 포함된 많은 정책과제들이 2021년 경영평가편람 수정 및 2022년 경영평가편람 작성 과정을 통해 이행되었다. 그러나 아직도 완전하게 해결되지 못하여 지속적으로 개선해야 할 정책과제들도 남아 있다. 이중에 하나가 기관맞춤형 평가체계 도입 과제이다. 기관 맞춤형 평가체계 도입 과제에는 기관유형 재분류, 기관별 맞춤형 평가지표 개발과 함께 유사·중복지표 정비·간소화 등이 포함되어 있다. 기관별 맞춤형 평가지표체계 구축과 평가지표체계의 간소화는 말콤볼드리지(MB) 모델에 따라 표준화된 평가지표체계를 구축하였던 2008~2010년 경영평가편람을 해체하고 새로운 평가지표체계를 구축한 2011년 경영평가편람 이후 지속적으로 추구해왔던 정책과제이다.

기관별 맞춤형 평가지표 설계를 위한 가장 기본적인 방안은 평가대상 공공기관을 업종, 업무특성, 기관 규모, 기관 발전단계 등을 종합적으로 고려하여 동질적인 특성과 평가목적을 공유하고 있는 그룹별로 세분화하여 평가유형별 맞춤형 평가지표를 설계하는 것이다. 2022년 경영평가편람 작성과정에서 이미 공기업은 "SOC, 에너지, 산업진흥·서비스"의 세 개 평가유형으로 세분화되었고, 준정부기관은 "기금관리형, 위탁집행형(SOC·안전, 산업진흥, 국민복리증진), 중소형(중형, 소형)"으로 더욱 세분화되었다. 이처럼 평가유형 재분류 및 세분화에 있어서는 큰 진전이 있었다. 그러나 평가유형 재분류 결과와 연계하여 기관별 맞춤형 평가지표를 설계하는 과제는 여전히 추가적인 개선 노력이 필요한 상황이다.

이에 본고에서는 평가지표체계의 간소화를 포함한 기관별 맞춤형 평가지표체계 설계 방안을 다루어보고자 한다. 그런데 경영평가지표체계를 표준화할 것인가, 아니면 맞춤형지표로 설계할 것인가의 문제는 오랜 기간 동안 작용과 반작용이 되풀이되는 순환적 과제로 인식되어 왔다. 그 이유는 <표 1>을 통해 확인할 수 있는 바와 같이 표준화된 평가지표체계와 맞춤형 평가지표체계는 지향하는 목표와 지표설계방법, 장단점이 뚜렷하게 대비되고 있기 때문이다. 공공기관에 새로운 경영관리시스템 구축 등을 통해 경영관리 수준 및 역량을 제고하는 데 역점을 두는 시기에는 표준화된 지표체계를 구축하는 것이 유리하다. 그러나 공공기관별로 고유한 설립목적사업 수행을 통해 국민들에게 전달하는 공공서비스의 질적 수준을 제고하는 것이 중요해지는 한편, 각 평가유형 및 기관별로 해결해야 할 현안과제들이 차별적으로 존재하는 상황에서는 맞춤형 평가지표체계를 지향하는 것이 더 타당하다. 다만, 경영평가제도가 수행해야 할 본원적인 역할과 기능을 감안할 때 맞춤형 평가지표체계 구축에 경도될 경우 오히려 목표대치 현상을 초래할 위험성도 없지 않다. 따라서 이 양자 간에 조화와 균형을 확보하는 것이 더 중요한 정책과제라고 할 수 있다.

<표 1> 표준화된 평가지표체계 대 맞춤형 평가지표체계의 특성 비교

| 구 분 | 표준화된 평가지표체계 | 맞춤형 평가지표체계 |
|---|---|---|
| 기본 원리 | -모든 평가대상기관에 동일한 평가목적과 평가기준을 동시에 적용<br>-평가기준의 보편성과 일관성을 확보할 수 있는 평가지표 설계 | -평가목적은 공유하되, 평가기준을 평가유형 또는 기관별로 차별화<br>-평가유형 및 기관별 특성을 반영한 평가지표 설계 |
| 지표 설계 방법 | -평가지표, 평가내용, 평가방법, 가중치 등을 표준화<br>-모든 평가대상기관에 동일하게 적용되는 공통지표<br>-하향적(top-down 방식) 지표설계 | -평가지표, 평가내용, 평가방법, 가중치 등을 평가유형별 또는 기관별로 차별화<br>-평가유형별 또는 기관별로 선택적으로 적용되는 평가지표<br>-상향적(bottom-up 방식) 지표설계 |
| 장점 | -평가대상 기관 간 비교평가 등 평가의 객관성 확보 가능<br>-평가결과의 비교가능성 확보 및 기관 상호간 경쟁 확보 및 벤치마킹에 유리<br>-수평적 형평성 확보에 유리 | -평가유형별, 기관별 특성을 효과적으로 반영하여 평가의 적실성 확보 가능<br>-구조적으로 불리한 경영여건 통제 등절대평가에 적합하고, 평가수용성 제고<br>-수직적 형평성 확보에 유리 |
| 단점 | -기관 간 비교를 통한 상대평가 초래<br>-구조적 요인으로 인한 평가결과의 유·불리 통제 곤란<br>-평가결과의 수용성 확보 제약 | -평가기준의 일관성 결여로 인해 평가의 객관성 확보 곤란<br>-평가방법의 표준화 제약<br>-평가결과의 비교가능성 확보 곤란 |

현재 공공기관 경영평가제도가 안고 있는 가장 큰 문제점은 획일적으로 표준화된 경영평가지표와 평가방법이 다수의 공공기관에 동시에 적용됨에 따라 기관별 특성과 차별적인 경영여건을 체계적으로 반영하지 못하고 있다는 것이다. 이러한 상황에서 경영평가지표체계의 표준화는 <표 1>을 통해 확인할 수 있는 바와 같이 경영평가의 적실성과 타당성 확보 및 평가의 공정성 측면에서 큰 약점을 노정하게 된다. 경영평가 과정에서 작동하는 공공기관 상호간의 경쟁압력에 대한 순응 확보 및 평가결과에 대한 기관의 수용성을 제고하기 위해서는 기관 특성에 부합하는 차별화된 맞춤형 평가지표체계를 설계하여 평가의 공정성과 형평성을 확보하는 것이 선행되어야 한다. 따라서 앞으로 공공기관 경영평가지표체계를 개편함에 있어서는 평가지표, 가중치 배분, 평가방법 적용 등을 표준화하는 것보다는 평가유형별·기관별 차별화를 통해 기관별 특성과 실질적인 경영성과를 비례적으로 측정할 수 있는 평가지표체계를 설계하는 데 우선순위를 둘 필요가 있다. 이를 위해서는 평가유형별로 평가지표 구성과 평가지표별 가중치 배분, 평가기준 설정 등의 측면에서 차별화를 확대하고, 기관특성을 고려

한 맞춤형 평가지표체계를 설계하기 위한 노력을 적극적으로 전개할 필요가 있다. 맞춤형 평가지표체계를 강화하는 방안은 경영평가의 적실성, 공정성, 신뢰성, 유용성을 확보하는 데 있어서 필수적 요건이다. 또한 경영평가제도가 공공기관 경영성과를 제고하고 경영자율성을 보장하는 데 기여하기 위해 갖추어야 할 요건이기도 하다.

그런데 주요사업범주 평가지표는 각 기관별 설립목적사업을 대상으로 한 기관별 고유지표의 성격이 강한 반면, 경영관리범주 경영평가지표는 여전히 표준화된 공통지표의 틀을 벗어나지 못하고 있다. 따라서 평가유형별·기관별 맞춤형 평가지표 설계를 위한 핵심 대상은 일종의 표준화된 공통지표의 성격이 강한 경영관리범주 경영평가지표를 개편하는 작업이라고 할 수 있다.

경영관리범주 경영평가지표를 대상으로 평가유형별·기관별 맞춤형 평가지표체계를 구축하기 위해서는 우선 평가지표 설계의 준거가 되는 평가유형 분류체계를 개선하고, 경영관리범주 비계량지표를 모든 평가유형에 동시에 적용되는 공통지표, 평가유형별로 개별적으로 적용되는 평가유형별 맞춤형지표, 그리고 각 기관별로 평가지표와 가중치를 자율적으로 선택할 수 있는 기관선택형 맞춤형지표 등으로 유형화하는 방안을 검토할 필요가 있다. 또한 맞춤형 평가지표 설계를 위한 대안으로는 평가유형별 단위평가지표 맞춤형 설계, 예를 들어 유사업무 수행기관에 대해 공통업무를 대표하는 경영평가지표를 개발하여 적용하는 방안, 경영관리범주 평가지표를 메뉴화하여 평가유형별 또는 기관별로 평가지표 및 가중치를 선택하는 평가유형별·기관별 평가지표 및 가중치 선택제, 표준화된 공통지표를 대상으로 기관별로 가중치를 선택하는 기관별 가중치 선택제 등을 생각해 볼 수 있다.

한편, 경영평가제도 운용과정에서 발생하는 거래비용을 최소화하고 평가업무를 효율적으로 수행하기 위해서는 경영관리 범주 평가지표체계와 평가내용을 간소화해야 한다. 평가지표체계의 간소화는 과다하고 유사·중복·상충되는 평가지표의 정비·간소화를 통해 평가지표(단위평가지표와 세부평가지표) 수와 세부평가내용을 축소함으로써 기관의 평가부담을 완화함과 동시에 경영평가제도의 효율성을 제고하기 위한 것이다.

이와 같이 평가유형별·기관별 맞춤형 평가지표체계를 설계함과 동시에 간소화하기 위해서는 상기한 다양한 방안들을 체계적으로 결합시켜 활용해야 한다. 이에 본고에서는 경영관리 범주 평가지표체계를 맞춤형 지표로 개편함과 동시에 간소화하는 과정에서 이러한 다양한 방안들이 어떻게 활용될 수 있는가를 탐색하기 위한 사례연구 대상으로 윤석열 정부 출범 이후 평가지표 개선의 핵심 대상(target)으로 부각된 '재무예산 운영·성과' 지표를 선택하였다. 이를 위해 본고에서는 우선 2022년 경영평가편람의 '재무예산 운영·성과' 지표에 대한 형성적 메타평가를 통해 현행 평가지표의 문제점을 체계적으로 분석하였다. 또한 새정부 출범 이후 강조되고 있는 재무건전성 확보 관련 정책수요를 분석하여 현재의 평가지표가 이러한 정책수요에 효과적으로 대응할 수 있는가를 역시 메타평가를 통해 분석하였다. 그런 다음에 이러한 두 가지 분석결과를 결합하여 맞춤형 '재무예산 운영·성과' 지표 개편방안을 설계하여 제시하였다.

## II. '재무예산 운영·성과' 지표에 대한 메타평가와 개편과제 도출

### 01. 메타평가의 필요성과 평가모델 설계

본 연구에서는 2021년 연말에 확정하여 아직 경영실적평가에 적용되지 않은 2022년 평가지표를 대상으로 개편방안을 설계해야 한다. 따라서 현행 평가지표가 안고 있는 문제점을 체계적으로 도출하여 평가지표 개선에 반영하기 위해서는 형성적 메타평가방법을 활용할 필요가 있다.

일반적으로 현재의 평가시스템을 대상으로 개선사항을 도출하기 위해 평가시스템에 대한 평가를 실시할 경우, 이를 메타평가(meta-evaluation)라고 한다. 메타평가는 일반적으로 평가에 대한 평가(evaluation of evaluation)를 의미한다. 이러한 메타평가 유형과 관련하여 Stufflebeam(1981)은 형성적 메타평가(formative meta-evaluation)와 총괄적 메타평가(summative meta-evaluation)를 제시하였다. 형성적 메타평가는 기획단계에 있거나 진행 중인 평가에 대한 사전적 검토를 의미하고, 총괄적 메타평가는 이미 완료된 평가에 대한 회고적 평가를 의미한다. 따라서 아직 공공기관 경영실적평가에 적용되지 않은 '2022년도 경영평가지표체계'를 분석·평가하여 개선이 필요한 사항을 도출하기 위해서는 형성적 메타평가를 실시해야 한다. 특히 정권교체기와 같이 공공기관 정책 환경의 변화로 공공기관 경영평가지표를 개편해야 할 새로운 정책수요가 집중적으로 발생하는 시기에는 현재의 경영평가지표체계가 이러한 새로운 정책수요를 효과적으로 수용할 수 있는가에 대한 체계적인 검토가 매우 중요하다. 이런 점에서 정권교체기에는 현재의 평가지표체계에 대한 형성적 메타평가를 통해 평가지표 개선 수요를 체계적으로 도출하는 활동을 적극적으로 수행할 필요가 있다.

형성적 메타평가도 원칙적으로 평가의 일종이기 때문에 평가를 효과적으로 수행하기 위해서는 평가모형을 개발하는 작업이 선행되어야 한다. 메타평가 모형은 메타평가의 논리모형에 근거하여 메타평가의 구성요소, 즉 평가영역-평가항목-평가지표에 대한 체계를 구축하는 것을 의미한다. 본 연구에서는 공공기관 경영평가제도에 대한 메타평가 연구에서 사용한 메타평가 모형들을 참고하여 단위평가지표에 대한 메타평가모형을 <표 2>와 같이 구성하였다. 일반적으로 체제론적 관점의 메타평가 모형에서는 평가영역을 평가환경(또는 평가맥락), 평가투입, 평가과정, 평가결과 및 활용 등으로 구분하고 있으나, 본 연구에서는 평가지표체계를 메타평가 영역의 한 범주로 구분하였다. 또한 공공기관 경영평가지표체계 전반을 대상으로 한 메타평가 모형이 아니라 단위평가지표체계에 대한 메타평가 모형이라는 측면을 고려하여 평가지표체계에 대한 평가항목과 평가지표를 조정하였다.[1] 따라서 본 연구에서는 단위평가지표체계에 대한 평가항목을 평가지표 구성체계, 단위평가지표의 평가내용 구성, 가중치 배분체계, 평가방법 등의 4개 범주로 구분하였고, 각 평가항목별 평가지표를 다음과 같이 구성하였다.

---

[1] 공공기관 경영평가지표체계 전반을 대상으로 한 메타평가 모형에서는 평가항목으로 평가유형 분류체계를 추가할 필요가 있으며, '평가지표 구성체계' 평가항목 관련 평가지표에도 〈표 2〉에 제시되어 있는 평가지표 외에 평가범주 구분체계의 적합성 등의 평가지표가 추가되어야 한다.

**〈표 2〉** 단위평가지표체계에 대한 형성적 메타평가 모델

| 평가항목 | 평가지표 |
|---|---|
| 평가지표 구성체계 | - 지표체계 구성 모델(평가모델)의 존재여부와 적합성<br>- 평가유형별 평가지표체계의 차별성<br>- 평가유형별 평가지표체계의 대표성<br>- 기관별 평가지표체계의 차별성<br>- 기관별 평가지표체계의 대표성<br>- 평가지표 간 유사중복성<br>- 평가지표 간 상충성 |
| 단위평가지표의 평가내용 구성 | - 단위평가지표(세부평가내용)의 타당성<br>- 단위평가지표 세부평가내용 구성의 정합성<br>- 단위평가지표(세부평가내용)의 대표성<br>- 단위평가지표(세부평가내용)의 명확성<br>- 단위평가지표(세부평가내용)의 측정가능성<br>- 단위평가지표(세부평가내용)의 관리가능성<br>- 단위평가지표 목표치의 적절성<br>- 단위평가지표 세부평가내용 간 유사·중복성<br>- 단위평가지표 세부평가내용 간 상충성<br>- 단위평가지표 세부평가내용 갯수의 적정성<br>- 단위평가지표 명칭의 적정성 |
| 가중치 배분체계 | - 평가유형별 가중치 배분체계의 적정성<br>- 평가범주 및 하위영역별 가중치 배분체계의 적정성<br>- 비계량지표 대 계량지표 간 가중치 배분체계의 적정성<br>- 단위평가지표별 가중치 배분의 적정성 |
| 평가방법 | - 비계량지표(경영관리, 주요사업 범주) 평가방법의 객관성, 신뢰성, 공정성, 투명성<br>- 계량지표(경영관리, 주요사업 범주) 평가방법의 객관성, 신뢰성, 공정성, 투명성 |

첫째, 단위평가지표를 대상으로 평가지표 구성체계에 대한 메타평가를 실시하기 위한 평가지표는 지표체계 구성 모델(평가모델)의 존재여부와 그 적합성, 평가유형별·기관별 평가지표체계의 차별성과 대표성, 평가지표 간 유사·중복성 및 상충성, 전체 평가지표 수의 적정성 등으로 선정하였다.

둘째, 평가지표 구성체계를 형성하는 기본단위인 단위평가지표를 별도의 평가항목으로 구분하였다. 단위평가지표를 평가지표체계로 통합할 경우에는 평가지표 간 관계를 중심으로 한 평가지표 구성체계와 단위평가지표 설계 자체의 적정성을 평가해야 하는 서로 다른 두 개의 차원이 혼재되는 문제가 발생한다. 이런 문제를 해결하기 위해 단위평가지표(비계량 지표, 계량 지표)의 평가내용 구성을 별도의 메타평가 항목으로 구분한 것이다. 단위평가지표의 평가내용 구성에 대한 평가지표는 평가지표의 타

당성, 정합성, 대표성, 명확성(구체성), 측정가능성, 관리가능성(달성가능성), 그리고 단위평가지표 목표치의 적절성과 명칭의 적정성 등으로 설정하였다. 여기서 그 정의를 명확히 할 필요가 있는 '평가지표의 타당성'과 '정합성'에 대해서만 추가적인 설명을 덧붙이고자 한다. 단위평가지표 및 단위평가지표 세부평가내용의 타당성은 단위평가지표(또는 세부평가내용)의 평가목적이 타당하고 유효한지와 평가대상으로서의 적합성은 인정되는지, 그리고 새로운 평가수요를 수용할 수 있는 적합한 세부평가내용으로 구성되어 있는가를 판단하여 평가지표로서의 존치 정당성과 평가내용의 재구성 필요성을 평가하기 위한 메타평가 기준으로 정의하고자 한다. 그리고 단위평가지표 세부평가내용 구성의 정합성은 단위평가지표의 평가목표를 공유하거나 상호일치하는 세부평가내용으로 일관성있게 단위평가지표의 평가내용이 구성되어 있는가를 평가하기 위한 메타평가지표이다.

셋째, 가중치 배분체계는 평가지표 구성체계와 단위평가지표의 평가내용 구성과 긴밀하게 상호연계되어 있는 요소이다. 평가지표 구성체계 및 단위평가지표의 상대적 중요성, 평가유형별·기관별 차별성 및 대표성 확보 등은 가중치 배분체계에 의해 직접적인 영향을 받게 된다. 따라서 가중치 배분체계의 적정성에 대한 평가지표는 평가유형별 가중치 배분체계, 평가범주 및 하위영역별 가중치 배분체계, 비계량 대 계량지표 간 가중치 배분체계, 단위평가지표별 가중치 배분 등으로 구성하였다.

넷째, 평가방법은 평가지표 유형별 평가방법(경영관리범주 비계량과 계량지표 평가방법, 주요사업범주 비계량과 계량지표 평가방법)이 평가의 객관성, 신뢰성, 공정성, 투명성 등을 담보할 수 있는 타당한 평가방법인가를 평가하게 된다.

## 02. 현행 '재무예산 운영·성과' 지표의 구성 현황

2022년 경영평가편람의 '재무예산 운영·성과' 영역의 평가지표는 재원배분 및 예산 운용의 효율성 제고와 재무위험 통제 등을 통해 공공기관의 지속가능한 재무건전성을 확보하기 위한 지표이다. 현재 '재무예산 운영·성과' 지표체계는 성과(결과)지표인 '재무예산성과(계량)' 세부평가지표와 과정지표인 '중장기재무관리계획 이행실적(비계량)'과 '재무예산관리(비계량)'의 세부평가지표로 구성되어 있다. 재무예산성과(계량

| | |
|---|---|
| 지표정의 | • 기관의 경영상황을 고려하여 재무(예산) 안정성, 투자 및 집행 효율성 등을 평가한다. |
| 적용대상<br>(배점) | • 공기업 : 계량 3점 |
| 세부<br>평가<br>내용 | ① 부채비율, 총자산회전율, 영업이익률, EBITDA 대 매출액, 이자보상비율 중에서 기관별 재무구조·상황에 맞게 설정된 지표<br>  * 세부평가지표 예시<br><br>  - 부채비율 = $\dfrac{부채}{자기자본}$      - 총자산회전율 = $\dfrac{매출액}{총자산}$<br><br>  - 영업이익률 = $\dfrac{영업이익}{매출액}$      - 이자보상비율 = $\dfrac{영업이익}{이자비용}$<br><br>  - EBITDA 대 매출액 = $\dfrac{EBITDA}{매출액}$ |
| 지표정의 | • 공공기관의 운영에 관한 법률 제39조의2에 따른 중장기재무관리계획 이행실적을 평가한다. |
| 적용대상<br>(배점) | • 공기업·준정부기관 중 중장기재무관리계획 수립 대상 : 비계량 1점 |
| 세부<br>평가<br>내용 | ① 중장기재무관리계획의 적정성과 이를 실행하기 위한 노력과 성과<br>  * 중장기 재무관리계획에 투자계획이 반영된 기관은 경제활력 제고, 혁신성장 등 중장기 투자계획의 적정성 및 이행노력<br>  * 전년도 계획대비 목표수정 등 변동사항의 적정성과 부채감축, 수익창출 등 재무관리방안 이행 노력·성과 |
| 지표정의 | • 건전한 재무구조 및 합리적 예산운용을 위한 재무예산 관리 시스템 구축 및 운영 성과를 평가한다. |
| 적용대상<br>(배점) | • 공기업 : 비계량 1점<br>• 준정부기관 중 중장기재무관리계획 수립 대상 : 비계량 1점 |
| 세부<br>평가<br>내용 | ① 재무구조의 안정성 및 건전성 유지를 위한 기관의 노력과 성과<br>  - 미래위험 예측 및 대응, 부채 및 유동성 관리, 효율적 자산운용, 재무구조개선 계획 운영의 적정성 및 이행노력<br>  - [구분회계 도입기관] 사업단위별 성과분석 등 구분회계 정착 및 활용을 위한 노력과 성과<br>  - 정부출자기관의 경우, 적절한 수준의 배당이 이루어지고 있는지 확인<br>② 사업선정의 타당성 확보(예비타당성 조사 등)를 통한 합리적인 예산편성 및 집행을 위한 노력과 성과<br>③ 재무중점관리기관의 부채감축을 위한 노력과 성과<br>  - 부채감축을 위한 세부 실행계획의 적정성과 이행노력<br>  - 부채감축을 위한 조직·제도·모니터링 체계 운영노력 및 성과<br>  - 자본 확충 및 금융 부채 감축 노력과 성과<br>  - 정부 제시 구조조정 이행노력과 성과<br>  - 자산매각 활성화를 위한 노력 및 성과<br>  * 재무중점관리기관 : 중장기 재무관리계획 제출 대상 중 부채비율 300% 이상이고 3년 평균 이자보상배율이 1미만인 기관(2016년말 기준, 금융형 공공기관 제외)<br>④ 원가 및 경비 절감 등 예산절감을 위한 노력 및 성과 |

지표)를 창출하기 위한 활동을 관리하는 투입 및 과정지표를 2개의 세부평가지표로 분리하여 설계하였다. 또한 '중장기재무관리계획 이행실적(비계량)' 세부평가지표는 2021년까지는 계량지표로 설계하여 운영하였으나, 2022년 경영평가편람 작성과정에서 '재무예산성과(계량)' 세부평가지표의 평가내용, 즉 재무건전성 관리를 위한 평가기준을 확대·재구성하면서 '중장기재무관리계획 이행실적' 세부평가지표의 평가내용인 '부채비율'을 '재무예산성과(계량)'의 평가내용으로 이관하면서 '중장기재무관리계획 이행실적'의 평가내용과 평가방법을 비계량지표로 전환하였다.

한편, '재무예산 운영·성과' 영역의 경영평가지표는 평가유형 및 기관별 맞춤형 지표로 설계되어 있다. '재무예산성과(계량)' 세부평가지표는 공기업 평가유형에만 적용되며, 2개의 비계량 재무예산 운영 세부평가지표는 중장기재무관리계획 수립 대상기관(공기업과 준정부기관의 일부)과 공기업에만 적용되고 있다.

## 03. '재무예산 운영·성과' 지표에 대한 메타평가 및 개편과제

### 1) 평가지표 구성체계에 대한 메타평가

(1) 평가지표체계 구성 모델의 존재여부 및 대표성

'공기업·준정부기관의 경영에 관한 지침'에서는 공기업과 준정부기관의 예산 운용, 즉 예산편성 및 집행에서 준수해야 할 기본원칙을 ①재무건전성 확보, ②국민 부담의 최소화, ③지출 성과 제고 및 예산 절감의 최대화, ④예산운용의 투명성과 예산과정에의 고객 등의 참여 제고, ⑤자체적으로 예산집행지침을 수립하여 운용함으로써 예산의 집행을 체계적이고 투명하게 관리하기 등으로 설정하고 있다. 이러한 원칙에 따라 현재 공공기관의 재무예산과정은 [그림 1]과 같이 설계되어 운영되고 있다. 중장기 경영전략과 중장기 재무관리계획에 따라 예산을 편성하고 집행한 후 결산 및 회계감사 과정을 통해 재무예산성과를 창출한다. '재무예산 운영·성과' 지표는 이러한 재무예산과정을 체계적으로 관리하고, 재무예산성과 창출을 제고하는 데 목적이 있다.

| 중장기 경영 전략 | 중장기 재무관리계획 | 예산 편성 | 예산 집행 | 결산 및 회계감사 | 재무·예산 성과 |
|---|---|---|---|---|---|
| •중장기 경영 목표 설정<br>•경영 전략 및 사업 계획 | •경영목표<br>•투자방향 및 사업 계획<br>•재무관리 계획(자구 노력, 정책 지원)<br>•부채관리 계획<br>•재무위험 기관의 재정건전화 계획 포함 | •예산편성: 예산총칙, 추정손익계산서, 추정대차대조표, 자금계획서<br>•예산운용지침 준수<br>•예비타당성조사 실시<br>•예비타당성조사 결과 공개<br>•타당성재조사 및 조사결과 공개<br>•사전타당성 조사 실시<br>•투자심의회, 리스크관리위원회 운영<br>•국민참여예산제 | •예산운용지침 준수<br>•운영계획 수립<br>•자체예산집행 지침 수립<br>•자금운영<br>•자산운용<br>•구분회계 운영<br>•물품구매와 공사계약의 위탁<br>•대규모사업의 총사업비관리 등 투자관리<br>•출자·출연계획 일괄협의<br>•지출관리 및 예산집행의 투명성 확보 | •결산서 작성 및 제출<br>-회계감사인의 회계감사 및 감사원의 회계감사<br>•회계감사인 선임<br>•구분회계 재무제표 작성 및 공시<br>•공기업의 자본금 전입 협의<br>•회계책임자 임명 및 내부통제 | •재무상태 및 경영성과<br>(재무제표: 재무상태표, 손익계산서, 현금흐름표, 자본변동표)<br>•부채 감축<br>•관리업무비 절감<br>•정부배당 |
| •공운법 제46조 (경영 목표의 수립) | •공운법 제39조의 2 (중장기 재무관리계획의 수립 등) | •공운법 제40조, 제40조의2, 제40조의3, 제50조<br>•예산운용지침<br>•경영에 관한 지침<br>•공기업·준정부기관 사업 예비타당성조사 운용지침 | •공운법 제40조, 제44조, 제50조<br>•예산운용지침<br>•경영에 관한 지침<br>•총사업비 관리 지침<br>•공기업·준정부기관 계약사무 규칙<br>•공기업·준정부기관 회계사무 규칙 | •공운법 제43조, 제43조의 2, 제43조의3<br>•공기업·준정부기관 회계사무 규칙<br>•공기업·준정부기관 회계기준<br>•공공기관의 회계감사 및 결산 감사에 관한 규칙 | |
| | 중장기재무관리계획 이행실적(비계량)<br>(중장기재무관리계획 수립 대상기관) | | | | |
| | | 재무예산관리(비계량)<br>(공기업 및 준정부기관 중 중장기재무관리계획 수립 대상) | | | |
| | | | | | 재무예산성과<br>(계량)<br>(공기업) |

[그림 1] 공공기관의 재무예산과정 및 성과 모델

그러나 2022년 경영평가편람의 '재무예산 운영·성과' 지표는 [그림 1]과 같은 로직모델(logic model)에 따라 3개의 세부평가지표를 구성하고, 세부평가내용을 개발한 것으로 보이지 않는다. 현재의 '재무예산 운영·성과' 지표는 지표체계 설계를 위한 로직모델을 공식적으로 개발하고, 이를 바탕으로 세부평가지표 및 세부평가내용을 개발하는 작업을 진행한 바는 없다. 그 결과 [그림 1]에서 제시한 공공기관의 재무예산과정 및 성과 모델에 근거하여 현재의 '재무예산 운영·성과' 영역의 평가지표체계를 분석해 보면, 3개의 단위평가지표와 평가내용의 구성, 평가지표의 적용대상 범위 등에 있어 과소 대표성 문제가 발생하고 있음을 확인할 수 있다. 현재의 '재무예산 운영·성과' 지표는 [그림 1]을 통해 도식화한 공공기관의 재무예산과정 및 성과 중 중장기재무관리계획과 재무지표 중심의 재무예산성과를 평가하는 데 주안을 두고 3개의 세부평가지표를 설계하고 있다. 다시 말해 현재의 '재무예산 운영·성과' 지표체계는 공공기관의 재무위험 통제 및 재무건전성 관리에 중점을 두고 있는 나머지 재원배분 및 예산운용의 효율성(operational efficiency)을 제고하기 위한 평가내용이 체계적으로 반영되어 있지 않다. 그 결과 재무예산과정을 체계적으로 관리하고, 재무건전성 확보를 위한 재무예산성과 측정 및 평가의 대표성을 확보할 수 있는 균형있는 평가지표체계를 갖추지 못하고 있다. 현재의 평가지표체계를 통해서는 자금운용, 투자관리, 예산운용의 투명성 등을 체계적으로 관리할 수 없다. 특히 회계투명성과 신뢰성 확보에 관한 사항은 평가내용으로 전혀 수용되지 않고 있다. 또한 '재무예산 운영·성과' 지표의 적용대상 범위가 공기업과 준정부기관 중 중장기재무관리계획 수립 대상기관으로 제한됨으로써 2022년 경영평가편람상 평가유형 분류 기준으로 12개 기금관리형 준정부기관 중 2개 기관, 45개 위탁집행형 준정부기관 중 39개 기관, 중소형 39개 기관 중 38개 기관이 '재무예산 운영·성과' 지표의 평가대상에서 완전히 제외되어, 이 지표의 평가대상 기관의 범위가 대폭 축소되어 역시 과소 대표성 문제가 발생하고 있다.

2007년 공운법 시행 이후 재구축된 경영평가제도 하에서 '재무예산 운영·성과' 영역의 평가지표체계, 즉 평가내용의 범위는 전통적으로 재무예산관리(비계량), 재무예산성과(계량), 계량관리업무비(계량)의 세 가지 평가지표를 중심으로 설계되어 왔다. 그런데 박근혜 정부 시기에는 공공기관의 재무건전성 확보를 강조하면서 '재무예산 운영·성과' 평가지표의 구성 및 평가내용의 범위가 크게 확대되었다. 박근혜 정부는 '공공기관 정상화 대책(2013.12)'에 따라 모든 공공기관에게 '부채감축계획'을 작성·

제출토록 하였고, 2014년 경영평가편람에서는 공기업과 준정부기관의 모든 평가유형에 공통적으로 적용하는 '자구노력 이행성과(비계량)' 지표를 신설하여 공공기관의 부채감축을 위한 자구노력(사업조정, 자산매각, 경영효율화, 수익성 확대, 자본확충 등)을 집중적으로 평가하였다.[2] 이어서 2015년에는 '재무예산성과(계량)' 지표의 평가내용으로 '중장기재무관리계획 이행실적(계량)'을 추가하여 목표 부채비율 달성도를 별도로 평가하였다.[3] 박근혜 정부 시기에 역대정부 중 가장 강력한 '재무예산 운영·성과' 지표체계가 구축되어 운용되었다.

그러나 문재인 정부에서는 '사회적 가치 구현을 선도하는 공공기관'을 강조하면서 '재무예산 운영·성과' 지표체계가 크게 약화되고 축소되는 과정을 거쳤다. 우선 2017년 경영평가편람을 수정하면서 '계량관리업무비' 지표를 폐지하였다. 이로 인해 '재무예산 운영·성과' 지표체계의 범위가 "재무예산관리(비계량)+재무예산성과(계량)+계량관리업무비(계량)"에서 "재무예산관리(비계량)+재무예산성과(계량)"으로 축소되었다. 이어서 2018년 경영평가편람에서는 그동안 '재무예산성과(계량)' 지표의 평가내용 중 하나로 포함되어 있던 '중장기재무관리계획 이행실적(계량)'을 독립된 세부평가지표로 분리시키면서 이 세부평가지표와 '재무예산관리(비계량)' 세부평가지표의 적용대상을 각각 '중장기재무관리계획을 수립하는 공기업 및 준정부기관'과 '공기업 및 중장기 재무관리계획을 수립하는 준정부기관'으로 축소하였다. 또한 '재무예산성과(계량)' 세부평가지표는 공기업으로 그 적용 범위를 대폭 축소하였다. 결과적으로 현재의 '재무예산 운영·성과' 지표영역에서는 130개 전체 평가대상 기관에 보편적으로 적용되는 평가지표는 설계되어 있지 않고, 중소형기관을 제외한 공기업·준정부기관 전체를 적용대상으로 하는 지표마저도 존재하지 않는다.

---

[2] '자구노력 이행성과(비계량)' 지표는 2014년 신설되어 2017년까지 경영실적평가에 적용되었다.
[3] 2015년 경영평가편람에 따르면 '재무예산성과(계량)' 지표의 평가내용으로 공공기관 정상화 이행계획상의 부채감축 계획 대비 실적을 평가하는 '부채감축 달성도'와 중장기 재무관리계획상의 부채비율 개선 목표 달성도를 평가하는 '중장기 재무관리계획 이행실적'의 평가내용이 병존하였다.

**〈표 3〉** 중장기재무관리계획 수립 대상기관의 범위(2022년 편람 기준)

| 구분 | 중장기 재무관리계획 수립 대상기관 ||||
|---|---|---|---|---|
| | 공기업 | 기금관리형 | 위탁집행형 | 중소형 |
| 대상 기관 명칭 | 인천국제공항공사, 한국공항공사<br>한국도로공사, 한국수자원공사<br>한국철도공사, 한국토지주택공사<br>부산항만공사, 인천항만공사<br>한국가스공사, 한국석유공사<br>한국전력공사, 한국지역난방공사<br>대한석탄공사, 한국광해광업공단<br>한국남동발전, 한국남부발전<br>한국동서발전, 한국서부발전<br>한국수력원자력, 한국중부발전<br>강원랜드, 주택도시보증공사<br>한국마사회 | 공무원연금공단<br>국민체육진흥공단<br>기술보증기금<br>사립학교교직원연금공단<br>신용보증기금<br>예금보험공사<br>중소벤처기업진흥공단<br>한국무역보험공사<br>한국자산관리공사<br>한국주택금융공사 | 국가철도공단<br>한국농어촌공사<br>대한무역투자진흥공사<br>한국산업단지공단<br>국민건강보험공단<br>한국장학재단 | 서민금융진흥원 |
| 기관 수 | 36개 기관 중<br>23개 기관 | 12개 기관 중<br>10개 기관 | 45개 기관 중<br>6개 기관 | 39개 기관 중<br>1개 기관 |

주: 한국마사회는 2022년 중장기재무관리계획 수립 대상기관에서는 제외됨.

**〈표 4〉** 재무예산 운영·성과 지표의 적용대상 기관 수 현황(2022년 편람 기준)

| 평가지표 | 적용대상 범위 | 기관 수 | 비 고 |
|---|---|---|---|
| 재무예산성과(계량) | 공기업 | 36개 | 2022년 경영평가유형<br>-공기업: 36개<br>-기금관리형: 12개<br>-위탁집행형: 45개<br>-중소형: 37개<br>-전체: 130개 |
| 중장기재무관리계획<br>이행실적(비계량) | 공기업·준정부기관 중<br>중장기재무 관리계획 수립<br>대상기관 | 40개 | |
| 재무예산관리(비계량) | 공기업 | 36개 | |
| | 준정부기관 중 중장기재무관리<br>계획 수립 대상기관 | 17개<br>(기금 10, 위탁 6,<br>중소형 1) | |

이와 같이 2018년부터 2022년 현재까지의 공공기관 경영평가편람에서는 '재무예산 운영·성과' 지표체계의 평가내용 범위가 "재무예산관리+중장기재무관리계획 이행실적+재무예산성과"로 축소되었다. 그리고 '재무예산 운영·성과' 지표의 적용대상 범위가 다음과 같이 대폭 축소되었다. 첫째, 중장기재무관리계획을 작성하는 일부 기관을

제외한 대부분의 위탁집행형 준정부기관(위탁집행형 평가유형 45개 기관 중 6개 기관을 제외한 39개 기관과 39개 중소형 평가유형 기관 중 1개 기관을 제외한 38개 기관)이 '재무예산 운영·성과' 지표의 적용 대상에서 배제되고 있다. 둘째, 기금관리형 준정부기관의 경우에는 중장기재무관리계획을 작성하는 기관(12개 기금관리형 평가유형 중에서 10개 기관)을 대상으로 '중장기재무관리계획(비계량)'과 '재무예산관리(비계량)' 지표를 적용하고 있다. 또한 공기업 유형에 적용되는 '재무예산성과(계량)' 세부평가지표는 적용하지 않는 대신에 별도의 기금운용평가를 받고 있는 기금관리형 평가유형의 차별성을 고려하여 '기금자산운용 평가' 결과를 그대로 경영평가에 반영하는 '기금운영관리 및 성과(계량)' 지표를 별도로 설계하여 적용하고 있다. 셋째, 공기업의 경우에도 '중장기재무관리계획 이행실적' 세부평가지표는 36개 기관 중에서 중장기재무관리계획 수립 대상기관인 23개 공기업에만 적용하고 있다. 다만, '재무예산관리(비계량)'와 '재무예산성과(계량)' 세부평가지표는 모든 공기업에게 적용하고 있다. 넷째, 2020년에 '중장기재무관리계획 이행실적' 지표가 계량지표에서 비계량지표로 전환됨에 따라 그동안 중장기재무관리계획 이행실적을 평가하는 지표로 활용되었던 '부채비율' 지표의 평가대상에서 중장기재무관리계획을 수립하는 위탁집행형 준정부기관과 기금관리형 준정부기관까지도 제외되었다. 또한 '부채비율' 지표는 '재무예산성과(계량)' 지표의 평가내용 중 하나라는 점에서 '중장기재무관리계획 이행실적' 지표가 비계량지표로 전환됨에 따라 '재무예산성과(계량)' 지표의 실질적인 적용범위가 더욱 축소되었고, '재무예산성과(계량)' 지표의 가중치도 실질적으로 1점 낮아지는 결과를 초래하였다.

이처럼 문재인 정부에서 '재무예산 운영·성과' 지표의 적용대상 범위가 축소되고 지표체계가 복잡해진 것은 두 가지 원인이 크게 작용하였다. 우선 공공기관의 재무건전성 관리를 위한 제도적 장치로 도입한 '중장기재무관리계획' 수립 대상기관 여부를 기준으로 전체 '재무예산 운영·성과' 지표영역의 지표체계를 설계하고, 적용대상 기관의 범위를 설정하고 있기 때문이다. 문재인 정부는 당초 박근혜 정부에서 처음 도입할 때에 '재무예산성과(계량)' 지표의 세부평가내용 중 하나로 설정되어 있었던 '중장기재무관리계획 이행실적'을 '재무예산성과(계량)' 지표에서 분리하여 하나의 독립된 지표로 설계하였다. 그런 다음에 중장기재무관리계획을 중심으로 '재무예산 운영·성과' 지표영역의 전체 지표체계와 적용대상 범위를 재구조화하였다. 이 과정에서 중장기재무관리계획을 수립하지 않는 준정부기관은 공공기관의 기본적인 재무예산관리 활동을 평가하는 '재무예산관리(비계량)' 세부평가지표의 적용대상에서도 배제되었다. 그런데 2010년 공운법 개정을 통해 도입된 '중장기재무관리계획'은 공공기관의 부채가 정부 부채로 귀결될 수 있는 위험을 사전에 통제하고, 공공기관의 지출 확대가 국가재정의 부담을 가중시키는 문제에 대한 대책을 수립하기 위한 공공기관 재무건전성 관리제도로 설계된 것이다. 따라서 중장기재무관리계획은 공공기관 중 재무건전성을 중점적으로 관리할 필요가 있는 기관들을 선정하여 잠재적인 재무위험을 체계적으로 관리하기 위한 제도적 장치이다. 중장기재무관리계획을 수립한 공공기관들만 '재무예산 운영·성과'를 관리하고, 평가할 필요가 있다는 것을 전제로 이 제도를 도입한 것은 절대 아니다. 그럼에도 문재인 정부 시기에 경영평가편람을 개편하면서 '재무예산 운영·성과' 지표영역을 중장기재무관리계획을 활용한 재무건전성 관리 중심으로 재구조화함에 따라 균형있는 재무예산관리체계가 훼손되는 결과를 초래하게 되었다.

'재무예산 운영·성과' 지표의 적용대상 범위가 축소된 또 다른 이유로 '사회적 가치 구현을 선도하는 공공기관 정책과의 정합성 확보'를 위해 효율성 지표를 축소하고, 사회적 가치 구현 지표를 강화함으로써 공공기관의 공공성을 강화하는 경영평가지표체계 구축을 지향했다는 점을 꼽을 수 있다.[4] 그 결과 재무위험성은 상대적으로 낮은 반면 공공성은 상대적으로 강한 위탁집행형 및 중소형 준정부기관에 대해서는 경제적 성과 또는 재무적 성과를 평가하는 '재무예산 운영·성과' 지표의 적용 자체를 원천적으로 배제하였다.

물론 대부분의 준정부기관은 재무적으로 위험한 기관이 아니고[5], 손익증대가 어려운 사업구조로 인해 손익지표를 기준으로 재무적 성과를 평가할 경우 오히려 공공기관의 역선택을 초래할 위험성도 있다. 이런 이유로 준정부기관에는 '재무예산 운영·성과' 지표를 적용할 필요가 없다는 주장을 제기할 수 있다. 그리고 이러한 주장이

---

[4] 공공기관의 재무적 수익성을 중요한 성과측정의 기준으로 삼을 경우 공공기관의 다양한 사업 및 정책목적과의 상충, 잘못된 인센티브구조로 인하여 공공기관의 성과를 왜곡할 수 있다는 의견(Bruns, 1993)과 궤를 같이하는 판단이 작용하였다.

[5] 준정부기관의 부채는 상환의무가 있는 위험부채가 아니라 상환의무가 없는 무위험부채(현금대응부채, 발생주의부채)로서 관리가능성 또는 통제가능성이 낮은 경우가 많다(김영익, 2022).

재무지표를 기준으로 한 재무적 성과 영역, 즉 재무예산성과(계량) 지표에 대해서는 일부 타당할 수도 있다. 그렇지만 효율적인 재무예산 관리 활동 자체를 평가영역에서 배제하는 것을 정당화하는 논거가 될 수는 없다. 오히려 위탁집행형 준정부기관의 부채비율이 2021년 기준으로 197.7%로 준시장형 공기업의 169.9%보다 더 높고, 시장형 공기업의 226.1% 수준에 근접하고 있다는 점에서 재무예산 성과(계량) 지표를 적용하여 부채비율을 관리할 필요가 있는 현실적인 근거가 확보되고 있다.

현재 위탁집행형 준정부기관에는 공기업이나 기금관리형 준정부기관에 준해서 관리해야 할 사업성이 강한 기관도 포함되어 있다. 예를 들어 공공기관 통합공시 내용 중 하나인 '12개 주요기관의 상세 부채 정보' 공시항목의 적용 대상기관에 국가철도공단, 예금보험공사, 한국장학재단 등 3개의 준정부기관이 포함되어 있다. 또한 정부조직과 차별화되는 준정부기관으로서의 존립 정당성을 확보하기 위해서는 최소한의 경영효율성 제고 노력과 재무예산관리 활동이 수행되어야 한다. 그럼에도 불구하고 '재무예산 운영·성과' 지표 전체를 위탁집행형 준정부기관의 성과관리 영역에서 완전히 배제한 것은 균형있는 성과관리 시스템 구축이라는 관점에서 볼 때 정당화하기 어려운 것으로 판단된다.

또한 공공기관의 수입 유형을 정부순지원수입[6], 자체수입, 차입금 등으로 구분하여 2021년 결산기준 기관유형별 수입구조 현황을 분석한 결과 <표 5/6>를 통해 확인할 수 있는 바와 같이 준정부기관의 정부순지원수입 비중은 26.6% 수준인 반면 자체수입 등의 비중이 66.3%를 점하고 있고, 차입금 비중도 7.1% 수준에 이르고 있다. 특히 정부순지원수입의 비중을 공공기관의 평가유형과 보다 직접적으로 연계하여 살펴보기 위하여 준정부기관을 기금관리형과 위탁집행형으로 구분하여 정부순지원수입의 비중을 비교분석한 결과, 그 비중이 각각 21.1%와 27.9%로 두 기관유형 간에 별다

---

[6] 정부순지원수입은 정부 예산 및 기금운용계획에 편성되어 공공기관에 직접 교부하는 금액으로 출연금, 출자금, 보조금, 부담금, 이전수입, 위탁수입, 기타수입으로 구성되어 있다. 정부순지원수입은 해당 연도 정부 예산에 편성된 공공기관의 수입이므로 보조 또는 기금전입 자금의 단순 전달 등 공공기관이 직접 집행하지 않는 자금과 법령상 강제규정에 따른 민간으로부터의 전입액 등 정부외 주체로부터의 수입은 제외된다(국회예산정책처, 2022.4: 77). 공공기관의 수입구조 중 정부순지원수입의 비중이 높게 되면 공공기관 재무예산관리 활동의 필요성과 성과관리에 따른 기대효과가 그 만큼 낮아지게 된다.

른 차이가 없다는 점을 확인할 수 있다. 이처럼 정부순지원수입의 비중이 27% 수준에 불과하고 자체수입의 비중이 60%를 상회하는 상황에서 대부분의 위탁집행형 준정부기관을 '재무예산 운영·성과' 지표의 적용 대상에서 제외한 것은 경영효율성을 제고하기 위한 경영평가제도의 본질적인 역할과 기능의 관점에서 볼 때 그 정당성과 타당성에 대한 명확한 논거를 찾기 어려운 것으로 판단된다.

〈표 5〉 공공기관의 수입구조 현황(2021년 결산 기준)

(단위: 조원, %)

| 구 분 | 공기업 | 준정부기관 | 기타공공기관 | 합 계 |
|---|---|---|---|---|
| 정부순지원수입 | 7.8 ( 3.0) | 96.2 (26.6) | 11.2 ( 8.2) | 115.3 (15.2) |
| 자체수입 등 | 198.7 (76.5) | 239.7 (66.3) | 72.4 (53.2) | 510.7 (67.4) |
| 차입금 | 53.2 (20.5) | 25.6 ( 7.1) | 52.5 (38.6) | 131.3 (17.3) |
| 합 계 | 259.7(100.0) | 361.5(100.0) | 136.1(100.0) | 753.3(100.0) |

주: 보안상 이유로 수입지출 현황을 공개하지 않고 있는 국방과학연구소를 제외한 349개 기관을 대상으로 국회예산정책처가 작성함.
자료: 국회예산정책처(2022.8).

〈표 6〉 공공기관 유형별 정부순지원수입 현황(2021년 예산 기준)

(단위: 억원, %)

| 구 분 | 공기업 | | 준정부기관 | | 기타공공기관 | 합 계 |
|---|---|---|---|---|---|---|
| | 시장형 | 준시장형 | 기금관리형 | 위탁집행형 | | |
| 정부순지원수입 (A) | 1,413 | 74,590 | 388,041 | 423,910 | 114,819 | 1,002,775 |
| 총수입 (B) | 1,507,602 | 937,657 | 1,840,208 | 1,520,063 | 1,707,059 | 7,512,591 |
| 비중 (A/B) | 0.1 | 8.0 | 21.1 | 27.9 | 6.7 | 13.3 |

자료: 국회예산정책처(2022.4).

### (2) 평가유형별·기관별 평가지표체계의 차별성

'재무예산 운영·성과' 지표 영역은 맞춤형 평가지표 설계가 강조되기 이전부터 평가유형별·기관별 특성을 반영한 차별적인 지표설계가 강조되어 왔다. 특히 공운법 시행 이후 공기업과 준정부기관이 통합평가체계를 통해 함께 평가를 받게 되면서 평가유형별 특성을 반영한 차별화된 재무성과지표 개발 및 적용 노력이 지속적으로 전개되어 왔다. 예를 들어 2008년에 말콤볼드리지 모델에 따라 표준화된 평가지표체계가 구축됐던 시기에도 '재무예산성과(계량)' 지표는 평가유형 및 각 기관별 특성을 감안하여 맞춤형으로 설계하였다. 즉, 공기업과 준정부기관 중 검사·검증 유형은 재무성과로, 여타 유형은 예산성과로, 연기금운용 유형은 자산운용성과로 정하는 것을 원칙으로 설정하여 각 평가유형 및 기관별 평가지표를 설계하였다. 2022년 현재 경영평가편람의 '재무예산 운영·성과' 지표의 경우에도 '재무예산성과(계량)' 세부평가지표를 공기업에만 선택적으로 적용하고, 기금관리형 준정부기관 평가유형에는 '기금운용관리 및 성과' 지표를 고유하게 적용하고 있는 점 등은 평가유형별 차별성을 반영한 맞춤형 평가지표 설계의 전통을 승계한 산물이라고 할 수 있다. 그러나 평가유형별·기관별 차별성을 반영한 맞춤형 평가지표체계 설계라는 메타평가 기준에서 볼 때 현재의 '재무예산 운영·성과' 지표체계는 몇 가지 한계를 노정하고 있다. 맞춤형 평가지표를 설계하는 접근방식에는 평가기준(평가내용)을 먼저 설정하고 이 기준을 적용해야 할 대상기관을 선택하여 평가지표를 설계하는 방안과 차별적 특성을 가진 기관유형을 먼저 구분해 놓은 다음에 해당 기관의 특성에 적합한 평가기준(평가내용)을 선별하여 평가지표를 설계하는 방안이 있다. 현재 '재무예산 운영·성과' 지표에는 이 두 가지 방안이 혼재되어 있어 평가지표체계의 명확성과 투명성을 저해하고 있다.

우선 문재인 정부 시기에 전면 개편된 '재무예산 운영·성과' 지표체계의 경우 맞춤형 지표설계를 위한 차별화 기준의 핵심요소로 '중장기재무관리계획' 수립 대상기관에 해당하는가 여부를 활용하였다. 공운법 제39조의2 및 동법 시행령 제25조의2에 따르면, 자산 2조원 이상이거나 설립 근거 법률에 정부의 손실보전 조항이 있는 공기업·준정부기관, 또는 부채가 자산보다 큰 공기업·준정부기관 중 자본잠식의 규모·사유·기간 등을 종합적으로 고려하여 기획재정부장관이 정하여 고시하는 공기업·준정부기관은 5회계연도 이상의 중장기재무관리계획을 수립하는 것이 의무화되어 있다.[7]

중장기재무관리계획 수립 대상 기관은 연차별로 다소의 변동이 있으나, 2022년에는 전년도에 비해 1개 기관(마사회)이 감소한 39개 기관으로 구성되어 있으며, 이중 37개 기관은 자산 2조원 이상 공기업 및 준정부기관(공기업 21개, 준정부기관 16개)이고, 자산 2조원 미만 기관으로 정부손실보전 규정이 있는 기관이 2개(공기업: 석탄공사, 준정부기관: 코트라)이다(기획재정부 보도자료, 2022.8.31). 이들 기관이 의무적으로 작성해야 하는 중장기재무관리계획의 내용은 ①경영목표, ②투자방향 및 사업계획, ③재무 전망과 근거 및 재무관리계획, ④부채의 증감에 대한 전망과 근거 및 관리계획 등이 포함된 부채관리계획, ⑤전년도 중장기재무관리계획 대비 변동사항, 변동요인 및 관리계획 등에 대한 평가·분석 등으로 구성되어 있다.

이와 같은 중장기재무관리계획제도를 도입하기 위한 공운법의 관련 규정은 2010년 공운법 개정을 통해 신설되었다. 당시에 정부가 공운법 개정을 통해 중장기재무관리계획제도를 도입한 것은 공기업이 정부의 경기부양 및 대규모 국책사업에 동원되면서 과도한 차입을 통하여 외형이 급속히 확대됨과 동시에 공공기관 부채가 급증하는 상황을 타개하기 위한 것이었다. 이를 위해 상기한 기준에 따라 선정된 공기업 및 준정부기관으로 하여금 재무 전망 및 부채관리계획 등이 포함된 중장기재무관리계획을 수립하도록 하여 공공기관 부채 등 재무상황과 관련하여 국가재정 부담으로 연계될 수 있는 문제에 대한 대책을 세울 수 있는 제도적 기반을 구축하였다.

결국 중장기재무관리계획은 국가재정 부담으로 전이될 위험성이 있는 공공기관의 부채관리를 위한 제도이다. 중장기재무관리계획의 목표는 부채비율을 축소하는 것이며, 재무관리방안은 부채비율과 이자보상배율을 개선하기 위한 자구노력(사업조정, 수익증대, 자산매각, 경비절감 등 경영효율화, 구분회계 운영 등)으로 구성되고 있다. 그런데 중장기재무관리계획 수립 대상기관으로 선정된 공공기관 중에는 정책자금 융자사업 수행기관이나 무자본 특수법인으로 부채비율 산정이 곤란한 기관 및 금융부채가 없어 이자보상배율을 관리할 필요가 없는 기관도 포함되어 있다. 특히 중장기재무관리계획의 핵심 목표인 부채비율은 '재무예산성과(계량)' 지표의 세부평가내용 중 하나로 중장기재무관리계획이 도입되기 이전부터 관리되어 왔던 재무지표이다.

---

(7) 공공기관이 수립한 중장기재무관리계획은 국가재정법 제9조의2에 의거하여 국회에 제출하여야 한다.

이런 상황에서 2018년 경영평가편람을 작성하면서 중장기재무관리계획 수립 대상 기관 여부를 기준으로 '재무예산 운영·성과' 지표 설계를 차별화한 것은 맞춤형 평가 지표를 오히려 후퇴시켰을 뿐 아니라 '재무예산 운영·성과' 관리를 왜곡시키는 결과를 초래하고 있다. 예를 들어 2022년 경영평가편람 작성시 '중장기재무관리계획 이행실적'을 계량지표에서 비계량지표로 전환하고, 부채비율 재무지표를 공기업에만 적용되는 '재무예산성과(계량)' 지표의 평가내용으로 이관하면서 공공기관 통합공시항목 중 하나인 '12개 주요기관의 상세 부채정보' 의무공시 대상기관에 포함된 준정부기관(국가철도공단, 예금보험공사, 한국장학재단)은 경영평가를 통해 부채비율을 관리하는 것도 어렵게 됐다. 또한 중장기재무관리계획 수립 대상기관 여부를 기준으로 '재무예산 운영·성과' 지표를 설계하는 과정에서 기금관리형 준정부기관의 특수성을 반영하기 위하여 공기업과 위탁집행형 및 강소형 준정부기관에 적용하는 '재무예산관리(비계량)' 지표를 대신하여 기금관리형 준정부기관에만 적용해 왔던 '예산관리(비계량)' 지표가 폐지되었다. 기금관리형 준정부기관에만 적용하던 '예산관리(비계량)' 지표는 2013년에 도입하여 2017년까지 운영되었으며, 기금관리업무를 수행하는 기관의 특성을 반영하여 세부평가내용을 '재무예산관리(비계량)' 지표와 차별적으로 구성하였다. 이 지표가 폐지된 이후 기금관리형 준정부기관 12개 중 중장기재무관리계획을 수립하는 10개 기관은 공기업에 적용되는 '재무예산관리(비계량)' 세부평가지표를 동일하게 적용받고 있다.

한편, '재무예산 운영·성과' 지표를 설계하는 과정에서 평가유형별·기관별 차별화를 위해 고려해야 할 기관 특성의 범주에는 정부출자기관, 손실보전기관, 수지차 보전기관, 그리고 기획재정부가 재무위험기관 집중관리를 위해 2022년 6월 30일에 선정·발표한 재무위험기관 등이 있다.[8] 이들 기관유형도 각 유형별 기관특성을 반영하여 평가지표나 평가내용을 차별화할 필요가 있다.

첫째, 공공기관은 각각의 설립법에 근거하여 정부 등으로부터 출자를 받고 있는 바,

---

[8] 여기서는 지난해 확정한 2022년 경영평가편람상의 맞춤형 지표 설계에 대한 메타평가를 진행하고 있기 때문에 재무위험기관에 대한 맞춤형 지표설계에 관한 논의는 '윤석열 정부의 평가지표 개편 관련 정책수요 반영을 위한 메타평가' 항목에서 별도로 제시하고자 한다.

정부의 자본금 출자를 통해 설립되고 그 이후에도 정부출자를 통해 정부의 재정지원을 받는 기관을 정부출자기관이라고 한다. 2021년 12월 기준으로 34개 공공기관이 정부로부터 출자를 받은 정부출기관으로 확인되고 있다. 이중 경영평가 대상이 되는 공공기관으로는 공기업 20개, 준정부기관 6개가 있다. 나머지 8개는 기타공공기관이다. 정부출자기관의 경우에는 '재무예산 운영·성과' 지표 영역에서 출자자인 정부에 대한 배당성향을 별도로 관리할 필요가 있다.[9] 정부출자 공공기관의 2020년도 평균 배당성향은 39.73%이다. 정부의 출자기관 배당확대정책에 따라 2017년에는 20개 기관이 당기순이익의 30% 이상을 배당하였으나, 2020년에는 배당성향 30% 이상인 정부출자기관이 15개로 감소하였다.[10]

〈표 7〉 정부출자기관 현황(2021.12.31 기준)

| 공공기관 유형 | | 공공기관명 |
|---|---|---|
| 공기업(20개) | | 한국조폐공사, 대한석탄공사, 한국광해광업공단, 한국전력공사, 한국가스공사, 한국지역난방공사, 한국석유공사, 한국수자원공사, 한국도로공사, 한국부동산원, 인천국제공항공사, 주택도시보증공사, 한국공항공사, 한국철도공사, 한국토지주택공사, 부산항만공사, 인천항만공사, 울산항만공사, 여수광양항만공사, 한국방송광고진흥공사 |
| 준정부기관 (6개) | 기금관리형 (2개) | 한국자산관리공사, 한국주택금융공사 |
| | 위탁집행형 (4개) | 한국관광공사, 한국농어촌공사, 한국농수산식품유통공사, 대한무역투자진흥공사 |

자료: 국회예산정책처(2022.4).

현재 공기업과 준정부기관 중 중장기재무관리계획 수립 대상기관에 적용되는 '재무예산관리(비계량)' 지표의 세부평가내용으로 정부출자기관 배당 수준의 적정성을 확인하는 평가기준이 포함되어 있다. 따라서 정부출자기관의 특성을 반영한 맞춤형

---

[9] 배당성향은 당기순이익 중 현금으로 지급된 배당금 총액의 비율을 의미한다.
[10] 최근 5년 간 배당을 실시하지 못한 기관(배당 미실시 기관)으로 대한석탄공사, 한국수자원공사, 한국석유공사, 한국방송광고진흥공사, 한국광해광업공단, 한국철도공사, 여수광양항만공사 등 7개 기관이 있다(국회예산정책처, 2022.4).

평가지표 설계라는 관점에서 볼 때 정부출자기관의 고유한 특성을 반영한 세부평가내용이 현재 '재무예산 운영·성과' 지표에 반영되어 있는 것으로 평가된다. 다만, <표 3>과 <표 7>을 통해 확인할 수 있는 바와 같이 준정부기관으로 분류되는 정부출자기관 6개 기관 중 중장기재무관리계획 수립 대상기관이 아닌 2개 기관(한국관광공사, 한국농수산식품유통공사)은 배당성향 관리 대상기관의 범위에서 제외되고 있다.

둘째, 손실보전 공공기관도 '재무예산 운영·성과' 지표에서 특별히 고려되어야할 기관유형 중의 하나이다. 손실보전 공공기관이란 기관 설립근거법에 이익적립금으로 공공기관의 손실을 보전할 수 없을 때 정부가 그 부족액을 보전하거나 보전할 수 있도록 하는 조항이 있는 기관이다. 손실보전조항이 규정된 것은 정부가 직접 수행하여야 할 공익사업을 공공기관이 대행하면서 결손이 발생하였으나, 이를 이익적립금으로 보전할 수 없는 경우 정부가 그 부족액을 보전해 줌으로써 공공기관의 경영을 안정화하고, 해당 공공기관이 보다 낮은 금리로 채권을 발행하여 자금조달을 용이하게 하기 위한 것이다(국회예산정책처, 2022.4). 2021년 12월 말 기준으로 설립근거법에 정부의 손실보전이 규정되어 있는 공공기관은 15개이다. 이중 정부의 손실보전을 강제하고 있는 공공기관이 9개, 임의조항을 두고 있는 기관이 6개다. 이들 15개 기관 중 기획재정부 경영평가대상이 되는 공공기관은 공기업 4개, 준정부기관이 7개로 총 11개 기관으로 구성되어 있으며, 기타공공기관이 4개(중소기업은행, 한국산업은행, 한국수출입은행, 한국해양진흥공사)이다.

지속적인 당기순손실이 발생하는 등의 사유로 손실보전 공공기관에서 발생한 결손금은 향후 경영실적 개선 등을 통해 기관들이 스스로 보전하지 않는 한 결국 장래 국가재정부담으로 귀결되기 때문에 손실보전 공공기관에 대해서는 수익성 개선 등을 통해 재무위험을 집중적으로 관리할 필요가 있다. 실제로 손실보전 공공기관 중 결손으로 인한 연도별 지원액이 상당한 수준에 이르고 있다. 한국광해광업공단, 대한석탄공사, 기술보증기금, 신용보증기금 등에 정부가 출자, 출연, 보조금 등의 재정지원을 지속적으로 하고 있다. 현재 중장기재무관리계획제도에 의해 손실보전 조항이 있는 공기업·준정부기관은 모두 중장기재무관리계획 수립 대상기관으로 선정되어 있다. 따라서 손실보전기관은 현재의 '재무예산 운영·성과' 지표체계에서 기관유형의 특성을 반영한 차별적인 맞춤형 지표설계가 반영되고 있는 것으로 평가된다. 다만, 손실보전 공공기관 중 공기업을 제외한 기금관리형 및 위탁집행형 준정부기관에 대해서는 수익성 개선 등을 관리할 수 있는 '재무예산성과(계량)' 지표를 적용하지 않고 있기 때문에 역시 기관특성을 반영한 맞춤형 지표설계를 완전하게 구현하지 못하고 있다.

〈표 8〉 경영평가 대상기관 중 손실보전 공공기관 현황

| 평가유형별 | 손실보전 강제규정 공공기관 | 손실보전 임의규정 공공기관 |
| --- | --- | --- |
| 공기업<br>(4개) | 한국토지주택공사 | 대한석탄공사, 주택도시보증공사,<br>한국광해광업공단 |
| 기금관리형<br>(5개) | 기술보증기금, 신용보증기금, 한국무역보험공사,<br>중소벤처기업진흥공단, 한국주택금융공사 | - |
| 위탁집행형<br>(2개) |  | 대한무역투자진흥공사,<br>한국장학재단 |
| 합 계 | 6개 기관 | 5개 기관 |

자료: 국회예산정책처(2022.4).

셋째, 공운법에 관련 규정은 없지만 기획재정부가 '예산안 편성 및 기금운용계획안 작성 세부지침' 및 '수지차 보전기관 예산요구 가이드라인'을 통해 매년 수지차 보전기관을 지정하여 관리하고 있기 때문에 수지차 보전기관도 '재무예산 운영·성과' 지표체계를 설계하는 과정에서 고려해야 할 중요한 기관유형에 해당한다. 수지차 보전방식이 적용되는 공공기관, 즉 수지차 보전기관은 정부 예산 절감을 위하여 기관의 지출예산 총액에서 기관 운영으로 발생하는 자체수입 예산을 차감한 나머지 부분을 출연 또는 보조금으로 지원받는 기관을 의미한다(기획재정부, 2021.5). 수지차 보전방식을 적용받는 기관은 개별 설립법에 근거하여 "국가는 예산의 범위 내에서 기관의 설립·운영에 필요한 경비를 지원(출연, 보조)할 수 있다"고 규정된 기관 중 인건비, 경상비를 지원받는 기관으로, 출연·보조금을 지원받는 경우라도 사업비만 지원받을 경우 해당 기관은 수지차 보전 지정대상 공공기관에 해당되지 않는다(국회예산정책처, 2021.8). 결국 수지차 보전기관은 자체수입(사업수입, 결산잉여금, 이자수입, 차입금 등)을 확보하고 있는 기관, 특히 자체사업수입(사업수입, 사업외수입)을 안정적으로

확보하고 있는 기관 중에서 인건비 및 경상비에 대한 출연·보조를 받는 기관이라고 할 수 있다.[11]

공공기관을 대상으로 한 수지차 보전기관 지정 및 관리에 대한 별도의 법적 근거는 없다. 그러나 기획재정부는 '예산안 편성 및 기금운용계획안 세부지침'을 통해 수지차 보전기관의 지정요건[12]을 명시적으로 설정하고, 매년 심의를 통해 기존 수지차 보전기관 중에서 지정요건을 벗어난 기관은 제외하고, 지정요건을 새로 충족하는 기관은 신규로 지정하고 있다. 기획재정부는 매년 수지차 보전기관으로 지정된 공공기관을 '예산안 편성 및 기금운용계획안 세부지침'을 통해 공개하고 있다.

2022년에는 국립공원공단 등 39개 출연기관과 게임물관리위원회 등의 28개 보조기관 등을 포함하여 총 67개 기관이 수지차 보전기관으로 지정되었다.[13] 이들 기관 중 공운법상 공공기관은 62개이며, 나머지 5개 기관은 비공공기관이다. 62개 공공운법상 공공기관을 기관유형별로 구분해 보면 기금관리형 준정부기관 1개(국민체육진흥공단), 위탁집행형 준정부기관이 28개, 기타공공기관 33개 등으로 구성되어 있다(국회예산정책처, 2022.4: 165). 그리고 수지차 보전기관으로 지정되지는 않았지만, 사실상 수지차 보전기관과 동일한 예산편성시 수지차 방식을 적용하는 기관으로 준정부기관에 해당하는 4개 기관이 별도로 있다. 이들 기관을 대상으로 2022년 경영평가편람의 평가유형별로 분류한 결과를 살펴보면 <표 9>와 같다. 공식적으로 수지차 보전기관으로 지정된 29개의 준정부기관 중 19개 기관이 위탁집행형 준정부기관 평가유형에 해당하며, 수지차 보전방식의 예산편성을 적용받는 4개 공공기관 중 3개 공공기관은 위탁집행형 준정부기관 평가유형에 해당한다.

---

[11] 여기서 말하는 자체수입에는 공공기관 경영정보 공개시스템의 경영공시항목인 수입·지출 현황에서 간접지원 정부지원수입으로 분류되는 사업수입, 위탁수입, 독점수입 등은 포함되지 않는다. 그러나 이들 사업수입, 위탁수입, 독점수입은 실질적으로 공공기관의 사업수입에 해당하는 수입원이라고 할 수 있다.

[12] 기획재정부는 수지차 보전기관의 지정요건을 기관의 자체수입이 존재하는 공공기관, 출연·보조의 법적 근거가 있는 공공기관, 매년 인건비·경상비 등을 국고에서 지원받는 공공기관, 수지차 보전방식을 적용할 정책적 필요성이 있다고 판단되는 공공기관 등으로 설정하고 있다.

[13] 수지차 보전기관은 출연금을 지원받는 기관과 보조금을 지원받는 기관으로 구분된다.

**〈표 9〉 수지차 보전기관의 평가유형별 분류(2022년 기준)**

| 평가유형 | 수지차 보전기관 지정 공공기관 | 수지차 보전방식 예산편성기관 |
|---|---|---|
| 공기업<br>(에너지유형) | 한국광해광업공단 (1개) | - |
| 기금관리형 | 국민체육진흥공단 (1개) | - |
| 위탁집행형 | 도로교통공단, 한국산업인력공단, 한국소비자원, 한국인터넷진흥원, 한국지능정보사회진흥원, 한국교통안전공단, 국토안전관리원, 국가철도공단, 한국에너지공단, 한국가스안전공사, 대한무역투자진흥공사, 한국국제협력단, 한국해양교통안전공단, 한국해양수산연수원, 국립공원공단, 한국환경공단, 한국환경산업기술원, 국립생태원 (18개) | 축산물품질평가원, 한국장학재단, 한국산림복지진흥원 (3개) |
| 중소형 | 정보통신산업진흥원, 한국교육학술정보원, 독립기념관, 한국콘텐츠진흥원, 한국보건복지인력개발원, 한국임업진흥원, 한국식품안전관리인증원, 한국농업기술진흥원, 중소기업기술정보진흥원 (9개) | 한국수목정원관리원 (1개) |

주: 1) 수지차 보전방식 예산편성기관은 수지차 보전기관으로 지정되지 않은 채 예산 편성 시 수지차 보전방식으로 예산을 편성받고 있는 기관에 해당함.
2) 수지차 보전기관으로 지정된 공공기관 중에는 자체수입이 사업수입은 없고 사업외수입으로만 구성된 기관(한국지능정보사회진흥원, 한국국제협력단)이 포함되어 있음.
자료: 국회예산정책처(2022.4)에 의거하여 작성.

위와 같은 수지차 보전기관들은 자체수입을 체계적으로 관리하여야 하고, 경영혁신을 통한 새로운 수입원 발굴, 효율적인 자산운영 등 특별한 노력으로 전년도에 비해 자체수입을 확대하여 정부의 출연금 예산 절감에 기여한 경우 인센티브로 수입증가분의 50%를 지급받게 된다. 따라서 '재무예산 운영·성과' 관리 차원에서 수지차 보전기관들의 이러한 활동을 체계적으로 관리하고 평가하는 것이 필요하다. 그럼에도 불구하고 중장기재무관리계획 수립 대상기관이 아닌 경우에는 '재무예산 운영·성과' 지표 전체를 적용하지 않기 때문에 수지차 보전기관들의 재무예산 관리 활동을 체계적으로 관리하고 평가하는 것은 원천적으로 배제되고 있다. 현재 위탁집행형 준정부기관 평가유형 중 수지차 보전기관으로 지정된 19개 기관과 수지차 보전방식 예산편성기관 3개를 합친 22개 위탁집행형 준정부기관 평가유형 중 중장기재무관리계획 작성 대상기관은 3개 기관(국가철도공단, 대한무역투자진흥공사, 한국장학재단)에 불과하여 나머지 기관들은 '재무예산 운영·성과' 지표의 적용대상에서 원천적으로 배제되고 있다. 이처럼 일정한 자체수입을 확보하고 있고, 기획재정부가 재무예산관리의 효율성 제고 차원에서 수지차 보전기관제도를 운영하고 있는 기관들에 대해서도 '재무예산 운영·성과' 지표의 적용을 배제하는 것은 "준정부기관의 공공성 제고 및 사회적 가치 구현 활동과의 정합성 확보, 재무위험성이 낮은 공공기관" 등의 논리로는 정당화하기 어려운 것으로 판단된다.[14]

### (3) 평가지표 간 유사·중복성 및 가중치 배분의 적정성

'재무예산 운영·성과' 지표 영역은 '재무예산 운영·성과' 지표체계를 구성하는 세부 평가지표 상호간 유사·중복성 문제와 다른 지표 영역의 평가지표와의 유사·중복성 문제를 동시에 노정하고 있다.

우선 '재무예산 운영·성과' 지표체계 내에서의 유사·중복성 문제는 '중장기재무관리계획 이행실적' 세부평가지표로 인해 발생하고 있다. '중장기재무관리계획 이행실적'이 처음 평가지표화된 박근혜 정부시기에는 '중장기재무관리계획 이행실적'은 '재무예산성과(계량)' 단위지표의 세부평가내용 중 하나로 포함되어 있었으나, 문재인 정부에서 이를 독립지표로 분리하였다. 따라서 2018~2021년까지 '재무예산 운영·성과' 지표체계는 "재무예산성과(계량)+중장기재무관리계획 이행실적(계량)+재무예산관리(비계량)"으로 구성되어 있었다. 이 당시에는 '재무예산성과(계량)'와 '중장기재무관리계획 이행실적(계량)' 간의 중복성 문제가 존재했다. 그 결과 '부채비율'을 통해 중장기재무관리 이행실적을 평가하고 있던 이 당시 중장기재무관리계획 수립 대상기관에 대해서는 '재무예산성과(계량)' 지표에 고유하게 포함되어 있는 '부채비율'을 제외한 나머지 세부평가내용으로 재무예산성과 지표를 구성하고, 여기에 부채비율을 공통으로 추가하는 방식으로 지표체계가 설계되어 운영되었다. '중장기재무관리계획 이행실적(계량)' 지표를 신설하지 않아도 당연히 '재무예산성과(계량)' 지표의 틀 내에서

---

[14] 국회예산정책처가 2020년도 공공기관 결산에 대한 분석과정에서 비수지차 공공기관을 대상으로 정부로부터 인건비와 경상비를 출연받으면서 자체수입(1% 이상) 중 순수사업수입이 있는 기관을 도출한 결과 27개 공공기관이 확인되었다. 이들 기관 중 2022년 경영평가편람상의 평가유형을 기준으로 위탁집행형 준정부기관 3개 기관(한국청소년활동진흥원, 한국산림복지진흥원, 한국관광공사)과 중소형 준정부기관 3개 기관(한국수목정원관리원, 한국과학창의재단, 국제방송교류재단)이 있다(국회예산정책처, 2021.8).

관리될 수밖에 없는 '부채비율'을 별도의 독립지표로 분리하여 운영함으로써 경영평가지표의 중복 문제가 발생하였다.

그런데 2022년 경영평가편람에서 '재무예산성과(계량)' 지표의 평가내용을 크게 강화하면서 '중장기재무관리계획 이행실적'의 평가내용인 '부채비율'을 '재무예산성과(계량)'의 세부평가내용으로 편입시켰다. 이러한 조치로 '재무예산성과(계량)'와 '중장기재무관리계획 이행실적(계량)' 간 중복 문제는 해결되었다. 그러나 '중장기재무관리계획 이행실적'의 세부평가내용에서 부채비율을 삭제하면서 더 이상 계량지표로 유지할 수 없게 되면서 이를 비계량 지표로 전환했다. 이로 인해 평가지표 간 유사·중복문제가 새로운 차원에서 발생하고 있다. 2022년 편람의 '재무예산 운영·성과' 지표체계는 "재무예산성과(계량)+중장기재무관리계획 이행실적(비계량)+재무예산관리(비계량)"으로 구성되어 있는 바, 현재는 두 개의 비계량지표 간에 유사·중복 문제가 존재한다. 즉, '중장기재무관리계획 이행실적(비계량)'과 '재무예산관리(비계량)'의 세부평가내용①(재무구조의 안정성 및 건전성 유지를 위한 기관의 노력과 성과) 간 중복 문제가 존재하고 있다. 특히 중장기재무관리계획 수립 대상기관은 사실상 동일한 평가내용을 중복적으로 평가받게 된다. 왜냐하면 중장기재무관리계획을 비계량지표로 설계하게 되면 중장기재무관리계획의 핵심 내용인 재무관리방안의 자구노력이 기본적으로는 부채비율 감축하기 위한 사업조정, 수익증대, 자산매각, 경비절감 등 경영효율화, 구분회계제도 운영, 자산운용 개선 등으로 구성되어 있기 때문에 재무관리방안의 이행 노력과 성과는 '재무예산관리(비계량)' 지표의 세부평가내용인 '재무구조의 건전성 및 안정성 유지를 위한 노력과 성과' 의 부분집합으로 존재할 수밖에 없기 때문이다.

또한 '중장기재무관리계획 이행실적'을 비계량지표화하면서 '중장기재무관리계획 이행실적(비계량)'과 '재무예산관리(비계량)' 간에는 또 다른 형태의 유사·중복성 문제가 발생하고 있다. 공공기관의 재무예산과정 및 성과 모델로 제시한 앞의 [그림 1]을 통해 확인할 수 있는 바와 같이 '중장기재무관리계획 이행실적'과 '재무예산관리'의 비계량지표는 재무예산성과(계량) 지표의 성과 창출을 위한 투입 및 과정지표에 해당한다. 따라서 '중장기재무관리계획 이행실적'과 '재무예산관리'의 비계량지표는 "중장기 경영전략 수립+중장기재무관리계획 수립→예산편성→예산집행→결산 및 회계검사"의 단계적 과정을 거쳐 수행되고 있는 하나의 통합된 재무예산 활동체계를 관리하는 지표이다. 그렇다고 한다면 계획 단계의 활동에 해당하는 '중장기재무관리계획'을 별도로 분리하여 독립지표하는 것은 투입 및 과정관리 활동을 통합적으로 수행하는 것을 저해할 뿐 아니라 평가과정에서는 유사·중복성 문제가 발생할 수밖에 없다. 더 나아가 '중장기재무관리계획'을 독립지표화하여 이행실적과 성과까지를 평가하게 되면 이것은 '재무예산성과(계량)' 지표와의 중복성 문제로까지 중복성의 외연이 확대되는 결과를 초래할 수 있다. 이런 상황에서 굳이 '중장기재무관리계획'을 독립지표화하여 관리해야 할 정책목표와 지향하는 성과가 무엇인지가 분명하지 않다. 평가지표 간 유사·중복 문제를 해결하여 지표체계의 간소화를 도모함과 동시에 통합적인 재무예산 관리 활동체계를 구축하기 위해서라도 '중장기재무관리계획'을 독립지표화하는 것은 지양할 필요가 있는 것으로 판단된다. 중장기재무관리계획이 공운법상의 재무건전성 관리제도로 법제화되어 있다고 해서 이를 중심으로 '재무예산 운영·성과' 지표를 설계하고, 특히 이를 독립지표화하는 것은 순기능보다는 역기능이 많다는 것을 2018년 이후의 '재무예산 운영·성과' 지표체계가 잘 보여주고 있다.

다음으로 '재무예산 운영·성과' 지표체계와 다른 지표 영역의 평가지표 간에도 유사·중복성 문제가 존재한다. 2022년 경영평가편람의 '윤리경영' 지표의 세부평가내용을 구성하고 있는 '내부통제시스템'과 "회계담당자 교육·훈련, 회계통제규정·감사인선임위원회 운영 규정 마련 및 이행 등 회계신뢰성 제고 및 책임강화 노력"은 재무예산관리 활동에서 당연히 다루어야 할 회계처리의 적정여부와 재무제표의 신뢰성을 확보하기 위한 내부통제 활동과 관련된 것들이다. '윤리경영' 지표에서는 내부통제활동을 공공기관의 윤리경영 지원 활동에 초점을 맞추고 있지만, 공공기관의 내부통제 활동 대상 영역에는 회계정보의 오류 통제 및 부정방지 시스템, 회계정보의 주기적 점검 및 조정 등 내부검증에 관한 시스템 등도 포함되어 있다. 따라서 '윤리경영' 지표에서는 윤리경영 지원을 위한 내부통제시스템 구축 및 운영 활동을 다룰 수밖에 없기 때문에 재무예산관리 활동 영역에서는 회계신뢰성 제고 및 책임성 확보를 위한 내부통제 활동을 관리할 필요가 있는 것으로 판단된다. 특히 "회계담당자 교육·훈련, 회계통제규정·감사인선임위원회 운영 규정 마련 및 이행 등 회계신뢰성 제고 및 책임강화 노력"은 재무예산과정의 결산 및 회계감사·회계검사 활동 단계에서 당연히 관리해야 할 기본적인 활동들이다. 따라서 이들 활동은 '윤리경영' 지표의 세부평가내용이 아니라 '재무예산 운영·성과' 지표의 세부평가내용으로 구성하는 것이 합리적이고 타당한 것으로 판단된다.

    또한 '재무예산 운영·성과' 지표의 '재무예산성과(계량)' 세부평가지표는 '업무효율(계량)' 지표와의 상호연계 및 상보적 관계 속에서 관리할 필요가 있다. 현재 공공기관 경영평가지표체계 중에서 공공기관의 생산성과 효율성 및 재무건전성을 관리하기 위한 핵심지표들이 '업무효율(계량)' 지표와 '재무예산성과(계량)' 지표이다. 전체 경영평가지표체계 내에서 균형있는 성과관리와 기관별 차별적인 특성을 감안하여 생산성과 효율성 및 재무건전성을 통합적으로 관리하기 위해서는 '재무예산성과(계량)' 지표와 '업무효율' 지표는 상호연계 및 상보적 관계 속에서 세부평가내용 구성 및 가중치 배분 문제를 다룰 필요가 있다. 그런데 2022년 경영평가편람에서는 평가지표체계 설계 및 운용 측면에서 이러한 부분에 대한 고려가 부족한 실정이다. 현재 2022년 경영평가편람의 경우 '경영관리' 평가범주의 하위 평가영역을 구성함에 있어 '업무효율'을 독립적인 평가영역으로 구분하고 있고, '재무예산 운영·성과' 지표는 '조직·인사·재무관리' 평가영역에 포함시키고 있다. 그러나 성과관리를 통해 달성하고자 하는 정책목표를 감안할 때 직무와 성과중심의 조직·인사·보수관리체계의 구축을 지향하는 '조직·인사관리'와 '보수 및 복리후생'을 묶어 하나의 평가영역으로 구성하고, 공공기관의 생산성과 재무건전성을 추구하는 '업무효율'과 '재무예산 운영·성과'를 또 하나의 평가영역으로 구성하는 것이 바람직할 것으로 판단된다. 따라서 앞으로 공공기관 경영평가지표체계에서 생산성과 재무건전성 관련 평가지표의 위상과 역할을 강화하기 위해서는 평가지표 설계과정에서 '재무예산성과(계량)' 지표와 '업무효율' 지표 간의 상호연계 및 상보적 관계를 전략적으로 고려할 필요가 있다. 이를 위해 현재의 경영관리 평가범주를 구성하는 하위 평가영역(평가범주)의 구성체계를 개편하고, 이 과정에서 '업무효율' 지표와 '재무예산 운영·성과' 지표를 묶어 하나의 평가영역으로 구축하는 방안을 적극적으로 검토할 필요가 있다.

    한편, 현재 '재무예산 운영·성과' 지표체계는 가중치 배분 측면에서 과소 대표성 및 불균형 문제를 안고 있다. 2022년 경영평가편람상 '재무예산 운영·성과' 지표체계의 가중치는 비계량지표 2점, 계량지표 3점으로 전체 가중치의 5% 수준으로 상대적으로 가중치가 낮은 상태이다. 2022년 경영평가편람 작성과정에서 공공기관의 재무건전성을 체계적으로 관리하고 평가하기 위해서 '재무예산성과(계량)' 지표의 세부평가내용은 체계적으로 재구성하였으나, '재무예산 운영·성과' 지표의 가중치는 그대로 5점 수준을 유지하였다. 그동안 '재무예산 운영·성과' 지표 영역의 가중치는 "2014년 17점 → 2015년 14점 → 2017년 10점 → 2018년 5점"으로 계속 낮아져 왔고, 2018년 이후부터 현재의 5점 가중치를 그대로 유지해 왔다. '재무예산 운영·성과' 지표 영역에서 빠진 가중치는 '사회적 가치 구현' 지표 영역의 가중치를 높이는데 활용되었다. 그 결과 현재 '사회적 가치 구현' 지표 영역과 '업무효율' 및 '재무예산 운영·성과" 지표 영역 간의 평가내용 구성 및 가중치 배분의 불균형이 심화되어 균형있는 평가지표체계 구축을 훼손하고 있는 상황이다. 따라서 경영평가 영역 간 평가내용 구성 및 가중치 배분의 불균형을 해소하여 균형있는 성과관리를 보장할 수 있는 경영평가지표체계를 구축하기 위해서는 '업무효율' 및 '재무예산 운영·성과" 지표 영역의 가중치를 상향 조정하는 방안을 적극적으로 모색해 나갈 필요가 있다.

### 2) 단위평가지표의 평가내용 구성에 대한 메타평가

2022년 경영평가편람상 '재무예산 운영·성과' 지표 영역의 단위평가지표는 재무예산성과(계량), 중장기재무관리계획(비계량), 재무예산관리(비계량)의 세 가지 세부평가지표로 구성되어 있다. 다만, '재무예산 운영·성과'는 단위평가지표의 수준을 넘어서는 하위 평가영역으로서의 성격이 강하고, 세 가지 세부평가지표도 각각 단위평가지표 수준의 평가내용을 담고 있다. 이런 점을 감안하여 '재무예산 운영·성과' 지표의 세 가지 세부평가지표의 평가내용 구성에 대한 메타평가를 진행하고자 한다.

#### (1) '재무예산성과(계량)' 지표

'재무예산성과(계량)' 지표는 공공기관의 재무예산성과를 체계적으로 관리하고 평가하기 위해 재무지표를 활동성(총자산회전율), 수익성(영업이익률 또는 EBITDA 대 매출액), 현금흐름(이자보상비율), 안정성(부채비율)의 네 가지 범주로 구분함으로써 비교적 표준화된 틀로 세부평가내용을 구성하고 있다. 이러한 변화의 특징과 결과는 2021년 경영평가지표와 비교해 보면 보다 명확하게 확인된다. 2021년 편람의 경우 세부평가내용으로 설정된 부채비율과 이자보상비율은 단순한 예시에 불과하였고, 각 기관별로 매우 다양한 재무지표를 개발하여 재무예산성과(계량) 지표를 구성하였다. 2021년 경영평가편람에서는 각 기관별 맞춤형 지표 설계 또는 각 기관별로 '재무예산성과(계량)' 지표의 세부평가내용 구성에 대한 선택권을 보장하였다. 그 결과 외형적으로는 기관별 맞춤형 지표 설계라는 이상적인 모습을 취하고 있었지만, 실제로는 기관별로 득점에 유리한 지표를 설정하려는 유인이 작용하여 해당 기관의 재무건전성을 관리하기 위해 필요한 재무지표가 제대로 선정되지 않거나 1~2개의 재무지표만을 선정함으로써 기관의 종합적인 재무예산 운용 성과를 측정하는 데 한계가 있었다. 이러한 문제점을 해결하기 위해 2022년 경영평가편람에서는 재무지표를 네 가지 유형으로 구분하고, 각 유형별로 타당성과 대표성을 확보한 재무지표를 선정하여 제시하였다. 그럼 다음에 각 기관별 재무구조 상황에 대한 전문적 검토를 거쳐 개별 기관의 특성에 적합한 3~4개의 재무지표를 객관적으로 선정하여 각 기관별 재무예산성과(계량) 지표를 구성하였다. 기관별 맞춤형 재무지표의 설계를 지향하는 것은 예전과 동일하지만, 종전에는 기관에 유리한 지표를 공공기관 주도로 선정하였다고 한다면 2022년 편람 작성과정에서는 외부전문가의 객관적인 검토를 거쳐 해당 기관의 재무구조 상황에 적합한 재무지표를 종합적이고 균형있게 선정하는 방식으로 전환되었다.

<표 10>을 통해 확인할 수 있는 바와 같이 2021년 편람에서는 동일한 성격을 공유하고 있는 4개의 항만공사 간에도 '재무예산성과(계량)' 지표의 평가내용이 모두 다르게 구성되었으나, 2022년 경영평가편람의 경우 4개 항만공사에 4개의 동일한 재무지표를 적용하는 방식으로 표준화되었다. 공기업의 평가유형을 구성하는 SOC, 에너지, 산업진흥·서비스 평가유형 간에도 표준화된 재무지표가 적용되는 가운데 기관별 특성에 따라 1개 지표 정도가 차별적으로 설계되고 있음을 확인할 수 있다. 따라서 2021년에는 평가내용(재무지표)과 가중치 구성에 있어 기관별로 선택권이 보장되는 맞춤형 지표체계가 적용되었다고 한다면, 2022년에는 평가내용(재무지표)은 거의 표준화된 상황에서 재무지표의 차별적 구성에 대한 선택권이 매우 제한적으로 인정될 뿐이고 가중치 설정에 있어서도 기관별 재무구조의 차별성이 제한적으로 반영되고 있다.

〈표 10〉 2022년의 재무예산성과(계량) 지표 평가내용 구성의 변화(예시)

| 기관명 | 2021년 재무예산성과(계량) 지표 | | 2022년 재무예산성과(계량) 지표 | |
|---|---|---|---|---|
| 한국토지주택공사 | 금융비용 | 중장기재무관리계획 이행실적(계량): 부채비율 | 총자산회전율, 영업이익률, 이자보상비율, 부채비율 | 중장기재무관리계획 이행실적(비계량) |
| 부산항만공사 | 총자산회전율 | 중장기재무관리계획 이행실적(계량): 부채비율 | 총자산회전율, EBITDA 대 매출액, 이자보상비율, 부채비율 | 중장기재무관리계획 이행실적(비계량) |
| 여수광양항만공사 | 금융비용, 영업이익률 | | 총자산회전율, EBITDA 대 매출액, 이자보상비율, 부채비율 | |
| 울산항만공사 | 총자산회전율 EBITDA 대 매출액 | | 총자산회전율, EBITDA 대 매출액, 이자보상비율, 부채비율 | |
| 인천항만공사 | 영업이익률 | 중장기재무관리계획 이행실적(계량): 부채비율 | 총자산회전율, EBITDA 대 매출액, 이자보상비율, 부채비율 | 중장기재무관리계획 이행실적(비계량) |
| 제주국제자유도시 개발센터 | 부채비율, 영업이익률 | | 총자산회전율, 영업이익률, 이자보상비율, 부채비율 | |
| 대한석탄공사 | 금융비용, 총자산이익률(ROA) | 중장기재무관리계획 이행실적(계량): 부채비율 | 총자산회전율, EBITDA 대 매출액, 이자보상비율, 부채비율 | 중장기재무관리계획 이행실적(비계량) |
| 한국광해광업공단 | 금융비용, 총자산이익률(ROA) | 중장기재무관리계획 이행실적(계량): 부채비율 | 총자산회전율, EBITDA 대 매출액, 이자보상비율, 부채비율 | 중장기재무관리계획 이행실적(비계량) |
| 한국석유공사 | 영업이익률, 납입자본 대 금융부채 | 중장기재무관리계획 이행실적(계량): 부채비율 | 총자산회전율, 영업이익률, 이자보상비율, 부채비율 | 중장기재무관리계획 이행실적(비계량) |
| 한국전력공사 | EBITDA 대 매출액, 총자산회전율 | 중장기재무관리계획 이행실적(계량): 부채비율 | 총자산회전율, EBITDA 대 매출액, 이자보상비율, 부채비율 | 중장기재무관리계획 이행실적(비계량) |
| 남동발전(주) | EBITDA 대 매출액, 총자산회전율 | 중장기재무관리계획 이행실적(계량): 부채비율 | 총자산회전율, EBITDA 대 매출액, 이자보상비율, 부채비율 | 중장기재무관리계획 이행실적(비계량) |
| 한국지역난방공사 | 총자산회전율, 영업이익률 | 중장기재무관리계획 이행실적(계량): 부채비율 | 총자산회전율, 영업이익률, 이자보상비율, 부채비율 | 중장기재무관리계획 이행실적(비계량) |
| 그랜드레저코리아 | 영업이익률 | | 총자산회전율, EBITDA 대 매출액, 이자보상비율, 부채비율 | |
| 강원랜드 | 영업이익률, 자기자본비율 | 중장기재무관리계획 이행실적(계량): 부채비율 | 총자산회전율, 영업이익률, 부채비율 | 중장기재무관리계획 이행실적(비계량) |

이와 같이 총론적인 관점에서 볼 때 2022년 경영평가편람에서는 공공기관의 재무건전성 관리를 강화하기 위해 재무지표를 균형있게 구성하고, 재무지표의 선택에 있어서도 기관 입장에서의 유·불리를 떠나 객관적인 재무구조의 상황을 전문적으로 분석하여 재무지표를 선정토록 함으로써 평가내용 구성의 타당성과 정합성 및 대표성을 확보하고 있는 것으로 평가된다. 그러나 공기업 내에서 평가유형 및 기관별로 존재하는 차별적 특성을 감안할 때 재무지표 선정의 타당성과 가중치 배분의 적정성 측면에서 상당한 문제점이 있는 것으로 판단된다. 예를 들어 자본잠식 상태로 부채비율 산정이 곤란한 공기업(한국석유공사, 대한석탄공사, 광해광업공단)에도 부채비율을 적용하고 있으며, '산업진흥·서비스 유형'에 속하는 공기업은 대부분 부채비율이 100%이하이며, 50% 미만의 기관도 다수 포함되어 있음에도 불구하고 이들 공기업에 대해서도 부채비율을 '재무예산성과(계량)' 지표의 평가내용으로 획일적으로 적용하는 것은 평가내용 구성의 타당성 기준을 훼손하고 있다고 볼 수밖에 없다. 또한 자본잠식 상태에 있거나 부채비율이 200%를 상회하는 공기업과 그렇지 않은 공기업에 대한 재무지표별 가중치 배분체계가 거의 동일한 것도 재무건전성 개선을 유도할 수 있는 평가내용 구성 및 기관별 특성을 반영한 가중치 배분체계 구축이라는 관점에서 볼 때 문제가 아닐 수 없다. SOC 평가유형 내에서 2021년 결산기준으로 부채비율 69.8%인 인천국제공항공사와 부채비율 287.3%인 한국철도공사가 부채비율에 대한 가중치를 1점으로 동일하게 설정하고 있고, 산업진흥·서비스 유형에 해당하는 부채비율 26.6%인 주택도시보증공사에도 부채비율에 가중치 1점을 부여하고 있다.

따라서 '재무예산성과(계량)' 지표의 평가내용을 구성하는 재무지표의 선정 및 가중치 배분에 대한 보다 객관적이고 타당한 기준을 명시적으로 설정하여 평가지표 설계에 접목할 필요가 있는 것으로 판단된다. 예를 들어 부채비율 구간(50% 미만, 50% 이상~100% 미만, 100% 이상~200% 미만, 200% 이상)[15], 이자보상배율[16] 수준(1

---

[15] 기획재정부가 작성한 「2013~2017년 공공기관 중장기재무관리계획(2013.9)」에서는 부채비율 구간별(100% 미만, 100% 이상~200% 미만, 200% 이상)로 부채관리방안을 차별적으로 설계한 사례가 있다(국회예산정책처, 2021.10).

[16] 이자보상배율은 이자비용 대비 영업으로 벌어들인 이익을 비교하여 기업에서 실제 발생할 현금유출대비 기업의 성과를 판단하는 지표이다. 그리고 차입금의존도는 부채 및 자본(자산총계) 대비

미만, 1 이상, 무차입기관<[17]>), 차입금 의존도(30% 미만, 30% 이상~50% 미만, 50% 이상~100% 미만, 100% 이상, 무차입기관), 재무위험기관 해당 여부, 최근 3년 간 당기순손실 발생 여부 등을 기준으로 '재무예산성과(계량)'의 재무지표 구성 및 가중치 배분체계를 차별적으로 설계하는 방안을 강구할 필요가 있다.

한편, '재무예산성과(계량)' 지표를 중장기재무관리계획 수립 대상기관이나 준정부기관으로 확대할 경우, 현재의 재무지표가 이들 기관의 재무건전성을 제대로 나타내 주지 못하거나 기관 특성에 적합하지 않은 경우가 다수 존재하여 단위평가지표의 평가내용 구성에 있어 타당성 문제가 제기될 수 있다. 특히 재무지표 중 하나인 부채비율은 공기업과 달리 위탁집행형 준정부기관에서는 재무건전성을 측정하는 지표로서의 타당성을 확보하기 어려운 사례들이 존재한다. 예를 들어 위탁집행형 준정부기관으로서 중장기재무관리계획 수립 대상기관인 한국농어촌공사의 경우 2021년도 부채비율이 497.8%로 매우 높은 수준을 보이고 있으나, 기관 부채의 90% 이상이 국가정책사업 관련 부채(농지관리기금 융자사업, 농촌진흥청 종전부동산 개발 등)이다. 이는 공사가 부채상환 및 이자부담의 주체가 아니며, 공사의 2021년 기준 실질적인 경영부채는 7,286억원(자본대비 33.7%)으로 추정된다. 또한 농지관리기금사업은 중앙정부(자산)와 비영리기관(부채) 간의 내부거래로 전부 상계되는 항목이며, 농업진흥청 종전부동산 개발사업의 경우에는 혁신도시특별회계 규정에 의거하여 정부정책사업을 대신하면서 발생하는 공사채와 분양수입을 모두 부채로 계상하는 특수성이 있다(국회예산정책처, 2021.10: 38). 이러한 문제점은 정책자금 융자사업을 수행하는 한국장학재단과 중소벤처기업진흥공단 등에서도 동일하게 발생하고 있다.

### (2) '중장기재무관리계획 이행실적(비계량)' 지표

'중장기재무관리계획 이행실적(비계량)' 지표는 세부평가내용을 '중장기재무관리계

---

이자부부채(차입금 및 사채) 비중을 측정하는 지표로서 신용위험과 부채(이자부부채) 상환능력을 평가하는 지표이다.

[17] 무차입기관(해양환경공단, 한국마사회, 한국방송광고진흥공단, 한국부동산원)의 경우에는 재무예산성과(계량) 지표의 재무지표 선정과정에서 기관의 특성을 충분히 반영해야 한다.

획의 적정성과 이를 실행하기 위한 노력과 성과'로 설정하고 있으나, 평가내용 구성의 타당성 측면에서 근본적인 문제점을 안고 있다. '중장기재무관리계획 이행실적'을 계량지표로 개발하여 부채비율을 평가내용으로 설정한 2021년까지는 '재무예산성과(계량)' 지표와의 유사·중복 문제는 있었으나 별도의 차별적인 평가기준으로서의 타당성 자체는 확보되고 있었다. 그러나 2022년 경영평가편람에서 이를 비계량지표로 전환하면서부터는 중장기재무관리계획을 수립하는 기관들을 별도로 관리하기 위한 도구로서는 필요할지 모르나, 공기업과 준정부기관의 재무예산관리를 위한 과정지표로서 중장기재무관리계획만을 별도로 분리하여 독립적인 평가내용으로 구성하는 지표설계 방식은 타당성을 확보하기 어려운 것으로 판단된다. 「2022년 공기업·준정부기관 예산운용지침」에서는 공공기관으로 하여금 예산편성시 중장기재무관리계획에 제시된 부채비율을 달성할 수 있도록 사업비 규모 등을 적절히 반영하도록 하고 있다. 또한 자체수입 확대, 경비절감, 사업구조조정, 재무관리전담팀 운영 등 자구노력을 통한 재무건전성 노력을 강화하도록 요구하고 있다. '중장기재무관리계획 이행실적(비계량)' 지표의 세부평가내용에서 제시하고 있는 재무관리방안의 이행이 '재무예산관리(비계량)' 지표를 통해 관리하는 예산편성 및 집행과정을 통해 체계적으로 수행되고 있는 것이다. 또한 앞에서 분석한 바와 같이 '중장기재무관리계획 이행실적(비계량)' 지표의 평가내용은 '재무예산관리(비계량)' 지표의 세부평가내용①(재무구조의 안정성 및 건전성 유지를 위한 기관의 노력과 성과)과 사실상 동일한 평가내용으로, 이를 별도의 독립적인 평가내용으로 설계해야 할 타당성을 인정하기 어려운 것으로 판단된다. 결과적으로 '중장기재무관리계획 이행실적'이 계량지표에서 비계량지표로 전환되면서 하나의 별도의 독립적인 평가지표로 존립해야 할 필요성과 정당성이 상실된 것으로 평가된다.

(3) '재무예산관리(비계량)' 지표

'재무예산 운영·성과' 지표 영역의 '재무예산관리(비계량)' 지표는 앞의 [그림 1]에서 제시한 공공기관의 재무예산과정 및 성과 모델에서 설명한 바와 같이 중장기경영전략과 중장기재무관리계획을 바탕으로 예산을 편성하고 집행하며, 결산 및 회계검사를 받는 재무예산과정을 관리하기 위해 설계한 과정지표이다. 기본적으로는 과정지표이지만, '재무예산성과(계량)' 지표에서 측정하고 평가하지 못하는 재무예산성과 관련 요소도 제한적으로 평가하는 것으로 평가내용이 구성되어 있다. 그러나 앞의 평가지표 구성체계에 대한 메타평가를 통해 밝힌 바와 같이 현재의 '재무예산 운영·성과' 지표 영역은 전반적으로 공공기관의 재무위험 통제 및 재무건전성 관리에 중점을 두고 있는 나머지 재원배분 및 예산운용의 효율성(operational efficiency)을 제고하기 위한 평가내용이 체계적으로 반영되어 있지 않다. 그 결과 재무예산과정의 단계별 활동을 균형있게 반영한 평가내용 구성이 미흡한 상황이다. 현재의 평가지표체계를 통해서는 자금운용, 투자관리, 예산운용의 투명성 등을 체계적으로 관리할 수 없다. 특히 회계 투명성과 신뢰성 확보에 관한 사항은 평가내용으로 전혀 수용되지 않았다. 따라서 현재의 '재무예산관리(비계량)' 지표는 평가내용 구성에 있어 타당성과 정합성 및 대표성, 유사·중복성 등의 측면에서 다음과 같은 문제점을 노정하고 있다.

첫째, 우선 '재무예산관리(비계량)' 지표의 전체 평가내용은 "재무구조의 안정성 및 건전성 유지, 예산편성 및 집행, 재무중점관리기관의 부채감축, 원가 및 경비절감"으로 구성되어 있다. 네 가지 세부평가내용 중 세 개가 재무건전성 확보를 위한 투입 및 과정관리에 관한 내용으로 구성되어 있고, "중장기경영전략 및 중장기재무관리계획 작성-예산편성-집행-결산 및 회계감사" 등으로 구성되어 있는 재무예산과정 관리를 통한 자원배분 및 예산운용의 효율성 관리를 위한 세부평가내용은 예산편성 및 집행에 관한 한 개 항목만 포함되어 있어 평가내용 구성의 대표성이 확보되지 않고 있다. 또한 네 가지 세부평가내용이 재무예산과정 모델에 따른 단계적 활동 과정으로 유기적으로 연계되어 있지 않다. '재무예산관리(비계량)'의 네 개의 세부평가내용을 설계한 논리적 근거 모델이 명확하지 않고 각 평가내용을 단순히 병렬적으로 나열하고 있는 것으로 보인다. 그러기 때문에 이 지표를 활용하여 재무예산관리 활동을 수행하거나 재무예산성과를 창출해야 하는 공공기관 입장에서는 세부평가내용 관련 활동들을 단계적 절차나 과정으로 상호 유기적으로 연계하여 체계적으로 수행하기가 용이하지 않을 것으로 판단된다. 예를 들어 재무구조의 안정성 및 건전성 유지 활동과 재무중점관리기관의 부채감축 활동은 상호 연계되어 있고, 후자가 전자의 부분집합으로 존재하는 활동임에도 불구하고 이러한 두 개의 활동을 각각 별도의 세부평가내용으로 분리하여 평가지표를 설계하였다. 또한 세부평가내용의 배치에 있어서도 함께 묶어주는 것이 바람직함에도 불구하고 세부평가내용 ①과 ③으로 분리되어 있는 상황이다.

결과적으로 현재의 '재무예산관리(비계량)' 지표는 전반적으로 평가내용 구성의 타당성 및 정합성이 미흡한 것으로 판단된다.

둘째, '재무구조의 안정성 및 건전성 유지를 위한 기관의 노력과 성과' 세부평가내용의 경우 '중장기재무관리계획 이행실적(비계량)' 지표와 평가내용이 중복되고 있다는 점은 이미 지적한 바와 같으며, 이 지표의 '재무중점관리기관의 부채감축을 위한 노력과 성과' 세부평가내용과의 중복성 문제도 안고 있다. 재무중점관리기관으로 선정된 기관의 경우에는 세부평가내용 ①과 ③을 차별적으로 관리하는 것이 어려울 것으로 판단된다. 또한 '재무구조의 안정성 및 건전성 유지를 위한 기관의 노력과 성과' 세부평가내용의 착안사항으로 예시되어 있는 '구분회계 정착'의 경우, 박근혜 정부에서 도입한 구분회계제도 운용과 관련하여 아직도 '정착 노력'을 평가하는 것은 타당하지 않은 것으로 판단된다. 아울러 '정부출자기관의 정부배당성향'을 '재무구조의 안정성 및 건전성'의 평가내용으로 구성하는 것도 타당하지 않은 것으로 판단된다. '정부출자기관의 정부배당성향'은 재무구조의 안정성 및 건전성과는 다른 차원의 '재무예산성과'로 구분되어야 하며, 공공기관 운영의 능률성과 생산성 제고 노력의 성과물이라고 할 수 있다.

셋째, '사업선정의 타당성 확보(예비타당성 조사 등)를 통한 합리적인 예산편성을 위한 노력과 성과' 세부평가내용은 공공기관의 재무예산과정 모델 중 예산편성과 집행을 포괄하고 있는 평가기준에 해당한다. 그런데 현재의 세부평가내용에 따르면 예산편성 단계에서는 예비타당성조사를 바탕으로 한 사업선정의 타당성 확보에 중점을 두고 있을 뿐 "사전타당성조사→예비타당성조사→타당성조사→기본계획수립" 등의 단계적 절차를 거쳐 진행되는 신규 투자사업 및 자본출자에 대한 체계적 관리 활동을 담보할 수 있는 평가내용이 제시되어 있지 않다. 또한 「2022년 공기업·준정부기관 예산운용지침」에서 요구하고 있는 "예비타당성조사 대상사업의 경우 예비타당성조사와는 별도로 내·외부 전문가가 동수로 참여하는 투자심의회에서 사업의 재무적 타당성에 대한 심의를 거쳐 사업을 추진한다. 기관 내에 리스크관리위원회를 설치하여 사업별 투자타당성 및 사업별 위험관리계획의 적정성을 심의한다." 등을 반영한 평가기준이 마련되어 있지 않다. 아울러 '공기업·준정부기관의 경영에 관한 지침'에서 예산 운용 기본원칙의 하나로 설정한 '예산운용의 투명성과 예산과정에의 고객 등의 참여 제고'에 관한 평가내용이 제대로 개발되어 있지 않다. 전반적으로 예산편성과정에서 관리해야 할 전략적인 활동 등이 평가내용으로 체계적으로 반영되어 있지 않은 것으로 평가된다. 특히 예산집행과 관련해서는 구체적인 평가착안사항을 예시하지 않고 있어서 자금운용, 투자관리, 계약관리, 예산운용의 투명성 등을 평가할 수 있는 평가내용을 구성하지 못하고 있다. 예산집행 단계에서 관리해야 할 자산운용에 관한 활동은 세부평가내용 ①의 내용으로 구성되어 있어 안정성, 유동성, 수익성 및 공공성을 고려하여 해당 기관의 자산을 투명하고 효율적으로 관리해야 함에도 불구하고 주로 재무구조의 안정성 및 건전성 유지를 중심으로 관리하도록 유도하고 있다. 한편, 결산 및 회계검사와 관련하여서는 회계처리의 투명성과 신뢰성 확보를 위한 내부통제 시스템 구축 및 운용이 중요함에도 '재무예산관리(비계량)' 지표의 세부평가내용에는 전혀 반영이 되어 있지 않다. 현재 관련 내용이 다소 거리가 있는 '윤리경영' 지표의 세부평가내용으로 수용되어 있다.

넷째, '재무중점관리기관의 부채감축을 위한 노력과 성과' 세부평가내용은 중장기재무관리계획 수립 대상기관 중 일부를 적용대상으로 설정하고 있기는 하지만, 세부평가내용을 통해 달성하고자 하는 정책목표 및 성과목표가 사실상 '중장기재무관리계획 이행실적(비계량)' 지표와 중복될 뿐 아니라 '재무예산관리(비계량)' 지표의 세부평가내용①과도 중복되는 상황이다. '재무중점관리기관'으로 선정된 기관의 경우에는 동일한 목적의 활동을 '중장기재무관리계획 이행실적(비계량)' 지표, '재무예산관리(비계량)' 지표의 두 개의 세부평가내용과 연계하여 각각 수행하고 보고해야 하는 상황에 직면하게 될 것이 자명하다. 이런 점에서 이 세부평가내용은 단위평가지표 평가내용 구성의 타당성 및 정합성과 평가내용 간 유사·중복성 등의 측면에서 많은 문제점을 안고 있다.

다섯째, '원가 및 경비절감 등 예산절감을 위한 노력과 성과' 세부평가내용은 2017년에 '계량관리업무비(계량)' 지표를 폐지하면서 '재무예산관리(비계량)' 지표의 세부평가내용으로 추가되었다. 만일 공공기관의 효율성과 재무건전성 관리를 강화하기 위하여 '재무예산성과' 지표의 평가 대상 및 범위를 확대하는 과정에서 2017년에 폐지한 '계량관리업무비(계량)' 지표를 다시 신설하게 될 경우, '재무예산관리(비계량)' 지표의 '원가 및 경비절감' 평가내용은 '계량관리업무비(계량)' 지표와 평가대상이 완전히 중복된다. 따라서 '계량관리업무비(계량)' 지표를 신설할 경우, 당연히 '원가 및 경비절감'의 세부평가내용은 삭제하여야 한다.

## III. 새정부의 '재무예산 운영·성과' 지표 관련 정책수요 반영을 위한 메타평가

### 01. '재무예산 운영·성과' 지표의 개편에 관한 새정부의 정책수요 분석

경영평가제도가 수행하는 가장 본질적인 역할인 경영목표 설정과 관련하여 경영평가지표에는 공공기관이 고유하게 달성해야 할 경영목표와 정부가 달성하고자 하는 공공기관 정책목표 두 가지 요소가 포함되어 있다. 새정부 출범 이후 이루어지는 경영평가지표 개편 시기에는 이 두 가지 요소 중 후자인 정부가 달성하고자 하는 공공기관 정책목표를 반영하기 위해 기존 경영평가지표체계를 개편함과 동시에 새로운 평가지표를 신설할 필요성이 제기된다. 공공기관이 고유하게 달성해야 할 경영목표는 주로 주요사업범주 평가지표 설계를 통해 구체화되고, 정부가 달성하고자 하는 정책목표는 주로 경영관리범주 평가지표를 통해 구체화된다.

따라서 윤석열 정부의 출범과 더불어 '재무예산 운영·성과' 지표 영역에서 정부가 새롭게 추진하고자 하는 정책목표와 정책과제를 확인하고, 이를 '재무예산 운영·성과' 지표 개편에 반영해야 한다. 그런데 국정과제나 정부의 공공기관 정책목표를 경영평가지표로 수용하는 과정에서는 공공기관 경영성과 및 경영활동의 왜곡 가능성과 경영평가지표의 안정성을 저해하는 문제점이 발생할 수 있다. 정부의 국정과제나 공공기관 정책목표를 평가지표화하는 과정에서 발생할 수 있는 이러한 문제점을 최소화하기 위해서는 평가지표체계 개편 과정에서 공공기관의 고유성 내지는 차별성을 인정하고, 평가지표 설계 또는 개편에 대한 공공기관의 선택권을 보장할 필요가 있다. 공공기관별 차별성을 인정하고 평가지표나 가중치에 대한 공공기관의 선택권을 보장하는 원칙에 따라 국정과제나 정부의 공공기관 정책목표를 반영하기 위한 평가지표 개편 작업을 진행하게 되면 맞춤형 평가지표체계 구축을 일정 수준 담보할 수 있을 것이다.

그러면 윤석열 정부가 '재무예산 운영·성과' 지표 영역에서 추진하고자 하는 정책목표와 정책과제로는 어떤 것들이 있는가? 이를 확인하기 위해 본 연구에서는 윤석열 정부 출범 이후 발표한 공공기관 정책에 관한 내용을 담고 있는 120대 국정과제와 새정부 경제정책방향[18], 재무위험기관 선정 및 집중관리제도, 생산성·효율성 제고를 위한 새정부 공공기관 혁신가이드라인, 자율·책임·역량 강화를 위한 공공기관 관리체계 개편방안 등의 정책자료를 수집하여 분석하였다. 그 결과 '재무예산 운영·성과' 지표의 평가내용으로 반영할 필요가 있는 윤석열 정부의 국정과제와 공공기관 관련 정부정책으로부터 도출한 정책수요는 <표 11>과 같다.

'재무예산 운영·성과' 지표에 반영할 필요가 있는 정책수요는 경상경비 예산절감을 포함한 예산 효율화, 불필요한 자산매각, 예비타당성조사 대상 사업 기준금액 인상 및 관리 강화, 출자·출연 사전 계획협의제도 도입 및 출자회사 관리 강화, 재무위험기관 집중관리제도 도입, 출자기관 배당성향 제고 등으로 집약된다. 또한 이러한 새로운 정책수요 반영 등을 통해 업무효율(노동·자본생산성) 및 재무성과 지표의 가중치 비중을 2022년 경영평가편람 기준으로 10점에서 20점으로 상향 조정하겠다는 정책목표를 명시적으로 제시하고 있다. 특히 기획재정부는 현재 '재무예산성과(계량)' 지표의 적용대상에서 제외되고 있는 위탁집행형 준정부기관도 재무성과 평가를 새로 실시하겠다는 정책방향을 「공공기관 관리체계 개편방안」을 통해 명시적으로 밝힌 바 있다.

---

[18] 윤석열정부 120대 국정과제와 새정부 경제정책방향은 별도의 정부정책이지만 공공기관 정책 및 공공기관 혁신과제에 관한 내용에 중복이 많아 분석의 편의를 위해 하나의 정책 범주로 분류하였다.

〈표 11〉 '재무예산 운영·성과' 평가지표 개편에 반영해야 할 정책수요 분석 결과

| 평가지표 | 평가지표 개편 관련 정책수요 |
| --- | --- |
| 재무예산 운영·성과 | ■ 예산 효율화<br>-임·직원 인건비 효율화: 임·직원의 인건비를 적정수준으로 조정, 초과근무시간 조정 및 연차사용 독려 등을 통한 인건비 지출 소요 최소화, 유사 수당 통·폐합, 신규 수당 신설 억제<br>-경상경비 예산 절감: 2022년(2022년 하반기 경상경비 예산의 10% 이상 절감, 업무추진비 예산의 10% 이상 절감), 2023년(경상경비는 전년대비 3% 이상 삭감, 업무추진비는 전년대비 10% 이상 삭감)<br><br>■ 자산 정비: 불요불급한 자산 매각<br>-불요불급한 자산 매각: 기관의 고유기능과 연관성이 낮은 토지·건물, 보유 필요성이 낮은 자산, 유휴자산, 운영기준 위배 등의 숙소·사택<br>-공공기관 청사 활용 강화: 각 시설별 기준면적 초과시 축소하고 유휴 면적은 매각·임대 등 추진, 업무수행과 직접적인 연관성이 낮은 옥외·부대시설의 매각·임대·민간개방, 청사 소재지(혁신도시 이전기관, 수도권 잔류기관, 수도권 지사)에 따른 맞춤형 자산가치 활용도 제고<br><br>■ 공공기관 예비타당성조사 대상 기준금액 상향 및 관리 강화<br>-예비타당성조사 대상 기준금액을 총사업비 2,000억원+공공기관·정부부담액 1,000억원 이상'으로 상향 조정<br>-예비타당성조사 대상 사업 기준금액 상향 조정과 연계하여 공공기관의 신규 투자사업 추진에 대한 책임성 확보를 위해 기관 내부 타당성 검증절차(신규 투자사업 및 자본출자의 사전 타당성조사 실시, 투자심의회에서 사업의 재무적 타당성 심의)의 이행실적 및 검증 결과에 대한 경영평가 강화<br><br>■ 출자·출연 사전 계획협의제도 도입 및 출자회사 사후관리 강화<br>-개별사업 건별 사전협의(수시)를 출자·출연계획 일괄협의(반기별)로 전환하고 계획 대 이행실적 점검(반기별). 출자·출연계획과 기관의 재무건전성 간 연계성 강화(개별사업의 타당성만 검토→기관의 경영목표 및 계획, 전반적인 재무상황 등 종합적 고려)를 통해 무분별한 출자회사 증가 방지<br>-출자회사 사후관리 강화를 통한 성과 제고: 공공기관의 자체 통제 강화를 위한 내부지침 제·개정 권고, 이행실적 정기보고(4월)시 투자수익률 등 출자회사 경영성과를 점검(필요시 부실회사 리스트 공유, 경영개선계획 수립 요구)하고 차기 출자·출연계획 협의시 성과 반영<br><br>■ 재무위험기관 집중관리제도 도입<br>-재무위험기관 14개 공기업 선정: 사업수익성 악화(징후) 기관 9개, 재무구조 전반 취약 기관 5개로 구분. SOC 유형 공기업 2개 기관, 에너지 유형 공기업 12개 기관<br>-재무위험기관 유형별 맞춤형 관리: 사업수익성 악화기관은 수익성 제고 및 지출 효율화에 집중하고 5년 내 재무위험기관 탈피. 재무구조 전반이 취약한 기관은 수익성 제고, 지출 효율화와 함께 사업구조 조정을 실시하고, 5년 내 부채비율 200% 미만 또는 자본잠식 상태 해소<br>-재무구조 개선을 통한 부채 감축과 사업 구조조정을 통한 수익성 제고를 위한 5개년 재정건전화계획을 새로 수립. 또한 재정건전화계획을 반영한 중장기재무관리계획을 수립하고, 두 계획의 이행실적을 주기적으로 점검<br>-재정건전화를 위한 자구 노력은 자산매각(부동산, 출자지분 등 자산별 매각 가능성과 수익 검토하여 계획 수립, 비핵심자산 매각), 사업조정(①사업규모 축소, 시기조정, 방식변경, 중단 등을 통해 사업비 절감 추진, ②이자보상배율 1미만 사업의 규모 축소 또는 통폐합 추 |

| 평가지표 | 평가지표 개편 관련 정책수요 |
|---|---|
| | 진, ③신규사업은 재원조달 가능성을 검토하여 추진(Paygo 원칙 적용)), 비용절감(인건비, 경비, 사업비, 금융비용 절감), 수익확대, 자본확충 등 5개 분야로 구분하여 계획을 수립하고 이행<br>-재정건전화계획 이행실적은 ①기관의 건전화 노력 이행실적(자산매각 등에 따른 자금유입, 사업조정·비용절감 등에 따른 자금유출 감소 금액으로 관리)과 ②건전화 노력 등에 따른 재무지표 달성 실적(재무위험기관 탈피, 부채비율 200% 미만 달성, 자본잠식 해소 등의 목표대비 달성 수준 관리) 2가지를 기준으로 관리<br>-재정건전화계획과 중장기재무관리계획을 상호 연계하여 통합적으로 관리<br>-재무위험기관 집중관리 이행실적을 평가할 수 있도록 2022년 공공기관 경영평가편람 수정<br>■ 출자기관 배당성향 제고<br>■ 정부재정부문 재정준칙 법제화 추진<br>■ 노동·자본생산성 및 재무성과 지표 비중 확대: 공기업 유형 기준으로 2022년 편람 수정시 가중치 10점을 20점으로 상향 조정<br>-위탁집행형 준정부기관도 재무성과 평가를 새로 실시 예정 |

## 02. 새정부의 정책수요를 '재무예산 운영·성과' 지표에 반영하기 위한 메타평가

우선 '재무예산 운영·성과' 지표에 반영할 필요가 있는 위의 정책수요 중에서 예산절감, 자산매각, 예비타당성조사, 출자기관 배당성향 제고 등은 현행 '재무예산 운영·성과' 지표에 이미 반영되어 있기 때문에 해당 평가내용을 보다 강조하는 방향으로 평가지표를 개편하면 될 것으로 판단된다. 예를 들어 예비타당성조사를 활용한 사업 선정의 타당성 확보 활동과 연계하여 신규 투자사업 및 자본출자에 대해서는 예비타당성조사와는 별도로 기관 자체적으로 사전타당성조사를 먼저 실시하고, 투자심의회에서 사업의 재무적 타당성을 심의하는 활동을 수행하도록 하는 평가내용을 추가할 필요가 있다. 다만, 임·직원 인건비 효율화와 경상경비 예산절감은 공공기관의 생산성 및 효율성 제고를 위한 핵심 어젠다로 강조되고 있기 때문에 보다 적극적인 대응이 필요하다. 이를 위해서는 2017년 경영평가편람 작성과정에서 폐지된 '계량관리업무비(계량)' 지표를 다시 신설하는 방안을 검토할 필요가 있다. '업무효율(계량)' 지표와 '재무예산 운영·성과' 지표의 가중치를 10점 정도 상향 조정하는 가운데 위탁집행형 준정부기관에 대해서도 '재무성과'를 새로 평가하기 위해서는 현재의 평가지표체계만으로는 한계가 있다. 특히 위탁집행형 준정부기관의 경우에는 재무지표로 구성된 현재의 '재무예산성과(계량)' 지표를 적용하는 것이 여의치 않는 사례도 상당수 있다.

이러한 문제를 해결하기 위해서는 현재의 '재무예산성과(계량)' 지표와 신설하는 '계량관리업무비(계량)' 지표를 상호 보완적으로 활용할 수 있는 지표체계를 구축할 필요가 있다. 그리고 <표 12>를 통해 확인할 수 있는 바와 같이 '관리업무비' 범위가 '공공기관 혁신가이드라인'의 경상경비 절감을 넘어서 일부 인건비 지출의 효율화 성과까지를 포함할 수 있다. 또한 현재 '재무예산관리(비계량)' 지표의 세부평가내용으로 설정되어 있는 '원가 및 경비 절감 등 예산 절감을 위한 노력과 성과'를 '계량관리업무비' 지표를 통해 평가할 수 있다. 따라서 공공기관 혁신가이드라인에서 제시하고 있는 생산성·효율성 제고를 위한 공공기관 혁신과제를 '재무예산 운영·성과' 지표 영역에 효과적으로 접목하기 위해서는 각 기관별 매출액 대비 관리업무비로 측정하는 '계량관리업무비(계량)' 지표를 신설하는 것이 바람직할 것으로 판단된다.

<표 12> 경상경비와 관리업무비의 구분 및 상호관계

| 구 분 | 정의 및 경비의 범위 | 근 거 |
|---|---|---|
| 경상경비 | 경상경비는 손익계산서상의 판매비와 관리비 중 기관 운영 또는 영업유지를 위해 매년 반복적으로 지출되는 경비를 말한다. 비급여성 복리후생비, 업무추진비, 교육훈련비, 여비교통비, 수선유지비, 통신비 등을 포함한다. | 2022년 공기업·준정부기관 예산운용지침 |
| 관리업무비 | 관리업무비는 제조원가명세서상의 경비 또는 준정부기관의 사업원가명세서상의 사업비성 경비 및 손익계산서상의 판매비와 관리비의 합계액에서 다음 항목(정규직 인건비, 감가상각비, 교육훈련비, 연구개발비 등) 등을 제외한다. | 2016년도 공공기관 경영평가편람(수정) |

다음으로 <표 11>을 통해 제시한 정책수요 분석 결과 중 윤석열 정부의 공공기관 정책을 통해 새롭게 제시된 혁신과제로는 출자·출연 사전 계획협의제도 도입 및 출자회사 사후관리 강화, 재무위험기관 집중관리제도 도입을 들 수 있다. 이중 출자·출연 사전 계획협의제도 도입 및 출자회사 사후관리 강화는 재무예산관리 활동의 일환으로

수용할 수도 있지만, '출자회사 관리(비계량)' 지표의 평가내용으로 구성하는 것이 더 적정할 것으로 판단된다. 다만, '재무예산성과(계량)' 지표를 운용하는 과정에서 다수의 출자회사를 보유하고 있는 공기업과 준정부기관을 대상으로 출자회사의 경영성과 제고 노력을 촉진할 수 있는 제도적 장치를 작동시킬 수 있다. 즉, 다수의 출자회사를 보유하고 있는 공기업과 준정부기관의 경우 주된 재무제표는 개별재무제표가 아닌 연결재무제표라고 할 수 있다. 현재 정부가 공공기관으로 하여금 출자회사에 대한 관리 강화를 요구하고 있다는 점을 감안할 때 '재무예산성과(계량)' 지표 평가를 현행 평가용 재무제표(별도+지분법손익)에 추가하여 연결재무제표에 근거하여 평가하는 방안을 강구할 필요가 있다. 예를 들어 현재에는 '재무예산성과(계량)' 지표 평가시 가중치 3점을 모두 평가용 재무제표를 기준으로 평가하고 있으나, 출자회사의 경영성과에 대한 모회사로서 공공기관의 경영책임을 강화하기 위해 "평가용 재무제표기준 1점, 연결재무제표 기준 2점으로" 재무제표 적용 기준을 전환하는 방안을 도입하는 것이 필요한 것으로 판단된다.[19] 따라서 연결재무제표를 작성하고 있는 공기업과 준정부기관에 대해서는 재무성과를 평가하는 '재무예산성과(계량)' 지표의 평가기준 및 방법에 연결재무제표의 회계정보를 활용하는 방안을 마련할 필요가 있다. 출자회사의 경영성과에 대한 공공기관의 책임성 제고를 위해 연결재무제표를 산출하고 있는 공기업과 준정부기관에 대해서는 1:2의 비중으로 평가용 재무제표와 연결재무제표의 적용 수준을 정하는 것이 바람직할 것으로 판단된다.

이와 같은 연결재무제표 기준 '재무예산성과(계량)' 지표 평가방법 개선과 함께 '재무예산 운영·성과' 지표 영역에 새롭게 접목해야 할 핵심적인 정책과제는 '재무위험기관 집중관리제도'이다. 현재 기획재정부는 기관별 재무상황 등에 대한 평가를 바탕으로 재무위험기관을 선별한 후 집중적인 재무위험 관리를 통해 공공기관의 재무건전성을 제고하고자 한다. 이를 위해 재무위험기관은 향후 5년간의 재정건전화계획을 수립하여 재무위험기관 탈피나 부채비율 200% 미만 또는 자본잠식 해소를 목표로 자산매각, 사업·투자계획 조정, 경영효율화 등 자구노력을 추진할 예정이다. 이러한 재무위험기관 집중관리제도 도입 방안에 따라 현재 14개 공기업을 재무위험기관으로 선정하

---

[19] 여기 소개한 이 아이디어는 배성규 회계사가 제시한 것이다.

여 재정건전화계획을 수립토록 하였다. 그 결과 향후 5년간 재무위험기관으로 선정된 14개 공기업들이 <표 13>을 통해 제시한 바와 같이 자산매각(기관 고유기능과 무관한 배핵심자산, 전략적 가치가 낮은 해외사업 지분 등 매각), 사업조정(사업·투자 우선순위를 고려하여 사업 조정, 비핵심사업 투자 철회 등), 경영효율화(설비운영 효율화로 사업비 절감, 사업조정에 따른 이자비용 감소, 출연 축소 등), 수익확대(서비스 공급가격 산정제도 개선, 철도 수송능력 확충 등을 통해 수익 확대), 자본확충(신종자본증권 발행, 유형자산 재평가 등) 등의 재정건전화 방안을 통해 총 34.0조원 규모의 부채감축 및 자본확충을 추진하는 것으로 계획하고 있다.

〈표 13〉 재무위험기관의 향후 5년간 재정건전화 추진계획

(단위: 억원, %)

| 합계 | 자산매각 | 사업조정 | 경영효율화 | 수익확대 | 자본확충 |
|---|---|---|---|---|---|
| 340,602 | 42,756 | 130,397 | 53,765 | 12,686 | 100,998 |
| 100.0% | 12.6% | 38.3% | 15.8% | 3.7% | 29.6% |

자료: 기획재정부 보도자료(2022.8.31.).

따라서 기획재정부가 공공기관의 재무위험을 적극적으로 관리하기 위하여 설계한 재무위험기관 집중관리제도를 '재무예산 운영·성과' 지표 영역에 효과적으로 접목하기 위해서는 재무위험기관으로 선정된 14개 공기업을 대상으로 자산매각, 사업조정, 경영효율화, 수익확대, 자본확충 등으로 구성된 재정건전화계획의 추진실적과 성과를 맞춤형으로 평가할 수 있는 지표를 설계할 필요가 있다. 이와 관련하여 기획재정부는 14개 재무위험기관의 재정건전화계획을 반영한 2022~2026년 중장기재무관리계획 수립 결과를 발표하면서 공공기관의 재무건전성 관리 방안을 다음과 같이 제시하였다. 우선 제도개선 등을 통한 재무건전성 관리 강화 방안으로 ①현재의 개별사업 위주의 위험관리를 기관 재무구조 전반에 미칠 수 있는 대외위험 관리로 전환·강화, ②모회사인 공공기관의 부실로 이어지지 않도록 출자회사의 실적을 점검하고 부실회사의 경우 정비 추진, ③기관별로 자금(영업·여유자금)의 적정 운용 규모·체계를 마련토록 하여 자금의 효율적 운용 유도 등을 제시하였다. 그리고 공공기관 재무실적에 대한 경영평

가 강화 방안으로 ①업무효율성, 재무지표(부채비율 등) 등 재무예산 운용·성과에 대한 평가배점 확대, ②재정건전화 계획(목표)의 적정성과 그 이행실적에 대한 배점을 신설하여 기관의 재정건전화 노력 적극 지원 등을 제시하였다.

이와 같은 정부의 정책방향에 부응하기 위해서는 재정건전화계획을 수립하여 추진하는 14개 재무위험기관만을 대상으로 한 별도의 차별화된 지표 설계가 필요하다. 다시 말해 재무위험기관 집중관리제도의 취지를 '재무예산 운영·성과' 지표 영역에 효과적으로 접목하기 위해서는 재무위험기관만을 별도로 구분하여 이들 기관의 특성에 적합한 재무위험 관리를 포함하여 재무예산관리 활동을 평가하는 비계량지표를 신설하는 방안을 검토해 볼 필요가 있다.

한편, 기획재정부가 「공공기관 관리체계 개편방안」을 통해 명시적으로 밝힌 바 있는 위탁집행형 준정부기관에 대한 재무성과 평가를 어떻게 설계할 것인가도 새로운 정책과제 중 하나이다. 위의 메타평가 과정을 통해 분석한 바와 같이 현재의 '재무예산 운영·성과' 지표체계하에서는 공공기관의 재무성과를 측정하는 지표인 '재무예산성과(계량)' 지표의 적용대상이 공기업으로 한정되어 있다. 그 결과 현재 위탁집행형 준정부기관과 기금관리형 준정부기관이 모두 재무성과 평가 대상에서 제외되고 있다. 다만, 기금관리형 준정부기관은 국가재정법에 의한 '기금운용평가' 결과를 그대로 활용한 '기금운용관리 및 성과' 지표가 설계되어 있기 때문에 재무성과 평가가 부분적으로 이루어지고 있는 것으로 볼 수 있다.

준정부기관 중 순수 위탁집행형 기관, 즉 정부로부터 지원받은 사업비를 집행하는 역할을 수행하는 기관의 경우에는 손익 및 경영성과가 유의미하지 않으므로 공기업에 적용된 것과 동일한 '재무예산 운영·성과' 지표가 요구되지는 않을 것이다. 그러나 문재인정부 이전에는 준정부기관에 대한 '재무예산 운영·성과' 계량지표로 '사업비집행률' 지표와 '계량관리업무비' 지표를 활용하였다. 그런데 사업비집행률 지표의 경우에는 평가지표로서 유의적인 의미를 가지지 못한다는 지적이 많았고, 지금도 그러한 평가는 여전히 유효한 것이기 때문에 사업비집행률 지표를 다시 활용하는 것은 부적절할 것으로 판단된다.[20] 다만, '계량관리업무비' 지표는 위에서 이미 제시한 바와 같

---

[20] 이 당시 위탁집행형 준정부기관의 경우 재무예산성과를 대부분 사업비집행률 지표로 평가받았다.

이 경상경비 절감 노력을 평가하는 지표로서 정부의 공공기관 혁신가이드라인에서 강조하고 있는 경상경비 절감 방향과 일치하는 지표이기 때문에 신설의 필요성과 타당성을 충분히 인정받을 수 있을 것으로 판단된다. 다만, 계량관리업무비 지표를 적용하던 당시에 공공기관이 계속된 지표 관리로 인해 경비절감 압박에 피로감을 호소하였던 상황이 노정된 바 있기 때문에, 이 지표를 신설하더라도 2017년 이전과 같은 높은 가중치를 적용하는 것은 어려울 것으로 판단된다. 결과적으로 2017년 계량관리업무비 지표를 폐지한 이후 공공기관에 관리업무비 측면에서 어느 정도의 방만경영이 누적되어 있는가에 대한 정책판단을 바탕으로 계량관리업무비 지표의 적용 강도를 선택하게 될 것으로 보인다.

또한 준정부기관 중 순수 위탁집행형 기관이 아닌 기관, 즉 기금관리형과 위탁집행형 준정부기관이지만 자체수입이 있는 기관(예: 검사검증업무 수행 기관 등)은 경영효율화 및 재무예산 관리가 필요하므로 공기업과 동일한 '재무예산 운영·성과' 지표를 적용하는 것이 가능하다. 그리고 순수 위탁집행형 준정부기관 중에서도 재무위험 기관(예: 국가철도공단)에 대해서도 공기업과 동일한 '재무예산 운영·성과' 지표를 적용하는 것이 필요하다. 이런 관점에서 위의 메타평가 과정에서 분석한 준정부기관 중 중장기재무관리계획 수립 대상기관이나 위탁집행형 준정부기관 중에서 자체사업수입을 확보하고 있는 수지차 보전기관을 '재무예산성과(계량)' 지표의 적용대상으로 설정하는 것은 그 필요성과 타당성을 충분히 인정받을 수 있을 것으로 판단된다.

## IV. 맞춤형 지표설계를 위한 '재무예산 운영·성과' 지표의 개편방안

이상에서 검토한 2022년 경영평가편람의 '재무예산 운영·성과' 지표영역에 대한 메타평가 결과를 지표설계에 반영하기 위해서는 '재무예산 운영·성과' 지표영역의 지표체계와 평가내용에 대한 전면적인 개편이 필요할 것으로 판단된다.

## 01. '재무예산 운영·성과' 지표의 적용대상 영역 확장 및 기관유형 분류체계 개편방안

우선 평가유형별·기관별 맞춤형 평가지표 설계라는 관점을 체계적으로 적용하기 위해서는 '재무예산 운영·성과' 지표의 적용대상 영역을 확장하되, 현재의 공기업, 기금관리형 준정부기관, 위탁집행형 준정부기관의 평가유형 분류체계를 전제로 '재무예산 운영·성과' 지표영역의 특수성을 반영하기 위한 추가적인 기관유형 분류 요소를 적용하여 평가지표 적용대상 평가유형 분류체계를 재구성할 필요가 있다.[21] 이것이 '재무예산 운영·성과' 지표체계의 전면 개편을 위한 토대를 구성하는 핵심 요소이다.

앞의 메타평가 과정에서 충분히 설명한 바와 같이 공공기관의 재무예산과정 및 성과 영역을 관리하고 평가하는 과정에서 고려해야 할 핵심적인 기관특성은 중장기재무관리계획 수립 대상기관 해당여부이다. 그리고 윤석열 정부가 공공기관의 재무건전성 관리 강화를 위해 도입한 재무위험기관 집중관리제에 따른 '재무위험기관'과 '재정건전화계획'이 '재무예산 운영·성과' 지표체계 설계과정에서 반영해야 할 새로운 기관특성으로 부각되고 있다. 또한 정부출자기관과 손실보전기관 및 수지차 보전기관도 평가지표의 적용대상 영역 및 구체적인 세부평가내용별 적용대상 범위를 검토할 때 반드시 고려해야 할 기관특성들이다. 2022년 현재 기준으로 '재무예산 운영·성과' 지표체계의 적용대상 범위를 선택하는 과정에서 고려해야 할 기관특성 유형별 현황을 살펴보면 <표 14>와 같다. 중장기재무관리계획 수립 대상기관이 38개 기관(2022년 중장기재무관리계획 제출 기관 39개 중에서 중소형 유형에 속하는 1개 기관 제외), 재무위험기관 14개, 정부출자기관 26개, 손실보전기관 11개, 수지차 보전기관 23개 등이 있다.[22] 이들 기관특성 유형 중에서 중장기재무관리계획 수립 대상기관인 동시에 재

---

[21] 2022년 경영평가편람의 평가유형 분류체계에 포함되어 있는 '중소형' 평가유형은 기획재정부의 「공공기관 관리체계 개편방안」(2022.8.18.)에 따라 기타공공기관으로 전환될 예정이기 때문에 평가지표 개편방안을 설계하는 과정에서는 평가유형 분류체계에서 제외하는 것으로 한다.

[22] 재무예산 운영·성과 지표의 적용대상 기관특성 유형을 분류함에 있어 재무건전성을 확보하고 경영성과를 제고하기 위해 도입한 구분회계 운영 기관도 고려해야 할 기관특성 중 하나이다. 그런데 공기업·준정부기관의 경영에 관한 지침 제51조에서 규정하고 있는 구분회계 도입 기관의 범위는 "중장기재무관리계획 작성 대상기관과 부채 또는 부채비율이 급격히 증가하여 공공기관운영위원

무위험기관인 교집합 영역에 속하는 14개 공기업이 '재무예산 운영·성과' 지표영역에서 맞춤형 지표 설계의 핵심 대상이 되는 기관유형에 해당한다고 볼 수 있다.

〈표 14〉 재무예산 운영·성과 지표의 적용대상 기관특성 유형 현황(2022년 기준)

| 구 분 | 중장기재무관리계획 제출 기관 | | | 중장기재무관리계획 비제출기관 | | |
|---|---|---|---|---|---|---|
| | 공기업 (36개 중 22개 기관) | 기금관리형 (12개 중 10개 기관) | 위탁집행형 (45개 중 6개 기관) | 공기업 (14개 기관) | 기금관리형 (2개 기관) | 위탁집행형 (39개 기관) |
| 재무위험기관 (14개 기관) | 14개(중장기+재무위험) | | | | | |
| | 8개(중장기재무관리) | | | | | |
| 정부출자기관 (26개 기관) | 15개 기관 (재무위험기관 8개) | 2개 기관 | 2개 기관 | 5개 기관 | | 2개 기관 |
| 손실보전 기관 (11개 기관) | 4개 기관 | 5개 기관 | 2개 기관 | | | |
| 수지차 보전기관 (23개 기관) | 1개 기관 | 1개 기관 | 3개 기관 | | | 18개 기관 |

주: 1) 2022년 중장기 재무관리계획 제출 기관(39개) 기준.
    2) 공기업 중 중장기재무관리계획 수립 대상기관인 동시에 재무위험기관으로 선정된 14개 기관 중 12개 기관은 에너지 유형(에너지 유형 12개 기관 모두 해당)에 해당하고, 나머지 2개 기관은 SOC 유형에 해당하는 공기업(한국토지주택공사, 한국철도공사)임.

이러한 기관특성 유형 분류 및 현황을 2022년 경영평가편람의 평가유형 분류체계에 접목하여 2023년 경영평가편람의 '재무예산 운영·성과' 지표의 적용대상 범위 선택을 위한 평가유형 기본모델을 설계하여 제시하면 [그림 2]와 같다. '재무위험기관'을 '재무예산 운영·성과' 지표영역에서만 적용되는 별도의 독립적인 하위 평가유형으로 구분하는 것이 핵심이다. 따라서 공기업 평가유형에 속하는 36개 기관은 재무위험기관 14개와 재무위험기관을 제외한 나머지 중장기재무관리계획 수립 대상기관 8개, 중장기재무관리계획 비제출기관 14개로 세분류하여 맞춤형 평가지표 설계를 위한 평가유형 구성단위로 설계하였다. 그리고 기금관리형 준정부기관은 별도의 평가유형으

회에서 지정한 기관"으로 설정되어 있다. 따라서 '구분회계 도입 기관'은 사실상 중장기재무관리계획 수립 대상기관과 동일하다고 볼 수 있다.

로 구분하되, 12개 기관 중 중장기재무관리계획 비제출기관 2개 기관(국민연금공단, 근로복지공단)만 예외를 인정하면 된다. 또한 위탁집행형 준정부기관 45개 기관은 크게 중장기재무관리계획 수립 대상기관 6개와 나머지 39개 기관으로 크게 구분하되, 39개 기관 중에서 수지차 보전기관에 해당하는 18개 기관, 정부출자기관 2개 기관에 대해서는 그 차별성을 평가지표 설계에 반영해야 한다.

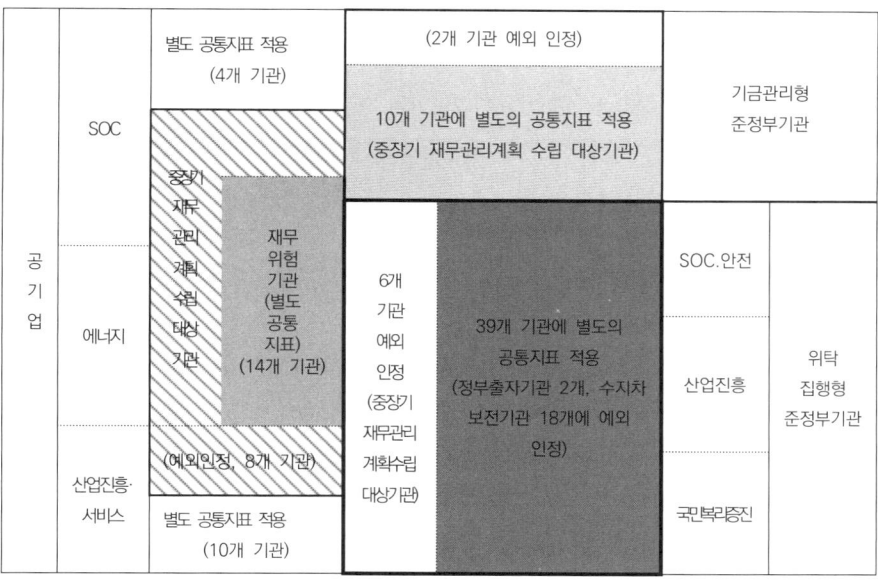

[그림 2] 재무예산 운영·성과 지표 적용대상 기관유형 분류체계(2023년 편람 기준)

## 02. '재무예산 운영·성과' 지표체계 개편방안

'재무예산 운영·성과' 지표영역을 구성하는 단위평가지표를 전면 개편할 필요가 있다. 2022년 경영평가편람상의 '중장기재무관리계획 이행실적(비계량)' 지표와 '재무예산관리(비계량)' 지표를 하나로 통합하여 재구성하고, '계량관리업무비(계량)' 지표를 신설할 필요가 있다. 그리하여 '재무예산 운영·성과' 지표체계를 현재의 "재무예산성과(계량)+중장기재무관리계획 이행실적(비계량)+재무예산관리(비계량)"에서 "재무예산성과(계량)+계량관리업무비(계량)+재무건전성 및 예산운용의 효율성 관리(비계량)"으로 전환할 필요가 있다. 여기에 기금관리형 준정부기관에 대해서는 별도로 기존의 '기금운용관리 및 성과' 지표를 '재무예산 운영·성과' 지표영역을 구성하는 단위평가지표로 계속 활용하면 될 것이다. 이러한 새로운 '재무예산 운영·성과' 지표체계의 개편대안을 정리하여 제시하면 <표 15>와 같다.

〈표 15〉 '재무예산 운영·성과' 지표체계 개편대안(2023년 편람 기준)

| 구분 | 투입·과정 지표(비계량지표) | | | 성과(결과) 지표(계량지표) | | |
|---|---|---|---|---|---|---|
| | 지표명 | 적용대상 범위 | 가중치 | 지표명 | 적용대상 범위 | 가중치 |
| 현재 | 중장기재무관리계획 이행실적(비계량) | 중장기재무관리계획 수립 공기업과 준정부기관 | 1점 | 재무예산성과 (계량) | 공기업 | 3점 |
| | 재무예산관리 (비계량) | 공기업, 준정부기관 중 중장기 재무관리계획 수립 대상기관 | 1점 | 기금운용관리 및 성과 (계량) | 기금관리형 준정부기관 | 5점 |
| 개선 | 재무건전성 및 예산운용의 효율성 관리 (비계량) | 재무위험기관(공기업) | 4점 | 재무예산성과 (계량) | 공기업 위탁집행형 준정부기관 기금관리형 준정부기관 | 6(7)점 3점 2점 |
| | | 공기업(재무위험기관 제외) 위탁집행형 준정부기관 | 4점 3점 | 계량관리업무비 (계량) | 공기업 위탁집행형 준정부기관 기금관리형 준정부기관 | 3(2)점 3점 2점 |
| | | 기금관리형 준정부기관 | 2점 | 기금운용관리 및 성과 (계량) | 기금관리형 준정부기관 | 5점 |

주: '업무효율(계량)' 지표의 평가유형별 가중치(공기업 7점, 위탁집행형 준정부기관 4점, 기금관리형 준정부기관 3점).

## 03. '재무예산 운영·성과' 지표의 가중치 배분체계 개편방안

'재무예산 운영·성과' 지표체계의 전면 개편과 함께 가중치 배분체계도 개편해야 한다. 사회적 경영성과 또는 ESG 경영성과와 경제적·재무적 경영성과 간의 균형 확보를 위해서는 '재무예산 운영·성과' 지표영역의 가중치를 현재의 5점 수준에서 대폭 상향 조정해야 한다. 신설하는 '계량관리업무비(계량)' 지표의 가중치를 2017년 이 지표 폐지 당시에 적용하였던 가중치 수준과 '공공기관 혁신가이드라인'에서 제시하는 경비절감 목표 등을 종합적으로 고려하여 공기업과 위탁집행형 준정부기관에는 3점, 그리고 별도의 '기금운용관리 및 성과' 지표를 적용받고 있는 기금관리형 준정부기관에는 2점의 가중치를 부여하는 것이 적절할 것으로 판단된다. 기존의 '중장기재무관리계획 이행실적(비계량)' 지표와 '재무예산관리(비계량)' 지표를 통합하여 재구성한 '재무건전성 및 예산운용의 효율성 관리(비계량)' 지표의 가중치는 재무위험기관을 대상으로 한 재무위험 집중관리 및 경영효율성 제고를 위한 신규 투자사업 등의 경제적·재무적 타당성 관리 강화 등이 요청되고 있다는 점을 종합적으로 감안할 때 현재의 2점 수준에서 재무위험기관과 중장기재무관리계획 수립 대상기관이 집중적으로 포함되어 있는 공기업은 4점 수준으로 대폭 상향 조정하되, 재무건전성 관리 강화 필요성이 상대적으로 다소 약한 위탁집행형 준정부기관은 3점, 기금관리형 준정부기관은 2점 수준으로 차등적으로 설정하는 것이 합리적일 것으로 판단된다. 그리고 '재무예산성과(계량)' 지표는 공공기관의 재무건전성 관리 강화 및 재무성과 제고를 위한 핵심 지표에 해당하기 때문에 현재 3점의 가중치를 그 2배 수준인 6점으로 상향 조정하되, 재무위험 집중관리대상인 재무위험기관에 대해서는 가중치를 7점으로 더 높게 설정하고, 이중 1점은 재정건전화계획의 부채감축목표 달성도 지표에 별도로 할애하는 것이 재정건전화계획의 실효성을 확보하기 위해서도 필요한 조치로 판단된다. 대신에 부채감축목표 달성 과정에서 경비절감 등을 포함한 경영효율화 노력을 적극적으로 전개할 수밖에 없다는 점에서 평가내용이 다소 중복되는 '계량관리업무비(계량)' 지표의 가중치를 다른 공기업 유형 기관에 비해 1점 낮추는 방안을 모색할 필요가 있다. 이렇게 각 지표별 가중치를 상향 조정할 경우 공기업 유형의 '재무예산 운영·성과' 지표의 가중치는 13점, 기금관리형 준정부기관은 '기금운용관리 및 성과위탁' 지표의 가중치까지를 포함하여 11점, 위탁집행형 준정부기관의 가중치는 9점이 된다.[23]

## 04. '재무예산 운영·성과'의 단위지표별 적용대상 기관범위 재설정 방안

새롭게 설계된 '재무예산 운영·성과' 지표체계에 따라 각 단위평가지표별 적용대상 기관의 범위를 합리적으로 재설계해야 한다. 이와 관련하여 제기되는 가장 핵심적인 과제는 '재무예산성과(계량)' 지표의 적용대상 범위를 재설정하는 것이다. 각 단위지표별로 적용대상 범위를 재구성하는 방안을 순차적으로 제시하면 다음과 같다.

첫째, 현재 '재무예산성과(계량)' 지표의 적용대상은 공기업으로 한정되어 있다. 그러나 공공기관의 재무건전성 관리를 강화하고자 하는 정부의 정책목표를 감안할 때 재무건전성 관리를 위한 핵심 평가지표인 '재무예산성과(계량)' 지표의 적용대상을 공기업으로 한정하는 것은 정책목표와 정책수단 간의 정합성 확보 측면에서 근본적인 한계를 노정하고 있다. 따라서 재무건전성 관리가 필요한 공공기관의 범위를 정확하게 과학적으로 진단하고, 이러한 진단 결과에 근거하여 적용범위를 재구성해야 한다. 재무위험 집중관리대상인 재무위험기관이 '재무예산성과(계량)' 지표의 핵심 대상인 것은 자명한 것이고, 기관 규모 측면 및 국가재정에 미치는 파급효과 측면에서 재무건전성을 집중적으로 관리할 필요가 있어서 선정된 중장기재무관리계획 수립 대상기관을 '재무예산성과(계량)' 지표의 적용대상에 포함시키는 것도 당연한 것으로 판단된다. 2022년 6월에 기획재정부가 선정한 14개 재무위험기관의 2021년도 부채규모는 372.1조원으로, 전체 공공기관 부채 규모의 64%를 점하고 있다. 그리고 2022년도 중장기재무관리계획을 제출한 39개 공기업 및 준정부기관의 2021년도 부채 규모는 550.6조원으로, 전체 공공기관 부채 583.0조원의 94.4%를 차지하고 있다. 기획재정부 공공기관 경영평가 대상기관에 포함되지 않는 기타공공기관의 2021년 기준 부채 규모 20.6조원을 제외한 공기업·준정부기관의 부채 규모는 562.4조원이다. 이러한 공기

---

(23) 여기에 '업무효율(계량)' 지표의 평가유형별 가중치(공기업 7점, 기금관리형 3점, 위탁집행형 4점)를 추가하면 '업무효율과 재무예산 운영·성과' 영역의 가중치는 공기업 유형 20점, 기금관리형 14점, 위탁집행형 13점이 된다. 공기업 유형의 경우 2022년 경영평가편람에 비해 가중치가 10점 상향되고, 그리고 기금관리형은 8점, 위탁집행형은 13점이 상향된다. 결과적으로 2022년 경영평가편람 개편과정에서 위탁집행형 준정부기관에서 '업무효율 및 재무예산 운영·성과' 지표영역의 가중치 상승이 가장 높게 이루어지는 것은 2017~2022년 경영평가편람 개편과정에서 위탁집행형 준정부기관에 적용되던 업무효율 지표와 재무예산 운영·성과 지표가 모두 폐지되었기 때문이다.

업·준정부기관 부채 규모 562.4조원을 기준으로 하면 2022년 중장기재무관리계획을 제출한 39개 공기업 및 준정부기관의 부채 규모는 공기업·준정부기관 전체 부채의 97.9%를 차지하고 있다. 따라서 공기업·준정부기관의 부채 관리 대상기관의 범위는 중장기재무관리계획을 제출한 39개 기관으로 설정하는 것으로 충분할 수 있다. 그런데 중장기재무관리계획을 제출하는 기관의 범위에는 공기업 36개 기관 중 22개 기관(재무위험기관 14개 기관도 포함), 기금관리형 준정부기관 12개 중 10개 기관, 위탁집행형 준정부기관 45개 중 6개 기관만이 포함된다. '재무예산성과(계량)' 지표는 공공기관의 부채관리만을 목표로 한 것은 아니고, 기업적·사업적 업무를 수행하는 공공기관의 재무성과를 전반적으로 관리하고 제고하는 데 목적을 두고 있다. 따라서 중장기재무관리계획을 제출하는 기관을 중심으로 중장기재무관리계획을 제출하지 않는 공기업과 위탁집행형 준정부기관 중에서 자체사업수입을 창출하고 있는 수지차 보전기관까지를[24] '재무예산성과(계량)' 지표의 적용대상으로 설정하는 것이 바람직할 것으로 판단된다.

둘째, 기존의 '중장기재무관리계획 이행실적(비계량)' 지표와 '재무예산관리(비계량)' 지표를 통합하여 재구성한 '재무건전성 및 예산운용의 효율성 관리(비계량)' 지표의 적용대상은 재무건전성 및 예산운용 관리를 통해 구현하고자 하는 정책목표를 기준으로 차별적으로 구분하고 유형화하는 것이 바람직할 것으로 판단된다. 재무위험기관을 대상으로는 재정건전화계획의 자구노력을 철저하게 이행하여 재정건전화목표(재무위험기관 탈피, 부채비율 200% 미만 또는 자본잠식 해소)를 달성하도록 관리하는 데 중점을 두고 재무건전성 및 예산운용을 관리할 필요가 있다. 이러한 재무위험기관을 제외한 나머지 공기업과 위탁집행형 준정부기관은 재무구조의 안정성 및 건전성을 통상적인 수준에서 관리하면서 예산운용의 효율성 및 지출 성과 제고에 중점을 둘 필요가 있다. 그리고 기금관리형 준정부기관은 지속가능하고 건전한 기금운용 관리에

---

[24] 수지차 보전기관은 기획재정부가 2022년도 예산안 편성 및 기금운용계획안 세부지침을 통해 제시한 수지차 보전기관 및 수지차 보전방식 예산편성 공기관 중 위탁집행형 준정부기관 평가유형에 해당하는 21개 기관으로, 이중 3개 기관은 중장기재무관리계획 수립 대상기관에 해당하여 이들 기관을 제외한 나머지 18개 위탁집행형 준정부기관만 '재무예산성과(계량)' 지표의 적용대상으로 추가된다.

중점을 둘 필요가 있으며, 기금관리형 준정부기관은 2013~2017년 기간 중에도 공기업 및 위탁집행형 준정부기관과 분리하여 별도의 '예산관리' 지표를 설계하여 적용한 바 있다. 따라서 '재무건전성 및 예산운용의 효율성 관리(비계량)' 지표의 적용대상은 재무위험기관, 공기업(재무위험기관 제외) 및 위탁집행형 준정부기관, 기금관리형 준정부기관의 세 가지 하위 평가유형으로 구분하여 세부평가내용 구성 및 가중치 배분 체계를 차별적으로 설계하는 것이 바람직할 것으로 판단된다.

셋째, 신설하는 '계량관리업무(계량)' 지표는 모든 공공기관을 대상으로 원가 및 경상경비로 구성되는 관리업무비 절감을 통해 경영효율성과 생산성을 제고함과 동시에 재무구조 건전화에 기여하기 위한 지표이다. 따라서 '계량관리업무비(계량)' 지표의 적용대상은 공기업과 준정부기관 전체로 설정하는 것이 바람직할 것으로 판단된다.

넷째, '재무예산 운영·성과' 지표체계를 구성하는 각 단위지표별로 적용대상 기관의 범위를 설정하는 것과는 별도로 개별 기관별 특수성을 반영하는 방안도 추가적으로 검토할 필요가 있다. 여기에는 부채비율 산정이 곤란하거나 타당하지 않은 자본잠식기관(한국석유공사, 대한석탄공사, 한국광해광업공단)과 자본금·기본재산이 0인 무자본특수법인(국가철도공단, 예금보험공사), 정책자금 융자사업 수행기관(한국농어촌공사, 한국장학재단, 중소벤처기업진흥공단)이 있다. 이들 기관에 대해서는 재무지표로 평가하는 '재무예산성과(계량)' 지표의 세부평가내용 구성에 있어서 기관의 특수성을 반영할 필요가 있다. 한편, 현재 공기업과 위탁집행형 준정부기관 평가유형으로 분류되고 있는 기관 중에서 사실상 기금관리형 준정부기관과 동일한 성격의 업무를 수행하는 기관들도 있다. 예를 들어 공기업 평가유형(산업진흥·서비스 유형)으로 분류되고 있는 주택도시보증공사는 주택도시기금 전담 운용기관으로 기관의 미션과 설립목적사업이 변경됨에 따라 사실상 기금관리형 준정부기관과 동일한 업무를 수행하고 있다. 그리고 한국장학재단도 정책자금 융자사업을 수행하고 있는 기관으로, 그 업무의 성격이 기금관리형 준정부기관의 업무와 동일하다 따라서 주택도시보증공사와 한국장학재단의 경우 '재무예산 운영·성과' 지표영역에 있어서는 기금관리형 준정부기관의 평가유형에 해당하는 것으로 간주하여 평가지표별 적용대상 기관의 범위 설정에 반영할 필요가 있다. 다만, 이 과정에서 이들 2개 기관은 기금운용평가를 반영하는 '기금운용관리 및 성과(계량)' 지표의 적용대상은 아니라는 점을 추가로 고려할 필요가 있다.

## 05. '재무예산 운영·성과'의 단위평가지표별 평가내용 재구성 방안

새롭게 설계된 '재무예산 운영·성과' 지표체계를 전제로 각 단위평가지표별 평가내용을 재구성하여야 한다. 각 단위지표별 세부평가내용을 구성함에 있어서는 예산운용의 기본원칙을 최대한 반영하는 한편, 평가내용 구성의 논리적 근거를 확보하기 위해 앞의 [그림 1]에서 제시한 공공기관 재무예산과정 및 성과 모델을 평가내용 설계에 접목할 필요가 있다. 또한 당연히 2022년 경영평가편람의 '재무예산 운영·성과' 지표에 대한 메타평가 결과를 반영할 필요가 있다. 이러한 관점에서 새로 설계하는 '재무예산 운영·성과' 지표체계를 구성하는 각 단위지표별 평가내용 재구성 방안을 순차적으로 제시하면 다음과 같다.

첫째, '재무예산성과(계량)' 지표의 경우에는 2022년 경영평가편람 작성과정에서 재무지표를 활동성(총자산회전율), 수익성(영업이익률 또는 EBITDA 대 매출액), 현금흐름(이자보상비율), 안정성(부채비율)의 네 가지 범주로 구분하여 세부평가내용을 확대 재구성하였으나, 재무지표 선정의 타당성과 가중치 배분의 적정성 측면에서 문제가 있다. 따라서 각 공공기관이 직면하고 있는 사업위험과 재무위험의 성격과 수준을 객관적으로 측정할 수 있는 기준(예: 부채비율 구간, 이자보상배율 수준, 차입금의존도, 재무위험기관, 당기순손실 발생기관 등)을 설정하여 각 기관별 특성과 정합성을 확보할 수 있는 재무지표 선정 및 가중치 부여 방안을 마련할 필요가 있다. 특히 재무위험기관에 대해서는 표준화된 재무비율 지표 외에 재정건전화계획의 핵심 내용인 부채감축목표 달성도(예: 부채감축실적/2023년 부채감축계획)를 측정하는 별도의 세부평가내용을 의무적으로 적용하는 방안을 마련할 필요가 있다. 또한 부채비율 산정이 곤란하거나 타당하지 않은 자본잠식기관(한국석유공사, 대한석탄공사, 한국광해광업공단)과 자본금·기본재산이 0인 무자본특수법인(국가철도공단, 예금보험공사), 융자사업을 수행하는 준정부기관(한국농어촌공사, 한국장학재단, 중소벤처기업진흥공단) 등은 재무지표 설계시 기관별 특수성을 반영할 필요가 있다. 이들 기관에 대해서는 재무지표로 평가하는 '재무예산성과(계량)' 지표의 세부평가내용 구성 시 표준적인 재무비율 지표로 예시된 것 외에 각 기관별 특수성을 반영한 평가지표 개발을 제한적으로 허용하는 방안을 도입할 필요가 있다. 한편, 다수의 출자회사를 보유하고 있는 공기업과 준정부기관을 대상으로 출자회사의 경영성과에 대한 모회사로서의 책임성 확보를 담보하기 위해 메타평가에서 제시한 바와 같이 연결재무제표에 근거하여 재무지표를 평가하는 방법을 도입할 필요가 있다. 다시 말해 출자회사를 보유하고 있는 공기업과 준정부기관에 대해서는 '재무예산성과(계량)'의 재무지표 평가시 평가용 재무제표와 연결재무제표의 (가중치에 대한) 적용 수준을 1:2의 비중으로 설정할 필요가 있다.

둘째, 신설한 '계량관리업무비(계량)' 지표의 세부평가내용은 관리업무비를 매출액으로 나누어서 산출하는 계량관리업무비 산식으로 구성된다. 관리업무비와 매출액의 정의는 경영실적평가방법의 계량지표 공통적용사항의 용어정의를 통해 제시해야 한다.

셋째, 2022년 경영평가편람의 '중장기재무관리계획 이행실적(비계량)' 지표와 '재무예산관리(비계량)' 지표를 통합하여 재구성한 '재무건전성 및 예산운용의 효율성 관리(비계량)' 지표의 세부평가내용은 재무위험기관, 공기업(재무위험기관 제외) 및 위탁집행형 준정부기관, 기금관리형 준정부기관별로 각각 차별적으로 설계해야 한다. 이러한 세 가지 기관유형별 세부평가내용 설계방안을 제시하면 다음과 같다.

현재 2022년 경영평가편람에서는 '재무예산관리(비계량)' 지표의 세부평가내용을 "재무구조의 안정성 및 건전성 유지, 예산편성 및 집행, 재무중점관리기관의 부채감축, 원가 및 경비절감"으로 구성하고 있다. 이중 '원가 및 경비절감' 세부평가내용은 신설하는 '계량관리업무비(계량)' 지표와 평가내용이 동일하다. 따라서 '계량관리업무비(계량)' 지표 신설과 동시에 모든 공기업 및 준정부기관의 '재무예산관리(비계량)' 지표, 즉 '재무건전성 및 예산운용의 효율성 관리(비계량)' 지표의 세부평내용에서 '원가 및 경비절감'은 삭제해야 한다. 다만, 예산집행과 관련한 세부평가내용을 재구성하면서 예산의 효율적 절감에 관한 내용을 제한적으로 살려둘 필요는 있다.

2022년 경영평가편람의 '재무중점관리기관의 부채감축'에 관한 세부평가내용은 재무위험기관 집중관리제 도입에 따라 재무위험기관에만 적용해야 하는 평가내용으로 전환되었으며, 재무위험기관이 수립하는 '재정건전화계획'에 '재무구조의 안정성 및 건전성 유지'와 '재무중점관리기관의 부채감축' 관련 세부평가내용이 모두 반영되고 있다. 또한 '재정건전화계획'이 '중장기재무관리계획'에 그대로 반영되기 때문에 재무위험기관의 경우에는 재정건전화계획과 중장기재무관리계획이 사실상 동일하다. 따라서 '재무위험기관'에 적용되는 '재무건전성 및 예산운용의 효율성 관리(비계량)' 지표의 세부평가내용 중 '재무건전성 관리'에 관한 세부평가내용은 2022년 경영평가편람의 '중장기재무관리계획 이행실적(비계량)' 지표의 세부평가내용과 '재무예산관리(비계량)' 지표의 '재무구조의 안정성 및 건전성 유지'와 '재무중점관리기관의 부채감축'의 세부평가내용을 하나로 통합하여 재정건전화계획 중심으로 재구성하는 것이 바람직하다. 다시 말해 "재정건전화계획의 목표 설정 및 자구노력 발굴 실적의 적정성, 자구노력 이행실적 및 성과, 자구노력 이행에 따른 재정건전화목표 달성 수준의 적정성" 등 재정건전화계획의 수립 및 이행실적과 성과 중심으로 세부평가내용을 새로 구성하면서 기존 '재무구조의 안정성 및 건전성 유지'에 관한 세부평가내용은 윤석열 정부가 새롭게 강조하고 있는 재무건전성 관리 강화를 위한 제도적 장치에 관한 내용까지를 반영하여 재무건전성 관리를 위한 제도적 기반과 시스템 구축 및 운용으로 재구성하여 평가내용으로 추가하면 될 것으로 판단된다.

재무위험기관을 제외한 공기업과 위탁집행형 준정부기관에 적용되는 '재무건전성 관리'에 관한 세부평가내용은 2022년 경영평가편람의 '중장기재무관리계획 이행실적(비계량)' 지표의 중장기재무관리계획과 '재무예산관리(비계량)' 지표의 '재무구조의 안정성 및 건전성 유지' 관련 세부평가내용을 통합하여 재구성하면서 중장기재무관리계획 수립 대상기관 여부에 따라 평가내용을 차별적으로 구성할 필요가 있다. 그리고 재무건전성 관리를 위한 제도적 기반과 시스템 구축 및 운용에 관한 평가내용은 재무위험기관에 적용되는 평가내용과 동일하게 구성하면 될 것으로 판단된다.

기금관리형 준정부기관에 적용되는 '재무건전성 관리'에 관한 세부평가내용은 재무위험기관, 공기업(재무위험기관 제외) 및 위탁집행형 준정부기관과는 다르게 구성하여야 한다. 기금운용기관으로서의 특성을 감안하여 기금관리형 준정부기관의 '재무건전성 관리'에 관한 세부평가내용은 지속가능하고 건전한 기금운용 관리를 위해 필요한 기금 고갈 및 결손 방지, 기금 재원의 효율적 조달 및 운영, 사업기금 운영의 효율성 등을 중심으로 차별적으로 구성하되, 재무건전성 관리를 위한 제도적 기반과 시스템 구축 및 운용에 관한 평가내용은 재무위험기관, 공기업(재무위험기관 제외) 및 위탁집행형 준정부기관과 동일하게 설계하면 될 것으로 판단된다.

한편, 2022년 경영평가편람에는 재원배분 및 예산운용의 효율성, 회계투명성 및 신뢰성 확보 등에 관한 평가내용이 균형있게 구성되어 있지 못하다. 따라서 앞의 [그림 1]을 통해 제시한 재무예산과정 및 성과 모델에 준거하여 재무예산과정 관리에 관한 세부평가내용은 예산운용의 효율성과 지출 성과 제고 및 투명성·책임성 확보에 필요한 내용을 중심으로 완전히 재구성하고 확대할 필요가 있다. 여기에 윤석열 정부의 공공기관 정책에서 새로 강조하고 있는 재무예산관리를 위한 제도적 장치와 '윤리경영' 지표에서 '재무예산관리' 지표로 이관할 필요가 있는 회계처리의 투명성과 신뢰성 확보에 관한 내용을 추가할 필요가 있다. 이렇게 전면 개편된 재무예산과정 관리에 관한 세부평가내용을 재무위험기관, 공기업(재무위험기관) 및 위탁집행형 준정부기관, 기금관리형 준정부기관에 적용함에 있어서는 기관유형별 차별적 특성을 고려하여 평가내용을 맞춤형으로 수정·보완할 필요가 있다. 재무위험기관에 대해서는 신규 투자사업 및 자본출자에 대한 경제적·재무성 타당성 확보를 위한 제도적 장치와 활동을 가장 강하게 포괄적으로 적용하는 가운데 신규사업 추진시 Pay-go 원칙 적용 등을 평가내용으로 추가할 필요가 있다. 그러나 재무위험기관을 제외한 공기업과 위탁집행형 준정부기관에 대해서는 이러한 평가내용의 적용 수준을 완화하거나 삭제할 필요가 있으며, 기금관리형 준정부기관에 대해서는 적용 수준을 최소화할 필요가 있다.

마지막으로 '재무건전성 및 예산운용의 효율성 관리(비계량)' 지표의 세부평가내용이 '재무건전성 관리'와 '예산운용의 효율성 관리'의 2개 영역으로 구성되어 있는 바, 정부가 강조하는 공공기관의 재무건전성 관리를 강화하는 동시에 각 기관유형별 재무위험 유형 및 수준에 따른 맞춤형 평가지표 설계를 위해 세부평가내용별로 가중치를 차별적으로 부여하는 방안을 도입할 필요가 있다. 예를 들어 재무위험기관의 경우에는 '재정건전화계획의 적정성과 이를 이행하기 위한 노력과 성과' 세부평가내용에 3점의 가중치를 부여하고, '예산운용의 효율성과 지출 성과 제고 및 투명성·책임성 확보를 위한 재무예산과정 관리 노력과 성과' 세부평가내용에는 1점의 가중치를 부여하는 방안을 도입할 필요가 있다.

## 06. '재무예산 운영·성과' 지표 개편방안 종합

이상과 같은 '재무예산 운영·성과' 지표에 대한 개편방안에 관한 내용을 모두 반영한 '재무예산 운영·성과' 지표의 개편대안을 제시하면 <표 16>과 같다.

<표 16> '재무예산 운영·성과' 지표의 개편대안

| | 세부평가지표 및 세부평가내용 |
|---|---|
| 지표정의 | • 기관의 경영상황을 고려하여 재무(예산) 안정성, 투자 및 집행 효율성 등을 평가한다. |
| 적용대상 (배점) | • 공기업 : 계량 6점(평가용 재무제표 기준 2점, 연결재무제표 기준 4점). 단, 재무위험기관은 7점(평가용 재무제표 기준 2점, 연결재무제표 기준 4점)<br>• 위탁집행형 준정부기관 중 중장기재무관리계획 수립 대상 및 수지차 보전기관 : 계량 3점(평가용 재무제표 기준 1점, 연결재무제표 기준 2점)<br>• 기금관리형 준정부기관 중 중장기재무관리계획 수립 대상 : 계량 2점(평가용 재무제표 기준 1점, 연결재무제표 기준 1점) |
| 세부 평가 내용 | ① 세부평가지표는 재무예산성과를 측정할 수 있는 부채비율, 총자산회전율, 영업이익률, EBITDA 대 매출액, 이자보상비율 중에서 기관별 재무구조·상황에 맞게 설정. 여기 예시한 지표 이외의 세부평가지표는 각 기관의 편람에서 정하는 바에 따름<br>  * 세부평가지표 예시<br><br>  - 부채비율 = $\dfrac{\text{부채}}{\text{자기자본}}$     - 총자산회전율 = $\dfrac{\text{매출액}}{\text{총자산}}$<br><br>  - 영업이익률 = $\dfrac{\text{영업이익}}{\text{매출액}}$     - 이자보상비율 = $\dfrac{\text{영업이익}}{\text{이자비용}}$<br><br>  - EBITDA 대 매출액 = $\dfrac{\text{EBITDA}}{\text{매출액}}$<br><br>② 재무위험기관에 대해 재정건전화계획상의 부채감축 달성도를 의무적으로 관리하도록 목표 부여(가중치 1점)<br><br>  - 부채감축 달성도 = $\dfrac{\text{부채감축 실적}}{\text{2023년도 부채감축계획}}$<br><br>  * 재무위험기관은 기획재정부가 2022. 6. 30. 선정·발표한 14개 공기업으로 구성됨 |
| 지표정의 | • 기관의 관리업무비 운용 실적을 평가한다. |
| 적용대상 (배점) | • 공기업 및 위탁집행형 준정부기관 : 계량 3점(단, 재무위험기관은 2점)<br>• 기금관리형 준정부기관 : 계량 2점 |
| 세부 평가 내용 | ① 계량관리업무비는 관리업무비를 매출액으로 나누어 산출<br><br>  - 계량관리업무비 = $\dfrac{\text{관리업무비}}{\text{매출액}}$ |
| 지표정의 | • 재무위험기관을 대상으로 재정건전화계획의 이행실적을 중심으로 한 지속가능한 재무건전성 관리와 재무예산과정의 효율성과 성과지향성 및 투명성·책임성을 평가한다. |

| 세부평가지표 및 세부평가내용 | |
|---|---|
| 적용대상<br>(배점) | • 재무위험기관 : 비계량 4점 |
| 세부<br>평가<br>내용 | ① 재정건전화계획의 적정성과 이를 이행하기 위한 노력과 성과(3점)<br>- 재정건전화계획의 목표 설정 및 자산매각, 사업조정, 경영효율화, 수익확대, 자본확충의 5개 영역별 자구노력 발굴 실적의 적정성<br>- 기관의 재정건전화계획에 포함된 자산매각, 사업조정, 경영효율화, 수익확대, 자본확충 등의 자구노력 이행 실적과 성과<br>\* 중장기재무관리계획에 투자계획이 포함된 기관은 자구노력과는 별도로 공공임대주택 공급, 에너지전환 등 정책소요를 반영한 투자계획의 적정성 및 이행 노력<br>- 재정건전화계획 이행 실적에 따른 재정건전화목표(재무위험기관 탈피, 부채비율 200% 미만 또는 자본잠식 해소) 달성 수준의 적정성<br>- 재무위험 요인 모니터링체계 구축 및 대응방안 마련, 구분회계제도 운영, 효율적인 자산운용, 합리적인 유동성 관리, 효율적 자금관리 등 재무건전성 관리 강화를 위한 기관의 노력과 성과<br>\* 개별사업 위주의 위험관리를 기관 재무구조 전반에 영향을 미칠 수 있는 대외위험관리로 전환·강화<br>\* [구분회계제도 도입 기관] 사업단위별 성과분석 등 구분회계제도 운영의 효과성 제고 노력과 성과<br>\* 공공기관 청사 활용 강화를 포함하여 기관의 자산을 투명하고 효율적으로 운용하기 위한 노력과 성과<br>\* 자금(영업·여유자금)의 적정 운용규모·체계를 마련하여 자금의 효율적 관리<br>② 예산운용의 효율성과 지출 성과 제고 및 투명성·책임성 확보를 위한 재무예산과정 관리 노력과 성과(1점)<br>- 중장기경영목표와 예산운용지침에 따른 효율적인 예산편성 노력과 성과<br>\* 신규 투자사업 및 자본출자에 대한 예산편성 시 경제적·재무적 타당성 확보를 위해 예비타당성조사 실시와 함께 기관 자체적으로 사전타당성조사, 투자심의회에서 사업의 재무적 타당성 심의 실시<br>\* 기관 내에 리스크관리위원회를 설치하여 사업별 투자 타당성 및 사업별 위험관리계획의 적정성 심의<br>\* Pay-go 원칙 적용 등 신규사업 추진시 재원조달 방안의 타당성 확보 노력과 성과<br>- 대규모 투자사업의 총사업비 관리, 타당성재조사 등 효율적인 투자관리 및 출자·출연계획의 사전 일괄협의 등 효율적인 지출관리 노력과 성과<br>- 예산운용의 투명성과 예산과정에의 고객 등의 참여 제고 노력과 성과<br>- 예산절감 등 효율적인 예산집행 및 수입 증대 노력과 성과<br>- 회계처리의 투명성과 신뢰성 확보를 위한 내부통제 시스템 구축 및 운용 노력과 성과<br>- 공기업의 자본금 전입 및 정부출자기관의 정부배당성향 수준의 적정성 |
| 지표정의 | • 기관의 지속가능한 재무건전성 관리와 재무예산과정의 효율성과 성과지향성 및 투명성·책임성을 평가한다. |
| 적용대상 | • 공기업(재무위험기관 제외) : 비계량 4점 |

| | 세부평가지표 및 세부평가내용 |
|---|---|
| (배점) | • 위탁집행형 준정부기관 : 비계량 3점 |
| 세부<br>평가<br>내용 | ① 재무구조의 안정성 및 건전성 유지를 위한 기관의 노력과 성과(2점/1.5점)<br>  - [중장기재무관리계획 수립 대상기관] 중장기재무관리계획의 적정성과 자구노력 이행 실적 및 성과<br>    \* 중장기재무관리계획에 투자계획이 포함된 기관은 정책소요를 반영한 투자계획의 적정성 및 이행 노력<br>  - [중장기재무관리계획 수립 대상기관 외] 기관이 자율적으로 수립한 재무계획 및 재무구조개선계획(자산매각, 부채관리 및 부채상환 등)의 적정성과 이를 이행하기 위한 노력과 성과<br>  - 재무위험 요인 모니터링체계 구축 및 대응방안 마련, 구분회계제도 운영, 효율적인 자산운용, 합리적인 유동성 관리, 효율적인 자금관리 등 재무건전성 관리 강화를 위한 기관의 노력과 성과<br>    \* 개별사업 위주의 위험관리를 기관 재무구조 전반에 영향을 미칠 수 있는 대외위험관리로 전환·강화<br>    \* [구분회계제도 도입 기관] 사업단위별 성과분석 등 구분회계제도 운영의 효과성 제고 노력과 성과<br>    \* 공공기관 청사 활용 강화를 포함하여 기관의 자산을 투명하고 효율적으로 운용하기 위한 노력과 성과<br>    \* 자금(영업·여유자금)의 적정 운용규모·체계를 마련하여 자금의 효율적 관리<br>② 예산운용의 효율성과 지출 성과 제고 및 투명성·책임성 확보를 위한 재무예산과정 관리 노력과 성과(2점/1.5점)<br>  - 중장기경영목표와 예산운용지침에 따른 효율적인 예산편성 노력과 성과<br>    \* 신규 투자사업 및 자본출자에 대한 예산편성 시 경제적·재무적 타당성 확보를 위해 예비타당성조사 실시와 함께 기관 자체적으로 사전타당성조사, 투자심의회에서 사업의 재무적 타당성 심의 실시<br>    \* 기관 내에 리스크관리위원회를 설치하여 사업별 투자 타당성 및 사업별 위험관리계획의 적정성 심의<br>  - 대규모 투자사업의 총사업비 관리, 타당성재조사 등 효율적인 투자관리 및 출자·출연계획의 사전 일괄협의 등 효율적인 지출관리 노력과 성과<br>  - 예산운용의 투명성과 예산과정에의 고객 등의 참여 제고 노력과 성과<br>  - 예산절감 등 효율적인 예산집행 및 수입 증대 노력과 성과<br>  - 회계처리의 투명성과 신뢰성 확보를 위한 내부통제 시스템 구축 및 운용 노력과 성과<br>  - [공기업 및 정부출자기관] 공기업의 자본금 전입 및 정부출자기관의 정부배당성향 수준의 적정성 |
| 적용대상<br>(배점) | • 지속가능하고 건전한 기금운용 관리와 재무예산과정의 효율성과 성과지향성 및 투명성·책임성을 평가한다. |
| 적용대상<br>(배점) | • 기금관리형 준정부기관형(단, 주택도시보증공사, 한국장학재단 적용): 비계량 2점 |

| 세부평가지표 및 세부평가내용 | |
|---|---|
| 세부<br>평가<br>내용 | ① 기금운용의 안정성과 건전성 및 효율성 제고를 위한 기관의 노력과 성과(1점)<br>- 재무계획(중장기기금재정관리계획)의 적정성과 이를 실행하기 위한 노력 및 성과<br>  * 기금건전성(고갈 및 결손 방지) 제고 및 리스크 관리체계 구축 노력과 성과<br>  * 정책금융의 효과 극대화를 위한 재정자립도 강화 등 사업 재원의 효율적 조달 및 운영 노력과 성과<br>  * 사업기금 운영의 효율성 제고 노력과 성과<br>- 재무위험 요인 모니터링체계 구축 및 대응방안 마련, 구분회계제도 운영, 효율적인 자산운용, 합리적인 유동성 관리, 효율적인 자금관리 등 재무건전성 관리 강화를 위한 기관의 노력과 성과<br>  * 개별사업 위주의 위험관리를 기관 재무구조 전반에 영향을 미칠 수 있는 대외위험관리로 전환·강화<br>  * [구분회계제도 도입 기관] 사업단위별 성과분석 등 구분회계제도 운영의 효과성 제고 노력과 성과<br>  * 공공기관 청사 활용 강화를 포함하여 기관의 자산을 투명하고 효율적으로 운용하기 위한 노력과 성과<br>  * 자금(영업·여유자금)의 적정 운용규모·체계를 마련하여 자금의 효율적 관리<br>② 예산운용의 효율성과 지출 성과 제고 및 투명성·책임성 확보를 위한 재무예산과정 관리 노력과 성과(1점)<br>- 중장기경영목표와 예산운용지침에 따른 효율적인 예산편성 노력과 성과<br>  * 기관 내에 리스크관리위원회를 설치하여 사업별 투자 타당성 및 사업별 위험관리계획의 적정성 심의<br>- 효율적인 투자관리 및 출자·출연계획의 사전 일괄협의 등 효율적인 지출관리 노력과 성과<br>- 예산운용의 투명성과 예산과정에의 고객 등의 참여 제고 노력과 성과<br>- 예산절감 등 효율적인 예산집행 및 수입 증대 노력과 성과<br>- 회계처리의 투명성과 신뢰성 확보를 위한 내부통제 시스템 구축 및 운용 노력과 성과<br>- 정부출자기관의 정부배당성향 수준의 적정성 |

# V. 결론

  지난 40년 동안 우리나라는 경영평가제도 운용을 통해 공공기관의 경영관리시스템 고도화 및 경쟁력 제고 측면에서 일정한 성과를 거두었다. 이제 현 단계에서는 공공기관이 기관운영 및 설립목적사업을 수행하는 과정에서 균형된 경영성과를 창출할 수 있도록 맞춤형 평가를 효율적으로 수행함으로써 국민 또는 고객에게 질 높은 공공서비스 제공을 담보할 수 있는 경영평가시스템을 구축할 필요가 있다.

이런 관점에서 본고에서는 2022년 경영평가편람의 '재무예산 운영·성과' 지표를 대상으로 평가유형별·기관별 맞춤형 평가지표체계 구축 및 간소화 방안을 탐색하였다. 이를 위해 형성적 메타평가 모델을 구축하여 평가지표 구성체계, 단위평가지표의 평가내용 구성 등에 대한 메타평가를 실시하여 맞춤형 평가지표 설계 및 평가지표 간소화를 위한 개편과제를 체계적으로 도출하였다. 또한 본 연구에서는 '재무예산 운영·성과' 지표 영역에 대한 윤석열 정부의 정책수요를 관련 정책자료에 대한 내용분석을 통해 도출한 후 2022년 경영평가지표가 이러한 새로운 정책수요를 반영할 수 있는가를 메타평가를 통해 확인함과 동시에 새로운 정책수요를 반영하기 위한 평가지표 개편방안을 도출하였다. 그런 다음에 이 두 가지 분석결과를 결합하여 '재무예산 운영·성과' 지표에 대한 개편방안을 설계하여 제시하였다. 그 결과 현재의 '재무예산 운영·성과' 지표체계와 평가내용에 대한 전면적인 개편이 필요하다는 점을 확인하였다.

우선 '재무예산 운영·성과' 지표는 본 연구에서 제시한 '공공기관 재무예산과정 및 성과 모델'을 지표설계를 위한 로직모델로 활용할 필요가 있다. 또한 '재무예산 운영·성과' 지표의 적용대상 영역을 확장함과 동시에 기관유형별 특성을 반영한 맞춤형 지표설계를 위해 기관유형분류체계도 세분화할 필요가 있다. 그리고 '재무예산 운영·성과' 지표체계를 "재무예산성과(계량)+중장기재무관리계획 이행실적(비계량)+재무예산관리(비계량)"에서 "재무예산성과(계량)+계량관리업무비(계량)+재무건전성 및 예산운용의 효율성 관리(비계량)"으로 전환할 필요가 있다. 이를 위해 2022년 경영평가편람상의 '중장기재무관리계획 이행실적(비계량)' 지표와 '재무예산관리(비계량)' 지표를 하나로 통합하여 재구성하고, '계량관리업무비(계량)' 지표를 신설할 필요가 있다. 아울러 '재무예산 운영·성과'의 단위평가지표별 적용대상 기관 범위를 설정함에 있어서도 각 단위지표별 평가목적과 평가대상 기관유형별 특성을 체계적으로 연계하여 현재의 적용범위를 전반적으로 재구성해야 평가유형별·기관별 맞춤형 지표를 설계할 수 있다.

이와 같이 '재무예산 운영·성과' 지표체계의 구성방식과 적용대상 기관 범위를 전면적으로 재구축함과 동시에 '재무예산 운영·성과'의 단위평가지표별 평가내용도 본 연구에서 제시한 '공공기관 재무예산과정 및 성과 모델'과 메타평가를 통해 도출한 개편과제, 그리고 새정부의 정책수요 등을 반영하여 전면적으로 재구성해야 한다.

마지막으로 '재무예산 운영·성과'의 세부평가지표 구성체계와 평가내용의 전면적인 개편과 병행하여 가중치 배분체계를 재조정하여 사회적 경영성과와 경제적·재무적 경영성과 간의 균형을 확보함과 동시에 평가유형별 차별적인 특성을 반영한 맞춤형 가중치 배분체계를 구축해야 한다.

이상의 개편방안을 이행하게 되면 '재무예산 운영·성과' 지표의 간소화와 함께 평가유형별·기관별 맞춤형 지표체계 구축이 가능할 것으로 기대된다.

# 참고 문헌

[1] 국회예산정책처(2020). 2020 대한민국 공공기관Ⅰ(총괄).
[2] 국회예산정책처(2021.8). 2020 회계연도 공공기관 결산 중점분석.
[3] 국회예산정책처(2021.10). 2022년도 공공기관 예산안 중점분석.
[4] 국회예산정책처(2022.4). 2022 대한민국 공공기관.
[5] 국회예산정책처(2022.8). 2021 회계연도 공공기관 결산 중점 분석.
[6] 곽채기(2003). 정부투자기관의 비효율성 통제를 위한 경영평가제도의 역할 및 운영성과. 공기업논총, 14(1). 한국공기업학회.
[7] 곽채기(2009). 우리나라 준공공부문의 실태분석 및 혁신방안. 전국경제인연합회.
[8] 곽채기(2010). 공공기관 경영평가의 평가와 발전방향. KIPF 공공기관동향. 제2호. 한국조세연구원 공공기관정책연구센터.
[9] 관계부처합동(2022). 새정부 경제정책방향.
[10] 기획재정부(2021.5). 2022년도 예산안 편성 및 기금운용계획안 작성을 위한 세부지침.
[11] 기획재정부 공공정책국(2022.7). 재무위험기관「재정건전화계획」수립.
[12] 기획재정부 보도자료(2021.12.29.). 2022년도 공공기관 경영평가편람 확정.
[13] 기획재정부 보도자료(2022.6.3.). 재무위험 공공기관 선정·집중관리제도 도입.
[14] 기획재정부 보도자료(2022.6.30.). 공공기관 재무위험기관 14개 선정.
[15] 기획재정부 보도자료(2022.7.29.). 생산성·효율성 제고를 위한 새정부 공공기관 혁신가이드라인.
[16] 기획재정부 보도자료(2022.8.18.). 자율·책임·역량 강화를 위한 공공기관 관리체계 개편방안.
[17] 기획재정부 보도자료(2022.8.31.). 14개 재무위험기관「재정건전화계획」을 반영한「'22~'26년 공공기관 중장기재무관리계획」수립.
[18] 김민석(2022). 공공기관 지정제도의 현황과 개선과제. 국회예산정책처.

[19] 김범준(2022). 효과적인 공공기관의 자산 부채 관리방안: 공공기관 경영평가 관점에서. 2022년 한국재무행정학회 하계학술대회 발표논문.

[20] 김영익(2022). 준정부기관의 맞춤형 재무예산 지표 설계의 필요성: 한국농어촌공사 사례를 중심으로. 2022년 한국재무행정학회 하계학술대회 발표논문.

[21] 나유성(2016). 공공기관 출자회사 운영실태 평가. 국회예산정책처.

[22] 대한민국정부(2022). 윤석열정부 120대 국정과제.

[23] 라영재·윤태범(2013). 공공기관 경영평가제도 분석과 새로운 모형 개발. 한국조세재정연구원.

[24] 박성용(2021). 공공기관 경영평가제도의 주요 변천과정과 향후 과제. 이슈와 논점, 제1866호. 국회입법조사처.

[25] 성시경 외(2019). 새로운 공공기관 경영평가 방법의 개발: 공공기관 맞춤형 평가모델 개발을 중심으로. 한국조세재정연구원.

[26] 오연천(1996). "경영평가제도의 회고와 방향". 행정논총, 34(1). 서울대학교행정대학원.

[27] 오연천·곽채기(2003). "정부투자기관 경영평가제도의 개선 방안". 공기업논총, 14(1). 한국공기업학회.

[28] 오연천·장지인 외(2003). 우리나라 공기업관리제도의 평가 : 정부투자기관 경영평가제도 20년사. 한국공기업학회.

[29] 오연천·장지인·곽채기 외(2003). 정부투자기관 경영평가제도의 발전방안. 한국공기업학회.

[30] 유승원(2022). 공공기관 재무예산 전략의 현황과 개선방안. 2022년 한국재무행정학회 하계학술대회 발표논문.

[31] 장지인·곽채기(2006). "정부투자기관 경영평가제도의 발전방안". 평가리뷰, 2(2006 가을). 감사원 평가연구원.

[32] 장지인·곽채기·신완선·오철호(2013). 공공기관 경영평가제도의 변천과정 연구(Ⅱ). 한국조세연구원.

[33] 제20대 대통령직인수위원회(2022). 윤석열정부 110대 국정과제.

[34] 정동관 외(2020). 공공기관 경영평가제도에 관한 비판적 분석. 한국노동연구원.

[35] 정동관 외(2021). 경영평가제도 쟁점 및 개선방안. 한국노동연구원.

[36] 조세재정연구원 공공기관연구센터(2018). 공공기관 경영평가제도 변천과정 연구:

「공운법」 제정 이후를 중심으로.

[37] 허경선·한동숙·김봉환(2020). 공공기관의 사회적 가치 추구와 재무성과 연구. 한국조세재정연구원.

[38] Behn, R.(2003). Why Measure Performance? Different Purposes Require Different Measures. *Public Administratian Review,* 63(5).

[39] Burns, William J.(1993). Responsibility Centers and Performance Measurement. *Note 9-193-101.* Harvard Business School.

[40] Leibenstein, Harvey(1966). Allocation Efficiency vs. X-efficiency. *American Economic Review,* 56.

[41] Stufflebeam, D.(1981). Meat-evaluation: Concepts, Standard and Uses. in Ronald A. Bek(ed). *Evaluation Methodology.* The Johns Hopkins University Press.

# Chapter 02 | 공공기관 혁신에 대한 이해와 정책 제언

- 인력운영의 효율화, 직무중심 보수체계 개편 및 합리적인 복리후생제도 운영을 중심으로 -

정한규(한국능률협회컨설팅 부문장), 박대영(노무법인 서해 대표노무사), 최대식(PEN 의장)

## I. 들어가며

정권이 교체 될 때마다 공공기관 개혁은 늘 혁신의 대상으로 여겨진다. 물론 이번 정부도 예외는 아니다. 지난 6월 2021년 공공기관 경영실적 평가결과를 발표한 이후 재무위험 공공기관 집중관리제도 도입 및 재무위험기관 선정(22.6.30), 새 정부 공공기관 혁신가이드라인(22.7.29), 공공기관 관리체계 개편방안(22.8.18) 그리고 민간-공공기관 협력 강화방안(22.9.23) 등 공공기관의 혁신방안이 제시되고 있다. 정부는 공공기관의 효율화와 대국민서비스 질 제고를 위해 공공기관 혁신을 국정과제로 선정하며, 강도 높은 개혁을 공공기관에 요구하고 있다. 지난 5년간 공공기관의 인력은 '17년 5월 33.4만명에서 '22년 5월 44.9만명으로 11.5만명이 증가하였으며, 공공기관 부채규모는 '16년말 499.4조원에서 '21년말 583.0조원으로 84조원이나 확대된 반면, 공기업의 영업이익은 '17년 13.5조원에서 '21년 0.7조원으로 하락하고 공기업 중 이자보상배율 1미만 기관도 '17년 5개 기관에서 '21년 18개 기관으로 증가하는 등 공공기관 운영 효율화가 필요한 상황이다. 이에 공공기관 인력현황을 분석하고 이를 토대로 효율적인 인력관리[1] 방안을 모색할 필요가 있다 하겠다.

---

[1] 인력관리란 조직체의 효율적인 운영을 위해서 조직부서와 운영단위별로 필요한 인원을 계획하고 여러 가지 조건의 변화에 따라 인력을 적정하게 유지시키기 위한 조정 및 통제 활동으로 인적자원관리의 기본기능이라 볼 수 있다.

한편 정부는 2020년부터 공공기관에 직무가치를 반영한 보수체계를 갖추도록 요구하고 경영평가에서 '보수 및 복리후생' 지표에 세부 평가항목으로 포함되어 있던 직무급 평가내용을 별도 지표로 분리하여 평가내용을 체계화하고 평가 배점도 확대함으로써 직무급 도입 수준에 대한 평가를 강화했다. 나아가 새 정부가 들어서면서 공공기관의 방만경영이 심각하다며 인건비와 업무추진비 등을 삭감하고, 직원들의 복리후생을 손질하는 등 생산성과 효율성을 중시하는 방향으로 혁신 가이드라인이 발표되었다. 이 가이드라인에서 ▲직무급 도입 촉진 ▲직무·성과 중심 인사관리를 포함함으로써 지난 정부 때부터 추진해 오던 공공기관 직무급 도입을 더욱 강화하는 정책 방향을 제시하였다. 이런 상황에서 지난 2년간 공공기관이 도입한 직무급이 어떤 상황인지를 살펴보고, 향후 어떤 방향으로 직무급이 도입되어야 하는지에 대한 논의가 필요한 시점이라 하겠다. 또한 공공기관의 복리후생제도는 방만경영이라는 프레임으로 삭감 대상이 되어야만 하는 것인지에 대한 논의도 필요하다. 이에 2022년 공공기관 직무급 점검결과를 토대로 공공기관의 직무급 도입현황을 살펴보고, 향후 어떤 방향으로 직무급을 설계하고 도입해야 하는지를 모색해 본다. 더불어 국민 눈높이를 고려한 지속가능한 복리후생제도 운영을 위해 정부나 공공기관은 어떤 노력이 필요한지를 살펴보고자 한다.

## Ⅱ. 공공기관 인력 운영 현황과 효율적 인력 운영을 위한 제언

### 01. 인력 현황분석

공공기관의 인력현황은 최근 6개년 간(`16~`21) 11.7만 명 증가한 44.4만 명이며, 현원은 10.4만 명이 증가한 41.3만 명 수준이다. 그 중 공공기관[2] 일반정규직은 `16년 29.8만 명 → `21년 37.6만 명으로 7.8만 명 증가하였으며, 무기계약직은 `16년 2.8

---

[2] `21년 기준 분석기관 : 370개(공공기관 350개, 부설기관 20개)

만 명 → '21년 6.7만 명으로 3.9만 명 증가하였다. 이에 따라 비정규직은 6.5만 명 (12.4만 명 → 5.8만 명)이 감소하는 효과가 발생하였다. 하지만 비정규직의 정규직 전환 중 49%가 자회사 방식으로 전환이며, 무기계약직 비중도 10.5% → 20.1%로 증가하며, 자회사 운영 방식 및 무기계약직 처우개선 등의 이슈가 향후 지속적으로 대두될 것으로 예상된다.

공공기관 정원충족률은 91.4%로 '16년 대비 0.2%p 소폭 개선되었으며, 기관별 정원충족률이 '16년 대비 하락한 산업분야로 중기벤처, 고용노동, SOC순으로 정원규모가 크거나(SOC) 정원증가율이 높은 분야(중기벤처, 고용노동)에서 발생, 정원 확보 대비 현원이 적기에 채용되지 않은 것으로 판단된다.

공공기관 인력 고령화의 가속화 추세 및 임금 피크제 대상의 증가로 고숙련 인력의 단기간 내 은퇴로 일할 수 있는 실질적인 인력은 부족하고 세대 간 갈등이 발생할 수 있을 것으로 예상된다. 공공기관[3]의 기관별 평균연령[4]은 '16년 40.4세 → '21년 40.8세로 0.4세 증가했으며, '23년 평균연령은 41.2세로 예측된다. '20년 이후 평균연령이 증가하는 추세로 0.4세 증가 속도가 5년에서 2년으로 단축되어 고령화가 가속화될 전망이다. 공공기관[5]의 임금피크제 대상자는 '16년 0.5만 명 → '21년 1.2만 명으로 2배 이상 증가하였다. 임금피크제 대상 인력 규모가 크거나 비중이 높은 SOC (2,568명), 재정금융 (2,008명), 에너지 (1,888명) 산업분야는 특히 임금피크제 대상자의 실효성 있는 활용방안(전문위원제도 마련 등)이 시급하며, 원활한 인력 유출과 유입을 고려한 중장기 인력운영계획 마련이 반드시 필요하다.

사업인력 연평균 5.8% 증가보다 지원인력 연평균 8.4%로 증가율이 더 높아졌으며, 지원조직 비율 역시 2009년 대비 평균 0.7% 높게 나타났다. 그리고 공공기관[6]의 보직자는 13.9%, 3.2만 명 수준이며, 최하단위 부서장 통솔범위(관리폭)은 15.7명 수준이며, 직급별 정원관리 운영 기관은 220개(59.5%) 기관이 운영되는 것으로 나타났다.

---

[3] '21년 기준 분석기관 : 361개
[4] 기관별 평균연령 누락 시 최근년도 수치와 동일하다고 가정
[5] '21년 기준 분석기관 : 363개
[6] '21년 기준 분석기관 : 351개

공공기관<7>의 사업조직은 `16년 24.5만 명 → `21년 32.4만 명으로 연평균 5.8% 증가하였으며, 지원조직은 `16년 3.5만 명 → `21년 5.3만 명으로 연평균 8.4% 증가하였다. 공공기관 지원조직 인력비중은 `16년 22.4% → `21년 23.1%로 0.7%p 소폭 상승하였다. 조직효율화 검토계획(2009)의 정원규모별 공통지원조직 비율 기준 적용 시, 224개 기관이 기준을 초과하고 있으며, 이는 과거 대비 다양한 정책지원(예, 안전관리, 윤리경영, 일자리 등)을 위한 지원조직 역할 강화가 반영된 것으로 판단된다.

〈표 1〉 정원규모별 지원조직 비율

(단위 : 개, %)

| 구분 | 정원규모 | 50명 미만 | 50~100명 미만 | 100~300명 미만 | 300~500명 미만 | 500명~1,000명 미만 | 1,000명~5,000명 미만 | 5,000명 이상 | 계 |
|---|---|---|---|---|---|---|---|---|---|
| 2009년 | 공통지원조직비율기준<8> | 30% | 26% | 17% | | 15% | 11% | | 22.4% |
| 2021년 | 지원조직 비중기준<9> | 31.4% | 28.5% | 27% | 24.3% | 21.4% | 14.8% | 9.9% | 23.1% |

지난 6년간 사업분야 및 사업기능별 자원배분 분석결과, 산업진흥, 안전, 주택, 환경 등을 중심으로 정원 및 예산이 지속적으로 증가되고 있는 것으로 보인다. 공공부문 사업분야별 자원배분 분석 결과, 식품(18.2%), 주택(16.4%), 해양(15.7%) 사업분야 순으로 정원 증가율이 높고 산업·통상(19.1%), 식품(18.4%), 산업기술(17.1%) 사업분야 순으로 예산 증가율이 높았다. 지속적인 식품 안전관리와 주택 공급 문제 해결, 산업 전방위적 경제 활성화를 위한 산업통상 분야에 대한 자원배분(정원/예산) 투입이 강화된 것으로 판단된다. 공공부문 사업기능별 자원배분 분석 결과, 환경개선(22.7%), 정책지원(12.3%), 안전관리(12.0%) 사업기능 순으로 정원 증가율이 높고, 산업진흥(기

---

<7> `21년 기준 분석기관 : 316개
<8> 조직효율화 검토계획, 기획재정부(2009.02.02.) : 공통지원조직 비율 기준
<9> `21년 공공분야 조직인력운영 현황 조사 결과 반영 정원규모별 지원조직 비중 평균으로 산정

업육성)(64.6%), 산업진흥(기타)(22.9%), 정보화(19.5%) 사업기능 순으로 예산 증가율이 높은 것으로 나타났다. '21년 기준 정책금융(128조 6,529억 원), 분야별 서비스(117조 9,288억 원), 에너지 공급(109조 4,085억 원) 기능 순으로 예산 규모가 커, 코로나19 극복을 위한 정책금융 기능 투입이 강화된 것으로 판단된다.

공공기관 선진화 계획 이행완료는 87.8% (296개 기관), 분야별 공공기관 상시 기능점검 과제 이행완료 71.2% (104개 과제), 기관 자체혁신방안 수립은 전체 368개 기관 중 23% (84개 기관)만 추진함으로 기관 자체 혁신은 다소 미흡한 수준으로 나타났다. 선진화 계획 이행 337개 중 1.2% (4개 기관), 미 이행 3.0%(10개 기관), 이행 여부 확인필요 8.0% (27개 기관)로 나타났으며, 상시 기능점검 이행 146개 과제 중 9.6%(14개 과제), 미 이행 5.5%(8개 과제), 이행 여부 확인필요 13.7% (20개 과제)로 나타났다. 조직 및 인력운영에 대한 자체혁신방안 수립 및 추진 기관은 84개/368개(23%)수준 밖에 되지 않음으로 내부 점검이 보다 적극적으로 요구된다.

최근 6년간 공공기관의 조직·인력운영에 대한 외부 지적사항 총 1,174건 가운데, 인력운영 80%(940건), 조직/기능 9%(108건), 조직/기능의 전략 연계성 11% (126건)로 지적사항이 제시되었다. 특히, 기능 및 인력 효율화에 대한 지적사항 총 92건 중 목적사업에 대한 기능조정 35.9%(33건), 부서간 기능조정 41.3%(38건), 지원인력 효율화 22.6%(21건)으로 조사되었다.

## 02. 중기 인력운영계획

중기 인력운영 모델[10] 기반으로 공공기관 중기 인력운영계획의 적정성을 검토한 결과, 산업별 공공기관 인력예측치는 과다 산정된 것으로 판단된다. 산업별 인력예측

---

[10] 공공기관의 중기 인력운영계획 모델은 독립변수 선정을 위하여 선행연구 내용을 중심으로 공통 영향요인과 산업별 영향요인을 구분하여 선정하였으며, 선행연구를 통해 101개 변수를 선정하였고 그중 48개 데이터와 12개 예산계획을 영향요인으로 추출하였다. 종속변수는 개별 기관 수준, 산업별 인력의 합, 전체 공공기관의 인력의 합 세 가지 그룹으로 나누어 분석 기간(2016-2021년)별 인력의 합으로 산정하였다. 도출한 회귀식과 각 기관에서 예측한 중기 인력운영계획을 비교·검증하였다.

모델은 인구와 예산이 가장 기초적인 변인으로 선정되었으며, 기관에서 예측한 중기 인력을 산업별로 합하여, 회귀식으로 도출한 인력과 비교한 결과 대다수의 산업이 표준모델보다 과다하게 인력을 산정하고 있음을 확인할 수 있었다. 다만, 수리적 모델로서 회귀방정식을 상정하였기 때문에 각 기관의 특성을 반영하지 못하고 평균적 경향치를 반영한다는 연구의 한계점을 가지고 있음으로 활용에 유의해야 해야 할 것이다.

〈표 2〉 2022년 소요인력과 모델 예측값 비교

| 산업 | '22 소요인력 | 모델 예측값 | 실제 인력-모델값 | 비율 |
|---|---|---|---|---|
| SOC | 83,769 | 84,218 | -449 | -1% |
| 경제인문연구 | 5,330 | 4,128 | 1,202 | 23% |
| 고용노동 | 25,334 | 22,689 | 2,645 | 10% |
| 과학기술연구 | 15,228 | 18,073 | -2,845 | -19% |
| 과학정보통신 | 17,773 | 15,491 | 2,282 | 13% |
| 교육 | 50,239 | 32,889 | 17,350 | 35% |
| 국방통일 | 14,778 | 9,430 | 5,348 | 36% |
| 농림수산 | 19,823 | 18,034 | 1,789 | 9% |
| 문화예술 | 11,450 | 9,411 | 2,038 | 18% |
| 중기벤처 | 6,271 | 5,536 | 735 | 12% |
| 보건복지 | 45,450 | 37,438 | 8,011 | 18% |
| 산업통상 | 11,958 | 9,958 | 2,000 | 17% |
| 에너지 | 85,161 | 75,928 | 9,233 | 11% |
| 외교법무 | 2,399 | 2,347 | 52 | 2% |
| 재정금융 | 29,058 | 28,915 | 143 | 0% |
| 행정안전 | 6,370 | 4,779 | 1,591 | 25% |
| 환경 | 17,097 | 15,487 | 1,610 | 9% |
| 전 산업 | 447,488 | 394,751 | 52,735 | 13% |

## 03. 효율적 인력운영을 위한 정책 제언

지금까지 지난 6년간 공공기관의 인력운영 현황을 분석하고, 중기 인력운영 모델을 통해 공공기관 중기 인력운영계획의 적정성 여부를 살펴보았다. 이를 토대로 공공기관의 효율적 인력운영을 위한 정부의 역할을 살펴보면 다음과 같다.

첫째, 규모에 따른 적절한 지원조직의 비중, 관리자 비중, 해외인력 그리고 적정한 통솔범위를 유지할 수 있도록 인력운영에 대한 가이드를 마련할 필요가 있다. 인력 및 예산이 늘어난 만큼 관련 이슈 해결(안전, 환경, 주택 등) 및 산업 발전 등에 대한 성과분석 및 효과성 검증을 통한 체계적인 지원이 필요하다. 또한 사업분류별 인력관리, 사업별 정/현원 관리, 사업량에 따른 인력 관리의 체계화를 위한 정부의 지원이 강화될 필요가 있다.

둘째, 정부는 공공기관의 조직과 정원의 적정성을 확인하고 인력증원 분야별 기준을 명확하게 설정할 필요가 있다. 증원의 필요성, 사업의 중요성, 효과성, 시급성, 타당성, 준비성 및 주무부처의 의견, 증원 규모 및 역량수준의 타당성, 기관의 인력운영 효율성 및 체계성 등을 종합적으로 고려하여야 한다.

셋째, 공공기관의 중기 인력운영계획이 효과적으로 이루어지기 위해서는 선행적으로 개별 공공기관의 중기 인력계획 수립에 대한 체계성·합리성 제고를 위한 컨설팅 등 정부의 적극적인 뒷받침이 필요하다. 중기 인력운영계획 수립 시기, 3년 단위 인력 수요전망 및 운영계획 수립 여부, 연간 재배치 인력비율 등 정량적 측면 못지않게 전략적 인적자원관리 관점[11]에서 인력운영계획이 이루어지도록 유도하는 것이 중요하다. 또한 공공기관의 중기 인력운영 계획 모델 개발은 개별 공공기관, 산업 분야별, 전체 공공분야에 이르기까지 단계(level)별 인력수요예측 모델이 개발되어야 한다.

---

[11] 전략적 인적자원관리 관점이란 기관의 중장기 경영목표 달성에 기여할 수 있도록 인력수요·공급 관리를 하는 것을 의미한다. 정량 측면과 정성 측면이 함께 평가·관리될 때 공공기관의 중기 인력운영계획이 소기의 성과를 거둘 것이다. 또한 신규사업 및 성장사업에 적정인력을 배치하는 양적 인력공급과 함께 인력양성을 통한 질적 인력공급 측면이 동시에 관리되어야 한다.

# III. 공공기관의 직무중심 보수체계 개편과 제언

## 01. 공공기관의 직무중심 보수체계 개편 필요성

직무의 가치에 따라 임금이 결정되는 보상체계로 정의되는 직무급 도입에 대한 논의는 오래전부터 있었다. 그러나 체계적인 직무분석과 직무평가에 대한 현실적 어려움, 내부노동시장에서의 수용성 문제 등으로 직무급이 본격적인 임금체계로 자리 잡지 못하였다. 그러다가 근로자의 정년을 60세로 법제화한 2016년부터 임금체계 개편에 대한 논의가 이루어지면서, 지금과 같은 고령화 사회에서 전통적인 연공급 제도로는 더 이상 지속가능성을 담보 받을 수 없다는 위기감이 공감을 얻게 되었다. 거기에 더하여 소위 MZ세대라고 하는 젊은 세대가 노동시장에서 목소리를 내면서 불합리한 차별을 없애고 합리적인 차이는 인정한다는 공정성에 대한 요구가 표면화되었다. 이런 상황에서 이전 정부에서는 공공기관에 대해 정년연장에 따른 임금체계를 합리화한다는 취지에서 연공급에 대한 대안으로서 성과연봉제도나 직무급 도입을 요구하였다. 현 정부는 2022. 7. 29. 새 정부 공공기관 혁신가이드라인을 발표하면서 임·직원 인건비 효율화와 직무·성과 중심의 보수체계 정비를 혁신과제로 제시하면서 구체적으로는 직무 난이도와 보수를 연계한 직무급 도입 등 보수체계 개편을 통해 기존 호봉제의 연공성을 완화하고 생산성·공정성을 제고할 것을 요구하였다. 그러나 공공기관의 입장에서는 이러한 정부의 요구 이전에 조직내·외의 시대적 상황에 적응하기 위해 능력과 전문성에 따라 인력을 배치하고 그에 걸맞는 임금체계를 구축하여야 한다는 당위성에 따라 직무·성과 중심의 보수체계로의 개편 노력을 강화할 필요가 있다.

## 02. 공기업·준정부기관의 직무급 도입현황

정부는 지난 2년간 공기업·준정부기관 경영평가에서 '보수 및 복리후생' 지표에 세부 평가항목으로 포함되어 있던 직무급 평가내용을 별도 지표로 분리하여 평가내용을 체계화하고 평가 배점도 확대하였다. 구체적으로는 2020년도 평가에서는 공공기관의 직무급 도입을 촉진하고 기관 특성 및 노사합의를 통하여 자율적으로 추진할 수 있도록 유도하기 위하여 경영평가에 직무중심 보수체계 도입을 반영하면서 기존 '보수 및 복리후생'(3점) 지표에 포함되어 있던 직무급 평가를 분리하여 도입준비와 도입수준 평가로 체계화(2점)하였다. 따라서 세부평가 지표도 직무급 도입의 사전절차인 도입준비와 개편 결과인 도입 수준으로 구성하였다. 2021년도 평가에서는 2020년도 평가 기준을 유지하면서도 도입 수준에 비중을 더 주는 방향으로 평가기준을 변경하였다. 결론적으로 앞선 2번의 평가는 기관의 직무급 도입을 촉구하는 방향으로 평가 기조를 유지하였다고 할 수 있다. 이는 애초 직무급 도입의 정책 기조가 공공기관의 직무급 도입을 촉진하고 기관 특성 및 노사합의를 고려하여 추진할 수 있도록 유도하는데 있었기 때문으로 생각된다.

현 시점에서 공기업·준정부기관의 직무급 현황을 살펴보는 방법에는 여러 가지 방법이 있을 수 있다. 그러나 가장 실질적인 방법은 최근 점검 결과를 분석해 보면 현시점에서 공공기관 직무급 도입이 어느 수준에 있는지 파악할 수 있다고 생각된다. 이런 점에서 2021년도 직무급 점검단의 각 공공기관 직무급 점검결과 지적사항을 중심으로 공기업·준정부기관의 직무급 도입 현황을 살펴보고자 한다. 점검결과 여러 가지 측면에서 지적사항이 있었지만, 논의의 방향을 직무급 도입수준에 국한한다는 측면에서 직무급도입 절차와 관련하여 노사협의 또는 규정화 관련 지적사항은 제외하기로 한다. 이는 대부분의 기관이 노동조합이 동의하지 않거나 협의에 참여하지 않는다는 현실적 어려움을 이야기하였으나 노동조합이 참여하지 않는 경우 전적으로 기관의 노력만으로 해결되는 문제가 아니고, 대부분의 기관이 노사간에 공감대 형성을 위해 노력은 하였으나 그 대상이나 방식, 시기가 형식에 그치는 경우가 많아 다른 차원에서 검토되어야 할 것으로 보이기 때문이다.

공기업·준정부기관의 직무중심 보수체계 개편 노력과 성과에 대한 검검결과 지적사항을 유형화하면, 아래와 같이 구분할 수 있다.

**〈표 3〉** 직무급 점검결과 지적사항 유형과 대표 사례

| 유형 | 대표 사례 |
|---|---|
| ① 직무분석 관련 | 직무기술서로 파악하고자 하는 정보의 내용 및 작성방법 등에 대한 지적사항, 자격요건이나 적합수준의 구분이 명확하지 아니하여 이를 기초로 직무가치를 평가하고 인사관리에 연계하여 활용하기에는 한계가 있다는 지적사항 |
| ② 직무분류 관련 | 직무분류를 현 조직 또는 부서별로 분류하는 방식으로 개인 직무 중심이 아닌 부서 업무 중심으로 분류하거나 임직원의 숫자에 비해 직무기술서의 개수가 적어 부적절한 경우, 수직적 직무분류는 그 기준이 직무의 역할 및 책임 수준이라는 점에서 연공성이 반영된 것으로 보이는 경우에 대한 지적사항 |
| ③ 직무평가 관련 | 직무평가가 이루어지지 않은 경우, 직무평가 요소, 직무평가 방법, 직무 재평가, 직무평가 도구 관련, 직무평가에 참여한 구성원이 부적절한 경우에 대한 지적사항 |
| ④ 직무평가 등급 분류 관련 | 등급분류기준, 등급간격, 등급 수, 직무평가 결과와 등급간 정합성이 없는 경우, 직무등급표의 직무평가 점수가 특정구간에 밀집되어 구별이 용이하지 않은 경우, 직무평가 점수의 구분 자체가 대부분의 직무가 중간단계에 포함되고 가장 상위단계와 하위 단계를 같은 숫자로 구분하여 직무등급별 분포가 직무가치의 차이를 명확히 반영하지 못하는 경우, 직무평가와 직무등급의 연계성이 확인되지 않는 경우에 대한 지적사항 |
| ⑤ 직무급 적용 확대 관련 | 비보직자 직무급 적용 및 비보직자에 대한 직무평가 미실시, 직무급 미도입 등에 대한 지적사항 |
| ⑥ 직무급 비중 확대 관련 | 기본급에서 직무가치 반영 비중 확대 또는 총 보수에서 직무가치 반영 확대에 대한 지적사항 |
| ⑦ 임금(수당)의 직무가치 연계 관련 | 직무관련 수당이 직무가치(직무평가 결과)를 반영하지 못하는 경우, 직무 등급 간 차등이 없는 경우에 대한 지적사항 |

이와 같이 유형화 한 지적사항을 대상기관 공기업·준정부기관 130개 기관의 점검 결과를 토대로 살펴보면 직무기술서로 파악하고자 하는 정보의 내용 및 작성방법 등을 내용으로 하는 ①직무분석과 관련하여 개선 요구를 받은 기관이 34개 기관에 달하고 있다. 이는 직무급의 가장 기초가 되는 직무분석이 일정 수준에 못 미친다는 것이어서 시급히 개선되어야 하고 기관의 직무급 도입이 기초부터 잘못되어 있다는 것을 보여주는 것이라 할 수 있다. 다음으로 직무분류를 개인 직무 중심이 아닌 부서 업무

중심으로 분류하거나 임직원의 숫자에 비해 직무기술서의 개수가 적어 부적절한 경우 또는 수직적 직무분류는 그 기준이 직무의 역할 및 책임 수준이라는 점에서 연공성이 반영된 것으로 보이는 경우에 대한 지적사항인 ②직무분류와 관련하여 개선 요구를 받은 기관은 상대적으로 적은 18개 기관이었다.

또 직무평가가 이루어지지 않은 경우와 직무평가 요소, 빈도분석 결과를 점수화하는 방법만을 사용하는 등의 직무평가 방법, 직무재평가, 직무평가 도구, 직무평가에 참여한 구성원이 부적절한 경우에 대한 지적사항인 ③직무평가와 관련하여 개선 요구를 받은 기관은 44개 기관에 이르고 있고, 이와 연동되어 등급분류기준, 등급 간격, 등급 수, 직무평가 결과와 등급간 정합성이 없는 경우, 직무등급표의 직무평가 점수가 특정 구간에 밀집되어 구별이 용이 하지 않은 경우, 직무평가 점수의 구분 자체가 대부분의 직무가 중간단계에 포함되고 가장 상위단계와 하위 단계를 같은 숫자로 구분하여 직무등급별 분포가 직무 가치의 차이를 명확히 반영하지 못하는 경우, 직무평가와 직무등급의 연계성이 확인되지 않는 경우에 대한 지적사항인 ④직무평가 등급분류와 관련하여 개선 요구를 받은 기관은 43개 기관에 달해 직무평가와 직무등급 분류와 관련하여 60% 이상의 기관이 개선을 요구받은 것으로 나타났다.

정부가 기관의 여건을 고려하여 점진적인 도입을 요구하고 있기는 하였으나, 비보직자 직무급 적용 및 비보직자에 대한 직무평가 미실시, 직무급 미도입 등에 대한 지적사항인 ⑤직무급 적용 확대와 관련하여 개선을 요구받은 기관은 53개 기관이고, 기관의 비보직자를 포함한 직무급 대상자 전부이든 간부직만이든 직무급을 도입하였으나 기본급에서의 직무가치 반영 비중 확대 또는 전체보수에서의 직무가치 반영 확대에 대한 지적사항인 ⑥직무급 비중 확대와 관련하여 개선을 요구받은 기관이 56개 기관이다. 이는 아직까지 기관에 직무급이 구성원들로부터 공감대를 형성하고 있지 못하다는 것을 보여주는 것으로 생각된다. 아울러 직무급 비중확대의 가장 큰 걸림돌이 재원 문제로 보이는데 대부분의 기관이 현 임금체계를 유지하는 것을 근간으로 하여, 기존에 직무 관련 요소가 있는 수당이나 새로이 발생하는 임금인상분을 재원으로 하여 직무 가치를 반영한 임금 항목으로 전환하기 때문으로 보인다.

마지막으로 가장 문제가 된 지적사항으로 앞서 살펴본 직무급 비중 확대와 직간접적인 관련이 있지만, 기관이 직무 가치를 반영한 것이라고 보고한 직무 관련 수당이 직무 가치(직무평가 결과)를 반영하지 못하는 경우, 직무등급 간 유의미한 차등이 없는 경우에 해당하여 개선 요구를 받은 기관이 80개 기관으로 전체대상 130개 기관의 61.5%에 해당한다. 이 역시 개별 공공기관의 고충을 엿볼 수 있는 결과로 보이는데, 구성원들의 수용성을 확보하기 위해 기존의 임금체계와 수준을 최대한 유지하려고 한 노력의 결과물이라 해석된다.

결론적으로 공기업·준정부기관의 공공기관의 직무중심 보수체계로의 개편 성과는 여전히 초기적 수준에서 머물러 있다고 할 수 있다. 이는 무엇보다도 박근혜 정부의 성과연봉제 도입 시도와 문재인 정부의 성과연봉제 폐지 경험이 영향을 미쳤으며, 정권교체에 따른 새 정부 보수체계 개편방향이 확정되지 않은 상황이 반영된 것으로 판단된다.

## 03. 공공기관의 직무급 도입과제

정부의 공공기관 직무급 도입 정책에 대해 민주노총은 공공기관의 임금수준 및 임금체계 개편은 공공기관의 임금구조에 대한 제대로 된 진단이 선행되어야 하는데, 이러한 과정없이 공공기관 임금수준을 하향 조정하고, 윤석열 정부의 노동시장 구조 개악 흐름을 선도하기 위해 직무·성과 중심 임금체계 개편을 강행하는 것이라는 주장을 하고 있다.[12] 실제 직무급 점검과정에서 공공기관 담당자들이 토로하는 직무급 도입에 가장 큰 어려움 중 하나가 구성원들의 반대 여론이라고 한다. 구성원들의 반대 이유 중 가장 큰 이유가 민주노총이 주장하는 것과 같이 직무중심 보수체계 개편이 임금수준을 하향 조정하는 것이라는 것이고, 직무분석이나 직무평가의 공정성에 대한 우려이다. 또한 직무급 취지에 부합하는 제도설계 및 운영을 위해서는 특히 기관의 실무자들이 명확한 직무급 제도의 취지에 대한 이해와 직무급 도입을 위한 직무분석이나 직무평가에 대한 전문적인 지식이 필요한데, 기관에 따라서는 실무자의 인식이 구성원들의 의구심을 해소할 수 있을 정도로 전문적 지식을 가지고 있는지 또는 직무급에 대해 깊이 있게 이해하고 있는지 의문이 들 정도라는 점에서, 공공기관 담당자들

---

[12] 민주노총 이슈페이퍼, 2022. 08. 01.

의 직무급에 대한 이해 부족도 직무급 도입의 걸림돌이 된다고 보여진다.

이런 공공기관 내부적인 사정 외에도 직무급 도입을 위해 해결해야 할 과제에 대해 살펴보면, 우선, 직무급도입의 근간이 되는 직무분석과 관련하여 직무분석을 위한 직무기술서를 어떤 툴로 어떤 정보를 얻을 것인지에 대한 결정은 원칙적으로 각 기관의 업무특성을 고려하는 것이 되겠지만, 기본적으로는 채용, 교육, 평가 등 핵심적인 인사기능과의 연계를 고려하여 직무의 구체적 정보를 얻어야 한다는 것이므로, 직무분석 단위와 기술되어야 할 직무정보의 내용과 범위 등을 파악할 수 있는 그 기본적인 툴에 대한 가이드를 만들어 공공기관에 제공될 필요가 있다.

둘째, 공공기관이 설립목적과 업무 내용에 따라 기관만의 특성을 가진 업무도 있지만 조직운영을 위해 기본적으로 수행하는 조직관리 등의 필요업무는 각 기관별로 대동소이하다. 그럼에도 기관별로 평가방법이 달라서 기관 간 비교 가능한 직무(예를 들어 인사노무 또는 시설관리, 청소, 경비 등)에 대한 가치평가가 달라지는 현상은 직무급의 본래적 취지에도 반할 뿐만 아니라 또 다른 차원의 차별문제를 일으키는 원인이 될 수 있다. 직무평가 방법에는 서열법, 분류법, 점수법, 요소비교법 등이 있다. 그 중 어떤 방법으로 직무평가를 할 것인지는 기관 내부의사결정에 따라 달라질 수 있다. 그렇지만 명백히 유사하고 동일한 직무여서 기관 간 비교가 가능한 직무임에도 소속 기관이 다르기 때문에 직무가치를 반영한 임금에서 차등이 생기는 문제는 장기적으로 또 다른 갈등의 원인을 제공하는 것이다. 이런 기관 간 비교 가능 직무의 형평성 문제를 해결하기 위해서 직무평가에서 하나의 방법을 사용하도록 하거나, 직무에 따라서 공통된 직무가치 값을 정하는 방안 등 문제해결을 위한 논의가 필요하다.

셋째, 공공기관 구성원들이 직무급 도입에 반대하는 이유가 임금이 저하될 수 있다는 것과 직무분석과 직무평가가 일부 힘 있는 부서의 결정으로 상대적 불이익을 받을 수 있다는 우려 때문이라고 한다. 이런 우려는 일견 타당한 면도 있다고 생각된다. 직무급 도입으로 임금이 저하되는 경우가 있는지와 그 이유가 무엇인지에 대해 파악하여 해결할 방안이 무엇인지 논의할 필요가 있고, 동일한 직무를 수행하는 경우에 임금인상을 어떻게 적용할 것인지와 생애임금을 어떻게 확보해 줄 수 있는지에 대한 논의도 필요하다. 이러한 논의는 근본적으로 직무급으로 전환하는 것이 타당한지에 대한 논의가 될 수 있다. 그렇기 때문에 이러한 논의를 개별 기관에게 맡기는 것도 적절하지 않다고 본다. 따라서 직무급 도입을 독려하고 있는 정부 차원에서 공공기관 노동조합 대표자 및 보수전문가들이 참여하는 논의의 장이 필요하다고 생각된다. 또한 직무분석과 직무평가에서의 불이익에 대한 우려를 불식시키기 위해서는 각 직급이나 직무를 대표할 수 있는 구성원의 직무분석과 직무평가 과정에의 참여가 필수적이다.

넷째, 직무급과 유연적 생산의 관계이다. 유연적 생산은 노동력 투입과 배치전환의 유연성, 다기능, 그룹 작업 등 유연적 작업조직을 요구하기에 작업 조직의 유연성과 직무급은 모순적 관계에 놓여 있다고 한다.[13] 공공기관에 유연적 작업조직 구성이 필요한 경우에 직무급을 도입하는 것이 타당한 것인지 또는 유연적 작업조직 구성에 적합한 직무분류 단위는 어느 수준 인지에 대한 논의가 필요한 부분이다. 이와 유사한 문제 상황으로 현장에서도 가장 어려운 부분이 기존의 순환보직제도를 어떻게 운용할 것인지와 공공기관 구성원들의 경력관리 문제에 대한 해법을 찾는 것이다. 이 문제를 근본적으로 해결하는 것은 구성원들이 해당 직무에서 전문성을 갖춘 전문가로서 평생직장이 아닌 평생직업 이라는 인식의 변화라고 생각된다. 그러나 공공기관의 지속가능한 임금체계의 변화를 위해서는 장기적인 관점에서 구성원들이 동의하는 해결방안을 모색해 나가는 노력이 필요하다.

마지막으로 공공기관 구성원들이 기관의 직무급 도입에 대한 신뢰를 가져야 조직이 도입하고자 하는 직무급에 완벽하게 동의하지 않아도 조직을 믿고 조직이 가고자 하는 방향으로 따라올 수 있을 것이다. 그런 이유로 직무가치 중심 임금체계의 도입을 위하여 우선적으로 조직 전체에 직무가치에 대한 인정 및 공감대 형성이 필요하다. 이를 위해서는 장기적인 관점에서 구성원의 직무가 무엇인지에 대한 개념 이해를 도모하는 단계와 개별 직무의 기능이 무엇이며 조직에 기여하는 바가 무엇인지를 명확하게 이해하는 단계가 선행되어야 한다. 또한 공공기관의 이와 같은 내부적인 노력만으로 부족하고 직무 중심의 인사시스템 마련에 대한 사회적 공감대 형성도 필요하다. 개별 공공기관에서 직무에 대한 인식을 변화시키기 위한 노력을 기울일 필요도 있지만 무엇보다 직무중심 인사시스템을 지지하는 사회적 분위기가 형성되어야 한다. 현

---

[13] 정승국·노광표·김혜진, "직무급과 한국의 노동" 한국노동연구원, 2014, 임금직무센터 연구시리즈 p. 117

재 우리사회는 직무 중심의 인사시스템의 필요성에 대해서는 어느 정도 공감하고 있지만 아직 직무가 무엇인지 그리고 직무 중심의 인사시스템이 무엇인지에 대해서는 사회적 이해가 부족하다.[14] 이러한 환경에서 개별 공공기관이 직무가치를 반영한 인사시스템을 수립하는 것은 매우 어렵다 하겠다. 그러나 앞으로 고령인력 활용이나 비정규직 활용 문제를 해결하고, MZ세대의 일에 대한 생각이나 가치관의 변화에 적응하기 위해서는 사회적으로 직무에 대한 이해 그리고 직무 중심의 인사시스템에 대한 이해와 공감대가 형성되어야 한다.

## Ⅳ. 공공기관 복리후생제도의 합리적 운영을 위한 제언[15]

일반적으로 공공기관에서의 방만경영은 기관 운영의 효율성을 저해하는 영역을 포괄한다고 할 수 있다. 공공기관이 조직과 정원을 과다하게 운영하거나, 경상경비나 업무추진비를 정해진 수준보다 과도하게 집행하거나, 복리후생제도를 불합리하게 운영하는 경우 등을 포함한다. 복리후생은 조직구성원과 그 가족의 생활수준을 향상시키고 근로의 효율성을 높이고자 임금 이외에 제공되는 다양한 금전적·비금전적 복지정책이라 할 수 있다. 민간기업과는 달리 공공기관은 복리후생제도 운영에 있어서 일정한 제약이 따른다. 이윤을 추구하는 민간기업과는 달리 공공성을 추구하는 공공기관은 정부의 투자·출자 또는 재정지원으로 설립·운영되는 기관이기에 예산 편성 및 사용에 있어 정부의 통제를 받기 때문이다. 그러나 정부의 이러한 통제는 국민을 포함한 이해관계자의 공감대를 바탕으로 이루어져야 그 의미가 있을 것이다. 왜냐하면 정부의 지배를 받는 공공기관이라 할지라도 그 구성원들은 국민의 일원이며 노동자로서

---

[14] 이상민, "화이트칼라 임금체계 개편방향 및 과제", 임금컨퍼런스: 한국의 임금체계 발표자료, 2015. 3.에서 요약·정리하였다.

[15] 이 부분은 공공경제 2022 SUMMER Vol. 10 기획특집_전문가 VIEW Ⅱ에 실린 글을 재구성·인용하였음을 밝힌다.

그들의 니즈를 반영한 복리후생제도가 운영되어야 효과가 있기 때문이다.

공공기관의 복리후생제도가 방만경영이란 이름으로 전면에 대두된 것은 2013년 정부의 '방만경영 정상화 대책'이 추진된 시기로 기억된다. 그 당시에는 복리후생 수준의 합리적인 기준이 없는 상태에서 사회통념상 공감대 형성이 어려운 제도나 공무원에 비해 과도하게 운영되는 제도의 폐지 혹은 축소가 정부 주도로 이루어졌다. 그 이후 2018년 '공공기관의 혁신에 관한 지침'(이하 '혁신지침')의 제정 및 경영평가 등을 통해 복리후생제도 운영에 대한 정부의 통제는 어느 정도 성과를 내었다고 생각된다. 그러나 일부 공공기관에서 해외파견직원의 자녀 학자금 과다 지급, 명예퇴직금 과다 지급, 사택 입주직원이 부담해야 할 관리비 지원 등 국민적 공감대를 형성하기 어려운 부적절한 운영 사례가 아직 남아 있는 실정이다. 이와는 반대로 2022년 현재까지도 방만경영 정상화 대책으로 축소된 복리후생 수준이 적정성 판단 기준으로 작동하고 있어 생활수준 향상이라는 제도의 취지를 제대로 살리지 못하고 있다. 또한 금전적인 제약으로 인해 고령화, MZ 세대의 등장, 비정규직의 정규직화 등 공공기관 인적 구성의 변화에 따른 맞춤형 복리후생제도를 운영하는 것도 쉽지 않은 상황이다.

그렇다면 국민 눈높이를 고려한 지속가능한 복리후생제도 운영을 위해 정부나 공공기관은 어떤 노력을 기울여야 할 것인가?

첫째, 정부는 복리후생제도 운영에 있어서 공공기관의 자율성을 최대한 보장하고 지원할 필요가 있다. 정부는 공공기관의 방만경영을 예방하면서도 공공기관별 특성을 반영한 복리후생제도를 운영할 수 있는 방안을 마련해야 한다. 예를 들어 합리적인 수준의 복리후생비 총 수준을 정하고 그 한도 내에서 공공기관이 자율적으로 활용할 수 있도록 하는 방안을 고려할 수 있다. 이러한 과정에서 나타날 수 있는 부작용을 최소화하기 위해 정부는 데이터를 기반으로 그 적정성 여부에 대한 점검이나 지원이 이루어질 수 있도록 상시 지원조직을 운영할 필요가 있다. 이를 통해 복리후생제도 운영에 있어 공공기관의 자율성을 보장하면서도 그 적정성 여부를 주기적으로 점검하고 지원함으로써 방만경영을 예방하는 효과를 거둘 수 있을 것이다.

둘째, 정부는 공공기관의 방만경영 여부나 국민 눈높이에 맞는 복리후생제도 운영 여부에 대한 국민 알권리를 충족시킬 필요가 있다. 이를 위해 공공기관 경영정보공개시스템인 '알리오(ALIO)'에 보다 많은 정보, 보다 정확한 정보, 보다 이해하기 쉬운 정보를 제공하여 국민에 의한 감시가 원활히 이루어지도록 노력할 필요가 있다. 예를 들어 혁신지침에 명시된 복리후생제도 운영 현황을 전부 공개할 수 있도록 하거나, 정부나 국회 등에서 지적된 방만경영 사례와 그 개선 상황을 쉽게 확인할 수 있도록 시스템을 개편하는 방안을 고려할 수 있다.

셋째, 정부는 지난 정부의 비정규직의 정규직화로 인한 일반정규직과 무기계약직 사이의 복리후생제도 운영에 있어 불합리한 차별이 존재하는 지 여부를 확인하고 이를 개선하기 위한 노력을 기울일 필요가 있다. 만약 고용형태에 따른 불합리한 차별이 존재하는 형태로 복리후생제도가 운영되고 있다면 그 원인이 예산상의 제약 때문인지, 아니면 제도의 비효율적 운영에서 비롯된 것인지를 파악하여 지원수준을 높이거나 비효율적 요소 개선을 위한 전문가 컨설팅 지원 등 맞춤형 대책을 마련할 필요가 있다.

넷째, 정부는 혁신지침을 변화된 환경에 맞게 개정할 필요가 있다. 예를 들어 공공기관이 속한 산업·업종·공공기관 유형에 따른 적정한 수준을 설정하기 위한 노력을 기울일 필요가 있다. 이를 위해 민간부문의 산업·업종별 복리후생 수준에 대한 데이터를 충분히 확보하고, 공공기관 유형별 복리후생 수준 실태조사를 정기적으로 실시하여 그 결과를 혁신지침에 반영할 필요가 있다. 이러한 과정에 공공기관 실무자나 노동조합, 전문가 등 이해관계자의 참여를 보장함으로써 복리후생제도의 객관성, 수용성 및 실효성을 확보할 수 있을 것이다.

다섯째, 공공기관은 방만경영을 예방하기 위한 자체점검 시스템을 구축할 필요가 있다. 또한 정기적인 설문조사나 인터뷰를 통한 조직 구성원의 다양한 니즈를 효과적으로 반영할 수 있는 시스템도 운영할 필요가 있다. 공공기관의 자율적인 자체점검이 실효성을 확보할 수 있도록 공공기관 내부 통제기관인 감사부서의 역할을 강화하는 방안도 고려할 수 있다. 예를 들어 공공기관의 복리후생 실무부서가 제도 운영의 적정성과 합리성을 점검하고, 이와는 독립적으로 내부통제기관이 주기적으로 복리후생제도 운영의 적정성 및 합리성을 교차점검하는 방식을 생각할 수 있다.

여섯째, 공공기관 구성원들은 공공기관이 국민에 의해 운영된다는 사실을 잊지 않고 현재 운영 중인 복리후생제도가 적정한 수준인지, 합리적으로 운영되는지, 제도 운영이 지속 가능한지, 나의 이익이 조직 내 다른 구성원에게는 불이익으로 작용하는지 등을 객관적이고 공정하게 바라볼 수 있는 자세를 가질 필요가 있다. 국민의 눈높이에서 다른 사람의 입장을 이해하고 배려하는 조직문화가 형성될 때 갈등으로 인한 사회적 비용을 줄일 수 있을 것이다.

결론적으로 공공기관의 복리후생제도는 조직 구성원의 니즈에 맞게 운영되어야 하며, 예산의 제약을 받는 공공기관 특성을 고려하여 국민이 납득할 수 있는 합리적인 수준에서 운영되어야 한다. 공공기관의 방만경영 예방은 국민 눈높이에 맞는 성과를 공공기관이 스스로 제시할 때 비로소 국민적 공감대를 형성할 수 있을 것이다. 정부는 공공기관 스스로 방만경영을 예방하면서도 지속가능한 복리후생제도를 운영할 수 있도록 다양한 제도적 뒷받침을 아끼지 않아야 한다.

## V. 마치며

지금까지 공공기관 인력운영 현황, 중기 인력운영계획의 적정성 및 효율적 인력운영을 위한 정책 제언, 2021년 말 기준 공기업·준정부기관의 직무급 도입 현황과 향후 과제, 합리적인 복리후생제도 운영을 위한 공공기관의 실천방안 및 정부의 정책지원 방안에 대해 살펴보았다.

정부는 효율적인 인력운영을 위한 보다 구체적인 가이드를 제시할 필요가 있으며, 이 과정에서 이해당사자와 충분한 협의를 거칠 필요가 있다. 정기적인 인력수요전망, 전략적 인적자원관리 관점에서 인력계획, 운영, 성과 및 효과성 검증이 이루어지도록 해야 한다.

직무중심 보수체계 개편과 관련해서는 구체적이고 실무적인 직무급 도입을 위한 공공기관의 노력이 중요하며, 그 과정에서 나타난 문제점들에 대해 정확하게 이해하고 이를 개선해 나가는 노력도 중요하다. 그러나 무엇보다도 중요한 것은 공공기관 구성원들이 기관의 직무급 도입에 대한 신뢰와 임금체계 변경에 대한 공감대 형성이라 생각된다. 그러나 현재까지 대부분의 공공기관 구성원들은 직무급에 대한 공감대가 형성되지 않은 상황이다. 이는 실제로 일부 공공기관 직원들과의 인터뷰를 통해서도 확인된다. 공공기관 일부 구성원들은 기관이 직무급 도입을 위해 노력하고 있다는 사실 자체에 대한 정보가 없거나, 있어도 그러다가 말겠거니 하는 냉소적 입장을 취하는 경우도 있었다. 물론 정부의 입장도 기관의 특성을 반영하여 노사가 자율적으로 합의하여 단계적으로 도입하는 것이기는 하지만, 지난 2년간 공공기관이 직무급 도입을 확대하고 직무가치를 반영한 임금체계를 구축하기 위해 노력하였다는 성과보고 내용을 고려하면 쉽게 납득되지 않는 인터뷰 결과여서 놀라웠다. 이런 점에서 직무 중심의 인사시스템 구축을 위한 사회적 공감대 형성을 위한 보다 적극적인 논의와 실천이 필요하다 하겠다.

아울러 정부의 혁신 가이드라인에서 제시된 인건비와 업무추진비 등을 삭감하고, 과도하게 운영하던 직원들의 복리후생을 대폭 손질하라는 요구는 공공기관 직원들의 사기에 나쁜 영향을 미치게 된다는 것을 부인할 수는 없다. 그렇다면 국민 눈높이를 고려한 지속가능한 복리후생제도 운영을 위해 정부나 공공기관의 노력은 필수적인 것이다. 다만 그 방향성을 어떻게 가져갈 것인지에 대한 고민이 필요한데, 가장 현실적인 대안은 정부가 국민 눈높이에 비추어 합리적인 수준의 복리후생비 총 수준이 어느 정도 인지에 대한 실증적 조사를 통해 그 기준을 정하고, 그 한도 내에서 공공기관이 자율적으로 활용할 수 있도록 하는 것이라 생각된다. 물론 이때도 공공기관 구성원들의 이해와 공감대 형성이 전제되어야 한다.

새로운 정부가 들어설 때마다 공공기관 혁신의 방향은 공공성과 효율성과의 사이에서 균형점을 찾기 위한 작용/반작용의 법칙이 적용되는 듯하다. 혁신은 국민 눈높이에서 공공기관의 지속가능한 성장을 제고하기 위한 방향으로 이루어져야 그 의미가 있다고 본다.

# 참고 문헌

[1] 공공기관 직무중심 보수체계 개편점검 수행보고서, 2021. 7. 한국조세재정연구원, pp. 5-7
[2] 기획재정부 보도자료, 새정부 공공기관 혁신가이드라인 확정, 2022. 7. 29.
[3] 기획재정부 보도자료, 공공기관 관리체계 개편방안 마련, 2022. 8. 18.
[4] 기획재정부 보도자료, 민간-공공기관 협력 강화방안 발표, 2022. 9. 23.
[5] 박종관, "공기업 직무급여제도 전환 연구" 한국콘텐츠학회논문지, 2018 Vol. 18 No. 9, pp. 424-432
[6] 백세현, "공공기관 기능 재조정 및 인력관리 효율화" 2022 대한민국 공공컨퍼런스 발표자료, 2022. 7. 8. 한국능률협회컨설팅, pp. 281-293
[7] 이상민, "공공부문의 지속가능한 임금체계 도입을 위하여", 공공경제_2020 SUMMER Vol.02_공공기관연구센터_ KIPF_200630, pp. 25-27
[8] 이상민, "화이트칼라 임금체계 개편방향 및 과제", 임금컨퍼런스: 한국의 임금체계 발표자료, 2015. 3.
[9] 이장원·송민수·김윤호·이민동, "임금직무체계 변화실태와 직무급의 과제", 한국노동연구원, 2015 임금직무혁신사업 연구시리즈, pp. 26-47
[10] 정승국·노광표·김혜진, "직무급과 한국의 노동", 한국노동연구원, 2014, 임금직무센터 연구시리즈, p. 117
[11] 정한규, "공공기관 기능 재조정 및 사업인력관리 효율화", 윤석열 정부 국정 과제와 공공기관 정책, 2022. 7. 8. Special Report 한국공공경영학회, pp. 45-48
[12] 최대식, "공공기관의 방만경영 예방과 복리후생제도의 합리적 운영을 위한 제언", 공공경제_2022 SUMMER Vol.10_공공기관연구센터_ KIPF_220630, pp. 15-17
[13] 민주노총 이슈페이퍼, 2022. 08. 01.
[14] 2008~2010 공공기관 선진화 백서, 2011. 3. 기획재정부

Part 01

Chapter 03

# ESG 이해와 ESG경영

김정훈(한국외국어대학교 객원교수), 이명환(IBS컨설팅 대표)

## I. ESG란 무엇인가?

### 01. ESG 정의와 목적

ESG는 환경(Environmental), 사회(Social) 및 거버넌스(Governance) 각 단어의 머리글자를 따서 만든 축약어이다. ESG라는 용어는 유엔환경계획 금융 이니셔티브(UN Environmental Program Finance Initiative, 이하 'UNEP FI')에서 처음 사용한 것으로 알려졌으며, 2004년 말 유엔 글로벌 콤팩트(UN Global Compact, 이하 'UNGC')가 작성한 보고서인 "Who Cares Wins: Connecting Financial Markets to a Changing World"가 발간되면서 본격적으로 사용되기 시작하였다.

이 보고서는 ESG 이슈를 금융부문(자산관리, 증권거래)에 반영시키기 위한 목적으로 작성되었으며, 세부 내용은 ESG 이슈의 중요성 및 관련 성과보고, 그리고 이해관계자들의 역할에 대하여 권고하고 있다. 이 보고서는 "더 나은 투자가 더 지속가능한 사회(The Better Investment markets + More sustainable societies)"로 이어진다는 목적하에 자본시장에 환경, 사회 및 거버넌스와 같은 ESG 요소(이슈)를 반영하는 것이 경영에 합리적이며, 지속가능한 사회로 이어진다는 사례와 주장을 제시하였다.[1]

---

[1] 이러한 노력이 진전되어 2005년에는 "Who Cares Wins: Investing for Long-Term Value"와

ESG 정의는 기관별 설립목적 및 사업의 특성, 이해관계자의 차이에 따라 다양하게 제시되고 있으며, 이를 종합할 경우 투자의사 결정·장기적인 수익·재무적인 가치·경영 리스크·사회책임·지속가능성 등이 공통으로 제시되는 키워드이다(KRX ESG 포털, 2022).

ESG는 일반적으로 기업의 전략을 실행하고 기업의 가치를 높이기 위한 능력에 영향을 미칠 수 있는 환경(Environmental), 사회(Social) 및 지배구조(Governance)에 관한 핵심요소이다(한국거래소, 2021). 기업은 ESG 요소에 대한 적절한 투자와 경영활동 수준을 결정해야 하며, 이러한 경영활동은 이해관계자가 해당 기업에 기대하는 경제적, 법적, 윤리적, 자율적 기대를 포함해야 한다(Carroll, 1979). 이러한 기대와 성과가 기업 경쟁력의 한 부분이며, 투자자를 비롯한 금융은 이러한 ESG경영과 성과를 투자의 기준으로 활용해야 한다는 것이다. 이러한 의미에서 ESG는 ESG 투자, ESG 평가로 설명되기도 한다.

ESG 평가란 정보를 수집하여 일정한 방법론에 따라 평가한 후 평가 정보를 필요한 투자자에게 제공하는 것을 의미한다. 사실상 ESG는 투자와 평가라는 활동이 포함되어 있으며, 기관의 ESG경영은 ESG 활동을 기관에 긍정적인 요소로 관리하는 것이다. 이러한 개념들을 종합하면, ESG는 지속가능한 발전과 사회를 만드는 것을 궁극적 목적으로 하며, 기업의 참여와 ESG 요소별 성과를 금융이라는 수단을 통해 달성하고자 하는 것이다. 이러한 목적과 수단의 관계는 금융부문에서 활용되고 있는 사회책임투자(Socially Responsible Investment, 이하 'SRI') 방식으로 이해할 수 있다. 더불어 이러한 평가와 성과가 확산하기 위해서는 기업 및 관련 기관이 ESG 정보를 보고하고, 활용할 수 있는 생태계가 만들어져야 한다. 이러한 의미에서 ESG 이슈를 통합하고, 최소한의 정보를 공개하도록 하기 위한 프레임워크, 또는 이니셔티브가 중요

---

"A legal framework for the integration of environmental, social and governance issues into institutional investment(소위 'Freshfields Report')"가 발표되었음. 그리고 2006년에는 유엔책임투자원칙(Principles for Responsible Investment, 'UN PRI')과 UN 환경 프로그램(UNEP FI)에 "ESG"가 공식적으로 사용되면서 그 개념과 내용이 확산되고 있음. UN PRI의 핵심 내용은 투자 결정 시 ESG 이슈를 반영하도록 하는 것이다. 이를 위해 투자 기업의 ESG 이슈 정보공개를 요구하고, 충실히 이행하도록 하는 것임.

하다.[2] 이러한 정보공개 활동을 ESG 정보공시, ESG 규제라고 불리기도 하며, 기관은 이러한 공시를 위하여 ESG 보고서, 지속가능경영 보고서, 사회적 책임 보고서 등을 발행한다.

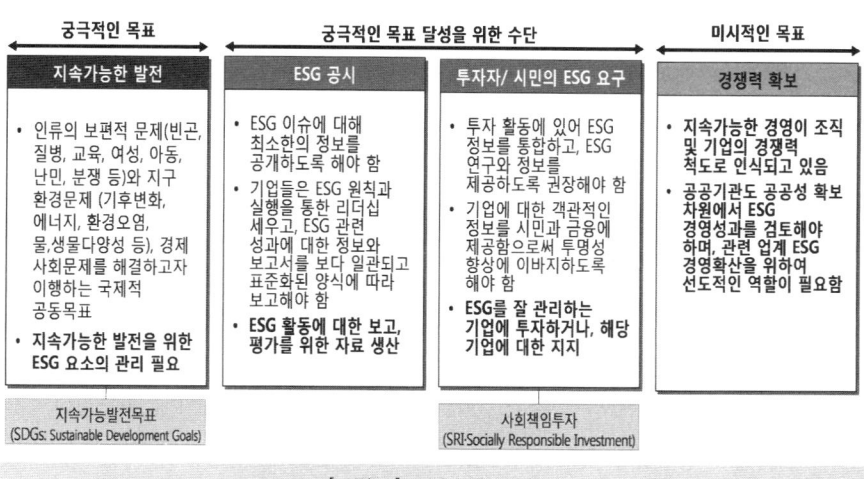

[그림 1] ESG의 목적

---

[2] ESG 프레임워크(ESG Framework)란 ESG를 관리하는 데 도움이 되는 일련의 지침을 의미. 기관의 ESG 활동 보고에 사용되는 방법과 기준을 제공하는 틀. SASB(Sustainability Accounting Standards Board, 이하 'SASB'), TCFD(Task Force on Climate Related Financial Disclosures, 이하 'TCFD') 등이 이러한 프레임워크에 해당함. ESG 이니셔티브(ESG Initiative)란 ESG 관련 주제에 대해 논의의 실천방안을 만들어 내는 계획, 권리를 의미함. ESG 지표를 발굴하고 기업 가치를 산정할 수 있도록 하는 목표, 보고, 평가를 위한 기준임. 지속가능발전, 기후변화, 인권 등을 주제로 활동하는 국제기구 및 민간단체들이 이러한 이니셔티브 기관임. 글로벌 표준, 프레임워크와 유사한 개념으로 사용.

## 02. ESG와 사회책임투자(Socially Responsible Investment, 이하 'SRI')

사실상 ESG 도입과 실천에 있어 가장 핵심적인 개념과 내용은 사회책임투자(SRI) 또는 지속가능투자에서 출발하였다고 볼 수 있다.[3] SRI의 역사는 18세기 퀘이커 교인들이 평화와 비폭력 신념에 따라 무기 관련 산업과 노예매매 관련 산업에 투자하지 않으려고 한 사례에서 비롯되었다.[4] 현대적 의미의 초기 SRI는 1971년 미국 감리교 신자들이 설립한 'PAX World Fund'이다(김형철, 2010). 국내 SRI는 2000년대 초반 기업의 사회적 책임(CSR) 대두, 정부의 녹색금융 활성화, 법률상의 소수주주 권한 강화 등에 힘입어 발전하여 왔다(안상화, 2012).[5] SRI는 종교적, 윤리적인 동기에서 시작되었으나, 시대를 지남에 따라 환경, 사회, 지배구조 등을 모두 포함한 ESG 개념으로 발전되고 일반화되었다. 1960년대는 세계 2차 대전 이후 인권, 환경, 반전운동에 관한 관심이 높아진 시기였고, 이러한 분위기는 폭탄 제조사인 다우 케미컬(Dow Chemical)에 대한 항의로 이어졌다. 이러한 미국의 사회적 반향은 전쟁에서 수익을 창출하는 기업을 투자에서 배제하는 최초의 SRI 펀드를 출시하기에 이르렀다.

70~80년대는 인종차별정책인 아파르트헤이트(Apartheid) 철폐를 위한 캠페인이 있었다.[6] 유수의 금융기관은 투자자들의 의견을 수용, 남아프리카공화국에서 나타난

---

[3] SRI라는 용어는 윤리투자, 환경투자, 책임투자, 지속가능투자 등으로 다양하게 불리고 있다. 때로는 '사회책임'을 사회공헌, 자선활동, 시민운동 등으로 오해하는 경우가 많지만, 사회책임투자는 기업에 대한 투자와 더불어 지역사회에 대한 투자, 주주행동주의를 포함하고 있으며, 그 개념도 '사회에 대한 책임'에서 '투자자의 책임'으로 바뀌어 가고 있음(이준호 외, 2009).

[4] 감리교의 창시자인 존 웨슬리(John Wesley, 1702~1791) 목사는 "돈의 사용"이라는 설교에서, "돈은 벌되, 양심을 버리거나 이웃의 재산이나 건강을 해치는 방식으로 벌지 말고, 강을 오염시키는 화학물질 생산과 같은 산업을 피하라"라고 하면서, SRI의 가치를 강조 한 바 있음(에이미 도미닉, 2004). 1928년에 개설된 '파이오니어 펀드(Pioneer Fund)'를 최초의 펀드로 보기도 함.

[5] 국내에서는 국민연금이 가습기 살균제 가해기업에 대하여 투자 규모를 줄이거나 투자대상에서 배제하지 않은 채 이들 기업에 3조 8000억 원 이상을 투자하고 투자액을 매년 증가시켜온 사실 등을 계기로, 사회책임투자 활성화에 대한 요구가 강조되었음(염미경, 2017).

[6] 아파르트헤이트(Apartheid). 아프리칸스어로 '분리'라는 뜻으로서 남아프리카공화국의 소수 백인과 다수 유색인종의 관계를 지배했던 정책.

인종차별 사건 이후 SRI 투자자들은 관련 기업에 대한 출자 및 대출을 중지하였다. 이는 남아공 경제에 부정적인 영향을 미쳤으며, SRI 투자의 영향력을 보여주는 대표적인 사례가 되었다. 80년대 체르노빌 핵발전소 사고, 엑손 발데즈(Exxon Valdez) 기름유출 사고, 인도 보팔 가스누출 사고[7] 등으로 환경 이슈에 대한 관심을 가졌으며, 2000년대 엔론, 월드컴 등 기업들의 회계 부정사건으로 기업의 지배구조에 대한 관심으로까지 확대되었다.

현재의 SRI는 과거 윤리적 종교적 기준과 함께 사회(노동, 인권, 지역사회, 제조물책임, 작업환경 등), 환경(지구온난화, 대체에너지, 수질오염 등), 지배구조(기업공시, 주주권리, 이사회 구성 및 운영 등)가 투자 결정의 중요한 이슈임을 강조하게 되었다(이준호 외, 2009). 이러한 SRI 방식은 ESG 등장과 발전에 영향을 주었다.

## II. ESG 세부요소에 대한 이해

ESG는 새로운 것이 아니다. ESG 용어가 등장하기 전부터 친환경, 기업의 사회적 책임 그리고 기업의 권한과 책임에 관한 사항을 다루는 지배구조의 문제는 항상 존재해 왔다. 다만 UN 등 국제기구나 시민사회가 이러한 문제에 더 관심을 두고 국제적 이슈를 주도해 왔으며, '지속가능발전(Sustainable Development)'을 목적으로 한 국제기구와 정부 그리고 기업을 아우르는 노력이 ESG 등장과 확산의 밑바탕이 되었다.[8] ESG 등장과 관련한 다양한 활동들과 세부 내용을 살펴보면 다음과 같다.

---

[7] 미국 석유화학기업인 유니온카바이드가 보팔에 세운 살충제 공장에서 유독성인 메틸이소시안염 가스 40톤이 누출되는 사고.

[8] 지속가능발전(Sustainable Development)이라는 용어는 1987년 세계환경개발위원회(WCED)가 발표한 보고서인 "우리 공동의 미래(Our Common Future)"에서 '미래 세대가 그들의 필요를 충족시킬 능력을 저해하지 않으면서 현재 세대의 필요를 충족시키는 발전'(development that meets the needs of the present without compromising the ability of generations to meet their own needs)이라고 정의하면서 본격적으로 사용됨.

## 01. 지속가능발전과 친환경경영

국제기구에서 SRI와 ESG는 지속가능발전이라는 목표를 달성하기 위한 수단으로 논의되었으며, 지속가능발전은 대체로 국제사회의 환경문제 출현 속에서 다루어졌다 (조우진, 2011). 엑손 발데즈(Exxon Valdez) 기름유출 사고 등 실제 심각한 환경문제가 발생하였고, 환경문제를 다룬 저서들이 출판되기도 하였다.[9] 이러한 환경 관련 이슈들은 지속가능발전과 함께 본격적으로 논의되기 시작하였으며, 환경 이슈에 대한 대표적인 논의의 흐름을 살펴보면 다음과 같다. 1972년 UN 스톡홀롬 선언, 1987년 세계환경개발위원회의(World Commission on Environment and Development)의 보고서 '우리공동의 미래(Our Common Future)'[10], 1992년 UN 환경개발회의(UN Conference on Environment and Development)의 리우선언(Rio Conference)[11]으로 이어졌다. 그리고 이러한 활동은 2000년 새천년발전목표(MDGs)와 2015년 지속가능발전목표(Sustainable Development Goals, 'SDGs')에 이르기까지 지속적이고 다양하게 전개되었다.[12]

---

[9] 1962년 레이첼 카슨(Rachel Carson)의 '침묵의 봄(Silent Spring)', 1972년 로마클럽 보고서 '성장의 한계(The Limit to Growth)', 1973년 슈마허(E. F. Schmacher)의 '작은 것은 아름답다(Small is Beautiful)' 등이 출판되면서 환경이슈는 사회적으로 상당한 반향을 불러왔음.

[10] "우리 공동의 미래(Our Common Future)"라는 이름의 보고서를 출간하면서 21세기 인류의 미래를 담보할 해법으로 제시한 지속가능발전이라는 개념이 더욱 광범위하게 논의되기 시작 당시 위원장을 맡고 있던 노르웨이 브룬트란트 수상의 이름을 따 브룬트란트 보고서(Brundtland Report)라고도 부르는 이 보고서는 환경정책과 개발전략을 통합시키기 위한 토대를 제고하였음.

[11] 1992년 리우회의(Rio Conference)에서 인간과 자연의 조화, 환경보호, 빈곤퇴치를 강조한 리우선언을 채택함. 178개국 정상들이 참여한 리우선언은 세계 3대 환경 협약이 포함됨. 기후변화협약($CO_2$ 등 온실가스 감축), 생물 다양성 협약(생태계 보존), 사막화 방지 협약(사막화 방지, 물문제 해결) 등 3대 환경 협약은 현재 ESG의 'E' 영역의 글로벌 가이드라인 평가 축임. 또한 기후변화협약(UNFCCC)은 교토의정서(1997년)를 지나 파리기후변화협약(2015년)으로 기후변화와 환경 의제를 이어 왔음.

[12] SDGs는 전세계의 빈곤 문제를 해결하고 지속가능발전을 실현하기 위해 2016년부터 2030년까지 유엔과 국제사회가 달성해야 할 목표. 2015년 9월 2000년부터 2015년까지 중요한 발전 프레임 워크를 제공한 새천년개발목표(Millennium Development Goals, 'MDGs')의 후속 의제로 SDGs를 채택. 17개 목표와 169개 세부목표로 구성된 SDGs는 사회적 포용, 경제 성장, 지속가능한 환경 3대 분야를 유기적으로 아우르며 '인간 중심'의 가치 지향을 최우선시. 유엔글로벌콤팩트는 기업이 SDGs를 기반으로 한 투자, 솔루션 개발, 기업활동을 통해 지속가능발전을

이후 2015년 신 기후체제의 기반이 되는 파리협정 채택, 2016년 파리협정 발효, 2018년 파리협정 이행지침 채택, 2021년 글래스고우 COP26까지 기후변화 대응에 대한 노력이 이어지고 있다. 우리나라도 2021년 5월 대통령 소속 2050 탄소중립위원회가 출범하고, 2021년 10월 탄소중립녹색성장기본법 국회 통과, 2021년 10월 2050 탄소중립 시나리오를 발표하였다. 윤석열 정부도 '국정목표 4. 자율과 창의로 만드는 담대한 미래'를 설정하고, '과제 86. 과학적인 탄소중립 이행방안 마련으로 녹색경제 전환' 등 관련 과제를 발표하였다.

세계적으로 많이 사용되는 ESG 프레임워크 'GRI Index(Global Reporting Initiative, 이하 'GRI')'도 환경 이슈로부터 출발하였다. 1989년 대형 유조선 엑손 발데스호가 알래스카 해안 암초에 부딪히며 좌초한 사고가 발생, 무려 4만 톤의 원유가 알래스카 해안에 유출되었다. 사고 이후 미국의 환경단체인 CERES(Coalition for Environmentally Responsible Economies)는 기업의 관행과 인식을 환경 파괴 없는 지속가능성에 일치시켜 지구와 인간의 건강을 도모하자는 원칙(CERES Principles)을 발표했으며, 1997년 CERES는 UNEP와 함께 글로벌 GRI를 세우고 기업을 대상으로 한 지속가능발전을 위한 세부 기준을 제시하였다.[13] GRI 목표는 "기업이 지속가능한 글로벌 경제를 실현하기 위해 장기적 수익성과 윤리적 행동, 사회적 정의 그리고 환경보전을 결합해야 한다."는 것이다. 또한, 세계적으로 환경 이슈가 중요해짐에 따라 다양한 환경 관련 글로벌 이니셔티브가 만들어지고 있다. 대표적으로 CDP[14], TCFD[15], RE100[16]

---

증진할 것을 촉구함.

[13] GRI는 1997년에 최초로 설립되어 미국의 환경시민단체인 Coalition for Environmentally Responsible Economies(CERES)를 중심으로 운영되다가 2002년 유엔환경계획(UNEP)이 공동으로 참여하면서 상설기구화 되었음(박수곤·범경철, 2021).

[14] CDP(Carbon Disclosure Project, 탄소정보공개프로젝트. 이하 'CDP')는 2000년에 설립된 영국에 본부를 둔 비영리기관으로, 전세계 금융투자기관의 위임을 받아 주요 기업에 환경 관련 정보공개를 요청·분석하고, 보고서를 발간해 전세계 금융기관을 비롯한 이해관계자들에게 공개하는 단체. 기후변화, 물, 산림자원, 공급망, 도시 기후변화, 기후변화 관련 투자자 행동과 관련한 글로벌 표준을 제시하였음.

[15] 기후변화와 관련된 금융 정보 공개를 위한 태스크포스(Task Force on Climate-related Financial Disclosure). G20 재무장관과 중앙은행 총재가 설립한 금융안정위원회에서 2015년 발족한 태스크 포스. 2017년 기업이 공개하는 재무정보에 기후변화 관련 정보를 포함하도록 하는 권고안을

등이 있으며, 최근에는 생물다양성과 관련한 TNFD 공시가 소개되기도 하였다.[17] ESG 경영을 수행하기 위해서는 이러한 환경 관련 이니셔티브를 기관 운영에 적용할 수 있도록 해야 할 것이다.

## 02. 기업의 사회적 책임(Corporate Social Responsibility, 이하 'CSR')

ESG와 CSR은 기업에 사회적 가치와 목표를 달성하도록 요구하며, 기업경영 활동에 이해관계자들의 다양한 요구를 수용하고, 지속적인 상호작용을 한다는 점에서 공통점이 있다고 볼 수 있다. 그리고 ESG 평가가 주목받기 전 미국과 유럽의 경우 CSR 활동을 통해 기업의 가치를 평가하고 있으며, CSR 활동을 평가하기 위한 다양한 글로벌 이니셔티브가 발전하여 ESG 평가에 영향을 주었다. 넓은 의미에서 ESG와 CSR는 같다고 볼 수 있다. 다만, 양자 간 차이는 내용적 차이보다는 관점의 차이로 이해될 수 있다. ESG는 투자자 관점에서 사회적 책임을 다하는 기업을 평가하고 투자하도록 하는 것이며, CSR는 기업 관점에서 기업이 사회적 책임을 다하기 위한 활동을 의미하는 것이다. 평가적 특성이 강한 ESG가 정량적 정보공개에 더 적극적이다.

현대적 의미의 CSR는 1953년 보웬(Bowen)의 저서 'Social Responsibilities of the Businessman'에서 "CSR이란 사회의 목표나 가치의 관점에서 바람직한 정책을 수립하고 의사결정을 하는 것"이라고 정의하면서 시작된 것으로 보고 있으며, 기업가가 전통적인 기업목표인 이익 극대화를 넘어 사회적 가치와 목표를 경영활동으로 확대해야 한다고 보았다(홍성헌, 이수형, 2009). 이러한 개념이 퍼지어 CSR은 기업의 자선활동 수준이 아니라 지속가능경영을 위한 기업 성장의 새로운 패러다임으로 받아들여

---

발표하였음. 해당 권고안을 통해 기업과 투자자는 저탄소 경제로의 전환과 관련된 위험과 기회요인을 적절히 평가할 수 있음.

[16] 국제 비영리 단체인 The Climate Group과 CDP가 2014년 연합하여 발족한 캠페인. 'RE100'는 Renewable Energy 100%란 의미로 사용전력의 100%를 재생에너지로 목표로 함. 2021년 한국에너지공단은 한국형 RE100(K-RE100)를 도입하여 인증하고 있음.

[17] 자연자본관련 재무정보공개 협의체(TNFD: Taskforce on Nature-related Financial Disclosures). 2021년 10월, 기업들의 사업, 재무적 결정에 자연을 고려해야 한다는 목소리가 높아지며 UNDP, UNEP FI, WWF 등 국제기구의 주도로 설립된 단체.

지고 있다(김선화·이계원, 2013).<18>

CSR의 정의는 다양하다. 세계 지속가능 발전 기업위원회(World Business Council for Sustainable Development)는 CSR을 "직원, 가족, 지역사회 및 사회 전체와 협력해 지속가능발전에 기여하고 이들의 삶을 향상하고자 하는 기업의 의지"라고 정의하고 있으며,<19> 국제표준화기구(International Organization for Standardization)는 "조직이 경제, 사회, 환경 문제를 사람, 지역공동체 및 사회에 혜택을 줄 수 있는 목적으로 다루기 위한 균형잡힌 접근 방법"으로 정의하고 있다(김영우·이면헌, 2019). 초기에는 CSR을 주주관점(Friedman, 1970)에서 정의하였지만,<20> 최근에는 이해관계자 관점(Friedman, 1984; Porter & Kramer, 2006 등)을 고려한 보다 포괄적인 개념으로까지 발전한 것으로 보고 있다(박상준·백재승, 2017).<21>

---

<18> 아치 캐롤(Archie B. Carroll)은 기업의 사회적 책임을 경제적-법률적-윤리적-자선적 책임의 4단계로 구분하였음. CSR와 ESG 차이를 논할 때, CSR를 주로 자선, 기부, 환경보호 등 사회공헌활동으로 보고 있으며, ESG가 요소별 성과 데이터를 더 강하게 요구하는 등 ESG가 CSR보다 더 평가적 관점을 더 강하게 요구하는 것으로 구분하고 있음. 마이클 포터 교수는 CSR 진화시켜 비즈니스 관점에서 사회문제 해결을 도모함으로써 기업 가치와 사회 가치 향상 모두를 목표로 하는 Creating Shared Value(CSV)를 주장하였음.

<19> 기업의 지속가능 발전에 대한 논의는 1995년에 지속가능한 발전을 위한 세계 기업협의회(WBCSD)가 출범하면서 본격화되었음. WBCSD는 기업들이 지속가능한 발전을 지향할 수 있도록 촉진하고 기업의 사회적 책임, 혁신 등의 역할을 수행할 수 있도록 유도·지원하고 있음(현대경제연구원, 2004).

<20> 주주 우선 원칙에 충실한 Friedman(1971)은 법률을 지키는 범위에서 기업의 이익에 집중하는 것이 바람직하다고 주장하였다. 사회적 책임을 고려하면 비용의 증대로 이어져서 효율성이 떨어지고 결국 기업이 성과를 내지 못하여 실업률의 증대로 이어질 수 있다는 의견을 제시하였음. 사회적 책임 활동을 비용 증대 및 효율성 감소로 생각하였음. Friedman(1970)은 CSR이란 "주주들의 의사를 존중하여 기업을 경영하는 것으로 법이나 윤리적 관행을 지키면서 가능한 많은 이윤을 창출하는 것"으로 정의하였음.

<21> 김성수(2009)는 기업의 사회적 책임의 이론적 변천사를 제1기 태동기(산업자본주의와 자유방임주의 시대)-제2기 생성기(수정자본주의 시대)-제3기 형성기(1960년대 이후와 현대 자본주의)-제4기 논쟁기(1980년대~2000년대) – 제5기 정착기로 구분하고, CSR의 대안적인 주제로 stakeholder theory(이해관계자론), business ethics theory(기업윤리론), corporate citizenship(기업시민)으로 전개되고 있다고 보았음. 또한, 정착기는 (1) 기업의 사회공헌 책임과 기업의 기본적 기능의 사회적 책임 (2) 기업활동의 비윤리적 행동금지 (3) 기업능력의 사회적 활용과 공헌 등이 정착되고 실천되기 시작하였으며, 체계화되고 있다고 보았음.

미국과 유럽의 경우 CSR 활동을 통해 기업을 평가하고 있다. 대표적으로 Dow Jones Sustainability Index(DJSI),[22] FTSE4Good Index,[23] 에코바디스(EcoVadis) 평가[24] 등이 있다, 이러한 평가에는 UNGC 10대 원칙, ISO 26000,[25] OECD 다국적 기업 가이드라인, GRI 등이 활용되고 있으며, ESG 평가에도 영향을 주고 있다.

## 03. 지배구조

기업지배구조(Corporate governance)란 공공의 이익과 부합하는 범위 내에서 이해관계자들의 이익을 지속해서 보호하기 위한 것으로, 기업을 지도하고 통제하는 시스템을 의미한다(OECD, 2015). 기업지배구조는 경영진・이사회・주주・자회사・자본시장 등 기타 이해관계자 사이의 관계(a set of relationship)를 의미한다. 즉, 회사가 투자자를 유치할 수 있게 하고 기업이 효율적으로 움직이며, 설립목적을 달성하는 데 기여하고, 해당 기업이 법률과 일반적인 사회적 기대를 충족시키는 데 필요한 것으로 이해할 수 있다(김화진, 2021).

기업지배구조는 기업의 비윤리적이고, 비인도적인 행동을 억제하기 위한 사회운동으로 시작되었다(임동민, 2019). 지배구조와 관련한 미국의 주요 역사와 사건을 살펴보면 1960년대는 주로 전쟁을 지원한 기업에 대한 투자 관련 논란이 있었으며, 1970

---

[22] DJSI는 글로벌 금융정보사인 미국 S&P Dow Jones Indices와 지속가능경영 평가 선도기업인 RobecoSAM사가 개발하여 지난 1999년부터 전 세계 2,500개 기업(시가총액 상위 기업)을 대상으로 기업의 지속가능성을 평가하는 평가기법으로 기업의 가치를 재무적 정보 분만 아니라 사회적, 환경적 성과와 가치를 종합적으로 평가하는 글로벌 평가 모형(http://djsi.or.kr/).

[23] FTSE4Good는 영국의 주가지수 전문기관인 FTSE가 사회적 책임투자의 실적을 평가하고 이에 대한 투자를 촉진하기 위해서 2001년 개발한 지수. 공개된 정보를 기반으로 평가하며, 현재 14개 주제별로 300개 이상의 지표가 평가에 활용됨(https://www.ftserussell.com/).

[24] 공급망의 사회적・환경적・경제적 성과를 평가하는 2007년 설립된 글로벌 기관. 기업의 지속가능성을 환경, 노동 및 인권, 윤리, 지속가능한 조달 부분으로 구분하여 평가(https://ecovadis.com).

[25] ISO가 제시한 '사회적 책임에 대한 가이던스(Guidance on Social Responsibility)'는 기업 조직의 지배구조, 인권, 노동 관행, 생태계에 대한 고려, 공정거래 관행, 소비자 이슈, 지역사회 발전 등 7가지 주제를 선정하였으며 특히, CSR의 원칙으로 투명성, 설명 책임, 이해관계자의 이해 존중, 국제 행동규범 존중, 인권 존중 등을 내세웠음(최현정・문두철, 2013).

년대는 닉슨 스캔들(정경유착) 사태로 인하여 기업에 대한 신뢰가 낮아지면서 기업지배구조에 대한 본격적인 개선요구가 나타났다.[26] 1980년대는 기업의 인수합병이 활발해지면서 주주가치와 투자자 역할에 대한 인식변화가 나타났으며, 이는 1990년대까지 이어져 주주 이익을 보호하는 경향이 확대되었다(이세인, 2010).

1990년대는 국제 자본의 이동 증가와 아시아 금융위기로 인하여 영·미식 기업지배구조를 글로벌 기준으로 채택해야 한다는 주장이 강하게 대두되었으며, 1999년 5월 OECD는 주주 중심의 영·미식 지배구조를 글로벌 표준으로 권고하게 되었다. OECD 기업지배구조 원칙은 기업지배구조에 대한 국제표준으로 인용되며 세계 정책입안자에게 참고기준과 로드맵으로서 기능을 담당하게 되었다(황인학·김윤경. 2015).[27]

이후 2001년 말 엔론의 회계부정 사건을 계기로 기업지배구조 원칙의 개정 필요성이 대두되었으며,[28] 2004년에는 주주의 권리 보호, 주주권의 기능확대, 소수 주주와 외국인 주주에 대한 평등 대우, 근로자의 감시기능 강화, 기업의 투명성 제고 및 이사회의 책임 강화를 주요 내용으로 개정하였다(최준선 외, 2007). 2007년 서브프라임 모기지 사태(subprime mortgage crisis)로 인하여 발생한 금융위기는 다음해인 2008년 기업지배구조에 대한 재검토 논의를 불러일으켰으며, 이후 2015년 11월 기업의 가치창출, 성장을 뒷받침하는 기업지배구조 역할을 반영하고자 기업지배구조원칙을 개정하였다. 이후 OECD는 지배구조와 관련한 논의를 계속해 오고 있다.

ESG는 투자기업을 선정하는 데 있어 재무적 특성뿐만 아니라 사회 및 환경적 성과와 관련된 특성을 선별하는 서비스로 등장했다. 이때 지배구조는 투자자와 투자기관을 비롯한 주주·고객·공급망·지역사회 등 다양한 이해관계자들의 이해를 사회적 가치로 향하게 하는 원동력이다. ESG와 확산에 이바지한 것으로 평가받고 있는

---

[26] 1973년 닉슨 대통령의 사임으로 결론지어진 워터게이트 사건에서 여러 주식회사가 닉슨 대통령 측에 불법 정치자금을 조달한 것으로 밝혀졌고, 이로 인해 미국 사회에서 대형회사에 대한 신뢰가 크게 떨어지게 되었음(이세인, 2010).

[27] 자세한 내용은 OECD 홈페이지 참조(https://www.oecd.org/corporate).

[28] 2001년 말, 엔론의 부실한 재정상태가 치밀하게 계획된 회계부정으로 은폐됐다는 사실이 밝혀졌으며, 이것이 잘 알려진 엔론 사태임. 이후로 엔론은 계획적인 기업 사기 및 회계 비리의 대표적인 사례로 꼽히게 되었음.

블랙록(BlackRock Corporate)의 래리 핑크 회장의 연례 서한은 기관투자가 지배구조를 통해 ESG경영을 확산시키는데 어떠한 영향력을 발휘했는지 보여주는 대표적인 사례이다.

## III. ESG 프레임워크 및 이니셔티브

2019년 8월 세계경제포럼(WEF)에서 복잡한 ESG 생태계에 대한 명확하고 투명한 이해의 필요성을 인식하고 투자자, 기업 및 기타 관련 주체들로 구성된 ESG Ecosystem Map을 발표했다(사회적가치연구원, 2021). ESG Ecosystem Map에서는 ESG와 관련한 다양한 기관들을 글로벌 표준화 기관, 주요 프레임워크 제공기관, 투자자 이니셔티브, 자본시장 데이터 제공기관 등으로 구분하고 있다.[29] 이들은 지속가능경영보고서 작성 및 ESG 평가에 필요한 공개 규범으로 활용된다. 또한, 공시기반 평가기관도 이러한 데이터를 활용하여 각자의 방식대로 평가를 수행한다.

ESG 프레임워크 및 이니셔티브는 조직이 효율적으로 ESG 정보를 공개할 수 있도록 돕기 위해 자율적 준수가 가능한 기준과 방법을 제시하고 있는데, 대표적으로 GRI, IR, SASB, TCFD가 있다. 이니셔티브(initiative)는 ESG 관련 주제에 대해 논의의 실천방안을 만들어 내는 협의체에 해당하며, 지속가능발전, 기후변화, 인권 등을 주제로 활동하는 국제기구 및 단체들이다. 글로벌 표준, 프레임워크 등으로도 불리워진다.

---

[29] 자세한 내용은 사회적가치연구원 홈페이지 참조(https://svhub.co.kr).

자료: Mike Wallace(2021), Managing the ESG Ecosystem

[그림 2]  ESG Ecosystem 기관 분류

 이니셔티브는 ESG 지표를 발굴하고 기업 가치를 산정할 수 있도록 하는 목표, 보고, 평가를 위한 기준이다(한국경제, 2021). 처음에는 환경 관련 이슈에 대응하기 위하여 만들어졌으나, 시간이 지남에 따라 ESG 부분별 이슈 및 전체를 통할(統轄)하는 규범들이 만들어졌다. 최근에는 전 세계적으로 단일화된 ESG 정보공개 기준을 요구하는 목소리가 커지는 가운데 국제회계기준(International Financial Reporting Standards, 이하 'IFRS') 재단이 주도하고, GRI와 SASB 등 공시 표준을 정하는 기관들이 협업하여 지속가능성표준위원회(International Sustainability Standards Board, 이하 'ISSB')를 설립하여, ESG 공시 표준안 초안을 제시하였다.[30]

---

[30] 해당 내용은 본고 'Ⅳ. ESG 관련 주요 해외 동향 01. ESG 정보공개 표준화' 내용 참조.

자료: Mike Wallace(2021), Managing the ESG Ecosystem 수정보완

[그림 3]  ESG 프레임워크 및 이니셔티브 변천과정

## 01. Global Reporting Initiative(GRI)

GRI는 기업의 지속가능경영보고서에 대한 가이드라인을 제시하는 비영리기구로, GRI Standard는 OECD 다국적 기업(MNs) 가이드라인 및 UNGC 10대 원칙과 연계되어 있다. GRI의 핵심은 지속가능성 보고 표준(Sustainability Reporting Standards)이며, GRI G1(2000), G2(2002), G3(2006), G3.1(2011), G4(2013)로 정보공개 지침 및 지표를 고도화하였다. 2016년에는 지표를 모듈식으로 확장한 GRI Standards를 제시하였는데, GRI Standards는 경제 분야 7개 주제 19개 지표, 환경 분야 8개 주제 32개 지표, 사회 분야 19개 주제 40개 지표로 구성되어 있다. 기업들은 GRI를 기준 삼아 ESG 전반에 대하여 설명하고, 지속가능경영보고서의 기준으로 활용하고 있다. 전 세계 250개 대기업(G250)의 73%, 52개국의 100대 기업(N100, 5,200개)의 67%가 GRI 표준에 따라 지속가능성 공시하고 있다(김이진·류현정, 2021).

## 02. 지속가능성 회계기준위원회(SASB)

SASB는 2011년 설립되었으며, 주요 목적은 미 증권거래위원회(SEC)에 보고할 기업의 공시 기준을 마련하기 위한 것이다. 투자자들에게 비교 가능한 비재무정보를 제공하고, 투자자들이 산업별로 중요한 ESG 이슈에 대한 기업의 성과를 비교할 수 있게 하도록 활동하고 있다.

SASB는 2018년 77개 산업별 지속가능성 보고 표준을 발표하였다. 기업에게 산업별 중대 이슈(materiality)에 관한 정보공개를 요구하였으며,[31] 2021년 중반까지 Value Reporting Foundation이라는 명칭으로 조직을 새롭게 개편하여 더 종합적인 기업의 비재무정보 공시 표준을 제공할 예정이다. GRI와 달리 투자자대상 ESG 정보공개에 초점이 맞춰져 있으나 GRI와 연계하여 시너지를 창출하고자 한다. 2018년 SASB Standards를 발표하여 11개 산업군 77개 산업별 ESG 정보공개지표를 제시하였으며, 77개 세부 산업에 적용되는 ESG 정보공개 주제를 종합하면 지배구조 분야 7개, 사업모델 4개, 환경 자본 7개, 사회자본 6개, 인적자본 6개 주제로 구성되었다.

## 03. 기후관련 재무정보공개 태스크포스(TCFD)

TCFD는 기후변화가 미치는 기업의 재무적 영향 공개를 위한 프레임워크 및 권고안을 만들기 위해, G20 재무장관과 중앙은행 총재가 설립한 FSB(금융안정위원회)에서 2015년 발족한 태스크포스이다. 기후변화 관련 금융정보 공시 방안을 마련하고 있으며, 채권자, 보험사, 투자자에게 관련 정보를 제공한다.

2017년 산업 전반에 적용되는 'TCFD 권고안'을 발표하였다. TCFD 권고안은 크게 기후 관련 리스크 및 기회, 권고안 및 지침, 시나리오 분석의 3가지 부분으로 구성된다. 이 중 권고안 및 지침은 거버넌스·전략·리스크 관리·정량적 지표 및 목표 등 4대 영역으로 구분하여 구체적인 정보공개를 권고하고 있다. 최근에는 기후변화뿐만이 아니라, 생물다양성 등 자연자본에 관한 재무정보를 공개하도록 하는 TNFD(Task Force on Nature-related Financial Disclosures, 자연자본관련 재무정보공개 협의체)가 발족하여, 관련 공시안을 공개하였다.

---

[31] SASB는 보고의 중대성(materiality) 원칙에 따라 해당 산업별로 가장 중요한 이슈들을 연차보고서에 다루도록 하였으며 이슈들은 SASB의 방법론인 Materiality Map™ 분석을 통해 선정됨. 자세한 내용은 SASB 홈페이지 참조(https://www.sasb.org/standards/materiality-map/).

# IV. ESG 관련 주요 해외 동향

코로나19로 인한 팬더믹 상황이 점차 안정을 찾아가고 있으나, 전 세계적으로 기후변화, 경기 침체, 국가 간 분쟁 등으로 인하여 다양한 국제적 문제가 여전히 상존하고 있는 상황이다. 2022년 세계경제포럼 글로벌 리스크 리포트에서는 향후 3년간 세계 전망에 대한 예상에서 61.2%가 '걱정한다(concerned)', 23.0%가 '우려한다(worried)'라고 응답하여 부정적인 미래를 전망하고 있다(WEF, 2022). 이러한 상황 속에서 기후변화에 대응하기 위한 친환경 활동을 비롯한 ESG 이슈에 대한 세계적 관심은 계속될 것이다.[32]

또한, ESG 이슈가 계속 관심을 가질 것으로 예상하는 근거는 세계적 선도기업들이 ESG경영을 선언하고 새로운 규범을 제시하는 등 ESG를 혁신의 목적과 수단으로 인식하고 있다는 점이다. 예컨대, 2050년까지 기업이 사용하는 전력의 100%를 재생에너지로 사용하겠다는 자발적 캠페인 RE100에 참여하는 기업의 숫자가 14년 13개에서 22년 376곳으로 증가하였으며, 이 캠페인에 Apple, General Motors 등이 참여하고 있으며, 우리나라 기업인 삼성전자, SK 하이닉스, 현대자동차, 기아자동차, LG Energy Solution 등도 참여하고 있다. 이러한 기업들의 친환경경영은 ESG 이슈의 중요성과 함께 ESG 필요성에 대한 근거이다. ESG에 대한 높은 관심 속에 기관들이 ESG 경영을 실행하기 위해 고려해야 할 주요 글로벌 이슈인 ESG 정보공개 표준화, 기후금융 확산, Scope 3 관리 중요성, 공급망 책임 및 인권보고 의무화를 살펴보고자 한다.

---

[32] WEF의 2022년 글로벌 리스크 리포트에서 전 세계가 마주할 리스크로 기후변화 대응 실패가 1위, 극심한 날씨가 2위, 생물 다양성 상실이 3위, 인간의 환경 파괴 7위, 천연자원 위기 10위 순으로 나타나 환경 관련 위기가 주요 리스크인 것으로 나타났다.

# 01. ESG 정보공개 표준화

## 가. ESG 정보공개 표준화 배경

그간 ESG 대한 관심이 증가함에 따라 다양한 정보공개 프레임워크 및 이니셔티브도 증가하는 현상이 나타났다. 기업 입장에서는 다양한 정보공개 프레임워크 ESG 공시를 수행하는 것이 경영상 부담이며, 공시 정보를 기반으로 평가를 수행하는 기관들도 일관되지 않은 공시 정보로 인하여 평가에 어려움을 경험한 바 있다. 이러한 배경 하에 ESG 정보공시에 대한 표준화 요구가 있었다. 2020년 9월 그동안 전 세계 ESG 정보공시를 이끌어 온 대표적인 5대 이니셔티브 기관들인 SASB(지속가능회계기준위원회), CDP(탄소공개프로젝트), CDSB(기후정보공개표준위원회), GRI(Global Reporting Initiative), IIRC(국제통합보고위원회)들이 공시 표준화를 위한 통합작업 공동의향서를 발표하고, 재무정보와 비재무정보 통합을 지향하며 유기적인 기업정보 보고 체계를 구축할 것을 선언하였다. 이후 국제회계기준재단(IFRS)은 제26차 유엔기후변화협약 당사국 총회(COP26, 21.10)에서 지속가능성 공시기준의 국제표준 개발을 위해 '국제 지속가능성 표준위원회(ISSB)' 설립을 발표하였다.

그간 증권거래소 또는 국가별 공시 기준이 100여 개 이상 존재하는 상황이기 때문에 공시 표준화의 필요성이 제기되었으며, 2022년 들어 국제적인 비재무 제표 또는 ESG 공시 표준의 수립 또는 통합화 등이 ESG 공시 표준화와 기후 관련 공시 등으로 가속화되었다. IFRS가 G20과 IOSCO(국제증권감독기구)를 포함한 각국 정부와 정책당국 등으로부터 국제적으로 통용될 수 있는 ESG 공시 표준을 제정해 달라는 요청을 받아 ISSB에서 ESG 등 비재무적 요인의 지속가능성을 공시하는 국제기준의 초안을 22년 3월 말에 발표하였으며, 해당 초안은 다양한 이해관계자들의 의견을 수렴한 후 최종안으로 발표될 예정이다.[33]

---

[33] 금융위원회 보도자료 'ISSB의 지속가능성 공시기준 관련 공개 의견수렴(22.05.12)' 참조 (https://www.fsc.go.kr/no010101/77781).

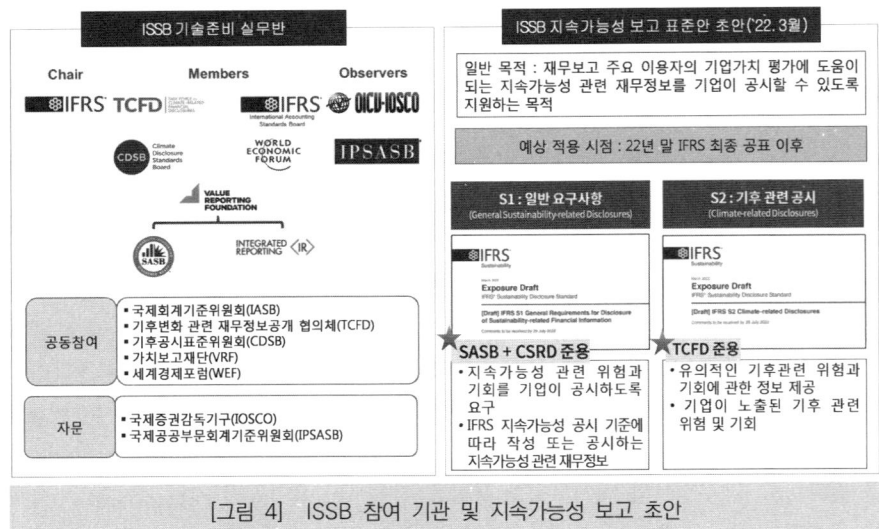

[그림 4] ISSB 참여 기관 및 지속가능성 보고 초안

### 나. ESG 정보공개 표준화 내용

　　IFRS의 지속가능성 공시기준 초안은 일반적인 지속가능성 관련 재무정보 공시 요구안(General Requirements for Disclosure of Sustainability-related Financial Information) 'IFRS S1'과 기후 관련 재무정보 공시안(Climate-related Disclosure) 'IFRS S2' 로 구성된다. 'IFRS S1'은 지속가능성 관련 재무정보 공시를 위한 일반 요구사항(일반 요구사항 프로토타입)을 담고 있으며, 기업에 의미있는 지속가능성 위험 및 기회에 대한 모든 중요한 정보를 보고하도록 요구하고 있다. 사안별 공시 요구사항과 산업별 공시 요구사항으로 구분되며, 사안별 공시 요구사항은 산업과 관계없이 산업 전반에 걸쳐 기업 가치에 광범위한 관련성을 가진 문제(예를 들어 기후)에 대한 것으로, 산업 전반에 걸쳐 비교 가능한 정보를 공시할 것을 요구하고 있다. 산업별 공시 요구사항은 산업 내 기업 가치와 관련된 공시 주제를 식별하고 산업 관련 활동에 따른 각 주제에 대한 공시 요구사항을 설정하는 것으로, 특정 산업 내에서 비교 가능성을 촉진하게 되어 있다.[34]

<표 1> 산업전반 지표 범주

| 지표명 | 설명 |
|---|---|
| 온실가스 배출량 (Greenhouse gas emissions) | (가) 온실가스 프로토콜에 따른 Scope 1, 2, 3의 절대 총 배출량($CO_2$-e(t)) |
| | (나) Scope 1, 2, 3 별 배출량 집약도(intensity) |
| | (다) 연결기업과 관계기업, 공동기업 등에 대해 (가)에서 공시한 각각의 Scope 1 및 2 배출량 |
| | (라) 관계기업, 공동기업, 비연결대상 종속기업 또는 계열사의 배출량을 포함하기 위해 사용한 접근법 |
| | (마) (라)의 접근법을 선택한 이유와 그 선택이 공시 목적과 어떻게 관련되는지에 대한 설명 |
| | (바) (가)에서 공시한 Scope 3 배출량의 경우:<br>① 측정에 있어 업스트림(upstream) 및 다운스트림(downstream) 배출량을 포함<br>② 보고된 배출량에 어떤 Scope 3 배출량이 포함 및 제외되었는지를 이해할 수 있도록 Scope 3 배출량 측정에 포함된 범주를 공시<br>③ Scope 3 배출량 측정에 가치사슬 내 기업들이 제공한 정보가 포함되어 있는 경우, 그 측정 근거를 설명<br>④ (바)③에서 온실가스 배출량을 제외한 경우, 그 이유에 대해 기술 |
| 전환 위험 (Transiton risks) | 전환 위험에 취약한 자산의 금액 및 비율 또는 기업의 활동 |
| 물리적 위험 (Physical risks) | 물리적 위험에 취약한 자산의 금액 및 비율 또는 기업의 활동 |

자료: IFRS, 한국회계기준원, 하이투자증권(2022)

'IFRS S2'는 기후 관련 공시 프로토타입으로 기업에 기후 관련 위험 및 기회에 대한 노출 정보를 제공하도록 요구하여 기업의 일반목적 재무보고 이용자가 기후 관련 기업의 활동을 인지하고 평가할 수 있도록 요구하고 있다. 세부 내용으로는 기후 관련 위험 및 기회가 기업의 재무상태, 재무성과, 현금흐름에 미치는 영향을 결정하고, 이

---

(34) 산업기반지표(Industry-based Metrics) 측면에서는 SASB 기준을 활용한 산업 기반지표가 포함되어 있다. 기업은 자신이 속한 산업설명을 바탕으로 지속가능성 공시주제(Disclosure Topics)와 이를 측정하는 지표와 단위(Accounting Metrics) 그리고 지표를 설명하는 세부 프로토콜(Protocol) 그리고 활동 지표(Activity Metrics) 등을 구분하여 공시하도록 되어 있음. 가령 자동차 산업 내 기업의 공시 주제로 연비 및 사용단계 배출이 언급될 수 있으며, 공시 주제와 관련된 지표로 기업 차량의 연비 및 무공해 차량 매출액 등이 제시될 수 있음.

용자가 기업의 미래 현금흐름과 가치, 시기 및 확실성을 단기, 중기, 장기적으로 평가할 수 있도록 지원하며, 이용자가 기업의 가치를 평가할 수 있는 정보공시, 경영진의 자원 사용, 그에 상응하는 투입물, 활동, 산출물 및 결과가 기후 관련 위험 및 기회를 관리하기 위한 기업의 대응과 전략을 어떻게 지원하는지 이해할 수 있는 정보공시, 기후 관련 위험 및 기회에 대응하여 계획, 사업모형 및 운영을 조정하는 기업의 능력을 평가하기 위한 정보를 요구하고 있다. 해당 방식은 기존의 TCFD 방식과 유사한 형태이다.

IFRS 지속가능성 공시기준은 기업이 외부 ESG 요소에 미치는 영향을 자율적으로 공시하는 것과 다르게 외부 ESG 요소가 기업에 미치는 영향과 기업의 대응 방안에 초점을 두고 있으며, IFRS 지속가능성 공시기준은 기존 사업보고서 내로 편입되어 지속가능 관련 재무정보와 통합될 수 있을 전망이다. 현재 기업이 발간하고 있는 지속가능경영보고서가 지속가능 위험과 기회 요인에 대한 기업의 지배구조, 전략, 위험관리, 척도와 목표를 주요 내용으로 하여 재편될 수 있으며, 업종 특성과 기업의 특성을 반영하는 척도가 최대한 표준화되어 공시되기 때문에 투자자 측면에서는 정보 가용성과 효율성이 제고될 것으로 예상한다.

## 02. 유럽기후법과 지속가능금융 실행계획

### 가. 유럽기후법(European Climate Law)

EU는 사회가 지속가능발전으로 향하는 데 필수적인 기반이자 녹색경제 활동으로 흐름을 유도할 주요한 수단으로서 지속가능금융 프레임을 구축하고, 이를 통해 유럽의 녹색경제화를 유도할 뿐 아니라 전 세계의 녹색경제 전환을 독려하고 있다. EU는 2050년까지 기후중립을 달성하기 위한 '유럽 그린 딜(European Green Deal)'을 발표하고,[35] 법적 기반으로 '유럽기후법'을 2021년 6월 제정하였다.[36] 동법은 2050년

---

[35] 기후변화대응 및 경제성장을 위한 전략으로 2050년 탄소배출 제로 목표 하에 에너지탈탄소화, 산업육성 및 순환경제 구축, 운송·건축에너지 효율성 강화 등의 정책을 제시하였음.
[36] '유럽기후법(European Climate Law)' 관련내용은 주한벨기에 유럽연합 대사관.

까지 온실가스 배출을 제로로 하며, 그 이후로는 마이너스 배출 달성을 목표로 하고 있다. 또한, 유럽기후법 후속으로 2030년까지 유럽연합의 온실가스 배출량을 55%까지 줄이기 위해 'Fit for 55'를 발표하였다.[37] 해당 법과 정책패키지로 인하여 철강, 시멘트 등 상품에 탄소국경조정제도(Carbon Border Adjustment Mechanism, 'CBAM')가 포함됨에 따라 우리나라도 영향을 받을 것으로 예상되고 있다. 또한, 자동차 배출가스 규제 강화 및 내연기관 차량 판매가 불가함에 따라 수소·전기차로의 전환이 가속화 될 것으로 예상된다.

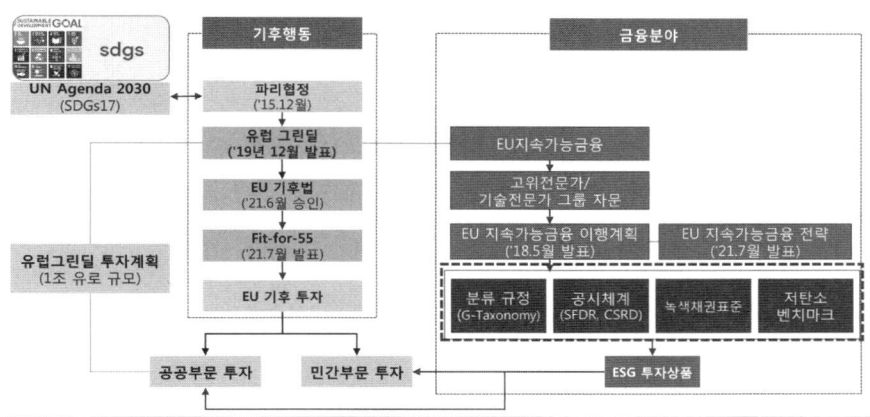

자료: 장명화(2022), EU의 지속가능금융 정책 추진동향과 시사점

[그림 5] EU의 기후행동과 지속가능금융 로드맵

---

참조(https://overseas.mofa.go.kr).

[37] EU집행위원회가 2021년 7월 발표한 탄소배출 감축 계획으로 EU로 수입되는 제품 중 EU에서 생산되는 제품보다 많은 양의 탄소를 배출하는 제품에 탄소세를 부과하는 것임.

## 나. EU 지속가능금융

EU는 지속가능한 경제활동 이행을 촉진하고 그린워싱(greenwashing)을 방지하기 위해 지속가능금융(Sustainable Finance) 프레임을 조성하고 법적·제도적 기반 환경을 구축 중이다(장명화, 2022). 2018. 3월, 지속가능금융에 대한 3대 목표 및 10대 실행계획을 담은 지속가능금융 실행계획(Sustainable Finance Action Plan)을 발표하였다. 해당 계획에는 지속가능한 경제로의 자본흐름 전환을 위하여 EU 녹색분류체계를 수립하고 있으며, 투명성과 장기적 관점을 육성하기 위하여 지속가능성 공시 및 회계규정 등을 강화하고 있다.

특히 EU는 공시와 관련하여 지속가능한 기업활동과 지속가능성 투자를 촉구하고자 NFRD(Non Financial Reporting Directive, 비재무정보 보고지침), CSRD(Corporate Sustainaility Reporting Directive, 기업지속가능성 보고지침) 및 SFDR(Sustainable Financial Disclosure Regulation, 지속가능금융 공시규정) 등을 통해 공시의무를 규제하고 있다. EU가 ESG 투자와 ESG 규제·기준 정립을 통해 국제사회 주도권 강화에 주력하고 있는 만큼 EU의 ESG 규정이 국제표준을 선점할 가능성이 크다. EU 등 선진국의 지속가능성 및 ESG 정책 동향과 주요 글로벌 이니셔티브 등을 관찰하면서 글로벌 표준이 확립되어 가는 과정을 주시하고 신속히 반영해 나갈 필요가 있을 것이다.

## 03. Scope 3 관리의 중요성 확대·증가

세계기상기구(World Meteorological Organization)와 유엔환경계획(UNEP)이 1988년에 설립한 기후변화에 관한 정부 간 협의체(Intergovernmental Panel on Climate Change, 이하 'IPCC')는 기후변화에 대한 보고서를 작성하고, 발간하고 있다. 최근 IPCC가 발간한 'Global Warming of 1.5℃ 특별 보고서'에는 지구온난화를 막기 위한 Tipping Point를 2℃가 아닌 1.5℃로 제한해야 한다고 강조하였다.[38] IPCC 1.5℃ 특

---

[38] '갑자기 뒤집히는 점'이란 뜻으로 때로는 엄청난 변화가 작은 일에서 시작될 수 있고 대단히 급속하

별보고서는 국가에서 기업으로 온실가스 관리에 대한 이행을 요구하고 있다. 기업은 온실가스 관리를 위하여 Scope 1, 2, 3을 관리하고 있다. 그런데 대체로 기업들은 Scope 1, 2를 중심으로 관리하고 있다. 이는 Scope 3 산정에 어려움이 있기 때문이다.

온실가스는 배출특성과 활동경계 등을 고려하여 배출원을 구분하는 것이 인벤토리의 효율적 관리를 위해 필요하며, 배출원 구분에 대한 정의와 구분은 지침에 따라 달라질 수 있다(환경부 그린캠퍼스 온실가스 인벤토리 구축). 배출 형태에 따라 크게 직접배출원(Scope 1), 간접배출원으로 구분하고 있으며, 간접배출원은 다시 Scope 2, 3로 세분하고 있다. Scope 1은 기업이 소유하고 통제하는 발생원에서 발생한 온실가스로 보일러, 화로, 터빈, 운송수단, 소각로, 온실가스 발생 화학 공정에서 발생하는 배출이며, Scope 2 기업이 구매하여 소비한 전기와 스팀 생산으로 인한 온실가스 배출을 의미한다. 구매하거나 다른 경로를 통해 기업의 조직적인 경계로 들어온 전기와 스팀을 대상으로 측정한다. Scope 2는 공장을 돌리는 데 사용된 전기가 석탄이나 석유 등을 태워 얻은 열에너지로 만들어졌는지, 혹은 태양열이나 수력 같은 재생에너지로 만들어졌는지까지 점검한다. Scope 3은 기업활동의 결과이지만 기업이 소유하거나 통제하지 않는 시설에서 발생한 온실가스 배출로 임대한 자산, 프랜차이즈, 아웃소싱 활동, 판매된 생산품과 용역의 이용, 폐기물 처분을 의미한다(KB금융지주 경영연구소, 2021).

미국 증권거래위원회(Securities and Exchange Commission, 이하 'SEC')는 22년 3월 뉴욕증시 상장기업을 대상으로 탄소배출량 정보 등을 공개하도록 하는 새로운 규칙인 기후변화 정보공시지침 초안(Proposed Rules on Climate-Related Disclosures)을 공개하였다. 해당 규칙은 모든 상장기업이 Scope 1, 2 정보를 의무적으로 공개하도록 하고 있으며, 온실가스 배출량이 투자자들에게 중요하거나 기업이 구체적인 목표를 제시한 경우에 한해 Scope 3를 단계별로 공개하도록 권고하고 있다(이혜경, 2022). 해당 규칙은 뉴욕증시에 상장된 우리나라 기업 10개사도 공시의무 대상이 될 것이며, Scope 3 적용을 받는 미국 상장 대기업에 상품과 용역을 공급중인 우리기업도 Scope 3 정보공개에 간접적인 영향을 받을 것으로 예상된다. 미국 상장기업이 우리나라 기

게 발생할 수 있다는 의미임.

업에게 탄소배출량 정보에 대하여 공개 요구할 가능성이 높아질 것이다.[39] 결과적으로 탄소정보의 공개 및 감축활동은 기업의 경쟁력 평가의 한 요소가 될 것이다.

## 04. 공급망 책임 및 인권보고 의무화

UNGC에 따르면, '지속가능한 공급망'은 제품 및 서비스의 생애주기에서 발생하는 환경, 사회, 경제적 영향을 관리하고, 건전한 지배구조를 형성하는 것으로 정의하고 있다. 현재 미국과 유럽의 경우 공급망 실사를 법제화하고 지속가능한 공급망 관리는 '윤리적 영역'에서 '전략적 필요' 영역으로 전환되고 있다.

EU는 22년 2월 기업의 공급망 내 인권 및 환경보호 강화를 위해 '기업 지속가능성 실사 지침(Directive on Corporate Sustainability Due Diligence)'을 발표하였다. 실사 적용대상 기업의 공급망 전체에 걸쳐 인권 및 환경 관련 실사를 의무화, 위반에 대한 행정제재 수립 및 피해에 대한 민사책임도 허용할 것을 제안하고 있다. EU의 공급망 실사 제안 배경에는 그린딜(The European Green Deal), 탄소감축(Nationally Determined Contribution), 지속가능성(Sustainability) 등 관련 정책 과제를 달성하기 위해 인권·환경 보호에 대한 법적 의무 준수가 필요하고, 독일, 프랑스 등 일부 회원국에서 유사한 법을 시행 또는 추진하고 있었기 때문이다.

윤석열 정부 국정과제 15, 17, 18 민간협력 업체 ESG 지원, 중소·중견기업의 ESG 경영 확산, 벤처기업의 ESG 실사·진단 등 맞춤형 컨설팅 지원 강화는 공급망 실사와 관련있는 내용으로, 공급망을 갖는 기업은 공급망 내 있는 중소·중견기업에 대한 지원 활동을 모색할 필요가 있다.

---

[39] 다만, 이 초안은 Scope 3의 경우 Scope 1·2와 달리 제3자 검증을 요구하고 있지 않으며, Scope 3 관련 공시정보가 선의이면 연방증권법상의 법적 책임을 묻지 않도록 하고 있음.

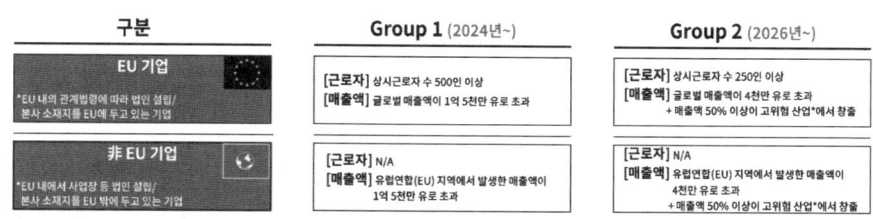

자료: 대한상공회의소(2022), 최근 ESG 동향과 새정부 정책방향 전망

[그림 6] 기업 유형에 따른 EU 공급망 실사 적용 분류

## V. 정부의 ESG 정책 동향

 기후변화, 코로나19 등 세계적으로 ESG에 관한 관심이 높아지면서 우리나라 정부도 2021년부터 본격적으로 ESG와 관련한 다양한 정부 정책들을 추진하기 시작하였다. 주요 정책 동향을 살펴보면, 2021년 1월 금융위원회「기업공시제도 종합 개선방안」, 1월 한국거래소「ESG 정보공개 가이던스」, 8월「ESG 인프라 확충 방안」, 12월 산업통상자원부「K-ESG 가이드라인」발표가 있었다. 이후 대선과정에서 후보자별 E·S·G 분야에 대한 다양한 공약들이 제시되었고, 윤석열 정부가 들어서면서 후보 시절부터 강조한 중소기업 ESG 경영에 대한 지원을 국정과제로 발표하는 등 ESG 관련 정책을 추진하고 있다. 이상의 내용을 자세히 살펴보면 다음과 같다.

| 2021년 1월 14일(금융위원회) | 2021년 1월 18일(한국거래소) | 2021년 3월 4일(기획재정부) |
|---|---|---|
| • 기업 공시부담 경감, 투자자 보호 강화, ESG 책임투자 기반 조성 등을 위하여 「기업공시제도 종합 개선방안」 추진<br>• 금융위원회의 ESG 책임투자 활성화를 위한 제도적 기반 조성 | • 한국거래소 「ESG정보공개 가이던스」를 제정 공개<br>• 가이던스는 ESG 정보를 공개하는 경우 이를 위한 기본 원칙과 내용 등에 대한 가이드를 제공하는 것을 목적으로 함 | • 기획재정부는 공공기관 경영공시에 녹색제품 구매실적과 온실가스 감축 실적 등 환경·사회·지배구조(ESG) 관련 항목을 신설하여 공시하도록 함. 이후 22년 2월 통합공시 기준개정 ESG 항목확대 |

| 2021년 8월 26일(관계부처합동) | 2021년 12월 1일(관계부처합동) | 2022년 윤석열 후보자 대선공약(3월) |
|---|---|---|
| • 관계부처 합동 "ESG 인프라 확충 방안" 발표<br>• 산업부, 환경부, 금융위 등을 중심으로 ESG 관련 정책 마련, 제도정비에 착수<br>• ESG 경영 가이드라인 마련 및 공시 활성화, 중소·중견기업 ESG 역량 강화, 공공기관 ESG 경영 선도 등 추진 주요내용으로 함 | • 관계부처 합동 "K-ESG 가이드라인" 발표<br>• 관계부처와 각 분야 전문가 등의 의견을 반영하여 글로벌 기준에 부합하면서도 우리 기업이 활용 가능한 가이드 제시<br>• K-ESG 가이드라인 개정판을 1~2년 주기로 발간하고 업종별·기업 규모별 가이드라인도 22년부터 마련하기로 함 | • 윤석열 후보는 ESG 경영을 모든 중소기업에 요구하는 것은 대단히 어렵다고 보고 ESG 투자를 통해 얻는 것이 많다고 느낄 만한 세제 인센티브 등 제도적 여건을 만들겠다고 언급(대한상의 대선후보 초청 특별 강연, 2월)<br>• 부분별로 환경은 탄소중립 목표달성을 위하여 원자력 적극 활용할 예정, 사회부분은 공정사회를 위하여 갑을관계 개선 등을 제시를 강조하였음 |

| 윤석열 정부 국정과제(22년 5월) |
|---|
| • 윤석열 정부 국정비전·목표 및 110대 국정과제 발표(22.05.03)<br>• 과제 15. 공공기관 자체 ESG역량 강화 및 민간 협력업체 ESG경영 지원<br>• 과제 18. (ESG 금융기반 마련) 금융권의 ESG 분야 자금지원 확대 및 중소·벤처기업의 ESG 실사·진단 등 맞춤형 컨설팅 지원 강화 추진 |

[그림 7] 정부 주요 ESG 정책 동향

## 01. 금융위원회 등 「기업공시제도 종합 개선방안」

금융위원회는 기업공시 제도로 인한 기업의 부담은 줄이고 투자자 보호를 강화하는 방향을 강조한 기업공시제도 개편안을 발표하였다(2021년 1월 14일).[40] 특히, 코로나19 이후 ESG 요소를 고려한 책임투자가 세계적으로 확산되고 있는 상황에서 기업들의 ESG 정보공개 활성화가 필요하였다. ESG 관련 주요 내용으로는 ESG 책임투자 기반 조성을 위하여 ①기업지배구조 보고서 의무화 확대, ②지속가능경영보고서 공시 활성화, ③스튜어드십 코드 개정 검토, ④의결권자문사 관련 제도 정비를 추진과제로 설정하였다.

---

[40] 기업공시제도는 상장기업 등으로 하여금 증권의 발행 유통과 관련하여 투자판단에 필요한 모든 정보를 공개하도록 하는 제도.

이중 ESG는 정보공개 활성화를 위한 지속가능경영보고서 공시 활성화를 강조하고, 단계적으로 의무화를 추진하도록 하였다. 1단계는 'ESG 정보공개 가이던스를 제시하여 '지속가능경영보고서' 자율공시를 활성화하도록 하였고, 2단계는 일정 규모 이상 (예, 자산 2조원 이상) 코스피 상장사 공시 의무화, 3단계는 전체 코스피 상장사에 대하여 공시를 의무화하도록 할 계획을 담고 있다.

금융위원회 등 기업공시제도 개선방안은 민간 기업이 ESG 관련 정보를 공개하도록 하는 방안을 담고 있다. 한전 등 상장된 공공기관의 경우 관련 기업공시제도를 준수해야 하며, 지속가능경영보고서의 작성과 공시 노력이 필요하다. 그런데 공공기관 대부분은 상장사가 아니며, 기업공시제도와 관련성이 낮다. 다만, 일부 기관들은 자율적으로 ESG 요소 활동에 대한 지속가능경영보고서를 작성하고, 그 활동에 대하여 공시하고 있다. 공공기관도 지속가능경영보고서를 작성하고 공시하는 기관이 점차 증가하는 추세이다. 공공기관은 정부방침 및 정보공개 제도 등에 따라 알리오 등에 공시하고 있지만, 엄밀한 의미에서 ESG 정보를 글로벌 규범에 따라 공시하고 있다고 볼 수 없다. 따라서, 공공기관들은 기관의 ESG 요소별 활동에 대하여 점검하고, 공시하기 위한 노력이 필요하며, 이를 글로벌 규범 수준에서 작성된 지속가능경영보고서의 형태로 공개할 필요가 있다.

## 02. 관계부처 합동 "ESG 인프라 확충 방안" 발표

2021년 8월 관계부처 합동으로 "ESG 인프라 확충 방안"이 발표되었다. 산업부, 환경부, 금융위 등을 중심으로 ESG 관련 정책을 마련하고, 제도 정비에 착수하기로 하였다. ESG 정책 방향이 '지원'에 초점이 있음을 명확히 하고, 정책 간 정합성 확보 등을 통해 정책 효율성을 높이기 위하여 노력하고 있다. ESG 경영 가이드라인 마련 및 공시 활성화, 중소·중견기업 ESG 역량 강화, 공공기관 ESG 경영 선도 추진 등을 주요한 내용으로 담고 있다.

ESG 인프라 확충 방안은 기업의 ESG 경영 확산과 금융부문의 ESG 투자 활성화를 중심으로 하며, 통합 인프라로 ESG 정보 플랫폼 및 통계 구축이 핵심이다. ESG경영 가이드라인 마련 및 공시 활성화를 위해서 K-ESG 가이드라인 마련, 코스피 상장기업은 기업지배구조보고서, 지속가능경영보고서 공시를 단계적으로 의무화, 코스닥 기업 등은 자율공시체계를 유지하면서 규모별·업종별 K-ESG 가이드라인 등을 활용하여 공시 활성화를 제시하고 있다.

중소·중견기업 ESG 역량 강화를 위해서는 경제단체 등과 협업하여 중소·중견기업의 ESG 경영 수준, 준비정도, 취약분야 및 애로사항 등에 대한 실태조사 추진하고, 지속가능경영 확산(산업부), 탄소중립·ESG 산업생태계 조성(중기부) 사업 확대 및 연계 강화, ESG 우수 기업에 대한 인센티브 제공, 대기업의 공급망 ESG 관리 강화 등 ESG 협업 및 지원사업 활성화를 제시하고 있다.

공공기관의 경우 ①공공기관의 ESG 공시 확대, ②ESG 실행계획 수립 및 평가 강화를 강조하고 있다. 공시의 경우 ESG 자율공시 확산을 선도하기 위해 공공기관 및 지방공기업 경영공시 항목에 ESG 관련 항목을 순차적으로 확대할 예정이며, 공공기관 및 지방공기업 특성에 따라 ESG 경영 중점 목표 및 추진과제를 선정하여 ESG 실행계획 수립을 제시하고 있다. 또한 경영평가에 ESG 요소 반영을 제시하고 있다.

ESG 투자를 활성화하기 위해서는 한국형 녹색 분류체계(K-Taxonomy) 확립, 사회적 채권 가이드라인 마련, ESG 금융상품 다양화, ESG 채권의 신뢰성 강화, 민간 평가기관 가이던스 마련, 스튜어드십 코드 개정 및 도입 확산, 연기금의 ESG 투자 활성화, 정책금융기관의 ESG 금융 활성화 등을 제시하고 있다.

## 03. 산업통상자원부 "K-ESG 가이드라인" 발표

"ESG 인프라 확충 방안"에도 기업의 ESG 초기 진입 부담 완화와 기관의 ESG 경영 공시 활성화를 위해 "K-ESG 가이드라인"을 마련할 것을 제안하고 있다. K-ESG 가이드라인은 기업에 ESG 경영 방향을 제시하고, ESG 평가대응 역량을 확충하기 위한 기준을 제시하고 있다. 또한 본 가이드라인은 평가기관이 평가 기준 정립에 활용할 수 있으며, 투자기관이 책임투자 이행을 위한 자체 평가지표 및 위탁운영사 선정, 평가 기준으로 활용할 수 있도록 작성되었다. 작성과정에서는 산업계(중소 및 중견기업), 경제단체, 연기금, 금융·투자기관, 평가기관, 신용평가사, 언론사 등 이해관계자의 의견을 수렴하였으며, 평가항목이 국내 제도 등과 정합성을 갖도록 검토되었다.

K-ESG 가이드라인은 공신력 있는 국내외 주요 13개 평가기관, 공시기관의 3,000개 이상의 지표와 측정항목을 분석하였으며, ESG 이행과 평가의 핵심·공통사항을 제시하기 위하여 노력하였다. 가이드라인은 정보공시 5개, 환경 17개, 사회 22개, 지배구조 17개 총 61개 문항으로 구성되었으며, 국내 제도 등을 반영한 ESG 주요 경영요소에 대한 15개 항목을 추가로 제시하였다. K-ESG 가이드라인은 현재 제조업 중심으로 마련되었으나, 향후 업종별·기업 규모별 세부 가이드라인을 순차적으로 마련하고, 글로벌 동향을 반영한 K-ESG 가이드라인 개정을 1~2년 주기로 진행할 계획이다.

## 04. 공공기관 알리오 통합공시 기준 개정

기획재정부는 2021년 초부터 ESG, 사회적 가치 등 민간과 공공 동향을 고려하여, 공공기관의 사회적 가치와 관련된 공시 항목 확대에 대한 논의를 시작했으며 안전 및 환경, 사회공헌 활동, 상생협력, 일·가정양립 등 관련 항목을 대폭 신설·보완하였다. 이후 2022년 2월에 발표한 '공공기관 알리오 통합공시 기준 개정'에서 지속가능한 성장으로의 패러다임 전환을 위해 공공기관의 환경·사회·지배구조 등 ESG 공시 항목을 대폭 확대하였다.

주요 내용을 살펴보면, 환경·기후위기 대응을 위해 에너지 사용량, 폐기물 발생량, 용수 사용량 등 환경보호 항목을 신설하였다. 또한 사회, 정보보호, 인권, 상생협력 경영성과에 대한 정보공개를 통하여 공공기관이 사회적 포용 문화 확산의 계기로 삼고, 거버넌스, 공공기관 윤리경영 진단에 필요한 '자체 감사부서 현황' 및 '청렴도 평가 결과' 공시항목을 추가하여, 공공기관의 반부패 청렴활동을 강조한 것이 특징이다.

이렇게 공공기관의 공시 항목이 증가한 것은 곧, 기관의 공시 항목에 대한 비교 가능성이 커졌음을 의미한다. 이는 해당 항목 성과가 기관의 ESG 경쟁력을 의미한다. 기관은 K-ESG 가이드 등을 활용하여 기관의 ESG 경영수준을 진단할 수 있을 것이다.

| | | |
|---|---|---|
| 환경 | ❶(에너지 사용량) 공공기관의 연간 에너지 총 사용량 공시(4월)<br>❷(폐기물 발생량) 공공기관의 연간 폐기물 발생실적 공시(4월)<br>❸(용수 사용량) 공공기관의 연간 용수(물) 사용량 공시(4월)<br>❹(환경법규 위반 현황) 환경관련 법규 위반사항 공시(수시)<br>❺(저공해 자동차 현황) 저공해 자동차 보유·구매현황 공시(7월) | **12. 환경보호 (분리/신설)**<br>(12-1) 온실가스 감축실적 (분리/이동)<br>(12-2) **에너지 사용량 (신설)**<br>(12-3) **폐기물 발생량 (신설)**<br>(12-4) **용수 사용량 (신설)**<br>(12-5) **환경법규 위반 현황 (신설)**<br>(12-6) **저공해 자동차 현황 (신설)**<br>(12-7) 녹색제품 구매실적 (분리/이동) |
| 사회 | ❶(개인정보보호)개인정보위원회의 공공기관 개인정보보호 진단 결과 공시(7월)<br>❷(인권경영) 기관의 인권경영체계 구축 및 이행 현황 공시(7월)<br>❸(동반성장 평가결과) 중기부의 공공기관 동반성장 평가 결과 공시(7월) | **(11-2) 개인정보보호(신설)**<br>14. 인권경영 신설<br>36. 동반성장 평가결과신설 |
| 거버넌스 | ❶(자체 감사부서 현황) 기관 자체 감사부서 설치 및 운영현황 공시(4월)<br>❷(청렴도 평가결과) 권익위의 공공기관 종합청렴도 평가 결과 공시(7월) | **(27-3) 자체 감사부서 현황(신설)**<br>37. 청렴도 평가결과(신설) |

자료: 기획재정부(2022), '통합공시를 통해 공공기관의 ESG 경영 선도'

[그림 8] '22년 2월 알리오 통합공시 기준 개정 내용

## 05. 윤석열 정부 국정과제

윤석열 정부는 대통령 후보 시절부터 ESG 확대가 뉴노멀인 상황을 인식하면서, ESG에 대한 중소·벤처기업의 대응역량이 부족함을 인식하고 이와 관련한 지원을 강화할 것을 공약으로 제시하였다. 대통령 당선 후에는 ESG 부분과 관련된 여러 국정과제를 제시하였다. 국정과제 중 공공기관과 관련성이 가장 높은 과제는 '국정과제 15. 공공기관 혁신을 통해 질 높은 대국민 서비스 제공'과 '국정과제 17. 성장지향형 산업 전략 추진'이다.

윤석열 정부의 국정과제 중 환경 관련 주요 의제를 이루고 있는 것은 '국정과제 3. 탈원전 정책폐기, 원자력산업 생태계 강화'라고 할 수 있다. 윤석열 정부는 에너지 안보 및 탄소중립 수단으로 원전을 적극적으로 활용하고, 원전 생태계 경쟁력 강화, 한미 원전동맹 강화 및 수출을 통해 원전 최강국으로 도약을 목표로 하고 있다. 이에 따라 원전을 적극적으로 활용 신한울 3, 4호기의 건설을 조속히 재개하고, 안전성을 전제로 운영허가 만료 원전의 계속 운전 등으로 2030년 원전 비중을 상향하고자 한다. EU에서 원자력산업을 그린-택소노미에 포함하는 논의가 진행 중이며, 우리나라 역시 K-택소노미에 원자력산업 반영 여부가 관심사이다.

공공기관 ESG경영과 관련성이 높은 '국정과제 15. 공공기관 혁신을 통해 질 높은 대국민 서비스 제공(기재부)'은 공공기관 자체 ESG 역량 강화 및 민간 협력업체 ESG 경영 지원을 강조하고 있다. 또한 '국정과제 17. 성장지향형 산업전략 추진(산업부)'은 지속가능성장을 위하여 ESG 등 기업 성장과 사회적 가치 연계모델을 확산시키고, 중소·중견기업의 ESG경영 확산을 위하여, 「(가칭) 지속가능성장위원회」 신설을 검토하고 있다. ESG경영을 확산시키기 위해서는 K-ESG 가이드라인 고도화, 공급망 실사 대응지원 사업 신설, 소셜-택소노미 마련 등을 목표로 하고 있다. 이밖에 '국정과제 18. 역동적 혁신성장을 위한 금융·세제 지원 강화(기재부·금융위)'에서도 금융권의 ESG 분야 자금지원 확대 및 중소·벤처기업의 ESG 실사·진단 등 맞춤형 컨설팅 지원 강화 추진을 통해 ESG 금융기반을 마련하고자 한다.[41]

## VI. 공공기관 ESG 경영전략 수립

공공기관은 대내·외 환경변화에 맞추어 기관 특성에 맞는 ESG 경영전략을 수립해야 한다. ESG 경영전략 수립은 일반적인 경영전략 수립 방식과 동일한 절차로 진행된다. 다만, 진행 과정에서 ESG 요소를 전제로 한 분석과 과제 발굴이 필요하다.

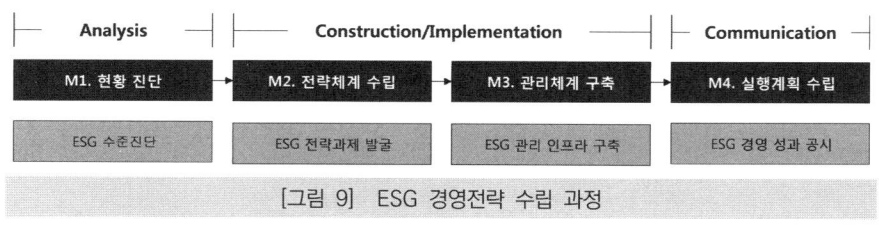

[그림 9] ESG 경영전략 수립 과정

---

[41] 이외에도 국정과제 20, 21, 23, 30, 33, 49, 68, 86, 87, 88, 89, 98이 ESG와 직간접적으로 연관성이 있는 것으로 나타났다. 이중 국정과제 20, 21, 23은 디지털 그린, 에너지 신산업, 디지털 그린 전환 등을 제시하고 있어, 친환경 정부활동이 강화되는 것을 확인할 수 있음.

먼저, 현황진단 단계에서는 선진기관에 대한 벤치마킹과 ESG 수준 진단이 필요하다. 수준 진단은 현재 기관의 ESG 경영수준을 확인하는 과정으로 이 과정을 통해 부족한 분야에 대한 과제 및 목표설정이 필요하다. 기관에서 손쉽게 할 수 있는 수준 진단 방법은 글로벌 이니셔티브 중심으로 데이터가 생산되고 있는지를 점검하는 방법이 있다. GRI 및 SASB 등 지속가능경영보고 프레임워크에서 요구하는 항목별 데이터 유무가 1차 적인 수준 진단이다. 관련하여 데이터를 생산하고 관리하고 있는지가 중요하다. 2차 수준 진단은 해당 데이터가 동종업계 내 어떠한 수준인지 파악하는 것이다. 해당 수준 진단을 위해서는 'K-ESG 가이드라인 V 1.0'을 활용할 수도 있다. 이렇듯 ESG 수준 진단은 프레임워크 등 ESG 공시 기준을 활용하여 관리(데이터 생산) 유·무, 동종업계 수준 비교 형태로 수행할 수 있다. [그림 10]처럼 'K-ESG 가이드라인 V 1.0'은 기관의 ESG 경영수준을 진단할 수 있도록 구성되어 있다.

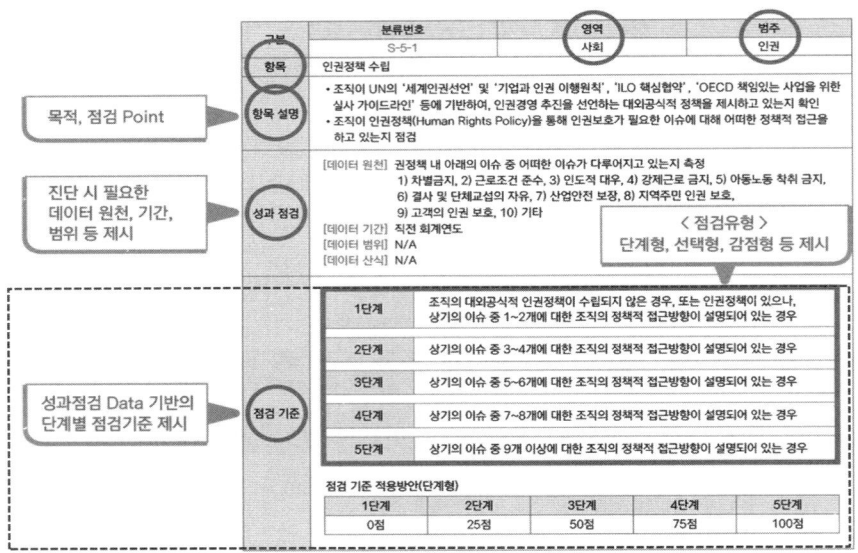

자료: 산업통상자원부(2021), K-ESG 정책추진 방향

[그림 10] K-ESG 가이드라인 구성

두 번째, 수준 진단 이후에는 기관 특성을 고려한 ESG 전략과제 발굴이 필요하다. 공공기관 특성을 고려해 보면, 대부분 기관이 경영평가 항목 중심으로 경영전략을 수립하고, 관련한 과제들을 수행하고 있다. 통상 경영평가 기준에서는 환경 부문에 대한 평가요소가 부족하고, 환경 부문에 대한 평가가 이루어지더라도 상대적으로 달성하기 쉬운 형태이다. 예컨대, 녹색제품 구매율의 경우 기관으로서는 재원만 투입하면 달성할 수 있는 평가요소로 녹색제품 구매가 환경 관련 활동에서 중요하지만, 목표달성의 도전성 기준에서는 도전성이 높지 않은 지표라고 판단된다. 따라서, 기관들은 환경 부문에 대한 ESG 경영성과를 창출하기 위하여 기관의 성격을 고려하고, 적극적인 과제 발굴 노력이 필요하다. 이 과정에서 공공기관 자체 역량 강화에만 초점을 두지 말고, 협력사 및 관련 산업 생태계 ESG 활성화를 위하여 노력하는 과제도 함께 도출해야 할 것이다. 생태계 내 기관들의 ESG 정보생산 및 관리 역량을 향상하기 위한 노력이 병행되어야 한다. 될 수 있으면 기후변화, 탄소중립, 생물 다양성 등 환경 관련 비계량적 성과 창출 노력에도 힘써야 한다.

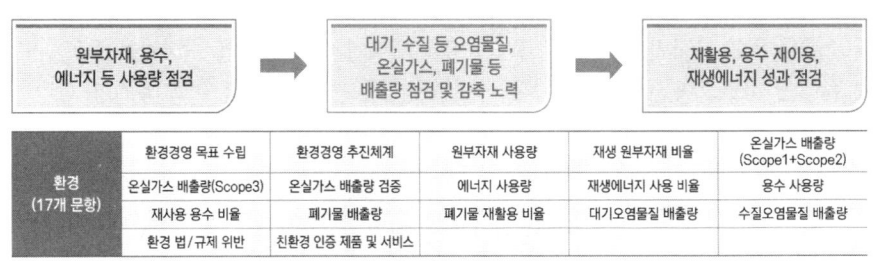

자료: 산업통상자원부(2021), K-ESG 정책추진 방향

[그림 11] K-ESG 가이드라인 환경 부문 주안점

세 번째는 관리 인프라의 구축이다. 관리 인프라는 해당 과제에 대한 성과관리 체계를 의미하며, 실질적인 데이터의 생산 및 관리 조직·인력·시스템을 의미한다. ESG 수준진단과 과제발굴 단계에서 확인된 과제와 지표(데이터)에 대한 관리 시스템을 구축해야 한다. ESG경영을 기관의 캠페인 활동으로 인식하는 것이 아니라, 기관 평가의

주요한 핵심으로 설정하는 것이다. 현재도 사회적 가치와 관련한 여러 지표를 공통지표로 관리하는 것처럼, ESG경영과 관련한 지표들이 공통지표 또는 사업지표로 관리되어야 한다. ESG경영 도입 여부와 관련하여 대부분 기관이 이사회 내 ESG 관련 위원회를 두고, 기존 사회적 가치 담당 부서의 부서명을 ESG 관련 부서명으로 변경하였다. 이는 ESG경영의 관리 인프라를 구축하였는지를 확인하는 하나의 기준이었기 때문이다. 이러한 이사회 참여와 담당 부서 설치도 중요하지만, 더 중요한 것은 ESG 다양한 요소들이 기관 운영과정에 실질적으로 반영되었는지 여부이다. 기관 경영활동 중 ESG와 관련성이 없는 것은 없을 것이다. 다만, ESG는 더 좁은 의미로 기관의 ESG 경영활동에 평가적 관점을 강화하는 것으로 기관은 실질적인 성과를 창출하고 이를 데이터로 생산하는 노력이 필요한 것이다. 최소한 수준 진단 과정에서 검토되었던 지표들에 대한 데이터를 생산하고 관리하는 것이 필요하다.

마지막은 기관의 ESG경영 노력에 대한 성과를 공시하는 것이다. 민간기업처럼 지속가능보고서 등 ESG 보고서를 발행하는 것이다. ESG경영이 강조된 이후 보고서 등을 발행하는 기관이 증가하고 있다. 'K-ESG 가이드라인 V 1.0'을 포함한 ESG 프레임워크 등에서도 강조하는 내용이기도 하다. 보고서의 발행은 ESG 성과이자, 이해관계자와의 소통을 위한 도구이다. 기관이 ESG경영을 위하여 어떠한 점에 주안점을 두고, 어떠한 활동을 하였으며, 어떠한 결과물을 만들어 냈는지의 과정을 담고 있어야 한다.

## VII. 공공기관 ESG 경영사례

### 01. 한국남동발전

한국남동발전은 2001년 4월 정부의 전력산업 구조개편 정책에 따라 한국전력공사로부터 분리되어 출범한 발전 전문 공기업이다. 우리나라 전체 발전설비 용량의 약 6.9%를 점유하고 있으며, 삼천포본부를 중심으로 영흥, 분당 등 전국에 화력발전소를 5개 운영하고 있다.

한국남동발전은 2020년 급변하는 경영환경과 이로 인한 적자위기를 극복하고, 한국을 대표하는 종합에너지 공기업이 되고자 'Clean & Smart Energy Leader' 비전을 선포하고, 2034년까지 신재생에너지 비중 30% 달성(재생에너지 3430전략)이라는 목표를 설정 개편하였다. '한국판 뉴딜' 정책에 동참하여 태양광발전, 풍력발전 등 다양한 에너지로의 전환사업을 확대 추진해오고 있으며, 특히, 2020년에는 정부 경영평가 'A'등급을 획득하여 그간의 성과를 인정받았다. 환경 부분의 경우 2020년 7월 2일, 국회에서 신재생에너지 개발 사업 등으로 탄소중립을 달성하겠다는 목표를 발표하였으며, 이후 탄소중립 로드맵을 수립하고 이를 추진할 탄소중립 추진위원회를 설치하였다. 또한, ISO 9001/14001 통합인증을 획득하고, 지속해서 환경문제 개선을 위하여 노력하였다. 이에 온실가스 목표대비 112% 감축, 석탄회 재활용률 105%, 대기 환경 개선 131%라는 성과를 달성하였다.

사회부문의 경우 기획재정부, 행정안전부, 산업통상자원부로부터 혁신 우수기관으로 선정되었으며, 산재 등 법·규제 예방 활동 성과가 있었다. 디지털 뉴딜, 그린 뉴딜, 인프라 강화를 통해 직접 일자리 1,663명을 창출하였으며, 「기업성장응답센터」, 「창업 해드림(SUN Dream) 사업」, 「KOEN R&D CARE 플랫폼」을 구축하는 등 동반성장 활동성과, 국제표준 정보보호·개인정보관리 인증을 획득하는 성과가 있었다.

지배구조 부분의 경우 이사회 내 ESG 위원회를 설치하여 경영에 활용하고 있으며, 감사위원회 존재, 이사회 활동에 대한 공개, 지속가능경영 기반 마련 및 정보공개 활동이 우수한 것으로 판단된다. 또한, 입안문서 모니터링 RPA를 자체구축하고, 활용하여 투명하고 공정한 경영혁신을 위하여 노력하였다.

## 02. 한국동서발전

한국동서발전은 2001년 4월 정부의 전력산업 구조개편 정책에 따라 한국전력공사로부터 분리되어 출범한 발전 전문 공기업으로 우리나라 전체 발전설비 용량의 약 8.8%를 점유하고 있으며, 당진발전본부, 울산발전본부, 호남발전본부, 동해발전본부, 일산발전본부 등 5개의 화력발전소를 운영하고 있다.

한국동서발전의 환경부문 경영성과는 전 발전소가 환경경영시스템(ISO14001) 인증을 받았으며, 당진, 울산 사업소는 환경성적표지(탄소발자국 인증)를 받는 등 환경경영 성과를 위하여 노력하였다. 발전방식에서도 석탄 화력 중심에서 신재생에너지 중심 전력 구조로의 전환하고 있으며, 국내 중소·중견기업의 고효율 운영설비에 스마트 모니터링 시스템 구축을 지원하여 연 17t의 온실가스 감축 성과를 기대하고 있다. 특히, 2012년부터 9년 연속 CDP(Carbon Disclosure Project) 정보공개에 자발적으로 참여해 오고 있으며, TCFD 권고안에 따라 기후변화 대응 활동을 보고하여, 국제사회가 지향하는 기후변화 정보공개목표에 동참하고 있다.

사회 부분의 경우 사회공헌 추진체계를 수립하고 있으며, 대표 사업으로 본업과 연계하여 소외계층에 태양광 발전 설비를 기부하는 'EWP 에너지 태양광 1004'를 운영하고 있다. 동반성장 추진체계를 마련하고, 중소기업벤처부 동반성장평가 최우수등급을 획득하였다. ISO 45001(안전보건경영시스템) 인증을 유지하고, 공공기관 안전활동 수준 평가 A등급을 획득하였다.

## 03. 한국도로공사

한국도로공사는 1967년 3월 착공한 경인고속도로 등 도로의 설치 및 관리와 이에 관련된 사업을 통해 도로의 정비를 촉진하고 도로교통의 발달에 이바지하기 위하여 1969년 설립된 공기업이다. 20년 기준 고속도로 4,046㎞의 구축, 관리하고 있다.

한국도로공사의 ESG경영 중 환경부문의 경우 환경경영시스템(ISO14001)과 녹색건축 인증을 통해 환경경영추진체계를 인정받았으며, 도공형 탄소중립 전략을 수립한 것이 특징이다. 특히, 18년부터 배출권거래제를 이행하고, LED 도로조명 교체사업, 친환경 차량 도입사업, 그린 리모델링 등의 지속적인 에너지 감축 사업추진으로 온실가스 약 4만 톤을 감축한 성과가 있다. 또한, 생태 수림대 등 녹화사업을 통해 친환경 고속도로를 건설하고 있다. 수소차, 전기차 등 친환경 자동차 충전 인프라 확충을 통해 환경개선과 차세대 혁신성장 동력 창출하고, 공유경제 개념을 도입한 건설사업단 공사 차량 '카셰어링 시스템'을 도입하였다.

사회 부분의 경우 공사는 안전한 고속도로를 실현하기 위하여 「휴식 마일리지」, 「구간과속 단속 카메라」 설치 확대, 「위험정보 알람 서비스」, 「AI 적재불량 단속시스템」을 구축하여 교통사고 사망자수를 낮추었으며, 혁신 뉴딜, 고속도로 안전 강화, 해외 사업 개발 등을 통하여 2,675명의 신규 일자리를 창출하였다. 정부의 청년, 고졸자, 지역인재 등 사회 형평적 인력 채용 정책을 선도하여, 全 분야에 걸쳐 정부 권장목표를 달성한 성과가 있었다.

## 04. 한국수자원공사

한국수자원공사는 국가 수자원을 종합적으로 개발하고, 효율적으로 관리하기 위해 1967년 11월 설립된 물 전문 공기업이다. 전국 수돗물의 30%를 생산하고 있으며, 국가홍수조절의 94.3% 담당하고 있다.

한국수자원공사의 ESG경영 중 환경부문의 경우 ISO14001(환경경영시스템) 인증을 획득하고, ISO14031(환경성과평가지침)에 근거한 환경성과평가(Environmental Performance Evaluation) 지수 프로그램을 도입하여 운영하는 환경경영체계를 확립하였다. 특히, RE100 가입과 TCFD 지지를 통해 기후위기 대응을 위하여 노력하고 있는 것이 특징이다. 홍수터를 수변 생태 벨트로 조성 수변 완충기능 증진과 탄소흡수원으로서 역할을 하고, 동시에 생태자원으로 활용하여 댐 유역의 수질 개선과 수생태계 건강성 회복, 지역 소득 창출 공간으로 활용하였다.

사회 부분의 경우 ISO45001(안전보건경영시스템) 인증을 획득하고, 2020년 건설안전 관련 산업재해 사망자 ZERO를 달성하였다. 또한, 2020년도부터 환경부 국제개발협력(ODA) 사업 물 분야 전 과정을 총괄하는 시행기관으로 국제협력 사업을 수행하였다.

# 📚 참고 문헌

[1] 금융위원회.(2022), "ISSB의 지속가능성 공시기준 관련 공개 의견수렴", 2022년 5월 12일 보도자료

[2] 기획재정부.(2022). 통합공시를 통해 공공기관의 ESG 경영 선도

[3] 김선화·이계원.(2013). 기업의 사회적 책임 활동(CSR) 관련 연구들에 대한 검토 및 향후 연구방향. 대한경영학회지, 26(9)

[4] 김성수.(2009). 기업의 사회적 책임(CSR)의 이논적 변천사에 관한 연구. 기업경영연구, 16(1)

[5] 김영우·이면헌.(2019). 중소기업 CSR 활성화 방안 : 일본 사례를 중심으로. 벤처혁신연구, 2(1)

[6] 김이진·류현정.(2021). ESG 평가체계 현황 분석 연구 : 환경영역(E)을 중심으로. 한국환경연구원 기초연구보고서

[7] 김형철.(2010). 금융위기와 기독교인의 역할. 로고스경영연구, 8(1)

[8] 김화진.(2021). ESG와 이사회 경영. 더벨

[9] 대한상공회의소.(2022). 최근 ESG 동향과 새정부 정책방향 전망 발표자료

[10] 박상준·백재승.(2017). 사회적 책임활동과 기업가치의 연관성: KEJI와 KSI 통합 분석.기업경영연구, 24(2)

[11] 박수곤·범경철.(2021). 기업의 사회적 책임 규범화에 대한 국제기준과 법적 과제. 재산법연구, 38(1)

[12] 사회적가치연구원.(2021). ESG 핸드북

[13] 산업통상자원부.(2021). K-ESG 정책추진 방향

[14] 안상화.(2012). 국내 사회책임투자(SRI) 현황과 시사점

[15] 염미경.(2017). 사회책임투자와 기관투자자의 신인의무. 강원법학, 50

[16] 에이미 도미니(2004). 사회책임투자: 좋은 세상 만들며 투자이익 올리기. 서울:필맥

[17] 이세인.(2010). 미국기업 지배구조의 시대적 변천. 법학논총, 30(2)

[18] 이준호·김범준·정주환·도제문·손승우.(2009). 영미 금융법제의 변화와 위기대응에 관한 비교법적 연구. 한국법제연구원. 비교법제 연구, 09-15

[19] 이혜경.(2022). 기업의 탄소배출정보 공시 해외 논의 동향 및 시사점. 국회 입법조사

처 이슈와 논점, 1949호

[20] 임동민.(2019). 자본주의 역사와 지배구조의 진화. 교보증권 Special Report

[21] 장명화.(2022). EU의 지속가능금융 정책 추진동향과 시사점. 산은조사월보, 5월 제798호

[22] 조우진.(2011). 지속가능발전의 윤리적 성격과 교육. 고려대학교 박사학위논문

[23] 최준선·권종호·김순석·심영·전삼현·홍복기.(2007). 선진 회사법제 구축을 위한 비교법적 연구. 법무부 연구용역 과제보고서

[24] 최현정·문두철.(2013). 기업의 사회적 책임 활동과 회계 투명성간의 관계. 회계학연구, 38(1)

[25] 하이투자증권.(2022). 공시혁명: ESG 공시표준화. 하이투자증권 Industry Report, (6)

[26] 한국거래소.(2021). ESG정보 공개 가이던스

[27] 한국경제신문.(2021). 한경무크 ESG K-기업 서바이벌 플랜. 한국경제신문

[28] 현대경제연구원.(2004). 지속가능경영의 도입 프레임워크

[29] 홍성헌·이수형.(2009). 한국기업의 글로벌화를 위한 CSR전략에 관한 연구. 통상정보연구, 11(4)

[30] 환경부.(2018). 글로벌 환경정보공개 플랫폼. CDP

[31] 황인학·김윤경.(2015). OECD 기업지배구조 원칙과 시사점. KERI Insight. 한국경제연구원

[32] KB금융지주 경영연구소.(2021). 스코프 3(Scope 3)로 넓혀져 가는 탄소 발자국 지우기. KB 지식 비타민

[33] Bowen, H. R. (2013). Social Responsibilities of the Businessman. University of Iowa Press.

[34] Carroll, A. B. (1979). A Three-Dimensional Conceptual Model of Corporate Performance. The Academy of Management Review, 4(4), 497-505.

[35] Congressional Reserach Service. (2022), Overview of the SEC Climate Risk Disclosure Proposed Rule

[36] Eccles, R.G., & Stroehle, J.C. (2018). Exploring Social Origins in the Construction of ESG Measures.

[37] Eccles, R.G., Lee, L., & Stroehle, J.C. (2019). The Social Origins of ESG: An Analysis of Innovest and KLD. Organization & Environment, 33, 575-596.

[38] Friedman, M. (1970). The social responsibility of business is to increase its profits. New York Tunes Magazine, 13, 32-33.

[39] Friedman, M. (1984). Strategic management; A stakeholder approach. Boston; Pitman Publishing.

[40] FTSE. (2021). Guide to FTSE Sustainable Investment Data used in FTSE Indexes

[41] G20/OECD. (2015). G20/OECD Principles of Corporate Governance

[42] Mike Wallace. (2021), Managing the ESG Ecosystem, ERM

[43] OECD. (1999). OECD Principles of Corporate Governance

[44] Porter, M.E., & Kramer, M.R. (2006). Strategy and society: the link between competitive advantage and corporate social responsibility. Harvard business review, 84 12, 78-92, 163.

[45] REFINITIV. (2021). Environmental, Social and Governance(ESG) Scores from Refinitiv

[46] UNEP FI. (2010). Translating ESG into sustainable business value

[47] United Nations. (2016). United Nations Principle of Responsible Investment.

[48] United Nations Environment Programme Finance Initiative. (2005). Freshfield Report. A legal framework for incorporating environmental, social and governance issues into institutional investment. Freshfields Bruckhaus Deringer, London.

[49] United Nations Global Compact. (2004). Who Cares Wins. Connecting Financial Markets to a Changing World. United Nations, Geneva.

[50] United Nations Global Compact. (2005). Who Cares Wins 2005 Conference Report: Investing for Long-Term Value, Federal Department of Foreign Affairs Switzerland, and International Finance

[51] WEF. (2022). Global Risks

[1] 사회적가치연구원. "ESG Ecosystem Map", https://svhub.co.kr

[2] 주한벨기에 유럽연합 대사관. https://overseas.mofa.go.kr Report 2022

[3] 한국회계기준원. http://www.kasb.or.kr/

[4] 환경부 그린캠퍼스. https://www.gihoo.or.kr/greencampus/intro/viewIntro05.do

[5] IFRS. https://www.ifrs.org/

[6] KRX ESG 포털. https://esg.krx.co.kr/

[7] MSCI. "MSIC inc.", https://www.msci.com

[8] Refinitiv. "ESG", https://www.refinitiv.com/en/sustainable-finance

[9] SASB. "Materiality Map™ 분석", https://www.sasb.org/standards/materiality-map/

[10] SUSTAINALYTICS. https://www.sustainalytics.com/esg-data#overview

# Chapter 04 | IFRS ESG 공시기준의 이해

Part 01

오민영(연세대학교 석사과정), 문태곤(연세대학교 석박사통합과정),
추형석(연세대학교 박사과정), 문두철(연세대학교 교수)

## I. 서론

사회적으로 긍정적인 가치를 만들고 실천하는 ESG경영의 중요성이 날로 증가함에 따라 자본시장에서의 투자자들은 기업의 전통적인 재무 정보뿐만 아니라 지속가능성 정보에 대해서 일관되고 비교 가능한 공시를 제공받고자 한다. ESG에 관한 사회적 관심이 증가하면서 2018년 기준 ESG 관련 기관들이 증가하여 데이터 공급업체, 지표 제정기관 및 평가기관 등이 600여 개가 넘고, ESG 정보공개 표준은 2021년 1월 기준 전 세계적으로 374개가 존재한다(이용규와 김온누리빛모아사름한가하, 2021). 이에 따라 기업의 ESG 관련 활동 및 정보를 제공하기 위한 국제표준 공시기준의 필요성이 제기되었다. 국제표준 공시기준은 투자자에게 기업가치 판단 시 도움이 되는 지속가능성 관련 정보를 제공하고 기업은 공시기준에 맞춰 ESG 활동을 관리하며 성과 극대화를 위해 노력할 수 있다. 국제적으로 표준화된 공시기준에 대한 요구에 맞춰 관련 국제기구들의 노력이 이어져 왔지만 통일된 기준의 부재로 비교가능성에 대한 의문이 제기되어왔다. 이러한 문제를 해결하기 위해 국제회계기준(International Financial Reporting Standards, 이하 'IFRS')[1]재단은 국제지속가능성기준위원회(International Sustainability Standards Board, 이하 'ISSB')를 설립하여 ESG에 대한 국제표준 공시기준을 제정하고자 한다. ISSB의 공시기준이 국내에서 채택된다면 국내 기업 및 자본

시장에 큰 영향을 미칠 것으로 예상된다.[2]

 ISSB는 2022년 3월에 IFRS S1 일반 공시원칙(General Requirements for Disclosure of Sustainability-related Financial Information)과 IFRS S2 기후 관련 공시(Climate-related Disclosure)의 공개 초안(Exposure Draft)을 발표하였다. 국제 지속가능성 공시기준 공개초안은 기업가치 평가를 위한 지속가능성 관련 재무 정보를 제공하고 재무제표와 연계되어 공시함으로써 일반목적재무보고의 주요 이용자(투자자, 채권자 등)에게 도움이 되는 것을 목적으로 한다.[3] 재무 기반의 ESG 정보는 ESG경영과 투자, 지속가능성 관련 정책에 대한 실효성이 높아질 것으로 기대된다.[4] 한전, 가스공사 등 주식시장에 상장된 공기업들은 한국거래소가 지속가능경영보고서를 의무화하고 IFRS 기준과 상충하지 않은 ESG 공시 가이던스를 만들 것으로 예상됨에 따라 IFRS ESG 공시기준을 숙지하고 대비할 필요가 있다. 상장 공기업 이외의 공공기관 역시 ESG 공시 확대, 경영 평가, 지속가능성보고서 발간 등으로 인해 IFRS ESG 공시기준의 동향과 특성을 파악할 필요가 있을 것이다.

 본고의 목차는 다음과 같다. Ⅱ.에서는 ISSB의 설립 배경과 다른 기준과의 차이점을 보여줌으로써 ISSB의 공개초안의 특징에 대해 알아보고자 한다. Ⅲ.에서는 공개초안에서 제시한 두 가지의 IFRS 지속가능성 공시기준인 IFRS S1 일반 공시원칙과 IFRS S2 기후 관련 공시 내용을 설명할 것이다. Ⅳ.에서는 본고가 알아보고자 하는 공개초안의 쟁점 사항에 대해 논의한 후, Ⅴ.에서 결론을 맺고자 한다.

---

[1] 우리나라는 상장기업을 대상으로 IFRS 재단 산하의 국제회계기준위원회(IASB)가 제정하는 국제회계기준(IFRS)을 2011년부터 적용하고 있다. 마찬가지로 공기업에 대하여 2011년부터 IFRS를 적용하고 준정부기관에 대해서는 2013년부터 적용하고 있다.
[2] 금융위원회 보도자료(2022.5.12), "ISSB의 지속가능성 공시기준 관련 공개 의견수렴"
[3] 한국회계기준원 회계기준소식(2022. 4.13), "IFRS 지속가능성 공시기준 공개초안 주요 내용 요약"
[4] 이투데이(2022.8.10), "IFRS 지속가능성 공시에 대한 단상"

# II. ISSB의 지속가능성 공시 기준

## 01. ISSB의 설립 배경

2021년 11월 영국 글래스고에서 열린 유엔 기후변화협약 당사국 총회(COP26)에서 IFRS재단 이사장인 에르키 리카넨은 IFRS재단 산하의 ISSB 설립을 발표하였다. ISSB는 국제회계기준위원회(International Accounting Standards Board, 이하 'IASB')[5]와 함께 운영되어 재무회계의 표준과 비재무회계의 표준과의 연결성과 호환성을 갖추도록 하였다.[6] ISSB의 설립 목표는 자본시장과 투자자의 요구에 초점을 맞춘 지속가능성 관련 재무공시의 포괄적인 글로벌 표준을 제정하는 것이다.

ISSB는 주제별, 산업별 요건에 맞게 ESG 정보공개 표준을 개발하고, 기후공시기준위원회(Climate Disclosure Standards Board, 이하 'CDSB'),[7] 기후변화 재무정보공개 협의체(Task Force on Climate Related Financial Disclosure, 이하 'TCFD'),[8] 세계경제포럼(World Economic Forum, 이하 'WEF'), 그리고 SASB(Sustainability Accounting Standards Board)[9]와 국제통합보고위원회(International Integrated Reporting Committee, 이하 'IIRC')[10]가 통합한 가치보고재단(Value Reporting Foundation, 이하 'VRF')[11]등을 모두 아우르는 지속가능성 공시의 글로벌 표준이

---

[5] IASB는 국제적으로 통일된 재무회계기준을 제정할 목적으로 설립되었으며 IFRS를 개발하고 승인하는 독립적인 민간 부문 기관이다.
[6] 임팩트온(2021.11.5), "IFRS재단, 내년 하반기 ISSB의 ESG 공시 표준안 나올 것"
[7] CDSB는 비즈니스 및 환경 NGO로 글로벌 프레임워크 개발을 통해 기업의 주요 보고서에서 기후변화와 관련된 정보 공개를 촉진하는 것을 목적으로 설립되었다.
[8] TCFD는 기업이 공개해야 하는 정보의 유형에 대한 권고안을 통해 기후 관련 재무정보 보고의 일관성과 시장의 투명성을 높이고자 한다.
[9] SASB는 미국 증권거래위원회(SEC)에 보고할 기업의 공시기준 마련 목적으로 설립되었으며 투자자들에게 비교가능한 비재무정보를 제공하고 비교할 수 있도록 한다.
[10] IIRC는 가치 창출에 대한 기업간의 커뮤니케이션을 이끌어내는 과정을 위한 세계적으로 수용된 프레임워크를 만드는 것을 목표로 한다.
[11] VRF는 새로운 지속가능성 표준 위원회(ISSB)를 지원하기 위해 글로벌 지속가능성 공시 이니셔티

되고자 한다. IFRS 재단이 국제적으로 표준화된 지속가능성 공시기준을 제정하는 것에 대해서 국제증권관리위원회(International Organization of Securities Commissions, 이하 'IOSCO'),[12] WEF, 금융안정위원회(Financial Stability Board, 이하 'FSB'),[13] G20 등이 공식적인 지지를 하였다.

IFRS재단은 2021년 11월 지속가능성 관련 정보 공시에 관해 ISSB의 출범 이외에도 2022년 6월에 예정된 CDSB와 VRF의 통합 계획과 ISSB의 정보공개 표준작업을 위해 워킹 그룹인 기술준비실무반(Technical Readiness Working Group, 이하 'TRWG')이 6개월 동안 공동 작업한 2개의 프로토타입을 발표하였다. TRWG는 SASB, IIRC, TCFD 등 기존 기준 제정 기구들이 참여하였다. 2개의 프로토타입은 일반 공시원칙과 기후 공시로 2022년 3월에 ISSB가 발표한 공개초안을 작성하는 것에 활용되었다. 프로토타입은 기업의 유의적인 지속가능성 관련 위험 및 기회에 대한 중요한 정보를 보고하는데 TCFD의 4가지의 축인 지배구조(Governance), 전략(Strategy), 위험관리(Risk Management), 지표와 목표(Metrics and Targets)를 활용하고, 산업별 공시 요구사항은 SASB의 지표를 따라간다. 또한 기업의 사업모형 및 전략을 비롯해 지속가능성 위험 및 기회를 평가, 감독, 관리하기 위해 사용하는 과정과 정보 등을 포함한다(한국회계기준원, 2022). ISSB는 지속가능성 사안 중 기후에 우선순위를 두고 공시기준을 개발하였고, 향후 인적자본, 물, 생물다양성과 생태계, 인권 등과 같은 사안에 대한 공시 기준 제정을 고려하고 있다.[14]

---

브를 통합할 목적으로 설립되었다.
[12] IOSCO는 증권거래의 국제화에 따른 규제와 감독 문제를 다루는 국제기구이다.
[13] FSB는 국제금융시스템의 안정과 국제적 수준의 금융 감독을 위해 설립된 기구이다.
[14] 한국경제(2022.3.10), "ESG 공시' 국제표준화 적극 대비해야"

## 02. 기존 기준과의 차이점

현재까지 기업들은 국제적으로 표준화된 공시기준이 마련되어 있지 않아 주로 GRI(Global Reporting Initiative), SASB, TCFD의 기준을 따르고 있다. ISSB가 제시한 공시기준의 특징은 재무 정보와 연계되어 투자자 의사결정에 영향을 미치는 정보를 강조함으로써 기존의 기준들과는 다른 특징을 보인다. 따라서 기존 기준인 GRI와 TCFD와의 차이점에 대해서 살펴보고자 한다.

### 1) GRI

GRI는 기업, 정부 및 기타 기관이 기후 변화, 인권, 부패와 같은 문제를 이해하고 전달할 수 있도록 돕는 국제 독립 표준 기구로서 기업의 지속가능경영 보고서에 대한 가이드라인을 제시한다. 본 보고 표준은 작성 지침, 공통 작성 항목, 조직에 관한 일반적인 사항 등으로 이루어진 공통 표준과 함께 경제 7개, 환경 8개, 사회 성과 19개로 구성된 표준으로 광범위한 주제별 영향 보고를 위한 세부 지침과 글로벌 우수사례를 제공한다. 보고 대상은 투자자를 포함한 모든 이해관계자이며 전 세계에서 가장 널리 적용되는 글로벌 지속가능성 보고 표준이라 할 수 있다(이병윤, 2022).

GRI 표준과 ISSB가 제시한 IFRS 지속가능성 공시 기준은 기업과 사회적·환경적 변화 사이를 해석하는 것에 차이가 있다. ISSB가 개발하는 표준의 경우 투자자의 기업가치 평가에 영향을 미치는 공시기준으로 사회와 환경적 변화가 기업에 미치는 영향에 집중하는 반면 GRI 표준의 경우는 전자뿐 아니라 기업이 사회와 환경에 미치는 모두 포함하는 관점으로 이중 중요성(double materiality)의 특징을 가지고 있다.[15] [그림 1]은 이중 중요성을 설명한 그림으로 기업의 지속가능성에 영향을 미치는 환경적·사회적 변화뿐만 아니라 기업이 환경과 사회에 미치는 영향을 보는 것으로 내부적 관점과 외부적 관점을 모두 고려하고 있다(사회적가치연구원, 2022).

---

[15] 임팩트온(2022.3.25), "GRI와 IFRS재단 지속가능성 보고 기준 합친다"

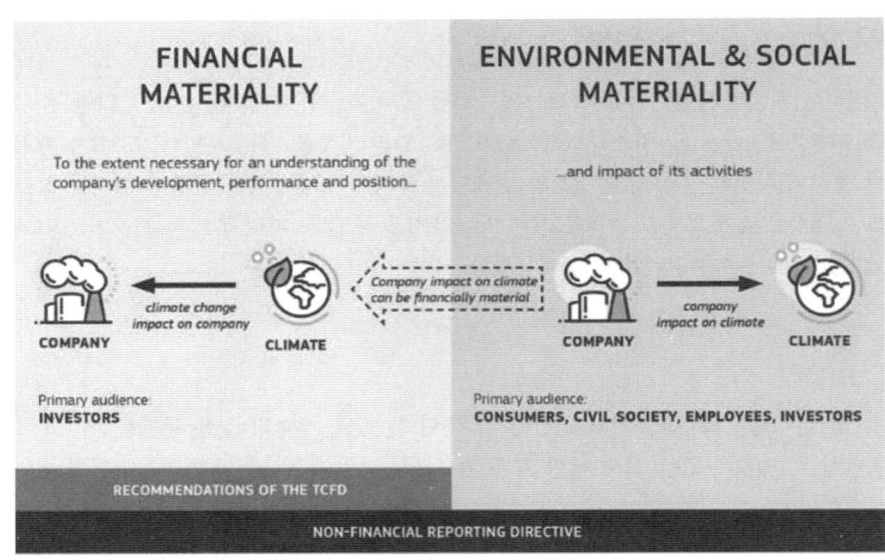

자료: European Commission(2019)

[그림 1] 이중 중요성

투자자 중심의 IFRS 지속가능성 기준과 다중 이해관계자들의 관점을 가진 GRI기준을 모두 고려하기 위해 IFRS재단과 GRI의 글로벌지속가능성기준위원회(Global Sustainability Standards Board)는 서로 협력하고자 MOU를 체결하였다(이병윤, 2022). 이 협약을 통해 투자자뿐 아니라 광범위한 이해관계자들의 관점을 포괄함으로써 완전하고 호환할 수 있는 보고체계가 마련될 것으로 기대한다.

## 2) TCFD

2015년 12월 FSB는 TCFD를 설립하여 기후 변화로 인하여 발생하는 금융위험에 대한 정보를 제공하고 이에 대응하기 위한 여러 금융부문과 국가에 걸쳐서 적용할 수 있는 권고안을 제시하였다. 권고안은 지배구조, 전략, 위험관리, 지표와 목표인 4가지의 영역과 11가지 권고사항으로 구성되며 영국, 유럽연합, 브라질, 홍콩, 싱가포르, 스위스 등에서 의무 공시가 이루어진다.[16] ISSB의 S2 기후 관련 공시 초안은 TCFD의

4가지 핵심 요소로 동일하게 구성되며 세부적인 추가 정보와 내용을 제안한다. 따라서 ISSB의 공개초안을 TCFD의 권고 사항의 4가지 영역으로 나누어 비교하여 설명하고자 한다.

먼저, 지배구조(Governance) 영역에서 TCFD 공시안은 기업의 기후 관련 리스크와 기회에 관한 지배구조와 그와 관련된 이사진과 경영진의 역할을 공시한다. 반면에 ISSB의 공개 초안은 추가로 기후 관련 리스크와 기회를 모니터링하고 관리하는 지배구조의 과정과 통제, 절차에 대한 설명을 요구한다. 또한 리스크 및 기회와 관련된 전략을 감독할 수 있는 역량을 공시해야 한다.

전략(Strategy) 영역에서의 TCFD 공시안은 기후 관련 리스크 및 기회가 기업의 전략에 미치는 영향을 공시하고 기온 상승 폭에 따른 기업의 시나리오별 분석 전략과 복원력을 공시해야 한다.[17] 반면에 ISSB 공개초안은 사업 모델이나 전략 등의 변화로 달라지는 기업의 대응 방식을 추가로 공시해야 한다. 또한 시나리오별 전략에서 기업의 전략 수정과 적응 능력의 불확실성이 높은 사업 분야, 기후 관련 리스크 및 기회와 관련된 전략과 계획의 수립 과정과 투자계획, 재무성과의 변화를 공시해야 한다.

위험 관리(Risk Management)의 영역에서 TCFD 공시안은 기업이 기후 관련 리스크를 식별, 평가하고 관리하는지를 공시하도록 요구한다. 그러나 ISSB 공시안은 기후 변화에 따른 리스크뿐만 아니라 기회에 관한 공시를 추가한다(이상헌, 2022). 또한 기업은 기후 관련 기회를 식별하고 우선순위를 정하는데 사용하는 과정을 공시해야 한다.

지표와 목표(Metrics and Targets)에서 ISSB의 공개초안은 TCFD처럼 GHG 프로토콜이 분류한 Scope 1, 2, 3 온실가스 배출량 공시를 요구하며 연결재무제표에 포함된 기업과 그렇지 않은 계열사나 합작투자 기업의 배출량을 공시하도록 한다.[18] Scope 3는 업스트림 및 다운스트림 배출을 모두 포함한 가치사슬 내에서 발생한 Scope 2

---

[16] 임팩트온(2021.11.22), "전 세계 99% 기업, TCFD 공개 안 했다"

[17] 시나리오 분석은 불확실성 조건에서 미래 사건의 잠재적 결과 범위를 식별하고 평가하는 과정이다.

[18] GHG 프로토콜은 민간 및 공공 부문 운영, 가치사슬 및 완화 조치의 온실가스(GHG) 배출량을 측정하고 관리하기 위한 포괄적인 글로벌 표준화 프레임워크를 구축한다.
Scope 1 배출량: 기업이 소유하거나 통제하는 배출원에서 발생하는 직접 온실가스 배출량
Scope 2 배출량: 기업이 구매한 전기, 열 또는 스팀에서 발생하는 간접 온실가스 배출량

배출량 외의 간접 배출량이다.[19] 업스트림 배출에는 구매한 상품 및 서비스, 자본재, scope 1, 2에 포함되지 않은 연료 및 에너지 관련 활동, 업스트림 운송 및 유통, 작업 중에 발생하는 폐기물, 출장, 직원들 출퇴근, 업스트림 리스 자산이 포함되며, 다운스트림 배출에는 다운스트림 운송 및 유통, 판매제품의 처리, 판매된 제품의 사용, 판매 제품의 수명이 다한 처리, 다운스트림 리스 자산, 프랜차이즈, 투자를 포함하여 총 15개로 구성된다.

## III. ISSB 공개초안의 주요 내용[20]

ISSB가 제시한 공개초안은 두 가지로 IFRS S1 일반 공시원칙과 IFRS S2 기후 관련 공시로 구성된다. 일반 공시원칙은 지속가능성 관련 재무정보 공시 전반에 대한 핵심 요소를 TCFD 권고안과 동일하게 설정하고 기업이 기업가치에 영향을 미치는 지속가능성 관련 위험 및 기회를 보고할 수 있도록 지침을 제공한다. 기후 관련 공시는 TCFD의 권고안과 산업 기반의 SASB 기준에서 도출된 산업 분류 지표들을 사용하여 기후 관련 위험 및 기회에 대한 정보를 제공한다.

IFRS 재단은 지속가능성 공시기준을 먼저 환경과 기후에 초점을 두며 국가별로 ISSB가 제정한 기준의 적용, 수정, 의무화 여부를 고려하여 이루어질 예정이다. 공개초안을 기반으로 외부검토 의견을 반영하여 최종안이 결정되며 IFRS 지속가능성 기준은 전 세계적으로 표준화될 가능성이 높으므로 공개초안의 내용에 대한 이해가 필요할 것이다.[21] 따라서 이 장에서는 공개초안의 전체적인 내용에 대해서 다루고자 한다.

---

[19] 업스트림 배출은 구매 또는 취득한 상품 및 서비스와 관련된 간접 온실가스 배출이며, 다운스트림 배출은 판매된 상품과 서비스와 관련된 간접 온실가스 배출이다.
[20] 본 장은 한국회계기준원의 "IFRS 지속가능성 공시기준 S1 일반 요구사항 공개초안 원문 및 번역본 비교표"(2022), "IFRS 지속가능성 공시기준 S2 기후 관련 공시 공개초안 원문 및 번역본 비교표"(2022), "공개초안 스냅샷 번역본"(2022)의 내용을 토대로 작성되었음을 밝힌다.

## 01. IFRS S1 일반 공시원칙

일반 공시원칙의 목적은 일반목적재무보고의 주요 이용자가 기업가치를 평가하고 투자 시 유의적인 지속가능성 관련 위험 및 기회에 대한 유용한 정보를 공시하는 것이다. 지속가능성 관련 재무정보는 단기, 중기, 장기에 걸친 미래현금흐름의 금액, 시기 및 확실성에 대한 기대와 기업의 위험 프로파일, 자금조달 접근성 및 자본비용을 고려한 현금흐름의 가치를 반영한다.

### 1) 핵심 요소(Core content)

ISSB가 공개한 지속가능성 공시기준은 TCFD의 공시 권고안을 기반으로 작성되었다. [그림 2]에서 제시한 바와 같이 일반 공시원칙은 TCFD의 핵심 요소인 지배구조, 전략, 위험관리, 지표 및 목표를 제시하며 지속가능성 관련 재무정보의 포괄적인 기준선을 제안한다.

핵심 요소 중의 하나인 지배구조는 기업의 지속가능성 관련 위험 및 기회를 감독하고 관리하기 위해 지배구조 과정, 통제 및 절차에 대한 정보에 대해 제공한다. 이 정보에는 지속가능성 관련 위험 및 기회를 감독하는 이사회, 위원회 등에 대한 설명과 경영진의 역할이 포함된다. 구체적으로는 관리·감독하는 의사결정기구의 명칭 또는 개인의 신원을 공시하며 본 기구의 권한 및 책임을 설명해야 한다. 더 나아가, 지속가능성과 관련된 위험 및 기회에 대응하기 위한 역량을 확보하는 방법과 함께 감사위원회와 같은 내부통제시스템에 통지하는 빈도 또한 공시함으로써 의사결정기구 효율성의 기준을 제안한다.

---

[21] 금융위원회 보도자료(2022.7.27), "국제지속가능성기준위원회[ISSB]의 공시기준에 대한 한국측 의견서 제출"

전략에서는 지속가능성 관련 위험 및 기회에 대응하는 기업의 전략에 대해 투자자들에게 정보를 제공한다. 또한 기업이 예상한 단기, 중기, 장기에 걸친 재무상태, 재무성과 및 현금흐름에 미치는 영향을 공시하며 기업의 사업모형, 가치사슬, 기업의 전략 그리고 의사결정에 미치는 영향 등이 이에 해당한다. 예시로 기업의 사업모형이 천연자원과 관련이 있는 경우, 자원의 가격변동, 품질의 변화는 해당 기업의 지속가능성에 매우 밀접한 관련이 있다. 더 나아가 가치사슬에 포함되는 사업 파트너가 유의적인 지속가능성 관련 위험 및 기회에 노출되는 경우, 이는 기업의 당기 성과뿐만 아니라 미래의 전망에도 영향을 미칠 수 있으며 금융자본 제공자의 수익 또한 변동이 가능하기 때문에 투자자들에게 기업 전략에 대한 정보 공시는 매우 유용할 것이라고 예상한다.

위험관리의 목적은 일반목적재무보고 이용자에게 지속가능성 관련 위험 및 기회를 식별, 평가 및 관리 등을 통합적으로 제공하고 기업의 전반적인 위험 프로파일과 과정을 공시하는 것이다. 위와 같은 목적을 달성하기 위해 질적 혹은 양적 임계치와 같은 위험을 평가하는 방법과 함께 측정방법에 사용된 가정에 대한 세부 사항 또한 공시해야 한다. 단순 측정에서 끝나는 것이 아니라 지속가능성 관련 위험을 평가 및 측정하는 과정이 기업의 전체 위험관리와의 연계성 공시 또는 위험관리에 포함된다.

지표 및 목표는 일반목적재무보고의 이용자에게 기업의 유의적인 지속가능성 관련 위험 및 기회에 대한 감독과 관리에 대해 설명하는 것이다. 또한 이용자에게 목표에 대한 진척도와 기업이 성과를 평가하는 방법을 제공한다. 이에 해당하는 지표에는 다른 IFRS 지속가능성 공시 기준서에 정의된 지표, 다른 원천으로부터 식별된 지표, 기업이 직접 개발한 지표가 포함된다. 만약 해당 기업의 활동이 한 가지로 국한되지 않는 경우에 둘 이상의 지표가 사용된다면 모든 지표를 공시해야 한다. 또한 목표 설정에 사용한 지표의 정의는 시간이 지나도 객관성을 유지해야 하므로 지표 혹은 목표가 변경되었을 시 변경 사항에 대한 설명과 함께 대체된 지표의 유용성이 과거 사용한 지표와 비교하여 증진되었음을 설명해야 한다.

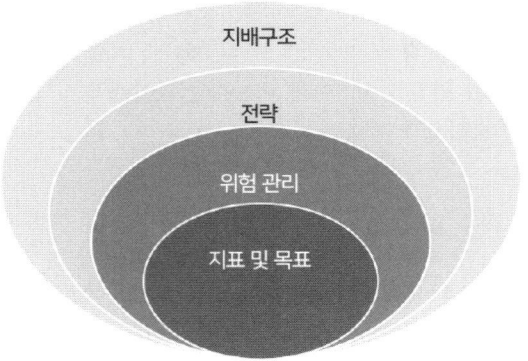

자료: IFRS 지속가능성 공시기준 공개초안-스냅샷(2022)

[그림 2] 핵심 요소

### 2) 공정한 표시, 기업의 가치사슬과 관련된 정보, 연계된 정보

일반 공시원칙 공개초안은 기업이 전체 지속가능성과 관련된 재무 공시를 공정하게 표시하도록 요구한다. 공정한 표시는 일반 공시원칙 공개초안을 적용하여 지속가능성 관련 위험 및 기회를 충실하게 표현하는 것이다. 기업의 지속가능성 관련 위험 및 기회는 IFRS 지속가능성 공시기준과 산업 기반 SASB 기준, ISSB의 비강제적인 지침(예: 물 및 생물다양성 관련 공시를 위한 CDSB 체계 적용 지침 등) 등을 고려해야 한다.

기준에서 제안하는 가치사슬은 기업의 사업모형과 기업과 관련된 외부환경과 모든 활동, 자원 및 관계로 정의한다. 가치사슬과 관련된 활동, 자원 및 관계에는 인적 자원과 같은 기업 운영을 위한 자원과 자재, 제품 및 서비스 판매 및 배송과 같이 공급망, 마케팅 및 물류 채널에 따라 이루어지는 활동, 그리고 기업이 운영되는 재무적, 지리적 및 규제적 환경을 포함한다. 이러한 가치사슬의 정의는 거래관계인 협력업체만을 정의로 하는 EU의 기업 지속가능성 실사 지침안(Directive on Corporate Sustainability Due Diligence)에 비해 광범위하지만, 투자자들이 기업가치를 평가할 수 있게 하는데 필요한 정보에 집중한다.[22]

일반 공시원칙은 투자자들이 다양한 지속가능성 관련 위험 및 기회 간의 연계성을 평가할 수 있는 정보를 기업이 제공하도록 요구한다. 또한 기업은 지속가능성 관련 재무정보가 재무제표와 어떻게 상응해야 하는지를 공시해야 하며 이는 본 원고의 4장에서 구체적으로 기술하고자 한다.

## 02. IFRS S2 기후 관련 공시

기후 관련 공시 공개초안은 기업가치에 영향을 미치는 기후 관련 재무정보를 공시하기 위한 구체적인 요구사항을 제시하며 일반 공시원칙 공개초안과 동일한 접근법으로 지배구조, 전략, 위험관리, 지표 및 목표 관련 고려사항을 중점으로 공시가 이루어진다. 이 공시의 적용 범위는 기업에 노출되는 기후 관련 위험과 기회 이외에도 기후 변화로 인한 물리적 위험, 저탄소 경제로의 전환 등과 관련한 전환 위험을 포함한다. 따라서 기후 관련 공시는 4가지의 핵심 영역으로 구분하여 내용을 설명하고자 한다.

### 1) 지배구조

지배구조는 기후 관련 위험 및 기회를 감독하고 관리하는 과정, 통제 및 절차를 뜻하며 이사회 또는 위원회와 같은 의사결정 기구에 대한 설명을 공시한다. 구체적으로 기후 관련 위험 및 기회를 감독하는 의사결정기구들에 대한 정보(명칭 또는 의사결정기구 내 개인의 신원 등)와 그 과정에서의 경영진의 역할에 대한 정보를 공시한다. 또한 관련 기구들에 대한 책임을 기업의 위임사항, 이사회 권한 및 그 밖의 관련 정책에 반영하는 방법, 기후 관련 전략을 감독할 수 있는 적절한 기술과 역량을 갖춘 인력의 확보 등에 대한 정보를 포함된다. 일반 공시원칙의 내용과 불필요한 중복이 일어날 수 있기 때문에 이를 피하고자 통합적인 지배구조 공시가 요구된다.

---

(22) 한경ESG(2022.5.10), "ISSB의 ESG 공시 초안을 보는 4가지 포인트"

## 2) 전략

기후 관련 재무정보 공시에 해당하는 전략은 유의적인 기후 관련 위험 및 기회를 다루는 기업의 전략을 말하고 이를 단기, 중기 또는 장기에 걸쳐 기업의 사업모형, 전략 및 현금흐름, 자금조달 접근성 및 자본비용에 미치는 영향에 대한 공시를 말한다. 식별한 위험은 물리적 위험(physical risks)과 전환 위험(transition risks)으로 분류된다. 물리적 위험은 급성 혹은 만성으로 나누어진다. 급성 물리적 위험(acute physical risks)은 사이클론 및 홍수와 같은 기상이변을 말하며, 만성 물리적 위험(chronic physical risks)의 예시로는 해수면 상승 또는 평균기온 상승이 있다. 전환 위험으로는 규제, 기술, 시장, 법률 또는 평판상의 위험이 포함된다.

전략은 구체적으로 전략 및 의사결정, 재무상태, 재무성과 및 현금흐름의 변화 그리고 기후 회복력으로 구성된다. 기후 회복력은 기후 관련 변화, 개발 또는 불확실성에 대한 회복력의 정보와 위험 및 기회와 관련하여 분석하는 것으로 제안된 기준은 기후 관련 시나리오 분석을 제시하지만 다른 정량적인 방법을 사용할 수 있다. 기후 관련 시나리오는 기후 변화에 관한 최신 국제 협약(예: 파리협정)에 부합하는지 여부와 미래 사건의 잠재적 결과 범위에 대해 식별하고 평가하는 과정을 공시하는 것이다. 전략 및 의사결정에는 유의적인 기후 관련 위험 및 기회에 대응하는 방법, 기업이 수행 중인 직접적인 적응 및 완화 노력에 대한 정보, 가치사슬 내 간접적인 적응 및 완화 노력에 대한 정보, 탄소 상쇄(carbon-offsetting) 계획에 대한 여부를 포함한다.

또한 기업은 유의적인 기후 관련 위험 및 기회가 가장 최근에 보고된 기업의 재무상태, 재무성과 및 현금흐름에 어떻게 영향을 미쳤는지에 대한 설명을 공시에 포함해야 한다. 예를 들어 기업은 전환 위험으로 인한 자산손상을 공시해야 한다. 더 나아가 기후 관련 기회를 활용하기 위한 신기술에 대한 투자도 공시할 수 있다. 기업이 유의적인 기후 관련 위험 및 기회를 다루기 위한 전략을 고려할 때 기업은 시간이 지남에 따라 재무상태가 어떻게 변할 것으로 예상하는지를 설명해야 한다. 이러한 예로는 다음 장에서 구체적으로 보고자 한다.

### 3) 위험관리

위험관리 공시는 일반목적재무보고 이용자가 기업이 지속가능성 관련 위험 및 기회를 다루는 과정을 이해할 수 있게 도와준다. 이 공시에는 기후 관련 위험과 기회를 식별, 평가 및 관리하는 과정을 공시하며 위험과 연관된 가능성 및 영향을 평가하는 방법(예: 질적 요인, 양적 임계치 및 그 밖에 사용된 기준), 기후 관련 위험을 우선시하는 방법, 사용하는 입력 변수, 과거 사용한 과정의 변경 여부를 포함한다. 그러나 지속가능성 관련 위험 및 기회에 대한 관리를 통합하여 관리하는 경우에는 중복될 수 있기 때문에 각각의 위험관리를 공시하는 것이 아니라 통합한 정보를 제공해야 한다.

### 4) 지표 및 목표

지표 및 목표에 대한 기후 관련 재무공시는 유의적인 기후 관련 위험 및 기회를 측정하고, 감독·관리을 하는지를 보여준다. 지표에는 산업 전반 지표와 산업 기반 지표로 나누어진다. 산업 전반 지표는 모든 산업에 해당하는 정보이며 산업 기반 지표는 특정 사업모형 및 관련 활동에 적용할 수 있는 요구사항을 말한다.

산업 전반 공시에는 7개의 지표로 온실가스 배출량, 전환 위험, 물리적 위험, 기후 관련 기회, 내부 탄소 가격, 기후 관련 위험 및 기회와 관련한 자본배치, 기후 관련 사항과 연계되는 경영진의 보상이 이에 해당한다. 제안된 기준은 GHG 프로토콜을 사용하여 Scope 1, Scope 2 및 Scope 3에 해당하는 총 절대배출량($CO_2$-e(t), 이산화탄소 환산톤)과 배출량 집약도를 공시하도록 요구한다. Scope 1 및 Scope 2 배출량에 대해 연결기업 이외에 관계기업, 공동기업의 배출량을 별도로 공시해야 한다. Scope 3 배출량의 경우 기업의 업스트림(upstream) 및 다운스트림(downstream) 배출량을 포함한다.

산업 기반 공시 요구사항은 SASB 기준에서 도출되며 11개 부문 68개의 산업 분류로 구성된다. 공시 주제는 해당하는 산업에서 가장 유의적일 것으로 예상되는 기후 관련 위험 및 기회와 기업가치와 관련된 정보를 나타낸다. 하나의 예시로 철강업의 공시 주제는 1) 온실가스 배출량, 2) 대기 배출량, 3) 에너지 관리, 4) 물관리, 5) 폐기물 관리, 6) 전 종업원 보건 및 안전 등이 포함된다.(산업 기반 공시 요구사항은 IFRS S2 기후 관련 공시 부록 B에 구체적으로 제시되어 있다)

# Ⅳ. ISSB 내용과 쟁점 사항

 지속가능성 공시기준 공개초안을 발표한 이후 7월 29일까지 전 세계 이해관계자들의 의견을 수렴하여 올해 말에 최종안을 공표할 예정이다. IFRS에 따르면 제안된 두 가지 지속가능성 공개 기준에 대해 1,300개 이상의 외부 검토 의견서를 받았으며 S1 일반 공시원칙에 대해 700개, S2 기후 관련 공시에 대해 600개의 응답이 제시되었다.[23] 국내의 경우 지속가능성 공시기준 자문위원회 및 정부 주요 관계부처, 금융위원회 등과 중요 이해관계자의 의견을 수렴하여 ISSB측에 최종 의견을 제출하였다. 4장에서는 지속가능성 공시기준의 쟁점 사항과 국내에서 제시한 의견을 살펴보고 공시초안과 재무제표와의 연계에 대해 알아보고자 한다.

## 01. IFRS 지속가능성 공시기준의 쟁점 사항[24]

### 1) 보고 빈도

 공개초안에서 지속가능성 관련 재무공시는 재무제표와 동시에 보고하고, 재무제표의 보고 기간과 동일한 기간으로 작성되어야 한다. 재무제표의 보고 기간과 동일할 때 재무정보와의 연계성을 높임으로써 이용자에게 유용한 정보를 제공할 수 있다. 하지만 국내의 경우 재무제표를 포함한 사업보고서는 3월 말까지 공시되지만, 지속가능경영보고서는 대다수의 기업에서 7월 이후에 공시되고 있다. 예를 들어, 2022년 지속가능경영보고서를 삼성전자는 6월 30일, 현대자동차는 7월 7일, SK는 8월 19일에 발간하였다. 또한 온실가스 배출권 거래제도와 관련하여 온실가스를 배출하는 기업은 환경부로부터 5~6월에 배출량 인증이 이루어지기 때문에 공시 후 배출량 인증은 기업

---

[23] ARKETSMEDIA(2022.08.09), "ISSB Receives Global Response on Sustainability Disclosures"

[24] 이 부분은 한국회계기준원의 "IFRS 지속가능성 공시기준 공개초안 주요 내용 및 검토의견(안)"(2022)의 내용을 토대로 작성되었음을 밝힌다.

에게 부담이 될 수 있다. 따라서 지속가능성 관련 재무공시를 3월 말까지 제공하기 위해서는 관련 정보를 산출하기 위한 시스템 구축과 관련 제도들에 대한 개선이 필요할 수 있다.

### 2) 정보의 위치

공개초안은 기업이 지속가능성 관련 정보를 일반목적재무보고서의 일부로서 공시하도록 제안한다. 이는 투자자를 대상으로 한 보고서의 일부로 제공됨으로써 재무정보와의 연계성을 강조하는 IFRS 지속가능성 공시기준의 목적을 달성할 수 있다. 국내의 경우 법령상 정형화된 사업보고서의 지속가능성 관련 정보를 공시하게 될 것으로 보인다. 그러나 법률에서 규정하는 사업보고서의 내용과 서식에 있어서 한계가 존재하기 때문에 기업이 부담할 법적 책임과 소송의 위험이 있을 수 있다. 따라서 금융위원회의 의견서는 기업이 일반목적재무보고 또는 별도 서식(예: 지속가능경영보고서) 중 목적적합성과 표현충실성을 극대화할 수 있는 보고 위치를 선택할 수 있도록 제안하였다.

### 3) 보고기업

지속가능성 공시기준의 대상이 되는 보고기업은 일반목적재무제표의 보고기업과 동일하게 정의된다. 동일한 연결 실체 기준으로 보고해야 하며 더 나아가 가치사슬에 해당하는 기업의 중요한 지속가능성 관련 위험 및 기회에 대한 정보를 공시해야 한다. 그러나 이러한 공개초안은 기업에 실무적인 부담이 될 수 있다. 예를 들어, 사업장이나 연결 실체 기준의 대상이 되는 기업이 해외에 있는 경우 물리적인 거리나 국가별로 다른 규제(예: 유해 물질에 대한 범위)로 인하여 통합적으로 정보를 공시하는 것은 어려울 것이다. 또한 현재 제시된 가치사슬의 정의가 넓어 기업이 다루어야 하는 정보의 범위가 명확하지 않고 일관된 적용이 가능할지도 불확실하다. 그러므로 보고기업은 최초 적용 시에는 단계적으로 적용하거나 탄력적으로 도입하는 유예기간을 가지고 그 기간에는 기업의 보고 범위에 대해 주석으로 표기하자는 의견이 제시되었다.

### 4) 시행일

금융위원회와 회계기준원은 기업 공시 시스템 구축 등과 같은 준비 및 국가별 공시 환경 정비 등을 위한 시간이 필요할 것이라고 전했다.[25] 예를 들어, 공시 및 통합적인 위험관리 시스템 구축이 필요하고 연결기준의 보고기업 정보 산출을 위한 프로세스와 관련된 지배구조 체계 마련, 사업보고서 내용 및 서식 등에 대한 개정, 온실가스 배출권 거래제도와 관련된 배출량 인증 시기의 개선 등이 요구될 것이다. 또한 지속가능성 기준의 경우 기존의 체계가 존재하지 않는 상황에서 새로운 체계를 구축하는 것이기 때문에 비교정보에 대한 요구사항의 적용은 어려울 것으로 보인다. 따라서 도입하는 최초 연도에는 비교정보를 표시하는 요구사항의 정도를 완화하는 것이 필요할 것으로 예상된다.

### 5) 산업 전반 지표 범주 및 온실가스 배출량 (Scope 3)

기후 관련 공시 공개초안은 특정 산업 또는 부문과 관계없이 공시해야 할 산업 전반 지표들을 제안하였다. 그 중 지표의 구성요소인 Scope 3 배출량에 대해서 의견이 제시되었다. Scope 3 배출량은 기업의 탄소발자국에서 큰 부분을 차지하고 있기 때문에 투자위험 분석의 중요한 요소로 인식된다. 하지만 Scope 3 배출량 산정은 기업에 상당한 부담이므로 국가별 공시 규제와 정보의 비용-효익 균형의 관점 등을 종합적으로 고려해야 한다. 따라서 Scope 3에 대한 공시는 해당 정보가 중요한 특정 산업에만 요구하는 방안을 제안하였다. 또한 가치사슬에 따라 Scope 3에 대한 정보가 달라져 비교가능성을 저하함으로 배출량에 해당하는 대상을 더 구체적으로 제시해야 하며 중소기업의 경우 탄소중립에 대한 인식이 부족하기 때문에 Scope 3 배출량을 공시 범위에서 제외하는 방안을 제안하였다. Scope 3뿐만 아니라, 산업별로 Scope 1, 2의 규모 및 비율이 다르므로 산업별로 중요한 배출량 정보 중심으로 공시하는 방안을 추가로 제안하고 있다.

---

[25] 한국금융신문(2022.7.26), "금융위 '국제 지속가능성기준위원회 공시기준, 일부 수정해야'"

## 02. 재무제표와의 연계성

### 1) IFRS S1 공시원칙과의 연계

IFRS 지속가능성 공시기준의 목적은 일반목적재무보고서의 주요 이용자가 기업가치 평가 시에 도움이 되는 지속가능성 관련 재무정보를 제공하는 것이다. 이용자에게 다양한 지속가능성 관련 위험 및 기회 그리고 4가지 핵심 요소인 지배구조, 전략, 위험관리, 지표 및 목표와 일반목적재무보고서 내의 다른 정보를 연계하여 평가할 수 있게 한다. 이를 위해 기업은 지속가능성 관련 재무정보와 재무제표의 정보 간의 관련성 그리고 단기, 중기, 장기적으로 사업에 미치는 영향에 대한 정보를 공시해야 한다. 일반 공시원칙에서 기업은 모든 유의적인 지속가능성 위험 및 기회와 재무제표와의 상관관계에 대해서 공시해야 한다.

예를 들어, 한 기업이 국제 규범에 미달하는 고용 관행을 가지고 있는 공급업체와의 계약을 해지하고 규범에 충족하는 새로운 공급업체로 바꾸기로 한 경우 달라진 공급원가에 대해 공시해야 한다. 다른 예시로는 한 기업이 온실가스(GHG) 배출 수준이 높은 생산시설을 폐쇄한다면 해당하는 자산의 내용연수의 변경과 손상차손을 공시해야 한다. 또한 직원들의 일자리를 잃게 됨으로써 변화된 기업의 평판에 관해서도 기술해야 한다.

### 2) IFRS S2 기후 관련 공시와의 연계

기업은 사업모형, 전략 및 현금흐름, 자금조달 접근성 및 자본비용에 영향을 미칠 것으로 예상되는 단기, 중기 또는 장기의 유의적인 기후 관련 위험 및 기회를 제공해야 한다. 또한 기후 관련 위험 및 기회가 최근에 보고된 기업의 재무상태, 재무성과 및 현금 흐름에 미치는 영향을 공시하고자 한다.

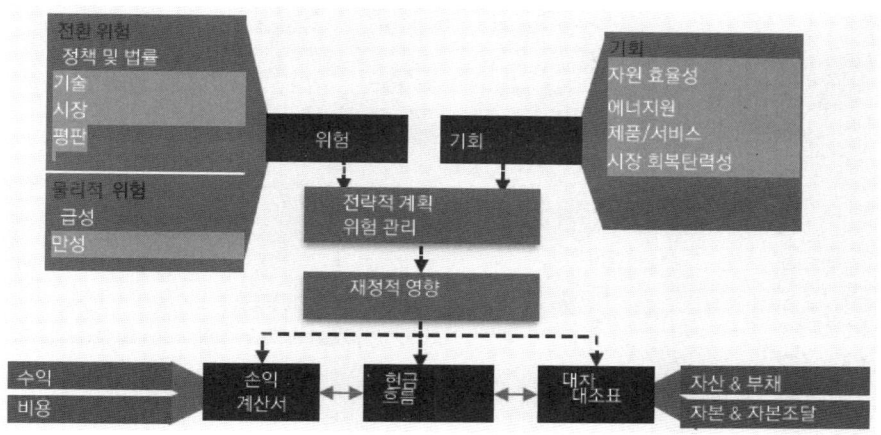

[그림 3] 기후 변화와 관련된 위험, 기회 및 재정적 영향

 ISSB의 기후 관련 공시는 TCFD의 구성과 동일하므로 TCFD에서 제시한 기후 변화와 관련된 재무정보와 유사하게 공시될 것으로 예상된다. 따라서 TCFD에서 제공한 [그림 3]을 통해 ISSB의 공개초안과 재무제표와의 연계성을 알아보고자 한다. 기후와 관련된 위험 및 기회는 기업의 현금흐름에 영향을 줌으로써 손익계산서와 재무상태표가 달라진다(TCFD, 2017). 이를 토대로 공시초안에서 제시한 전환 및 물리적 위험은 제품과 서비스 관련 수요의 변화로 기업의 수익이 달라질 수 있다. 특히 배출량을 규제하는 탄소배출거래제로 인한 탄소가격변동은 수익을 달라지게 하는 요소 중의 하나이다. 기후 변화와 관련된 정책, 기술 및 시장 역할의 변화에 따른 수요와 공급으로 재무상태표를 구성하는 자산 및 부채는 달라질 수 있다. 또한 기후 변화와 관련된 자본 지출은 재무상태표에서 채무 및 주식의 비율을 결정하게 된다. 따라서 기후 변화와 관련된 기업의 활동은 미래의 현금 흐름(영업, 투자 및 재무활동)에 영향을 미친다.

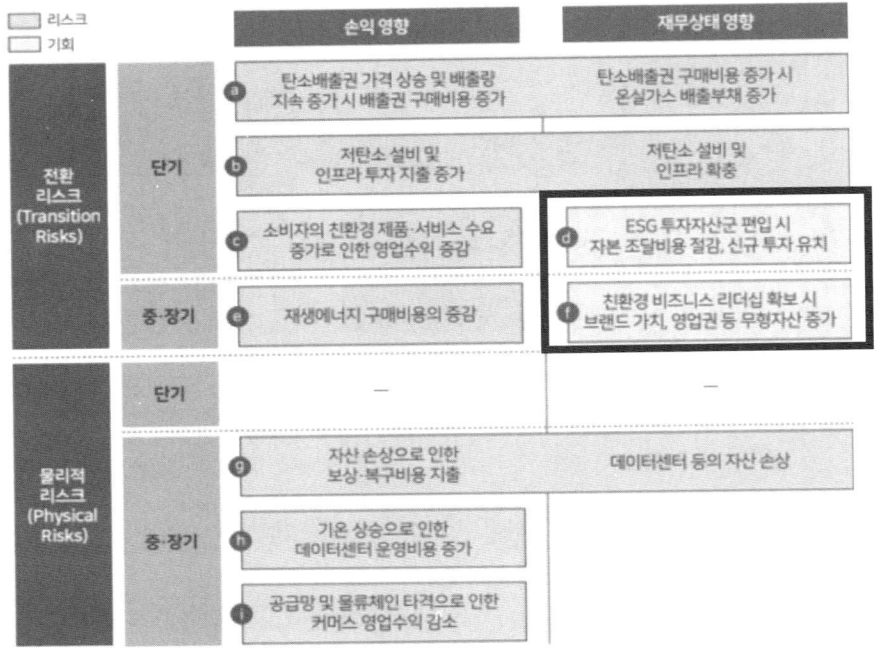

[그림 4] 단기/중장기 리스크와 기회의 재무 영향

[그림 4]는 기후 관련 정보 공시가 손익과 재무상태에 영향을 주는 요소의 예시를 나열한 것이다. 구체적으로 전환 및 물리적 리스크가 단기, 중기 장기적으로 재무제표에 주는 영향을 설명하는 도표이다. 탄소배출권, 저탄소 설비 등과 같은 인프라는 손익과 재무상태에 동시에 영향을 준다. 손익에 영향을 미치는 요소로는 단기적으로 소비자의 친환경 제품 및 서비스 수요 증가로 인한 영업수익 증감과 중장기적으로는 재생에너지 구매비용의 증감이 있다. 재무상태에 영향을 미치는 기회의 예시로는 ESG 투자자산군 편입 시 자본 조달 비용 절감, 신규 투자 유치와 친환경 비즈니스 리더십 확보 시 증가할 수 있는 브랜드 가치, 영업권 등이 해당한다.

# V. 결론

지난 3월 31일 국제적으로 표준화된 공시기준에 대한 요구에 맞춰 ISSB의 공개 초안이 발표되었다. 공시기준 공개초안은 기업가치 평가를 위한 지속가능성 관련 재무정보를 제공하는 것으로 많은 국내 이해관계자들의 관심이 집중되었다. 따라서 본고는 지속가능성 공시기준과 국내의 공시기준 간의 관계에서 발생할 수 있는 쟁점들에 대해 알아봄으로써 ISSB의 공개초안에 대해 이해를 돕고자 하였다.

ISSB의 지속가능성 공시기준에 대해 다수의 기관이 보고 빈도, 정보의 위치, 보고 기업, 시행일 등에 대한 다양한 의견을 제출하였다. 예상되는 쟁점으로는 재무제표와 지속가능경영보고서의 다른 보고시기, 법령상 정형화된 사업보고서로 인한 지속가능성 관련 재무정보의 위치에 대해서 논의가 이루어질 예정이다. 또한 기존 기준보다 광범위한 가치사슬의 정의와 새롭게 구축되는 지속가능성 관련 재무정보로 이에 따른 완화 정도에 대한 요구가 존재한다.

더 나아가 국내에는 환경부가 소관하는 '환경정보 공개제도',[26] '온실가스 배출권 거래제'[27] 및 '온실가스에너지 목표관리제'[28]가 있다. 국내 법령 및 규제의 경우 공개초안에서 요구하는 산업 전반 지표에 대한 정보를 다루지 않고 공개초안에서는 전략 및 목표에 해당하는 지표가 의무로 작성되지만, 환경정보 공개제도에는 자율적으로 공시가 이루어진다는 차이가 있다. 하지만 환경부 소관의 제도들이 산출한 환경

---

[26] 환경정보 공개제도는 환경경영에 대한 기업의 자발적 추진의지를 제고하고 환경소통을 활성화하기 위해 공개대상 기업이 매년 6월 말까지 환경정보를 환경정보공개검증시스템에 정보를 제공하는 제도이다.

[27] 온실가스 배출권 거래제는 정부가 온실가스를 배출하는 사업장을 대상으로 연 단위 배출권을 할당하여 할당범위 내에서 배출행위를 할 수 있도록 하고, 여분 혹은 부족분의 배출권에 대해서 사업장 간 거래를 허용하는 제도이다.

[28] 온실가스에너지 목표관리제는 저탄소 녹색성장 기본법에 따른 국가 온실가스 감축 목표(2030년의 국가 온실가스 총배출량을 2017년의 온실가스 총배출량의 1000분의 244만큼 감축)를 달성할 수 있도록 일정 수준 이상의 온실가스를 배출하고 에너지를 소비하는 업체 및 사업장을 관리업체로 지정하여 온실가스 감축목표를 관리하기 위한 제도이다.

적 영향에 초점을 둔 양적 정보는 IFRS S2에서 요구하는 정보의 투입변수로써 활용될 가능성이 높다. 이 외에도 공개초안과 국내의 기후와 관련된 국내 법령 및 규제 간의 관계에 대해 많은 의견 수렴이 추후에 필요할 것으로 보인다.

# 참고 문헌

[1] 금융위원회 보도자료(2022.5.12), "ISSB의 지속가능성 공시기준 관련 공개 의견수렴"

[2] 금융위원회 보도자료(2022.7.27), "국제지속가능성기준위원회[ISSB]의 공시기준에 대한 한국측 의견서 제출"

[3] 사회적가치연구원(CSES), 2021. ESG Handbook.

[4] 이병윤, 2022. ISSB의 ESG 공시기준 초안 발표와 대응방안. 한국금융연구원 금융브리프.

[5] 이상헌, 2022. 스토리 보다는 지배구조 개선이 먼저. DGB 금융그룹 산업보고서

[6] 이용규·김온누리빛모아사름한가하, 2021. 표준화를 통한 ESG의 신뢰성 향상 방안. 국가정책연구 제35권 제4호: 37-64

[7] 이웅희·윤나영·강가경, 2021. IFRS 지속가능성 공시기준 프로토타입 개요 및 주요내용. 한국공인회계사회 교육자료.

[8] 이투데이(2022.8.10), "IFRS 지속가능성공시에 대한 단상"

[9] 임팩트온(2021.11.5), "IFRS재단, 내년 하반기 ISSB의 ESG공시 표준안 나올 것"

[10] 임팩트온(2021.11.22), "전 세계 99% 기업, TCFD 공개 안 했다"

[11] 임팩트온(2022.3.25), "GRI와 IFRS재단 지속가능성 보고 기준 합친다"

[12] 한경 ESG(2022.5.10), "ISSB의 ESG 공시 초안을 보는 4가지 포인트"

[13] 한국금융신문(2022.7.26), "금융위 '국제 지속가능성 기준 위원회 공시기준, 일부 수정해야'"

[14] 한국경제(2022.3.10), "'ESG 공시' 국제표준화 적극 대비해야"

[15] 한국회계기준원 지속가능성기준(2022.5.12), "IFRS 지속가능성 공시기준 공개초안 주요 내용 및 검토의견(안)"

[16] 한국회계기준원 지속가능성기준(2022.5.12), "IFRS 지속가능성 공시기준 S1 일반 요구사항 공시 공개초안 원문 및 번역본 비교표"

[17] 한국회계기준원 지속가능성기준(2022.5.12), "IFRS 지속가능성 공시기준 S2 기후 관련 공시 공개초안 원문 및 번역본 비교표"

[18] 한국회계기준원 회계기준소식(2022.4.13), "IFRS 지속가능성 공시기준 공개초안 주요 내용 요약"

[19] 한국회계기준원 회계기준소식(2022.4.13), "IFRS 지속가능성 공시기준 공개초안 Snapshot 국문 번역본"

[20] ARKETSMEDIA(2022.08.09), "ISSB Receives Global Response on Sustainability Disclosures"

[21] ESG경제(2022.4.4), "ISSB ESG 공시 초안과 TCFD 공시 기준은 어떻게 다른가"

[22] TCFD, 2017. Recommendations of the Task Force on Climate-related Financial Disclosures. Final Report

Part 01
Chapter 05

# 직장 내 괴롭힘 예방 전략
## - HWI 진단 사례를 중심으로 -

문강분(행복한 일 연구소/노무법인 대표)

## I. 들어가면서

직장 내 괴롭힘 방지법(이하 '괴롭힘법')은 우여곡절 끝에 2018.12.27 최종적으로 본회의를 통과하였고, 2019.1.15. 공포되었으며 근로기준법과 산업재해보상보험법은 2019.7.16. 산업안전법은 2020.1.15.부터 시행되고 있다. 지난 2021.4.13. 사용자의 사후조치 의무를 더욱 강화하는 근로기준법 개정이 이루어졌고, 2021.10.14.부터는 강화된 개정법이 시행 중이다.

괴롭힘 법제는 근로기준법 제6장의2 직장 내 괴롭힘의 금지를 신설하여 제76조의2 직장 내 괴롭힘의 금지, 제76조의3 직장 내 괴롭힘 발생 시 조치 조항을 명시하고, 이어서 제93조 취업규칙 부분의 필수 기재사항으로 제11호를 신설하였다. 근로기준법상 괴롭힘법 규정 외에도 산업안전보건법 제4조제3호에서 직장 내 괴롭힘 예방을 위한 조치 기준 마련, 지도 및 지원에 대한 정부의 책무를 명시하였다. 괴롭힘 법제는 사용자에게는 사업장 내 일체의 괴롭힘이 없도록 직접적인 금지의무를 부여하고, 취업규칙에서 스스로 규범화하도록 하는 한편 국가에는 이러한 사업장에 구체적 기준을 마련하고, 사용자를 지도, 지원하도록 명시하여 사용자와 국가에 괴롭힘 예방노력을 강력히 촉구하고 있다.[1]

직장 내 괴롭힘을 예방하지 못하는 경우 직접 당사자인 피해근로자의 결근, 질병 발생, 생산성 감소, 이직/사직 등으로 인한 손실과 피해근로자 외 구성원이 사건을 인지하는 경우 이들에게서도 비슷한 생산성 감소, 협업을 위한 구성원 간 응집력 감소, 기업에 대한 신뢰 훼손, 조직몰입 감소, 이직의도 증가 등 조직내 갈등이 격화되는 결과를 초래하게 된다. 가장 큰 위험은 인재유출이 본격화되는 것이고, 이탈로 인한 신규 채용 및 교육에 소요되는 비용, 부적절한 처리로 언론에 보도되는 경우 기업 평판 훼손 등으로 인한 손실도 예측하기 어렵지 않다. 이제 직장 내 괴롭힘 이슈는 기업 평판 훼손으로 인한 고용시장에서의 경쟁성 하락과 고객 수요 감소로 실질적인 실적 악화를 가져올 수 있는 기업의 구체적 위험요소가 되었다고 평가할 수 있다.

직장 내 괴롭힘은 괴롭힘의 피해 상태에서 '괴로워서' 다시 '괴롭히는' 이른바 가해자와 피해자가 중복되는 상황이 잦고, '뒷담화'나 '왕따' 등과 같이 조직 내 다수 구성원이 연루되는 경우 등 '행위자' 처벌만으로는 실질적으로 직장 내 괴롭힘 문제를 해결할 수 없다. 이제 사용자는 수동적으로 '괴롭힘 사건'이 접수 되기를 기다릴 것이 아니라, 사업장 단위에서 '괴로움'을 예방하기 위한 전략적 노력을 기울여야 한다. 이하에서는 실제 직장 내 괴롭힘의 위험요인과 발생상황 그리고 개선과제를 제시하였던 행복한 일 연구소의 진단 사례를 토대로 직장 내 괴롭힘의 예방을 위한 과제를 제안하고자 한다.

## II. 실태조사를 통한 직장 내 괴롭힘 예방 전략 수립 사례

### 01. 직장 내 괴롭힘의 예방 가능성

직장 내 괴롭힘 법제는 인간의 본성에 내재하는 '공격성'은 인적 특성에 따라 두드러질 수 있으나 조직 차원의 정책과 사회적 규범에 따라 제어될 수 있다는 이론 모형

---

(1) 법제화의 의의에 대하여는 문강분(2020), "직장 내 괴롭힘의 법제화, 어떻게 볼 것인가", 『국회입법조사처보』, 통권44호, 국회입법조사처, pp. 21~24.

에 기초하고 있다.

　프레드릭슨(Fredericksen)과 맥코클(McCorkle)(2013)은 조직 내 공격성에 대한 선행연구를 종합하여 조직 내외에서의 규범과 실천을 통해 적극 대응하는 조직이 공격성을 억제할 수 있다는 연구결과를 제시한 바 있다. 공격성은 인간 누구나 가지고 있는데, 이러한 본능을 다양한 기재를 통해 조직 내외에서 효과적으로 제어하면 안전한 조직을 구축할 수 있다는 것이다.

〈표 1〉 조직 내 공격성 대응과 효과 모델

| 소극적인 조직 | | 적극적인 조직 | |
|---|---|---|---|
| 규율 기제 | | 규율 기제 | |
| 조직 내부 | 조직 외부 | 조직 내부 | 조직 외부 |
| **위계적**<br>관리감독자와 경영자가 공격적 행위를 하고(하거나) 동료 근로자의 괴롭히는 행위를 무시하는 상황이 제어되지 않으며, 고충 처리가 작동되지 않고, 사건 신고가 억제됨. | **법적/명시적**<br>직장 내 괴롭힘에 대한 명시적 법률이 부재함.<br>직장 내 괴롭힘 행위가 관련 법률에 위반되는 경우 드물게 처벌됨. 노동부나 노동위원회 및 법원에 분쟁이 제기됨. | **위계적**<br>조직의 반(反)괴롭힘 정책이 지위고하를 막론하고 모든 구성원에게 적용되며, 업무에 대한 비판은 객관적 기준에 따라 이루어짐.<br><br>고충 처리와 사건 신고가 가능함. | **법적/명시적**<br>직장 내 괴롭힘 법률이 발효됨.<br>이러한 법률은 사회적으로 반괴롭힘 및 존중 일터 분위기를 창출하는 데 지렛대로 작용함. |
| **조직문화/업무적**<br>구성원의 개인적인 공격성이 드러나는 전통이 드러나 행태적 언어적 괴롭힘이 만연함.<br>이러한 전통에 대해 반대할 수 없으며, 2차 피해가 우려됨. | **사회적/공동체**<br>외부적 요인은 직장 내 괴롭힘은 잘못이며 비생산적이라는 관점으로 통일되지 않음. | **조직문화/업무적**<br>근로자는 사회친화적 전통과 의식을 형성함.<br><br>동료는 그들이 괴롭힘을 반대할 수 있는 소통전략이 주어짐. | **사회적/공동체**<br>복무규정은 괴롭힘에 반대하도록 기대하는 내용을 담고 있음.<br>고객과 구성원은 근로자에게 비공격적 소통적 행위를 요구함. |

출처 : Fredericksen & McCorkle(2013) 수정 인용

Fredericksen과 McCorkle의 모형을 바탕으로 한 적극적 대응 조직 모델은 사업장의 적극적인 대응이 효과성을 가지려면 조직 내외부의 모든 규율기제가 통합적으로 운용되어야 함을 시사하고 있다.

조직 내부적으로 이러한 규율기제가 존재하지 않거나 작동하지 않는다면 피해근로자가 자신의 권리행사로 특정 피해에 대해서 구제받을 수 있으나 다른 구성원들로부터 지지받지 못하거나 오히려 2차 피해를 받을 가능성이 존재하게 된다. 결국 온전한 피해회복과 괴롭힘 피해를 경험하기 전과 같은 근로관계 유지가 어려워지고 해당 기업에서 이탈하거나 이탈에 준하는 생산성 감소 등이 발생할 수 있다.

그렇기 때문에 괴롭힘법이 강력한 외부적 규율기제로 작동하더라도 기업 내부에서 적극적인 대응을 하지 않는다면 괴롭힘법이 추구하는 목적은 달성되기 어렵고 오히려 역효과가 나타날 수도 있다. 결국 괴롭힘법이 준수하는 데 그치는 것이 아니라 적극적으로 대응하면서 조직 자체의 인사노무정책을 변화시키는 것이 기업의 효율성을 증대시키고 우수인력을 유지하면서 근로자 간의 협업과 응집력을 강화시키고 직무만족과 조직몰입을 높이면서 괴롭힘으로 인해 발생하는 보이지 않는 손실을 최소화할 수 있는 방법이다.

## 02. 전략 수립을 위한 진단 모형 적용 사례

### 1) 전략 수립을 위한 진단 모형의 필요성

직장 내 괴롭힘은 특정 산업이나 업종, 피해자의 성별, 공공과 민간 등을 구분하지 않고 발생하고 있으므로 예방이 매우 중요하고, 예방을 위해서는 발생 실태를 정확히 파악해야 하며, 각 조직의 특성과 상황에 맞는 적합한 진단 도구가 필요하다.

괴롭힘 예방을 위한 진단에서는 사전에 위험요인을 감지하는 것이 중요하기 때문에 단순히 괴롭힘 실태만 조사하는 것만으로는 충분하지 않다. 커뮤니케이션, 리더십과 조직문화, 업무의 자율성, 권한과 책임의 적절성에 대한 점검이 종합적으로 이루어져야 직장 내 괴롭힘의 위험 중 조직 내에서 취약한 부분이 무엇인지를 알 수 있다.

직장 내 괴롭힘에 대한 조직심리학에서의 이론[2]은 직장 내 괴롭힘을 일시적인 사건이나 개인 성격의 문제를 넘는 구조적이고 통합적인 문제로 파악하고 있다. 해당

기업을 둘러싼 사회, 경제, 문화적 환경 등 외부환경의 영향 속에서 조직의 괴롭힘에 대한 전략적 대응 수준이 구성원들의 심리적 성향에 영향을 준다.

괴롭힘으로 인한 고통은 피해자의 개인적 성향에 의해 주관적으로 느끼는 감정이고, 공격적 성향의 행위자에 의해 괴롭힘 행위가 발생하므로 완전히 제어하기가 어렵다. 그러나 국가가 직장 내 괴롭힘을 금지하는 법·제도를 분명히 갖추고, 해당 조직도 괴롭힘을 용인하지 않는다는 명확한 정책을 세워 일관된 원칙을 적용할 경우, 괴롭힘을 예방하는 건강한 조직이 될 수 있다.

직장 내 괴롭힘의 진단은 해당 기업에서 주로 발생하는 괴롭힘 행위가 무엇인지를 구체적으로 확인하고, 행위자 특성, 발생 시 조치사항, 괴롭힘을 유발하는 일의 특성과 조직문화, 리더십 등 괴롭힘에 영향을 주는 조직적·개인적 위험요인에 대한 종합적인 조사를 수행함으로써 해당 기업에 특화된 개선방안을 찾을 수 있다.

직장 내 괴롭힘 진단은 주기적 진단 시기를 명시하여 사업장 내 괴롭힘의 위험요인을 지속적으로 파악하고, 적절한 예방조치로 연동하는 것이 중요하다. 또한 노동조합, 노사협의회 또는 근로자와의 협의기구에서 노사가 함께 점검하고 예방조치를 협의할 때 예방 효과를 극대화할 수 있다.

### 2) HWI의 진단 모형

직장 내 괴롭힘에 대한 정확한 진단을 위해 행복한 일 연구소에서는 종합적인 진단 모형을 개발하였다. 행복한 일 연구소는 ①위험요인 진단, ②괴롭힘 유형 진단, ③괴롭힘 관리수준 진단 등으로 구성된 종합적 진단 모델을 개발하였다.

#### ① 직장 내 괴롭힘에 영향을 주는 위험요인

선행 연구들을 통해 밝혀진 직장 내 괴롭힘이 더 많이 발생할 가능성이 높은 조직

---

[2] Einarsen, Hoel, Zapf & Cooper(2010), The concept of bullying and harassment at work: the european tradition.

적·개인적 특수한 상황들이 있고, 각 상황의 특수성을 분석하여 예방을 위한 전략을 수립할 수 있다.

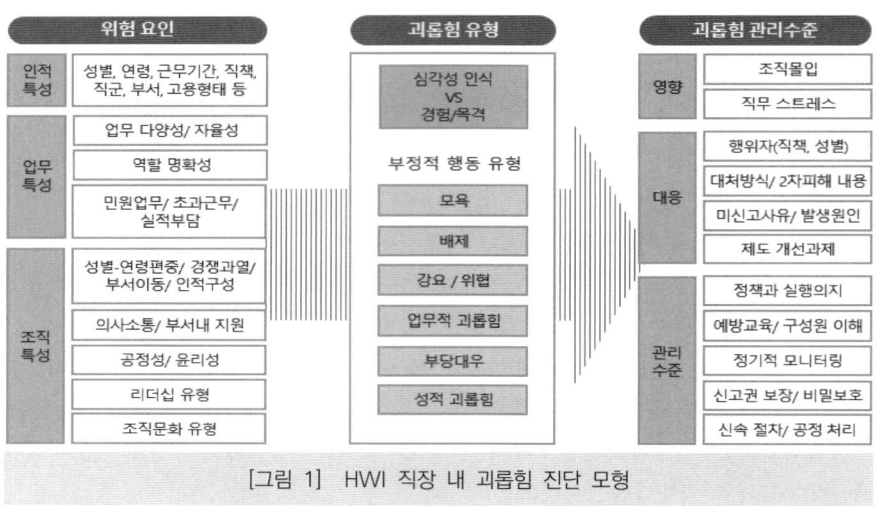

[그림 1]  HWI 직장 내 괴롭힘 진단 모형

여러 기관의 실태조사에서 구성원들이 수행하는 업무 및 소속한 조직의 특성에 따라 괴롭힘 경험이나 목격 빈도가 증가하는 결과를 확인할 수 있다. 업무특성 중 업무의 다양성 정도가 낮은 직무는 단순반복적이고, 복잡한 지식이나 기술이 필요 없는 직무로 업무 외적인 갈등이 발생할 가능성이 높다. 또한 자율성이 낮은 직무는 업무계획의 결정권이나 업무처리의 재량권이 낮은 직무로 상급자 등 타인의 간섭과 지시를 받는 과정에서 괴롭힘을 경험할 가능성이 높다. 또한 민원업무가 많거나, 초과근무가 많은 업무, 실적부담이 과중한 업무를 수행하는 구성원들이 괴롭힘 경험이 높은 것으로 조사되고 있다.

조직특성 중에서 공정성과 윤리성이 낮은 조직에서는 직원들의 의견이 반영되지 않고, 불공정하고 부당한 대우를 받고 있으며, 직장 내 괴롭힘으로 확대될 가능성이 높다. 또한 특정 성별이나 연령이 편중된 조직, 경쟁이 치열하거나 부서이동이 많은 조직에서도 괴롭힘 발생이 많은 것으로 조사되고 있다.

**〈표 2〉** 직장 내 괴롭힘에 영향을 주는 위험요인들

| ILO의 위험요인 | EEOC의 위험요인 | HWI의 위험요인 |
|---|---|---|
| ① 외부환경, 조직환경<br>② 물리적 환경 및 특성<br>③ 경영 방식<br>④ 조직 문화<br>  - 의사소통 부족, 낮은 수준의 지원<br>  - 권한과 책임의 불명확성<br>⑤ 과업 상황<br>  - 독립적 직무수행<br>  - 대중을 상대로 직무수행<br>  - 스트레스 높은 사람과 같이 수행<br>  - 업무 자율성 부족 | ① 구성원 동질성(성,나이,출신 등)이 높음<br>② 문화 및 언어차이가 있음<br>③ 청년의 비중이 높음<br>④ 집단 간 권력격차가 큰 경우<br>⑤ 고객만족을 우선하는 경우<br>⑥ 단순하고, 지루한 업무<br>⑦ 고성과자를 중시하는 문화<br>⑧ 음주를 권하는 문화<br>⑨ 물리적으로 고립된 사업장<br>⑩ 특별한 관행을 강요하는 경우 | ① 업무 특성<br>  - 업무 다양성/자율성<br>  - 역할 명확성<br>  - 민원업무/초과근무/실적부담 과중<br>② 조직 특성<br>  - 성별 편중/연령 편중/경쟁 과열/부서이동 잦음/다양한 인적구성<br>  - 의사소통/부서내 지원<br>  - 공정성/윤리성<br>  - 리더십(민주/관료/혁신/성과)<br>  - 조직문화(민주/관료/혁신/성과) |

**〈표 3〉** 업무 및 조직 특성을 진단하기 위한 문항 예시

| 다음의 각 항목에 대해서 귀하의 생각을 응답해 주십시오.<br>(①전혀 아니다 --②--③중간이다--④--⑤매우 그렇다) | 다음의 항목 중 귀하 수행하는 업무 및 소속부서의 특성에 해당하는 내용을 모두 선택해 주십시오.<br>(복수 응답) |
|---|---|
| [업무_자율성]<br>1) 나는 업무계획을 스스로 세우고, 일정, 순서, 범위 등을 결정할 수 있다<br>2) 나는 업무처리의 재량권(독립성과 자율성)을 가지고 있다<br><br>[조직_공정성]<br>1) 의사결정 시 구성원의 의견이 충분히 반영되고, 이의제기가 허용된다<br>2) 나는 다른 직원과 비교하여 공정한 대우를 받고 있다<br><br>[조직_윤리성]<br>1) 우리 회사는 법을 준수하고, 윤리적으로 일을 진행한다<br>2) 원칙에 반하거나 부당한 일에 대해 문제를 제기할 수 있다 | ① 정규시간 외 초과근무가 많다<br>② 직원 간의 경쟁이 치열하다<br>③ 실적 달성에 대한 부담이 크다<br>④ 다양한 직군, 고용형태의 구성원들이 함께 일한다<br>⑤ 부서원의 과반수 이상이 특정 연령대에 해당한다<br>⑥ 부서원의 대다수가 한쪽 성별로 구성되어 있다<br>⑦ 고객 불만을 해결해야 하는 민원 업무가 많다<br>⑧ 직원들의 부서이동이 잦다 |

[그림2]에서 예시한 기업의 분석 결과에서는 여성, 30대, 일반직원, 전문직의 응답 집단이 자율성 요인에서 비교집단 내에서 유의미한 차이로 낮은 결과를 보이고 있으며, 특히 윤리성의 응답 결과에서는 상사의 리더십을 관료형이라고 응답한 집단과 소속된 조직이 관료문화라고 응답한 집단이 민주형, 민주문화라고 응답한 집단보다 유의미한 차이로 낮은 결과를 보이고 있다. 한편 조사 기업 내 2개의 본부가 공정성과 윤리성에서 평균보다 낮은 위험조직임을 알 수 있다.

업무 및 조직특성에 대한 복수응답 결과에서는 민원업무와 실적부담, 특정연령대 편중의 특성이 높은 응답을 받았으며, 3개 본부가 민원업무와 초과근무에서 평균보다 높은 위험조직임을 알 수 있다.

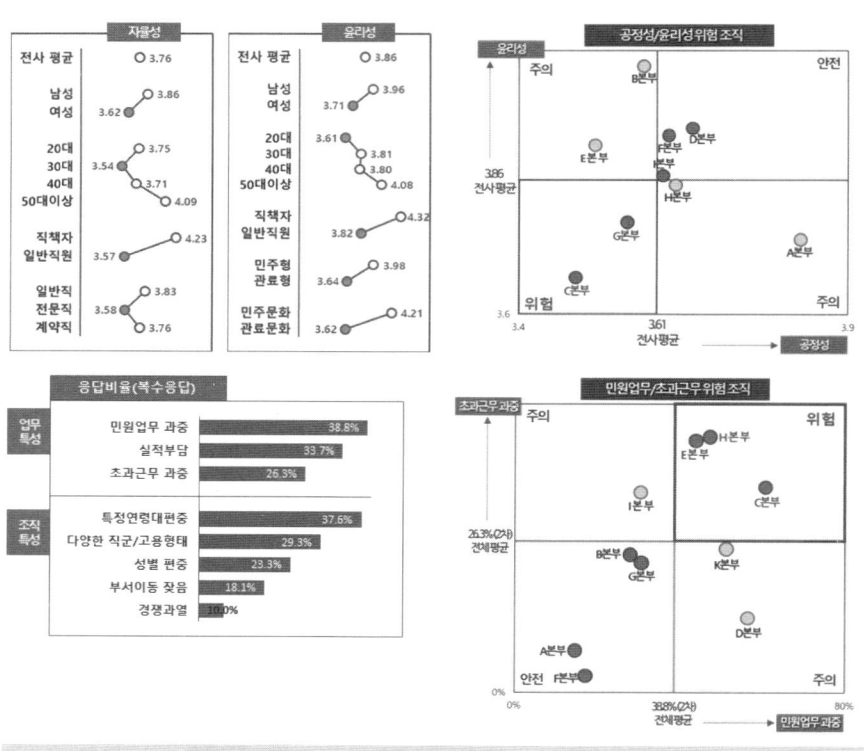

[그림 2] 업무 특성과 조직 특성 분석 결과 예시

리더십은 일하는 방식 등 조직문화에 매우 큰 영향을 요인이며, 직장 내 괴롭힘에 대한 선행조사에서 관료적, 성과중심적 리더와 함께하는 구성원들에게 괴롭힘 경험이 더 많이 보고되고 있다. [그림3]의 결과 예시에서 상사 본인은 관료형보다는 민주형이라고 응답한 비율이 60% 이상 높은 반면, 직원들이 평가한 상사의 리더십은 관료형과 민주형의 응답 비율 차이가 16%로 크지 않으며, 상사 본인과 직원들 간의 인식 차이가 크게 나타나고 있음을 확인할 수 있다.

이처럼 괴롭힘의 원인진단은 위험요인별로 취약한 내용과 집단을 파악하여 개선안을 도출하는 후속 과제를 진행하는데 도움을 준다.

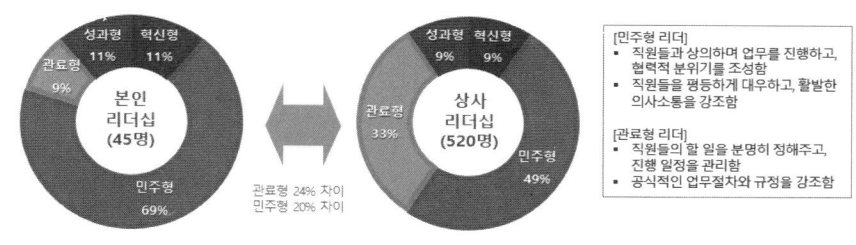

[그림 3] 리더십 분석 결과 예시

② 직장 내 괴롭힘 발생의 측정

괴롭힘 연구를 위한 측정도구는 Einarsen과 Raknes[3]가 처음으로 노르웨이어로 부정적 행동 경험 설문지(The Negative Acts Questionnaire, NAQ)를 개발하였고, 나중에 영어로 번역한 개정판(NAQ-R)이 출시되면서 많은 나라에서 가장 넓게 사용하는 측정 도구가 되었다. 국내에서도 NAQ-R 한국어판으로 많은 조사가 진행되었고, 행복한 일 연구소의 측정모델도 NAQ-R의 22개 문항 중 상당수를 채택하여 개발하였다.

---

[3] Einarsen S, Raknes BI. Harassment in the workplace and victimization of men. Violence Vict 1997;12: 247-63.

행복한 일 연구소의 부정적 행동 유형은 6가지(배제, 모욕, 강요/위협, 업무적괴롭힘, 부당대우, 성적괴롭힘)로 구분한다. 여기서 성적 괴롭힘을 괴롭힘에 포함하는 국내외 논의와 현행법상 규율 대상이 동일하고, 개념 정의와 사후 조치 등에 대한 규율 체계가 유사한 점 등을 참조하여 하나의 유형으로 포함하였다. 6가지의 각 유형별 3~6개의 부정적 행동을 배열하여 총 26개의 기본 설문으로 개발하였고, 조사하는 기관에 따라 2~3개의 행동을 추가하여 사용되기도 한다.

<표 4> Negative Acts Questionnaire [NAQ-R]의 구성

| 업무적 | 개인적 | 신체적 |
|---|---|---|
| 1.핵심정보의 배제<br>3.역량보다 낮은 업무부여<br>14.의견과 관점을 무시<br>16.불합리한 마감시간의 과업부여<br>18.과도한 감시<br>19.권리를 행사하지 않도록 압력<br>21.수행하기 어려운 업무 부여 | 2.업무에 대하여 굴욕이나 조롱당함.<br>4.핵심업무 제거 또는 사소하고 불쾌한 업무로 대체<br>5.가십이나 소문<br>6.타인들로부터 배제나 고립<br>7.개인, 태도 또는 사생활에 대한 모욕적 공격적 표현<br>10.다른 사람들로부터 사직 암시<br>11.실수에 대해 반복적으로 주지<br>12.무시당하거나, 접근 시 적대적 대응<br>13.실수에 대한 지속적 비난<br>15.친하지 않는 사람이 짓궂은 장난 침<br>17.거짓 혐의<br>20.과도하게 성가시게 하고 빈정댐 | 8.즉흥적인 화나 분노의 대상이 됨<br>9.삿대질, 사적 공간침해, 가로막기 등 위협적 행동<br>22.폭력이나 학대, 위협 |

이렇게 도출한 26개 괴롭힘 행위에 대하여 구성원들이 최근 1년 내 직접 경험하거나 주변에서 목격한 적이 있는지, 해당 조직에서 각 행위가 얼마나 심각한 상황인지, 스트레스를 유발하는 행위는 무엇인지, 대인관계를 어렵게 하는 행위는 무엇인지, 근로의욕을 감소시키는 행위는 무엇인지 등을 질문하고, 응답하게 함으로써 각 행동이 조직 내에서 어떠한 양상으로 발생하고 있는지를 조사할 수 있다.

[그림4]의 결과 예시에서 부정적 행동별로 심각하게 인식 비율과 실제 경험/목격 비율 간에 큰 차이를 보이는 행동(주로 모욕 유형)들은 발생하는 빈도에 비해 심각하게 인식하지 못하는 행동으로 교육을 통해 행동 개선을 유도해야 할 내용이다. 집단

간 경험/목격 비율 차이에서는 전반적으로 20~30대의 비율 높고, 관료형 상사와 함께 일하는 집단의 높은 경험 및 목격 비율이 두드러지게 조사되었다.

이처럼 조사에서 직접 경험하거나 목격한 구체적인 부정적 행동 내용을 도출하고, 경험/목격 비율이 높은 집단을 구분할 수 있어야만 정확한 실태 파악에 도움이 되며, 행동 개선의 과제를 구체화할 수 있다.

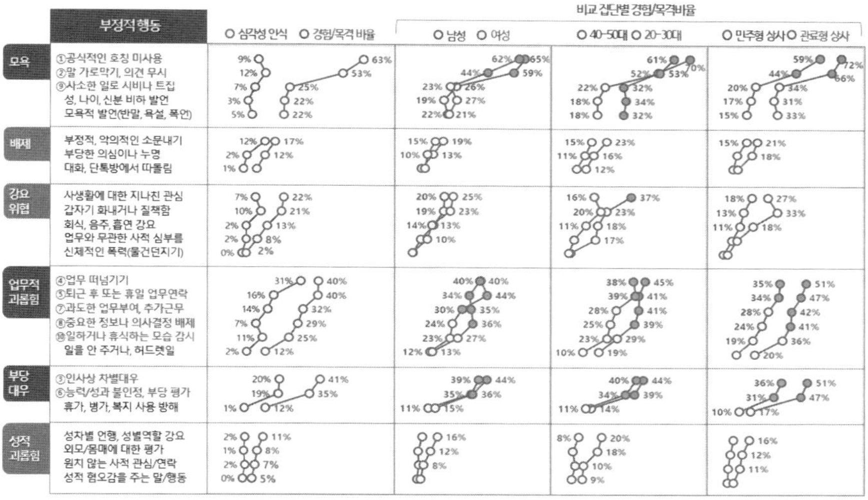

[그림 4] 직장 내 괴롭힘의 부정적 행동별 응답 비율 결과 예시

③ 개선방안의 도출

종합적인 진단 모델은 원인과 결과의 인과관계를 파악하는 모델이다. 업무특성, 조직특성, 리더십과 조직문화 등 위험요인이 괴롭힘의 부정적 행동에 얼마나 영향을 미치고 있는지, 또한 6가지의 괴롭힘 유형은 조직몰입과 직무 스트레스에 얼마나 부정적 영향을 미치고 있는지를 회귀분석을 통하여 결과를 얻을 수 있다.

그동안의 조사 결과를 통해서 괴롭힘 관리수준, 공정성, 윤리성 등의 조직특성들이 괴롭힘 발생에 가장 큰 영향을 주고 있음을 알 수 있으며, 이러한 조직특성 요인들을 제도적으로 개선함으로써 더 효과적으로 괴롭힘 발생을 예방할 수 있다.

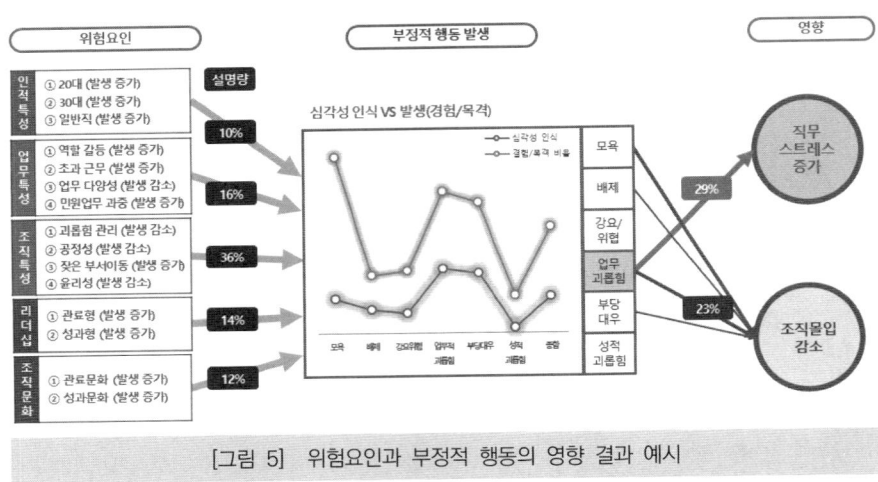

[그림 5] 위험요인과 부정적 행동의 영향 결과 예시

또한 괴롭힘 유형에서 특히 업무적 괴롭힘과 부당대우, 모욕 등의 유형이 직무 스트레스를 증가시키고, 조직몰입을 감소시키는 부정적 행동들로 파악되고 있다. 각 기업에서 경험 및 목격 비율이 높은 부정적 행동들을 감소시키기 위한 맞춤형 교육과 행동 개선 캠페인을 전개할 수 있도록 괴롭힘 조사와 진단이 정확한 근거자료를 제공하고 있다.

④ 관리 역량의 진단과 개선

직장 내 괴롭힘을 진단하면서 부정적 행동의 주요 행위자 파악, 괴롭힘에 대한 대응방식, 2차 피해의 내용, 개선 과제 등에 대한 구성원들의 의견을 파악할 수 있는 조사 문항을 포함함으로써 더 많은 정보와 타당도 높은 결과를 얻을 수 있다.

특히 기업의 괴롭힘 관리 수준을 파악하기 위해 Larrazabal, Lopezdelallave & Topa(2019)[4]가 제시한 직장 내 괴롭힘에 대한 조직의 내성 수준(POT: Perceived

Organizational Tolerance for workplace harassment) 지표를 재구성하여 ①반(反)괴롭힘 정책과 경영진의 의지, ②예방교육을 통한 구성원들의 괴롭힘에 대한 이해증진, ③정기적인 모니터링을 통한 개선조치, ④신고권의 보장과 비밀보호, ⑤신속하고 공정한 사건처리 역량 등 기업의 관리 수준 대한 구성원의 인식을 파악하고 있다.

[그림6]의 결과 예시에서 1년의 기간을 두고 재조사한 결과, 괴롭힘 관리 수준에 대한 구성원들의 인식이 모든 항목에서 크게 개선되었음을 알 수 있다. 조직진단과 결과 공유의 과정에서 직장 내 괴롭힘을 줄이기 위한 기업의 노력이 구성원들에게 전달되고, 구성원들의 괴롭힘에 대한 이해도 향상된 사례이다.

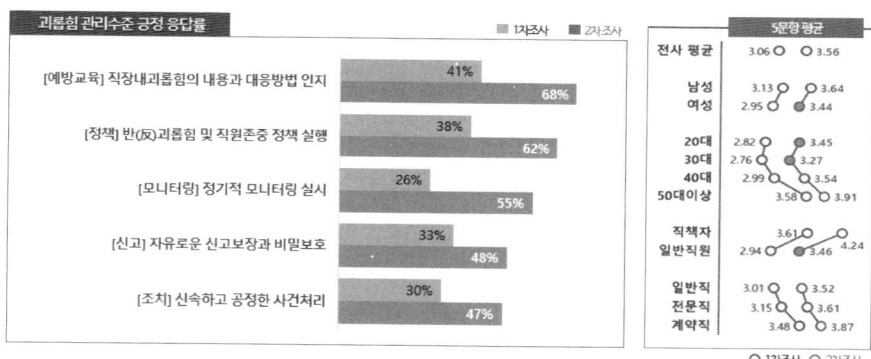

[그림 6] 직장 내 괴롭힘 관리 수준 인식 결과 예시

이처럼 직장 내 괴롭힘 진단과정에서 조직은 괴롭힘 실태를 모니터하여 예방을 위한 제도개선과 관리력을 향상함으로써 구성원들의 정책 참여를 유도하고 조직에 대한 신뢰를 강화하는 선순환을 만들 수 있다.

---

(4) Larrazabal, J. P., Lopezdelallave, A., & Topa, G.(2019), Organizational tolerance for workplace harassment: Development and validation of the POT scale, Sustainability, 11, pp. 40~78.

# III. 직장 내 괴롭힘 예방을 위한 과제

필자는 우리나라의 법체계와 실태를 감안하여 괴롭힘을 예방하기위한 개선과제로 통합적 전략을 수립하고, 괴롭힘 전담조직을 구축하는 한편, 고충처리시스템을 체계화하고 구체적인 행동개선 캠페인을 제안한다.

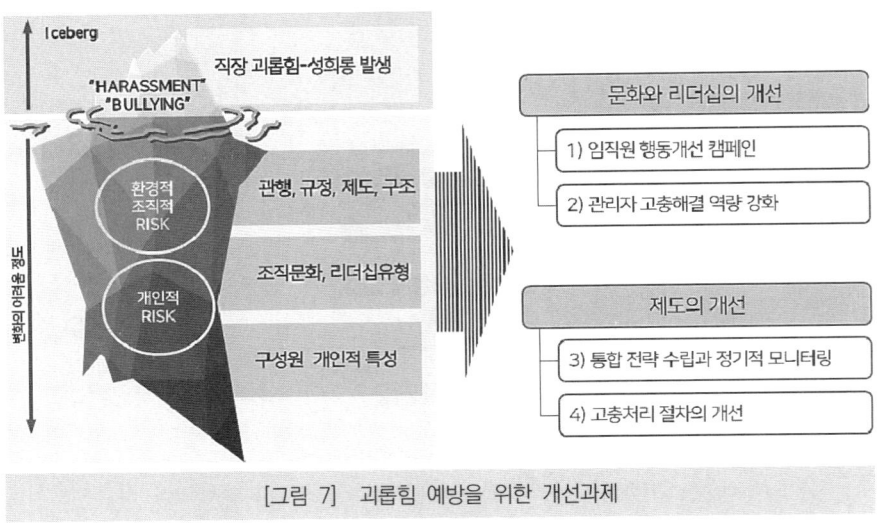

[그림 7] 괴롭힘 예방을 위한 개선과제

## 01. 통합적 전략 수립 수립

### 1) 전략의 수립

ILO의 생태모델(Ecological Model)에 따라 개인은 가정, 사업장, 지역사회, 거시적인 사회 환경 속에 중첩적으로 존재하며, 각 단위에서 상호작용하는 존재라는 관점에서 정책을 수립할 필요가 있다. 최근 ESG 실천이 중요한 화두로 문제되고 있다. 직장 내 괴롭힘은 조직 내 구성원에 대한 인권수준을 가늠하는 이슈로 떠오를 수 있다는 점에서 특별히 주목할 필요가 있다.

### 2) 반 괴롭힘 정책의 규범화

우리나라는 지난 20여년간 직장 내 성희롱 관련 제도가 다양한 방식으로 정착되어 있다. 공공기관의 경우는 갑질 근절 관련 가이드 라인의 적용을 받고 있다. 근로기준법상 취업규칙 필수기재사항으로 강제하고 있는 직장 내 괴롭힘을 제도화하기 위해서는 관련 제도와 관련하여 혼란이 발생하지 않도록 규범화할 필요가 있다.

### 3) 정기적 실태조사와 모니터링 시스템 구축

그간 괴롭힘 진단을 통해 괴롭힘 예방을 위해 '정기적인 실태점검과 개선조치'가 중요함에도 불구하고, 매우 미흡한 것으로 조사되었다. 통합 모니터링 시스템을 구축하여 실태조사 결과를 데이터베이스화함으로써, 위험요인을 직관적으로 파악하여 대응하고, 추적관리를 통해 장기적인 예방정책을 수립하며, 정확한 개선조치가 가능하도록 하고, 연구를 위한 기초자료로 활용할 필요가 있다.

### 4) 산업안전 및 건강 관점의 통합 전략 수립

최근 산업안전보건법, 산업재해보상보험법, 중대재해처벌법의 제·개정으로 산업재해의 범위와 사용자의 책임이 확대되는 시점에서 기관들은 조직내 모든 기관들이 직장 내 괴롭힘을 실효적으로 예방하기 위해 산업안전 및 건강증진을 포괄하는 종합적인 정책을 수립할 필요가 있다.

## 02. 구체적 대응 전략

### 1) 직장 내 괴롭힘의 규범화

우리나라에서 취업규칙은 10인 이상 사업장은 모두 작성하여 신고하여야 하는 필수 규범이며, 제정 및 개정 과정에 근로자 과반수의 동의 또는 의견을 청취하는 절차[5] 등의 구성원 참여 방식이 법정화 되어 판례 등을 통해 법규범성이 승인되어 왔다.[6] 근로기준법 제93조를 개정하여 취업규칙의 필수기재사항으로 '작장 내 괴롭힘의 예방과 조치에 대한 사항'을 정한 취지는 바로 사업장의 구체적 상황을 반영하여 자율적으로 규범화하도록 한 것이다.

괴롭힘법은 직장 내 괴롭힘의 예방과 조치에 대한 사항을 모두 취업규칙에 명시하도록 강제하고 있다. 괴롭힘법은 사용자에게 괴롭힘 금지 의무와 더불어 조사의무 피해자 보호의무 및 행위자 징계 의무를 구체적으로 명시하고 있으며 이에 대하여 행정벌을 부과하는 제제조항을 두어 사용자의 의무를 강제하고 있으며(2021. 10. 14. 근로기준법 개정 시행), 피해자나 피해주장자에 대한 불리한 처우에 대하여는 형사 처벌로 규율하고 있다. 그런데 '누구든지' 신고한 사건을 조사하지 않거나, 조사에 흠결이 있어 직장 내 괴롭힘 발생 사실을 확인하지 않거나, 직장 내 괴롭힘 사실이 없다고 판단하여 신고자를 배치전환하거나 고용관계를 종료 하는 등 직장 내 괴롭힘 사건을 소홀히 처리하는 경우 제76조의3 위반이 문제되어 법적 분쟁이 발생할 수 있다. 결국 직장 내 괴롭힘 여부 판단, 직장 내 괴롭힘 조사 여부, 피해자 보호조치 및 행위자 징계 등 전체적인 사용자의 사후 조치에 대한 사내 기준이 명확하게 수립될 필요가 있다. 한편 근로기준법 제76조의2에 의한 직장 내 괴롭힘에 대한 정의 조항이 포괄적이고

---

[5] 근로기준법 제94조(규칙의 작성, 변경 절차) ① 사용자는 취업규칙의 작성 또는 변경에 관하여 해당 사업 또는 사업장에 근로자의 과반수로 조직된 노동조합이 있는 경우에는 그 노동조합, 근로자의 과반수로 조직된 노동조합이 없는 경우에는 근로자의 과반수의 의견을 들어야 한다. 다만, 취업규칙을 근로자에게 불리하게 변경하는 경우에는 그 동의를 받아야 한다. ② 사용자는 제93조에 따라 취업규칙을 신고할 때에는 제1항의 의견을 적은 서면을 첨부하여야 한다.

[6] 취업규칙은 근로기준법이 근로자 보호의 목적으로 그 작성을 강제하고 이에 법규범성을 부여한 것이므로 이를 근로자에게 불이익하게 변경하려면 종전 취업규칙의 적용을 받고 있던 근로자 집단의 집단의사결정방법에 의한 동의를 요한다.[대법원 1977. 7. 26., 선고, 77다355, 판결]

추상적이며 괴롭힘 행위의 요건을 명시하는 방식으로 규정되어 있어 해당 사업장에서 어떤 행동이 금지되는지는 사용자가 구체화시켜 구성원들에게 주지시킬 필요가 있다.

해당 조직의 인권 일반, 갑질 및 성희롱 관련 제도 운영에 마찰이 있는지, 관련 구제절차 상 충돌이 없는지, 구성원 입장에서 혼란 없이 활용할 수 있는지 등의 문제들을 세심하게 분석하고 제도화하는 전략이 필요하다.

괴롭힘 예방을 위해 단지 괴롭힘 금지를 선언하는 수준을 넘어 실질적으로 구성원들의 행동규범으로 작용할 수 있도록 다양한 방식으로 실질적으로 명시될 필요가 있다.

### 2) 직장 내 괴롭힘 전담조직 구축

#### ① 전담조직의 구성과 전담체계 구축

조직 규모가 큰 경우 인권, 윤리, 감사, 인사 및 교육 등 관련 부서가 나뉘어져 있는데, 반(反)괴롭힘과 존중문화 정책을 각자 다른 방식으로 운영하면서도 협력이 안되는 경우가 많다. 존중일터를 구축하기 위해서는 전문성을 갖춘 독립적 전담조직을 구성하여 운영할 필요성이 있다. 조직 내 흩어져 있는 관련 기능들을 통합하여 일원화하고, 팀 또는 과 단위의 조직 규모로 일관되고 신속한 대응이 가능하도록 전담조직을 구성하여야 한다. 본부 단위 조직의 정책이 각 부서 단위까지 전달되어 실행되고, 사업소까지 일관성 있게 연계되어 실행되도록 유기적으로 작동하는 네트워크 체계가 구축되어야 한다.

#### ② 전문가 팀 구축 : 담당조직의 전문성 제고 및 협력체계 구축

업무 특성을 기초로 필요한 교육훈련을 체계적으로 제공할 필요가 있다. 부서 고충상담원의 경우 고충해소 등을 위한 사내제도를 숙지하고, 직장 내 괴롭힘과 성희롱 피해자에 대한 이해 속에서 상담과 코칭이 이루어지도록 훈련 프로그램이 제공되어야 한다. 신고와 조사 및 심사 담당조직의 경우 괴롭힘이나 성희롱에 대한 법적 쟁점을 파악하고, 2차 피해 방지나 피해자나 가해자에 대한 적법한 조치가 가능하도록 역량향상 프로그램이 필요하다. 또한 상담과 신고 및 조사 단계마다 담당조직은 상이하나

하나의 고충이 해결되기 위해서는 해당 조직 구성원 간 유기적으로 협력체계를 구축해야 한다. 담당조직 간 협력이 제고되면 정기조사 외에도 상담이나 사건조사 현황을 기초로 조직 현황을 공유할 수 있으며, 이를 반영하여 캠페인이나 예방교육을 실효성 있게 진행할 수 있다.

### 3) 고충처리 절차 개선과 활성화

① 고충처리 상담 및 신고절차의 개선과 안전한 상담창구의 마련

괴롭힘 진단에서 고충처리제도 활성화를 위한 과제로 압도적 다수가 신고자 비밀보장을 가장 중요한 과제로 응답하고 있다. 이외에도 편리한 상담과 접근 용이성, 심리상담 및 치유지원, 상담원 전문성 강화 등 상담의 개선에 대한 요구가 높은 것으로 응답하고 있다. 괴롭힘이 심화되기 전에 비밀을 보장하며 안전하게 상담할 수 있도록 전문성과 중립성을 갖춘 상담창구를 구축할 필요가 있으며, 단기적으로는 고충상담원의 전문성을 제고하고, 담당 부서에는 전담자를 배치하는 방식으로 단기적인 보완책을 마련해야 한다.

② 신속하고 공정한 조사 및 심사절차의 필요성

괴롭힘 사건은 신속한 진행과 괴롭힘 여부의 판단 및 관련 조치의 처리를 통해 악화되지 않도록 조기 종결할 필요가 있으므로 조사 기간을 압축적으로 운영하는 것이 필요하다. 기본 처리기간은 30일 등으로 정하되, 필요에 따라 기간을 연장할 수 있도록 단서 조항을 두어 유연하게 운영하는 것이 바람직하다고 판단된다. 한편 공정한 조사를 위해서는 외부조사를 적극 활용하되, 공정성에 대한 논란이 없도록 조사자 선정기준이나 절차를 수립할 필요가 있다.

③ 관리자의 고충해결 역량 강화

괴롭힘 진단에서 전체 응답자 대부분은 '리더들의 소통능력과 고충처리 역량 강화'가 존중일터 구축을 위해 중요하다고 응답하고 있다. 관리자의 역할을 재정의하여 직원들의 업무지원과 고충해결이라는 '코치'로서의 역할 비중을 증가시키고, 관리자 선

발에 있어서 고충해결 역량을 우선순위로 선정하고, 예비 관리자 교육과정에 고충해결 역량 향상을 주 교육내용으로 진행함으로써 관리자들의 인식과 행동 변화를 위해 노력할 필요가 있다. 관리자들을 대상으로 한 인식과 행동변화, 고충해결 역량강화 등의 교육을 '존중리더 과정'으로 진행하고, 수료 시 「존중리더 인증」 등을 부여함으로써 행동변화를 유도하고 책임감을 높이는 방법을 모색할 필요가 있다.

④ 비공식적 분쟁해결 절차의 설계

신고인이 원하는 경우 신고와 조사 및 판단 절차로 진행하지 아니하고, 배치전환 등 인사조치를 통하여 고충을 해결함으로써 종결하거나, 당사자 간 화해나 조정으로 해결하는 비공식적 분쟁해결 절차를 활용할 수 있도록 권고한다.

⑤ 고충처리 활성화를 위한 외부 고충처리 전문서비스의 도입 검토

직장 내 괴롭힘에 대한 노동부의 매뉴얼이나 공공갑질 관련 가이드라인에서는 고충처리 절차를 외부 전문기관 서비스를 통해 보완하도록 권고하고 있다. 적절한 외부 고충처리 서비스의 활용은 상담에 대한 접근성을 높여 조기 해결 가능성을 높이며, 상담과 코칭 및 비공식적 해결방안을 연계하여 관계의 악화를 방지하는 한편 조사의 공정성과 신속성 및 비밀보장 이슈를 해결하는 긍정적 효과를 기대할 수 있다.

⑥ 직장 내 괴롭힘의 관리수준 모니터링

직장 내 괴롭힘에 대한 교육과 훈련, 점검과 평가, 공정한 처리, 비밀보장과 피해자 보호, 재발방지 등 조직의 관리수준에 따라서 반(反)괴롭힘 정책의 효과가 결정될 수 있다 또한 조직은 예방 및 대응체계에 대해 지속적으로 모니터링하고 그 결과를 바탕으로 정책의 방향이나 제도의 변경 등을 추진하여야 한다.

### 4) 행동변화 모색과 실천

① 실태조사 결과를 반영한 행동개선 캠페인

진단 결과 통상 '모욕', '업무상 괴롭힘', '부당대우' 등의 경험빈도가 높게 조사된다. 이러한 유형의 빈도가 높은 이유를 상세히 분석하여 개선해야 할 행동들을 도출하고 가시적인 홍보물을 통해 캠페인 활동을 전개하는 것이 바람직하다.

② 의사소통, 일하는 방법 개선을 위한 프로그램

직장 내 괴롭힘은 주로 부서의 인적구성, 업무자율성, 역할갈등, 의사소통 수준, 조직문화, 리더십 유형 등 부서 및 직무의 특성과 일하는 방법과 매우 관련이 높으며, 이러한 내용은 위험요인으로 작용할 수 있다. 그중에서 의사소통은 워크샵, 교육, 코칭 등 부서 소통 프로그램을 통해서 개선할 수 있다. 사내 존중문화 확산을 위해 평소 존중 행동을 잘 실천한 우수 직원들을 선발하여 포상하고 Best practice 모델로 지정하는 방법을 추천한다.

# Chapter 06 정년퇴직 근로자의 재고용기대권 등에 관한 고찰

최영종(노무법인 마루 대표노무사)

## Ⅰ. 시작하며

근로자와 사용자는 근로계약을 체결할 때 계약기간을 정하게 된다. 이 경우 기간을 정하지 않거나 일정한 기간의 계약기간을 정하여 근로계약을 체결하여야 하며, 이렇게 정한 계약기간은 유효한 계약기간(근로계약의 존속기간)을 정한 것이 된다. 근로자와 사용자가 유효한 계약기간을 정한 경우에는 근로자와 사용자 사이에 의사가 합치되어 해당 근로계약의 존속기간을 정한 것이므로 계약자유의 원리상 계약기간이 만료되면 근로계약은 별도의 조치 없이 종료된다. 근로계약기간과 관련하여 2007. 6. 30. 까지 효력이 있던 근로기준법 제16조는 기간의 정함이 없거나 일정한 사업완료에 필요한 기간을 정한 경우를 제외하고는 그 기간이 1년을 초과하지 못하도록 하였고, 2007. 7. 1.부터는 기간제 및 단시간 근로자 보호 등에 관한 법률(이하 "기간제법"이라 한다) 제4조에서 근로계약기간은 원칙적으로 2년을 초과할 수 없고, 2년을 초과하는 경우 기간의 정함이 없는 근로계약으로 간주되도록 강제하고 있다.

근로계약기간은 한편으론 근로자의 고용보장, 다른 한편으론 근로자의 사직 자유 보장(장기근로계약 기간에 의한 구속으로부터의 자유)을 담고 있다. 따라서 근로계약

---

* 이 글은 2021년 8월 한국비교노동법학회 노동법논총 제52집에 게재된 논문을 바탕으로 재구성·보완하였음을 밝힌다.

기간에 대한 해석은 어느 쪽에 방점을 두느냐에 따라 원칙과 예외가 달라질 수 있다. 만일 근로자의 고용보장 측면을 강조하는 것에 방점을 둔다면 원칙은 기간을 정함이 없는 계약이고 기간의 정함이 있는 계약이 예외가 되는 것이며, 근로자의 사직 자유보장을 강조한다면 반대로 해석될 수 있다.

일반적으로 갱신기대권이란 유효한 계약기간을 정한 근로계약에 있어서 계약기간이 만료되더라도 근로자가 근로계약의 종료됨 없이 근로계약의 갱신을 주장할 수 있는 권리를 의미한다. 따라서 근로자에게 갱신기대권이 인정된다면 근로계약 일방 당사자인 사용자는 근로계약기간이 만료되더라도 일방적으로 근로계약을 종료시킬 수 없다. 만일 사용자가 근로계약기간의 만료를 이유로 해당 근로계약을 종료한다면 이는 해고에 해당되고 근로계약기간 만료는 해고의 정당한 이유가 될 수 없어서 근로기준법 제23조에 위반되어 무효가 되는 것이다.

갱신기대권은 법률상의 권리가 아나라 판례에 의하여 형성된 법리이다. 판례는 갱신기대권과 관련하여 처음에는 일정한 계약기간을 정한 근로계약이 반복·갱신되어 계약기간을 정한 것이 형식에 불과할 경우에 사용자가 근로계약의 갱신을 거절하고 계약기간의 만료를 이유로 근로계약을 종료하는 것은 해고와 마찬가지로써 무효라고 판시하여 갱신기대권을 인정하였다. 이후 판례는 유효한 계약기간을 정한 근로계약의 기간이 만료되더라도 근로계약, 취업규칙, 단체협약 등 규정에 일정한 요건이 충족되면 갱신한다는 취지의 규정이 있거나 이와 같은 규정이 없더라도 계약기간을 정한 경위나 동기 등 근로계약 제반사정을 종합적으로 고려하여 일정한 요건이 충족되면 갱신되리라는 신뢰가 형성되어 있다면 갱신기대권이 인정된다고 판시하여 갱신기대권의 인정 범위를 확대하였다. 판례가 법률의 명시적 규정이 없음에도 불구하고 갱신기대권이라는 판례 법리를 형성한 것은 기간의 정함이 있는 근로계약이 해고회피수단으로 악용되는 것을 차단하고 근로자의 고용보장을 위해서 입법적 흠결을 보완한 것이라는 점에서 의미가 있다 할 것이다.

그런데 우리 사회가 초고령화 시대로 변화하면서 정년퇴직 이후 곧바로 기존에 근로하던 사업장에서 이른바 '촉탁직'이라는 명칭으로 기간의 정함이 있는 근로계약을 체결하고 종전 사업장에서 계속 근로하는 경우가 많아지고 있다. 그런가 하면 정년퇴직 후 촉탁직으로 재고용되지 못하고 근로계약이 종료되거나, 촉탁직으로 재고용되었다가 근로계약이 갱신되지 못하고 근로계약이 종료되는 사례가 발생하곤 한다. 그런데 이 경우 재고용기대권 또는 갱신기대권이 인정되는 것인가와 관련하여 분쟁이 많이 발생되고 있다. 그러나 이에 대해서는 아직까지 명확한 기준이 정립되지 않은 상황이다.

정년 이후 기간제 근로계약을 체결하고 해당 근로계약기간이 만료되어 그 재계약 여부와 관련된 사안에서는 갱신기대권을 인정하는 판례는[1] 있으나, 정년 이후 재고용기대권에 대한 대법원 판결은 아직 존재하지 않는다. 행정법원[2]에서는 정년 후 촉탁직의 재고용기대권이 부정되었으나, 고등법원[3]에서는 인정된 사건이 현재 대법원[4]에 계류 중이다.

갱신기대권 법리가 근로기준법 제23조의 해고제한 규정의 형해화 방지나 기간제 근로자 사용의 남용을 억제하는 목적에서 형성된 것임을 고려하면, 정년을 정한 근로계약에 있어서 재고용기대권의 인정요건이나 정년 이후 촉탁직으로 고용된 근로자의 갱신기대권에 대하여 기존의 기간제 근로자에 있어서의 갱신기대권의 인정요건과 달리 판단할 이유가 있는지에 대한 의문이 남는다. 왜냐하면 정년을 정한 근로계약 역시 정년이라는 특정한 시점을 근로계약의 만료시점으로 정한다는 점에서 '기간의 정함이 없는' 근로계약이 아닌 '기간의 정함이 있는' 근로계약으로도 볼 수 있고, 해고제한 규정의 형해화 방지 목적이나 기간제 근로자 사용의 남용 억제 목적이 인정되기도 하기 때문이다. 이에 여기에서는 정년퇴직자의 재고용기대권 및 정년 후 재고용된 근로자에 대한 갱신기대권에 관하여 살펴보고자 한다.

---

[1] 대법원 2017. 2. 3. 선고 2016두50563 판결.
[2] 서울행정법원 2018. 4. 12.선고 2017구합76357 판결.
[3] 서울고등법원 2018. 10. 17. 선고 2018누45543 판결.
[4] 대법원 2018두62492 사건.

## Ⅱ. 정년퇴직자의 재고용기대권에 대한 고찰

### 01. 문제의 소재

일반적으로 정년제라 함은 단체협약, 취업규칙 또는 근로계약에서 정한 일정한 연령에 도달하면, 근로자의 의사와 능력 여하를 불문하고 근로계약관계를 종료시키는 제도를 의미한다.[5] 고용상 연령차별금지 및 고령자고용촉진에 관한 법률(이하"고령자고용법"이라 한다) 제19조(정년) 제1항은 "사업주는 근로자의 정년을 60세 이상으로 정하여야 한다. 제2항 사업주가 제1항에도 불구하고 근로자의 정년을 60세 미만으로 정한 경우에는 정년을 60세로 정한 것으로 본다."고 규정하고 있다. 고령자고용법 제19조 제1항의 규정형식이"…정하여야 한다."로 규정하고 있어서 사업주는 근로자에 대한 정년을 정하여야 하고, 그 연령은 60세 이상으로 하여야 하는 것으로 해석된다.

한편 갱신기대권의 문제는 우선 유효한 '기간의 정함이 있는' 근로계약이 존재하는 경우에 비로소 발생되는 문제이다. 만일 기간의 정함이 없는 근로계약은 갱신의 문제가 발생되지 않으므로 갱신기대권이 논의될 여지가 없다. 이 경우는 근로기준법 제23조에 의한 해고의 정당성만이 문제될 뿐이다. 그런데 정년퇴직자의 재고용 갱신기대권의 문제는 정년이라는 특정 시점으로 인하여 근로계약관계가 종료되기 때문에 발생된다. 따라서 정년이라는 특정시점을 근로계약의 종료시점으로 정한 근로계약을 '기간의 정함이 있는' 근로계약으로 볼 수 있는지 여부가 선행적으로 검토될 필요가 있다. 왜냐하면 만약 정년을 정한 근로계약을 '기간의 정함이 없는' 근로계약으로 본다면 갱신기대권의 문제가 발생할 수는 없기 때문이다. 그래서 정년에 의하여 근로계약이 종료되는 것과 '기간의 정함이 있는' 근로계약에서 기간의 만료와는 다른 성질이 있는지를 살펴볼 필요가 있다.

---

[5] 김형배, 노동법 제26판, 박영사, 2018, p. 773.

## 02. 정년과 근로계약기간

### 가. 정년을 정한 근로계약이 '기간의 정함이 있는' 근로계약인지 여부

2007. 6. 30.까지 효력이 있었던 근로기준법 제16조(계약기간)는 "근로계약은 기간을 정하지 아니한 것과 일정한 사업의 완료에 필요한 기간을 정한 것 외에는 그 기간은 1년을 초과하지 못한다."고 규정하고 있었다. 동 규정을 문리적으로 보면 근로계약 체결 시 근로계약기간을 정하지 않거나 또는 일정한 사업완료에 필요한 기간을 정한 것을 제외하고는 근로계약의 만료시점이 특정되어야 하는데, 만료시점까지의 기간이 1년을 초과한 경우 동 규정에 위반되는 것으로 해석된다. 그러나 판례는 동 규정의 해석과 관련하여 "근로계약기간 제한규정의 입법취지는 장기의 근로기간을 정함으로 인하여 근로자가 퇴직의 자유를 제한당하게 됨으로써 장기간 근로의 계속을 강요당하는 것을 방지할 목적으로 근로자 보호를 위하여 1년을 초과하는 근로계약기간 부분의 근로관계에 있어서 근로자에게 퇴직의 자유를 보장하려는 것에 있다"[6]고 판시하였다. 따라서 "근로계약 기간이 1년을 초과하도록 정한 경우 그 근로계약기간 자체가 무효가 되는 것은 아니며, 1년을 초과한 경우 근로자는 언제든지 근로계약을 해지할 수 있는 것을 의미한다"[7]고 판시하였다. 이러한 판례의 태도에 의할 때 정년을 정하고 정년까지의 기간이 1년을 초과한 경우에 이를 '기간의 정함이 있는' 근로계약으로 보더라도 정년 그 자체는 유효한 것이 되며, 다만, 근로자는 정년 이전이라도 언제든지 근로계약을 해지할 수 있는 것으로 해석될 수도 있다. 그러나 이러한 판례의 태도에 동의하기는 어렵다. 왜냐하면 근로기준법 제16조를 위반한 경우 동법 제114조에 의하여 벌금이 부과되도록 규정하고 있고, 강행규정이었다는 점을 판례는 간과한 것이기 때문이다.

한편 근로기준법 제16조를 대체하여 2007. 7. 1.부터 시행된 기간제법 제4조(기간제근로자의 사용)제1항이 "사용자는 2년을 초과하지 아니하는 범위 안에서(기간제 근로계약의 반복갱신 등의 경우에는 그 계속 근로한 총기간이 2년을 초과하지 아니하는

---

[6] 대법원 1996. 8. 29. 선고 95다5783 전원합의체 판결.
[7] 위 판결

범위 안에서) 기간제근로자를 사용할 수 있다. 제2항 사용자가 제1항 단서의 사유가 없거나 소멸되었음에도 불구하고 2년을 초과하여 기간제근로자로 사용하는 경우에는 그 기간제근로자는 기간의 정함이 없는 근로계약을 체결한 근로자로 본다."고 규정하고 있다. 동 규정 또한 강행규정이라는 점을 고려하면 원칙적으로 근로계약기간은 2년을 초과하지 못하는 것이며, 단지 2년의 범위 내에서 갱신하여 체결할 수 있을 뿐이다. 즉 근로계약기간이 2년을 초과하는 경우 기간제법에 의하여 기간의 정함이 없는 근로계약으로 간주되기 때문에, 원칙적으로 기간제 근로계약은 계속 고용기간 2년 이내에서만 해당 근로계약기간의 갱신이 유효하다. 이러한 점에서 통상 2년을 도과할 수밖에 없는 정년까지의 계약은 비록 그 종기가 정년도달 시점이라는 특정시점으로 정해져 있다하더라도 현행법에서는 기간제 근로계약으로 해석할 수는 없다고 본다.

생각건대 기존 근로기준법 제16조를 전제하면 근로계약기간을 정하는 경우에는 그 기간이 1년을 초과하지 않는 범위 내에서 정하여야 하고 이를 갱신하여 체결할 수 있지만 그 계속 고용기간의 제한이 없었을 뿐이고, 현행 기간제법 시행 이후에는 원칙적으로 2년 이내에서만 근로계약의 갱신 체결이 가능하고 2년을 초과하는 경우 '기간의 정함이 없는' 근로계약으로 간주되는 것으로 해석하는 것이 실정법과 법률생활 사실에 부합하다 할 것이다. 이런 의미에서 정년을 설정한 근로계약은 일반적으로 계속 고용기간이 2년을 초과하게 되므로 결국 기간제법에 의해 '기간의 정함이 없는' 근로계약으로 해석함이 타당하다.

## 나. 정년을 근로관계 당연종료 사유로 정하는 것의 유효성 여부

앞에서 살펴본 바와 같이 정년의 설정은 '기간의 정함이 없는' 근로계약으로 해석된다. 그럼에도 정년을 정하는 것 자체가 유효하여 정년에 도달하면 근로계약관계가 당연히 종료 되는 것이 타당한가에 대한 문제는 남아 있다.

먼저 정년이 근로조건에 해당하는 지에 관하여 보면 근로기준법 제2조(정의) 제1항 제4호는 "'근로계약'이란 근로자가 사용자에게 근로를 제공하고 사용자는 이에 대하여 임금을 지급함을 목적으로 체결된 계약을 말한다."고 규정하고 있다. 그리고 같은 법 제17조 제1항 제5호에 따라 사용자는 근로계약 체결 시 '퇴직에 관한 사항'을 명시하여야 할 의무를 부담한다. 그리고 고령자고용법 제19조 제1항은 사용자는 정년을

60세 이상으로 정하도록 강제하고 있다. 이와 같은 법률규정들을 종합하면 정년은 근로기준법 제17조 제1항 제5호에 의하여 근로조건에 해당된다고 본다.

한편 정년은 고령자고용법에 의하여 사용자에게 60세 이상을 정하도록 강제되어 있다. 따라서 사용자가 정년을 60세 이상으로 정하는 것은 법률에 의하여 허용되는 것이며, 법률이 허용하는 범위 내에서 사용자가 정년을 정하는 것은 그 자체로 유효하다. 그러므로 사용자가 정한 유효한 근로조건에 따라 근로자가 정년에 도달하면 근로계약은 당연 종료되는 것으로 이해하여야 한다.

그리고 사용자가 정년에 도달하면 근로계약관계를 당연종료 하도록 근로조건을 설정하는 것은 근로자 고용보장을 감안하더라도 유효하다. 왜냐하면 '기간의 정함이 없는' 근로계약의 목적은 근로자가 일할 수 있는 신체적·정신적 능력이 가능할 때까지의 고용보장으로 이해할 수 있으므로 사용자가 합리적인 수준에서 정년을 정하여 근로자의 고용을 보장한다면 이는 근로기준법이 사용자에게 부담지우는 해고제한을 위반하지 않은 것으로 해석되기 때문이다.

결과적으로 정년은 근로기준법 법 제17조에 의하여 명시하여야 할 근로조건에 해당되고, 고령자고용법에 의하여 정년이라는 근로조건을 사용자가 정하는 것이 허용되며, 정년의 보장은 근로기준법 기존 제16조 및 기간제법 제4조의 입법 취지인 근로자의 고용보장을 위해 사용자에게 부담된 의무를 다한 것으로 인정할 수 있다는 점에서 목적의 정당성이 인정되는 것이어서 유효한 것이다. 그러므로 정년의 도달은 취업규칙 등 사업장 내 규범에서 정한 유효한 근로조건에 의해 근로계약이 당연종료 되는 것으로 해석된다.

## 03. 정년 후 재고용기대권

정년 후 재고용이란 정년을 이유로 근로계약이 유효하게 종료되었음에도 불구하고 사용자와 근로자가 새로운 근로계약관계를 형성하는 것이라 할 수 있다. 그러므로 재고용은 새로운 근로계약의 형성행위이다. 한편 갱신기대권은 해고의 회피수단으로써 기간제 근로계약의 남용을 방지하여 근로자의 고용보장을 위해 판례에 의하여 형성된 법리이다. 그리고 기간제법에서 계속 고용기간의 제한규정과 고령자고용법에서의 의무정년 규정을 고려하면 궁극적으로 근로자의 정년보장을 목적으로 한다고 보인다.

그런데 재고용기대권은 갱신기대권의 인정 목적과 달리 이미 정년이 보장됨으로써 근로자이 고용보장이 달성된 이후의 문제이며, 기간제법 상 기간제 사용의 예외사유로 규정하고 있는 55세를 도과한 이후의 문제이므로 기간제 근로계약의 남용 방지의 목적도 존재하지 않는다는 점에서 차이가 있다. 이와 같은 점에서 정년 후 재고용 기대권을 인정해야 할 법적 근거나 당위성이 부족하다.

재고용기대권은 근로자가 정년을 이유로 근로계약이 유효하게 종료되었음에도 불구하고 사용자에게 다시 자신을 채용할 것을 요구할 수 있는 권리라고 할 수 있다. 이는 사용자에게 정년을 이유로 근로계약이 종료된 근로자를 다시 채용할 의무를 발생케 하는 것이다. 그런데 정년 후 재고용의무는 그 법적 성질이 채용임에도 불구하고 통상적인 채용과는 달리 사용자의 재량권을 박탈하는 결과로 이어진다. 이처럼 사용자의 자유권을 지나치게 제한한다는 점에서 재고용기대권 인정여부는 신중하여야 하며 만일 인정하더라도 인정요건을 엄격하게 해석하여야 할 것이다. 이렇듯 정년 후 재고용은 기존 근로관계의 연장이 아닌 새로운 채용이라는 점에서 해당 근로자에게 가혹하다든가 혹은 다른 근로자의 경우에 비추어 형평에 어긋난다는 사정만으로는 재고용기대권을 인정하기 어렵다고 본다. 따라서 정년퇴직 근로자에게 재고용기대권이 인정되기 위해서는 단체협약이나 취업규칙 등에 의하여 명시적으로 재고용의 요건이 확정되어 있는 경우에 한하여 예외적으로 인정될 수 있다고 본다.

## 04. 소결

고령자고용법 제19조 제1항은 사용자에게 60세 이상으로 정년을 정하도록 의무화하고 있다. 그리고 사용자가 고령자고용법에 따라 정년을 정하는 경우 종래 근로기준법 제16조 및 현행 기간제법 제4조의 '기간의 정함이 없는' 근로계약이 된다. 기간제법에서 '기간의 정함이 없는' 근로계약을 체결한 것으로 간주하고 있는 취지는 근로자의 고용보장인데, 한편으로는 이는 사용자에게는 고용보장 의무이므로 고령자고용법의 정년 규정은 근로자의 고용보장 권리와 사용자의 고용보장의무에 대하여 정년을 기준으로 이익을 조정하는 것으로도 이해할 수 있다. 그러므로 사용자가 근로자에 대하여 정년을 보장한 경우 적어도 근로자에 대한 고용보장의무를 충실히 이행하였다고 보아야 한다. 따라서 이 경우에까지 해고제한 법리로써 인정되는 갱신기대권을 유추 적용하는 것은 당위성이 부족하다. 즉 고령자고용법상의 정년이라는 고용보장이 이미 실현된 근로자에게까지 확대하여 재고용기대권을 인정하기는 어렵다고 본다.

## III. 정년 후 촉탁직 근로자에 대한 갱신기대권에 관한 고찰

### 01. 문제의 소재

판례[8]는 정년퇴직 후 촉탁직으로 채용된 근로자의 갱신기대권과 관련하여 기존 정년 이전의 기간제 근로자의 갱신기대권의 인정요건인 '근로계약, 취업규칙, 단체협약 등에서 기간이 만료되더라도 일정한 요건이 충족되면 당해 근로계약이 갱신된다는 취지의 규정이 있거나, 이와 같은 취지의 규정이 없더라도 근로계약 당사자 사이에 일정한 요건이 충족되면 근로계약이 갱신된다는 신뢰관계가 형성되어 있는 경우'에 더하여 '해당 직무의 성격에 의하여 요구되는 직무수행 능력과 당해 근로자의 업무수행 적격성, 연령에 따른 작업능률 저하나 위험성 증대의 정도, 해당 사업장에서 정년을 경과한 고령자가 근무하는 실태 및 계약이 갱신되어 온 사례 등'을 고려하여 근로계약 갱신에 대한 정당한 기대권이 인정되는 경우'에는 갱신기대권이 인정되는 것으로 판시하고 있다.

갱신기대권은 해고제한 법리이고, 기간제 남용의 억제를 통한 근로자의 고용보장이 하나의 목적이라 할 수 있다. 그런데 촉탁직은 정년에 의하여 이미 고용보장의 보호를 받은 상태이고, 새로이 고용의 기회를 제공받은 경우인데, 이 경우에도 갱신기대권이 인정되어야 할 것인가에 대한 의문이 생긴다. 이하에서는 갱신기대권의 인정 취지, 관련 법률의 합리적 해석, 고령자 및 청년의 고용효과라는 측면에서 정년 후 촉탁직 근로자의 갱신기대권의 인정 문제와 관련하여 판례의 태도를 비판적으로 검토해 보고자 한다.

---

[8] 대법원 2017. 2. 3. 선고 2016두50563 판결.

## 02. 갱신기대권의 인정 취지 측면에서의 비판적 검토

갱신기대권의 인정은 '기간의 정함이 있는' 근로계약을 체결한 경우 비로소 문제가 될 수 있는 법리이다. 그러나 촉탁직은 이미 '기간의 정함이 없는' 근로계약을 체결하여 정년에 의하여 근로계약이 종료되고 이후 새로이 '기간의 정함이 있는' 근로계약을 체결한 근로계약으로 처음부터 '기간의 정함이 있는' 근로계약을 체결한 경우와는 동일하게 취급될 수 없다. 한편 갱신기대권의 인정 목적은 해고제한 법리를 통한 근로자의 고용보장이며, 고용보장의 목적은 '기간의 정함이 없는' 근로계약을 통한 근로관계의 존속 보호로 이해하여야 한다. 한편, 근로관계의 존속보호는 사용자에게는 의무에 해당된다. 그러므로 고령자고용법에 의하여 정년을 60세 이상으로 강제함으로써 사용자 의무의 한계를 설정하고 있다고 보여진다. 그런데 촉탁직은 이미 정년까지 근무함으로써 근로자의 고용보장이 실현된 상태이다. 그러므로 추가적으로 '기간의 정함이 없는' 근로계약을 통한 고용보장이라는 근로자 보호의 당위성은 없는 것으로 보인다. 그럼에도 불구하고 판례가 기존 기간제 근로자의 갱신기대권의 인정요건에 '해당 직무의 성격에 의하여 요구되는 직무수행 능력과 당해 근로자의 업무수행 적격성, 연령에 따른 작업능률 저하나 위험성 증대의 정도, 해당 사업장에서 정년을 경과한 고령자가 근무하는 실태 및 계약이 갱신되어 온 사례 등'을 추가하여 촉탁직의 갱신기대권을 인정한 것은 갱신기대권 법리 형성의 인정 취지를 넘어서는 것으로 동의하기 어렵다.

## 03. 관련 법률의 합리적 해석 측면에서의 비판적 검토

기간제법은 기간제 근로자의 사용기간을 제한하고 이를 초과한 경우 '기간의 정함이 없는' 근로계약으로 간주하면서도 같은 법 제4조 제1항 제4호에 의하여 고령자와의 체결한 근로계약은 예외를 인정하고 있으며, 고령자고용법 제19조는 사용자가 60세 이상의 정년을 정하는 것을 허용하고 있다. 따라서 기간제법 제4조는 기간제 근로자의 사용기간을 제한하여 '기간의 정함이 없는' 근로계약을 유도하면서도, 고령자고용법은 사용자가 '기간의 정함이 없는' 근로계약을 체결하더라도 유효한 정년을 설정하여 근로계약을 종료하는 것을 인정하고 있는 것으로 해석된다. 결과적으로 관련 법률은 '기간의 정함이 없는' 근로계약을 체결하도록 사용자에게 유도 내지 의무를 부담시키면서도 그 한도는 정년까지로 하고 있는 것으로 해석된다. 그러므로 정년이 넘은 경우 관련 법률에 의한 보호 목적이 이미 달성된 것으로 해석함이 합리적이라 하겠다. 그렇다면 정년 후 촉탁직의 경우에는 갱신기대권을 인정하지 않는 것이 타당하다고 본다. 판례가 기간제법 및 고령자고용법 등 관련 법률을 고려하여 '기간의 정함이 있는' 근로계약의 갱신기대권 인정요건에 더하여 '해당 직무의 성격에 의하여 요구되는 직무수행 능력과 당해 근로자의 업무수행 적격성, 연령에 따른 작업능률 저하나 위험성 증대의 정도, 해당 사업장에서 정년을 경과한 고령자가 근무하는 실태 및 계약이 갱신되어 온 사례' 등등의 갱신기대권 인정 요소를 추가하기는 하였으나 기간제법에서 '기간의 정함이 없는'의 간주규정과 고령자고용법상 60세 이상의 정년 의무규정을 고려하면 고용보장의 한계는 60세 이상으로 설정된 정년으로 봄이 합리적이라는 점에서 판례가 촉탁직의 갱신기대권을 인정하여 촉탁직의 고용보장을 도모하는 것에는 동의하기 어렵다.

## 04. 고령자의 고용효과 측면에서의 비판적 검토

해고제한 규정은 고용의 유연성을 감소시켜 고용을 감소시키는 경향이 있다. 한편, 갱신기대권의 법리는 명문의 규정 없이 판례에 의하여 형성된 해고 제한 법리이다. 갱신기대권의 법리는 해고제한을 통한 근로자의 고용보장이라는 측면에서 그 당위성이 인정된다. 또한 갱신기대권 법리의 확대 적용은 기간제 근로자의 축소를 통한 정년보장이라는 '기간의 정함이 없는' 근로계약을 유도하는 데 긍정적인 요인으로 작용할 수도 있다.

그러나 촉탁직에 대한 갱신기대권의 인정은 사실상 정년을 연장하는 효과여서 사용자로 하여금 촉탁직 채용에 대한 거부감을 유발하는 요인으로 작용될 수 있다. 이는 오히려 고령자의 근로의 기회를 축소시키는 부정적인 영향을 미치게 될 수도 있다. 이와 같은 고려에서 기간제법에서도 고령자와의 근로계약에 있어서 기간제 사용기간의 예외를 인정하고 있다고 할 수도 있다. 이런 점에서도 촉탁직의 갱신기대권을 인정한 판례의 태도에 동의하기 어렵다.

## 05. 소결

상기한 바와 같이 정년이 지난 후 촉탁직으로 채용된 근로자의 경우 기간제법 및 고령자고용법에 의해 이미 고용보장이 실현된 것이라 할 수 있어서 갱신기대권을 통한 고용보장의 목적이 높지 않고, 기간제법이 고령자의 사용기간을 제한하지 않고 있는 이유는 사용자에게 고용유연성 제공하여 고령자의 고용기회를 확대하기 위해서인데 촉탁직에 대하여 갱신기대권을 인정할 경우 오히려 고령자의 고용기회를 감소시키는 부정적인 영향이 초래될 수 있고, 갱신기대권의 법리는 법률에 의하여 규정된 권리가 아님에도 불구하고 판례가 그 권리의 범위를 확대하는 것은 법치주의 원리에도 타당하지 않다고 본다. 그러므로 촉탁직의 갱신기대권을 인정하는 바람직하지 않다고 판단된다.

# IV. 비교법적 검토

## 01. 독일의 사례

독일의 경우 오래 전부터 소위 '연쇄근로계약(Kettenarbeitsvertrag)'의 경우 사용자가 기간의 합의를 주장하는 것을 권리의 남용이라고 보아 무효로 보아왔다.[9] 이후 1951년 해고보호법이 제정되었다. 그러나 독일의 경우 사적자치의 원칙에 따라 계약 형성의 자유를 보장한다는 측면에서 계약기간에 대한 제한이 법률로 제정되지는 않았다. 다만, 독일 연방노동법원은 "계약기간 설정의 객관적 사유가 없거나 계약기간의 설정이 사용자가 해고를 회피할 주관적 의사가 있는 것으로 추정되는 경우 이에 대한 효력을 부인하는 것"[10]으로 판시하였다. 이후 2001년 단시간 및 기간제 근로자보호

---

[9] 권혁, 독일 기간제 근로관계법의 운용 현황과 입법정책론적 평가, 강원법학 37. 2012, p. 81.
[10] BAG GS vom 12. 10. 1960.

등에 관한 법률이 시행되었고, 이에 따라 독일의 경우 합리적 사유에 의한 경우 계약기간을 정할 수 있고, 이 경우 2년을 초과할 수 없으며, 2년을 초과한 경우 기간의 정함이 없는 근로계약으로 간주된다. 따라서 독일의 경우 단시간 및 기간제 근로자보호 등에 관한 법률이 시행되면서 엄격한 계약기간의 통제가 이루어져 갱신기대권의 문제가 발생하지는 않는다.

## 02. 프랑스의 사례

프랑스의 경우 노동법전 L.1221-2조에 의하여 기간의 정함이 없는 근로계약이 근로관계의 통상적이고 일반적인 형태이다. 다만, 이 규정은 "근로계약은 그 기간의 정함이 있는 계약과 관련하여 법에서 정한 사유와 요건에 따라 체결되는 경우에는 확정기간 또는 목적 실현의 기한을 포함할 수 있다."고 규정하여 기간의 정함이 없는 근로계약을 원칙으로 하되 예외를 두고 있다. 한편 기간제 근로계약의 갱신 가능 횟수의 상한을 정한 산업별 단체협약이 없는 경우 기간제 근로계약은 2회 갱신 가능하다(L.1243-13-1조 제1항). 위반 시에는 민사제재(L.1245-1조)와 형사제재(L.1248-10조)가 가해진다. 갱신을 포함한 계약의 최장기간은 효력확장의 산업별 단체협약이 정한 최장기간 또는 이러한 산업별 단체협약이 없는 경우에는 원칙적으로 18개월을 초과할 수 없다(L.1243-13-1wh 제2항).[11] 따라서 기간제 근로계약은 독일보다도 더 엄격하게 사유와 사용기간이 법률에 의하여 통제되고 있어서 기간제 근로자에 대한 갱신기대권의 문제는 발생하지 않는다.

## 03. 미국의 사례

미국의 경우 1967년 고용상 연령차별금지법이 제정되어 40~65세 사이의 근로자에 대한 연령을 이유로 한 차별이 금지됨으로써 사실상 정년이 65세로 설정되었다. 이후 1978년 강제정년법이 제정되어 정년이 70세로 높아졌으며, 1986년 고용상 연령차별금

---

[11] 조용만, 프랑스의 기간제 근로계약에 대한 법적 규제, 일감법학 제39호, 2017, p. 220.

지법의 적용대상을 40세 이상으로 하고 그 상한을 폐지함으로써 정년이 사실상 폐지되었다. 그러나 미국의 경우 임의고용의 원칙이 광범위하게 적용되고 있어 근로자와 사용자는 언제든지, 사유를 불문하고, 사전 통지 없이 고용계약을 해지하거나 강등될 수 있다.[12] 따라서 미국의 경우 갱신기대권의 문제는 발생하지 않는다.

## 04. 영국의 사례

영국의 경우 65세의 퇴직이 노동관습으로 형성되어 있다가 1971년 노동관계법에서 정년을 입법하였으며, 1996년 고용권리법으로 정년을 강화하다가 2006년 고용평등규칙을 개정하여 사실상 정년을 폐지하였다. 한편, 1996년 고용권리법은 기간의 정함이 있는 고용계약의 종료도 해고로 규정하고 있기 때문에 이론적으로는 기간의 만료에 따른 고용계약의 종료도 불공정해고로 다툴 수 있다.[13] 따라서 영국은 기간의 정함이 있는 근로계약에 있어서 근로계약기간 만료에 의한 근로계약의 종료는 해고로 인정하고 그 정당성만이 문제가 되므로 갱신기대권의 문제는 발생하지 않는다.

## 05. 외국사례가 주는 시사점

이상에서 살펴 본 바와 같이 외국의 경우 고용상의 연령차별 문제, 고령인구의 빈곤 문제 등의 해결을 위해 정년제를 폐지하였다. 그리고 유럽의 핵심국가의 경우 기간제의 사용에 대하여 사용기간과 갱신의 횟수에 대하여 엄격하게 법률로 통제하고 있어서 실질적인 '기간의 정함이 없는 계약'을 실현하고 있다. 기간제의 사용은 객관적으로 사용의 필요성이 인정되지 않으면 '해고의 회피수단으로 기간제 근로계약을 악용한 것'으로 취급하는 것으로 이해된다. 그러나 이와 같은 정년제의 폐지와 기간제에 대한 엄격한 통제는 다른 지역의 국가에 비해 상대적으로 높은 청년 실업을 초래하는 요인이 되기도 하였다.

---

[12] 김주섭, 정년제도 변화에 따른 기업의 대응과 정부정책의 해외사례: 미국과 영국을 중심으로, 직업과 자격연구 제3권 제1호, 2014, p. 64.
[13] 전형배, 영국의 해고 법제에 관한 연구, 박사학위논문, 2013, p. 46.

생각건대 갱신기대권과 재고용기대권은 '기간의 정함이 없는' 근로계약을 원칙으로 하면서 의무정년제를 폐지하고, 기간제 근로자의 사용에 대한 기간과 사유를 엄격하게 제한하는 경우에는 발생되지 않는 문제이지만, 우리나라와 같이 의무정년제를 채택하면서 기간제 근로자 사용의 기간과 사유가 상대적으로 엄격하지 않은 경우에는 갱신기대권이 인정될 여지가 있다. 그러나 재고용기대권 내지 촉탁직의 갱신기대권 인정은 비정규 노동시장의 확대 및 청년 실업의 증가 등 사회경제적 문제를 야기할 수 있으므로 그 인정 여부는 신중하게 결정되어야 한다고 본다.

## V. 마치며

근로계약기간은 근로자 보호측면에서는 고용보장과 근로자의 장기간 계약 구속으로부터의 보호와 관련되어 있다. 사용자 측면에서는 해고제한 의무 부담과 인력운영의 비탄력성으로 경영의 유연성 제한과 밀접한 관련이 있다. 기간제법 제4조 제2항에서 '기간의 정함이 없는' 근로계약으로 간주하도록 하고 있는 취지는 고용보장을 통한 근로자 보호의 목적이 명확히 확인된다. 그리고 고령자고용법 제19조에서 정년을 60세 이상으로 설정한 취지는 적어도 60세까지의 고용보장을 도모하고 있는 것으로 보인다. 이러한 측면에서 갱신기대권은 해고제한을 통한 근로자의 고용보장 목적이라는 점에서 설령 법률적 근거가 없다고 하더라도 인정의 당위성은 분명히 존재한다.

그러나 고용보장은 한편으로는 사용자에게는 법적 의무를 부과하는 것이다. 이런 관점에서 이미 정년까지의 고용이 보장된 근로자에게까지 갱신기대권 법리를 적용하는 것은 고용보장을 제공할 필요성에 비하여 사용자에게 추가적·반복적으로 고용보장의 의무를 부담시키는 것이 되어 가혹한 측면이 있다. 그리고 고령자 및 청년의 고용 측면에서도 오히려 부정적인 영향을 미칠 것으로 예상된다. 이러한 측면에서는 정년 퇴직자와 정년 후 기간제로 채용된 촉탁직에 대한 재고용기대권 내지 갱신기대권을 인정하는 것은 바람직해 보이지 않는다. 설령 이를 인정하고자 하는 경우에도 사회적 합의를 전제로 입법론적으로 신중하게 접근하는 것이 필요하다고 본다.

## 참고 문헌

[1] 권혁, 독일 기간제 근로관계법의 운용 현황과 입법정책론적 평가, 강원법학 37, 2012.
[2] 김주섭, 정년제도 변화에 따른 기업의 대응과 정부정책의 해외사례 : 미국과 영국을 중심으로, 직업과 자격연구 제3권 제1호, 2014.
[3] 김형배, 노동법 제26판, 박영사, 2018.
[4] 박은정, 갱신기대권에 대한 판례의 전개와 발전, 사회법연구 제43호, 2021.
[5] 전형배, 영국의 해고 법제에 관한 연구, 박사학위논문, 2013.
[6] 조용만, 프랑스의 기간제 근로계약에 대한 법적 규제, 일감법학 제39호, 2017.

# Chapter 07. 공익법인 기타공공기관의 공익법인회계기준 적용 실태 연구

허웅·박형근·신창림(이정회계법인 공인회계사)

## I. 서론 및 연구방법

최근 10여년 동안 한국의 회계환경은 제도적·내용적 측면에서 급변한 모습을 보이고 있다. 지난 외환위기나 금융위기를 잘 극복하면서 한국의 경제환경은 탄탄한 기반하에서도 급성장을 이루었는데, 이는 국제적인 회계투명성의 향상 등을 위한 국제회계기준(IFRS) 도입 등 새로운 회계제도의 정착과도 관련 된다.[1] 또한, 경제실체의 관점에서도 기업의 성장과 더불어 정부, 공공기관, 비영리법인의 역할도 강조되고 있으며, 분식회계 사건으로 인해 비영리법인 회계에 대한 관심도 증가하고 있는 실정이다.

회계제도적인 측면에서 보면, 2011년 국제회계기준이 도입되면서 기존 기업회계기준은 국제회계기준과 일반기업회계기준으로 재편되었다. 정부부문 역시 2011년부터 중앙정부에 복식부기·발생주의 국가회계제도가 도입되어 정책사업별로 원가정보를 산출하고 있다. 공공기관 중 공기업 및 준정부기관에 IFRS가 도입되었고, 비영리 분야와 관련해서는 2018년부터 공익법인회계제도가 운영되어 많은 비영리법인이 이를 적용하고 있다.

---

[1] 정석우 외 4인(2021)의 연구결과를 보면, 2010년 이후 10년 동안 국제기관에 의한 회계투명성 평가와 관련하여 WEF(세계경제포럼, 일명 다보스포럼)가 평가한 국가경쟁력은 140여개 국가 중 2010년 22위에서 2019년 13위로, 회계투명성은 2010년 95위에서 2019년 37위로 급격하게 상승한 것을 볼 수 있다.

이렇게 대다수의 경제실체에서 적용되어야 하는 회계기준이 정립되었으나, 공공기관 중 기타공공기관은 아직까지 회계기준 적용에 혼란스러워 보인다. 기타공공기관은 각 중앙관서의 관리 하에 공공정책수행 역할이 많이 강조되면서 각각의 개성이 강한 특성을 지니고 있으며, 회계기준 역시 자유롭게 적용하고 있었다. 그런데 이렇게 자유로운 선택으로 인하여 오히려 기관 간의 비교가능성이 저해되었고, 타법령에서 명백하게 특정 회계기준 적용을 규정하지 않는 한, 공익법인회계기준을 적용해야 함에도 불구하고 아직까지 이를 적용하지 않는 기관이 여전히 상당 부분 존재하고 있다. 특히, 최근 발표된 "공공기관 관리체계 개편방안(2022.8)"을 보면 향후 현재 공기업 및 준정부기관 중 1/3이 기타공공기관으로 재분류될 것인데, 재분류될 공공기관에 어떠한 회계기준이 적용되어야 하는지 혼란스럽다면 공공기관 개편 정책의 성공에도 장애가 될 것으로 예상된다.

따라서 본 연구에서는 공익법인 기타공공기관이 공익법인회계기준을 적용하는데 있어 어떠한 걸림돌이 있는지를 분석한다. 이를 위해서는 현재 한국에서 적용되는 각종 회계기준의 형식과 특성을 분석하고, 회계기준을 많은 실체가 수용하도록 하기 위하여 어떠한 조건이 필요한지를 구조화(frame)한 후 220개 전체 기타공공기관에 이를 적용함으로써 현 상황의 원인을 파악함과 동시에 해결방안까지 모색해 보기로 한다.

## Ⅱ. 권위성, 접근성, 수용성 측면에서의 다양한 회계기준별 분석

### 01. 대표적 회계기준인 기업회계기준의 성격

최근 화두가 되는 가치 중의 하나가 공정이라고 볼 수 있는데, 공정이라는 개념은 보는 관점에 따라 다양할 수밖에 없다. 이 공정의 개념을 가장 대표적으로 객관화한 것이 '법'이라고 볼 수 있지만, 사회구조가 복잡해진 현대 사회에서는 다양한 분야에서 그에 맞는 객관화된 기준이라는 것이 필요하게 된다. 이 중 재무적인 측면에서 공정을 어떻게 바라볼 것인가의 판단기준이 바로 회계기준이 되는 것이다. 회계기준이 존재함에 따라 경제실체를 동일한 잣대로 평가할 수 있는 것이 가능해지고, 문제가 있는 재무정보(이를 분식회계정보라고 한다)를 산출하는 경제실체를 밝혀낼 수 있게 된다.[2]

기업회계기준은 일반적으로 영리기업의 재무상태와 경영성과를 나타내기 위하여 필요한 일종의 잣대이다. 영리기업은 산업의 특성, 기업조직의 특성, 사업구조의 특성 등으로 인해 다양할 수밖에 없다. 이러한 영리기업들의 재무상태와 경영성과의 비교를 가능하게 한 것이 바로 기업회계기준이다. 영리기업이 산출하는 각종 재무정보가 신뢰할 수 있는 것인지를 판단하는 척도도 기업회계기준이고, 그러한 재무정보를 신뢰할 수 있는지 독립적인 제3자에 의한 감사과정에서 필요한 것도 바로 기업회계기준이다.

과거에는 회계제도가 영리기업을 중심으로 발전하였기 때문에 회계기준을 통칭하여 '기업회계기준'이라고 하기도 하였다. 이 기업회계기준을 영어로 표현하면 GAAP(Generally Accepted Accounting Principles)인데, 우리말로 표현하면 '일반적으로 인정된 회계원칙'이 된다. 즉, 사회적으로 인정된(합의된) 회계와 관련한 약속인 것이다. 규정이라고 하면 일반적으로 '법령'이라는 단어부터 떠올리지만, 기업회계기준은 법령은 아니며, 법령이 아니다 보니 과거에는 세법 등 다른 법령과의 상충문제도 발생하곤 하였다. 현재 기업회계기준은 국제적으로 통일된 국제회계기준(IFRS; International Financial Reporting Standards)으로 변화했는데, 우리나라도 상장기업과 금융기관을 중심으로 2011년부터 공식적으로 적용하고 있으며, 비상장기업의 경우에는 일반기업회계기준이라고 하여 국내에서만 통용되는 IFRS보다 약간 완화된 회계기준을 적용하고 있다.

국제회계기준이든지 일반기업회계기준이든지 모두 법령의 형식을 가지는 것은 아니다. 그럼에도 불구하고 이러한 기업회계기준을 모든 영리기업들이 따르는 이유는

---

[2] 변영선·정미향(2018)은 다양한 이해관계자가 이해가능하도록 공통의 표준언어 즉 일반적으로 인정되는 회계규칙을 마련해야 하는데 이를 회계기준(accounting standards)이라고 한다. 통일된 회계기준을 제시하면 정보의 신뢰성과 유용성을 제고시키고 재무제표의 이해가능성과 비교가능성을 높일 수 있다고 보고 있다.

권위성과 접근성의 두 가지로 정리될 수 있고, 그 결과 모든 영리기업들이 이를 따르고 있는(즉, 수용성) 실정이다. 우선, 권위성은 기업회계기준을 제정하고 감독하는 기구의 권위와 관련된다. 국제회계기준은 전세계 회계전문가가 모인 집단인 IASB(International Accounting Standards Board; 국제회계기준위원회)에서 제정하며, 한국에서는 한국회계기준원(KASB)이 이를 번역, 해석 및 관리하고 있다(따라서 한국에서 적용되는 국제회계기준은 한국채택국제회계기준(K-IFRS)이라 한다). 또한, 이 K-IFRS는 「주식회사 등의 외부감사에 관한 법률」 제5조제1항[3] 및 동법 시행령 제6조에서 한국의 상장기업 및 금융기관에 적용하도록 규정함으로써 동 기준의 권위성에 방점을 찍고 있다. 일반기업회계기준은 「주식회사 등의 외부감사에 관한 법률」 제5조제4항 및 동법 시행령 제7조제1항에서 한국회계기준원이 제정하도록 하고 있고, 동법 제5조제3항에서 이를 한국의 영리기업(단, 상장기업 및 금융기관 제외)에 적용하도록 하고 있다. 즉, 국제회계기준이나 일반기업회계기준 모두 법체계 또는 행정규칙의 형태는 아니지만 권위있는 기구가 이를 제정 및 관리하고 있으며, 이는 법령에 명시함으로써 그 권위성을 극대화하고 있다.[4]

---

[3] 「주식회사 등의 외부감사에 관한 법률」 제5조(회계처리기준) ① 금융위원회는 「금융위원회의 설치 등에 관한 법률」에 따른 증권선물위원회(이하 "증권선물위원회"라 한다)의 심의를 거쳐 회사의 회계처리기준을 다음 각 호와 같이 구분하여 정한다.
1. 국제회계기준위원회의 국제회계기준을 채택하여 정한 회계처리기준
2. 그 밖에 이 법에 따라 정한 회계처리기준
② 제1항에 따른 회계처리기준은 회사의 회계처리와 감사인의 회계감사에 통일성과 객관성이 확보될 수 있도록 하여야 한다.
③ 회사는 제1항 각 호의 어느 하나에 해당하는 회계처리기준에 따라 재무제표를 작성하여야 한다. 이 경우 제1항 제1호의 회계처리기준을 적용하여야 하는 회사의 범위와 회계처리기준의 적용방법은 대통령령으로 정한다.
④ 금융위원회는 제1항에 따른 업무를 대통령령으로 정하는 바에 따라 전문성을 갖춘 민간 법인 또는 단체에 위탁할 수 있다.
⑤~⑦ 생략

[4] 영리기업 중에서 「주식회사 등의 외부감사에 관한 법률」의 대상이 아닌(즉, 외부감사인에 의한 회계감사를 받지 않는) 소규모 영리기업의 경우 중소기업회계기준을 적용할 수 있다. 중소기업회계기준은 법무부고시 제2013-0039호로 제정된 것인 바, 행정규칙의 체계를 가지고 있는 측면에서 국제회계기준과 일반기업회계기준과 차이가 있다. 그러나 중소기업회계기준도 한국회계기준원이 금융위원회와 중소기업청(현 중소벤처기업부)와 협의하여 제정한 것으로 권위성 및 접근성(법무부고시)을 가지고 있기는 하다.

다음으로 접근성에 대해서는 기업회계기준은 투명하게 관리 및 공개되도록 하여 누구라도 쉽고 자유롭게 접근할 수 있는 것과 관련된다. 앞서 기업회계기준은 법령이라기보다는 사회적으로 합의된 약속이라고 하였는데, 사회적으로 합의된 약속이라는 것은 사회가 변동하면 충분히 변경되어야 하며, 그 변경에 대한 요구를 누구라도 제기할 수 있어야 한다. 기업회계기준의 제정 및 개정, 폐지와 관련하여 접근성이 제한적이라면 이는 사회적으로 합의된 약속이라고 보기 어렵기 때문이다.

이러한 권위성과 접근성의 특성으로 인해 한국의 모든 영리기업은 국제회계기준 또는 일반기업회계기준을 수용하고 있다. 물론 법적인 강제성이 없는 것은 아니지만, 사회적으로 정보이용자들에게 재무정보를 제공해야 한다는 경제적 환경이 정착되어 있는 상태이고, 원활한 회계감사를 통한 재무정보의 신뢰성 제고가 요구되고 있으며, 자본조달비용의 절감 및 과세당국에 대한 협조 등이 복합적으로 작용되어 수용성이 높다고 할 수 있다. 이는 사회적으로 합의된 약속으로서 기업회계기준이 그 역할을 충실히 하고 있다는 것을 의미한다고 볼 수 있다.

## 02. 비영리법인에 적용되는 회계기준 현황과 성격

한국의 경제적 환경은 영리기업 외에도 소위 비영리법인도 상당한 영향을 끼치고 있고 재무정보의 중요성도 상당히 강조되고 있다. 여기서 비영리법인은 정부, 공공기관, 비영리단체 등을 포괄한다. 우선 정부의 경우 과거에도 국가의 경제환경에 상당한 영향을 끼쳤던 것이 사실이지만, 재무적·관리적인 측면에서만 보면 단순히 현금주의 예산을 편성하고 집행하는 역할에만 치중하여 왔다. 정부의 결산은 예산편성에 대한 결과만 보여질 수 있도록 단식부기·현금주의 세입세출결산만 이루어졌던 것이다. 그러나 2000년대 중반 이후 정부가 관리하는 자원의 효율적 관리, 국민들의 정책의사결정에 유용한 재무정보 제공의 관점에서 프로그램예산제도(지방정부는 사업예산제도) 및 복식부기·발생주의 정부재무제표의 작성이 요구되었고, 이에 따라 정부의 특성이 반영된 회계기준의 제정이 필요하게 되었다. 그 결과 중앙정부는 「국가회계법」의 위임을 받아 「국가회계기준에 관한 규칙」(기획재정부령)을 제정하였고, 지방정부는 「지방회계법」의 위임을 받아 「지방자치단체 회계기준에 관한 규칙」(행정안전부령)을 제정하기에 이르렀다.[5] 현재 이를 근거로 중앙정부 및 지방정부 모두 재무제표를 작성하여 국민들에게 공시하고 있다.

(광의의)공공기관은 공공정책의 수행과 영리추구를 동시에 수행하는 특성을 가지는 기관을 말하며, 개별적으로 설치법령에 근거하여 만들어진 기관이다. (광의의)공공기관은 크게 중앙정부 소관 공공기관(「공공기관의 운영에 관한 법률」에 근거하며, 일반적으로 '공공기관'이라고 함)과 지방정부 소관 공공기관(「지방공기업법」에 근거하며, 일반적으로 '지방공기업'이라고 함)으로 구분된다(이하 '공공기관'은 중앙공공기관을 의미하며, 지방공공기관은 '지방공기업'이라고 한다).

(중앙)공공기관은 다시 공기업, 준정부기관, 기타공공기관으로 구분되며, 이는 공공기관의 규모 및 인원, 자립성 등을 기반으로 한다(「공공기관의 운영에 관한 법률」 제5조), 보통 공기업일수록 영리적인 성격이 강하고 기타공공기관일수록 공공정책의 수행이 강한 특성을 가지고 있으며, 준정부기관은 영리성과 공공성을 고루 지니고 있다고 볼 수 있다. 공공기관이라고 하더라도 실제 업무 성격의 스펙트럼이 너무 넓기 때문에 과거에는 통일된 회계기준을 적용하기 어려웠고, 보통 공공기관의 설치법령 및 (구)기업회계기준을 준용하여 재무제표를 작성하는 경우가 많았다. 이러한 문제를 해소하기 위하여 2008년부터 공기업 및 준정부기관에 대해서는 기획재정부령인 「공기업·준정부기관회계사무규칙」을 일률적으로 적용하도록 하였고, 2011년부터는 동 규칙에서 규정하고 있지 않은 사항은 K-IFRS를 적용하도록 하여 국제적인 정합성도 확보할 수 있도록 하였다.

이에 비해 기타공공기관은 각 중앙관서에서 자율적으로 관리하도록 하였는데, 아무래도 공공정책수행 성격이 강하다 보니 정책의 특성에 따라 개개 기타공공기관의 성격이 너무 다양할 수밖에 없었다. 심지어는 같은 중앙관서 내에서도 소관 부서에 따라 적용해야 하는 회계기준을 각각 제정하는 상황이 발생하기도 하였고, 적용해야 하는 회계기준 간의 상충문제도 발생하였으며, 아예 회계기준 적용의 선택을 기타공공기관 자체에 맡겨 버리는 중앙관서 통제의 사각지대도 빈번하게 발생하였다. 그나마 기타

---

(5) 정부는 모든 행위를 법령에 근거하여 수행하여야 하므로 기업회계기준과 같이 일종의 사회적으로 합의된 약속의 형식으로 회계기준을 운영할 수 없다. 따라서 법령의 형식에 따라 국가회계기준 및 지방자치단체회계기준을 마련한 것이다.

공공기관 중 의료기관이나 사학기관의 경우 각각의 시행규칙인 「의료기관 회계기준 규칙」(보건복지부령) 또는 「사학기관 재무·회계 규칙」(교육부령)을 적용하고 있기는 하다. 이에 비해 「과학기술분야 정부출연연구기관 등의 회계기준(이하 '과학기술출연연구기관회계기준'이라 함)」(국가과학기술연구회 제정), 「경제인문사회분야 정부출연연구기관 등의 회계기준(이하 '경제인문사회연구기관회계기준'이라 함)」(경제·인문사회연구회 제정), 「국가연구개발사업 간접비 산출을 위한 회계기준(이하 '간접비회계기준'이라 함)」(과학기술정보통신부 제정), 「특정연구기관 등의 회계기준(이하 '특정연구기관회계기준'이라 함)」(구 과학기술부 제정) 등은 법체계(법, 대통령령, 부령) 또는 행정규칙(고시, 공고, 지침, 훈령, 예규)의 형식을 가지지 못한 채, 실무적으로 적용되고 있는 실정이다. 다만, 이들 회계기준 중에서 국가과학기술연구회(과학기술정보통신부 산하) 소속 모든 기타공공기관이 자체적으로 「과학기술출연연구기관회계기준」을 적용하고 있고, 경제·인문사회연구회(국무조정실 산하) 소속 기타공공기관이 「경제인문사회연구기관회계기준」을 적용하고 있어 수용성은 높은 상황이다. 한편, 이들을 제외한 기타공공기관의 경우에는 회계기준에 대한 규정이 명확하지 않다 보니 일반기업회계기준(K-GAAP)을 적용하고 있는 기관도 있고, 심지어는 K-IFRS를 적용하고 있는 기관도 있으며, 기타공공기관이 자체적으로 제정한 회계규정을 적용하는 기관도 적지 않은 현실이다.

법체계를 가지는 「의료기관 회계기준 규칙」이나 「사학기관 재무·회계 규칙」을 제외한 나머지 회계기준(과학기술출연연구기관회계기준, 경제인문사회연구기관회계기준, 간접비회계기준, 특정연구기관회계기준을 의미)은 일반인들이 접근할 수 없는 폐쇄적인 성격을 가지고 있거나(현재 해당 중앙관서 및 관련 기관의 홈페이지 등 어디에도 공시되어 있지 않음), 권위가 있는 기관이 제정하지 않은 회계규정(기타공공기관 자체 회계규정을 의미)인 경우가 대다수이다. 또한, 법적인 근거 없이 K-GAAP 또는 K-IFRS를 적용하고 있는 경우도 있다. 법령의 준수가 중요한 공공기관임에도 불구하고 현실적으로 기타공공기관의 특수성이라는 이유로 인하여 회계기준으로서 부적격한 회계기준 또는 회계규정이 실무적으로 다수 기타공공기관에서 사용되고 있다는 점에 주목할 필요가 있다.

지방공기업의 경우 지방공사는 「지방공기업법」 제64조의2, 지방직영기업은 「지방공기업법 시행령」제6조에서 기업회계기준 또는 기업회계의 원칙을 적용하도록 하고 있고, 「지방공기업법 시행령」제46조에서는 구체적인 회계운영에 관하여 필요한 사항은 당해 지방자치단체의 규칙으로 정한다고 규정하고 있다. 이에 따라 각 지방자치단체는 자치법규로서 「지방공기업회계규칙」을 규정하고 있어 권위성 및 접근성을 충분히 가지고 있다고 볼 수 있다. 또한, 행정안전부에서 매 사업연도 지방공기업 결산기준을 공시함에 따라 모든 지방공기업이 이를 수용하고 있는 실정이다.

민간 비영리법인의 경우 과거에는 특별히 규정된 회계기준이 존재하지 아니하여 자체회계규정 또는 일반기업회계기준 등을 혼재하여 사용하고 있었다. 이에 2017년 한국회계기준원이 비영리조직의 회계투명성 제고가 필요하다는 사회적 인식에 대응하여 「비영리조직회계기준」을 제정하여 공표하였으나, 법률에 따라 강제적으로 적용해야 하는 회계기준이 아니었으므로 실제 적용한 비영리법인은 많지 않았다. 이러한 상황에서 2018년 기획재정부가 고시의 형식으로 「공익법인회계기준」을 제정하였고, 공익법인인 경우 타법령에 따른 회계기준이 아닌 이상 반드시 적용하도록 하였다(「공익법인회계기준」제6조). 이로 인해 공익법인인 민간 비영리법인은 「공익법인회계기준」으로 통일되기에 이르렀다고 볼 수 있다.

지금까지 살펴본 영리기업 및 비영리법인에 적용되고 있는 각종 회계기준의 성격을 권위성, 접근성, 수용성 차원에서 정리하면 다음과 같다.

**〈표 1〉** 각종 회계기준의 성격-권위성, 접근성, 수용성 관점

| 경제실체 | 회계기준명 | 법령체계 | 제정기관 | 권위성 | 접근성 | 수용성 |
|---|---|---|---|---|---|---|
| 영리-상장,금융 | K-IFRS | - | IASB, 회계기준원 | ○ | ○ | ○ |
| 영리-비상장 | 일반기업회계기준 | - | 회계기준원 | ○ | ○ | ○ |
| 영리-소규모기업 | 중소기업회계기준 | 고시 | 회계기준원, 법무부 | ○ | ○ | △ |
| 비영리-중앙정부 | 국가회계기준 | 부령 | 기획재정부 | ○ | ○ | ○ |
| 비영리-지방정부 | 지방자치단체회계기준 | 부령 | 행정안전부 | ○ | ○ | ○ |
| 비영리-공기업 | 공기업·준정부기관 회계사무규칙 | 부령 | 기획재정부 | ○ | ○ | ○ |
| 비영리-준정부기관 | | | | | | |
| 비영리-기타공공 | 의료기관회계기준규칙 | 부령 | 보건복지부 | ○ | ○ | ○ |

| 경제실체 | 회계기준명 | 법령체계 | 제정기관 | 권위성 | 접근성 | 수용성 |
|---|---|---|---|---|---|---|
| 비영리-기타공공 | 사학기관재무회계규칙 | 부령 | 교육부 | ○ | ○ | ○ |
| 비영리-기타공공 | 과학기술출연연구기관회계기준 | – | 국가과학기술연구회 | △ | × | ○ |
| 비영리-기타공공 | 경제인문사회연구기관회계기준 | – | 경제인문사회연구회 | △ | × | ○ |
| 비영리-기타공공 | 간접비회계기준 | – | 과학기술정보통신부 | △ | × | △ |
| 비영리-기타공공 | 특정연구기관회계기준 | – | 구 과학기술부 | △ | × | △ |
| 비영리-기타공공 | 기관의 자체회계규정 | – | 개별 기타공공기관 | × | × | × |
| 비영리-지방공기업 | 지방공기업회계규칙 | 자치법규 | 각 자치단체 | ○ | ○ | ○ |
| 비영리-민간 | 비영리조직회계기준 | – | 회계기준원 | ○ | ○ | △ |
| 비영리-공익법인 | 공익법인회계기준 | 고시 | 기획재정부 | ○ | ○ | ○ |

(주1) 과학기술출연연구기관회계기준과 경제인문사회연구기관회계기준의 권위성이 △인 이유는 이를 제정한 국가과학기술연구회 등이 전문적으로 회계기준을 제정하는 기관도 아니고 정부도 아니기 때문이다.
(주2) 간접비회계기준과 특정연구기관회계기준의 권위성이 △인 이유는 비록 과학기술정보통신부(구 과학기술부)가 제정하기는 하였으나, 법령의 형식을 가지지 못한 자체적으로 만든 기준이기 때문이다.
(주3) 과학기술출연연구기관회계기준 등은 해당 연구회 소속의 다수 기타공공기관이 이를 회계기준으로 사용하므로 수용성이 있다고 볼 수 있으나, 간접비회계기준과 특정연구기관회계기준은 적용하고 있는 기타공공기관이 소수에 불과하여 수용성이 낮다고 볼 수 있다.

## III. 공익법인회계기준의 의의와 특성

### 01. 공익법인회계기준 제정의 의미

과거 공익법인의 회계담당자는 일반기업회계기준, 개별 설립근거법에서 규정하고 있던 각종 회계규칙, 법인세법에서 요구하는 구분경리와 고유목적사업준비금 회계처리, 보조사업자가 요구하는 회계처리방법 등 각각의 이해관계자들이 요구하는 복잡하고 다양한 회계처리기준을 가지고 재무제표를 작성해 오고 있었다. 따라서 공익법인의 재무제표는 누구나 이해할 수 있는 표준화된 방법으로 작성되기도 어려웠고 공인법인간 비교가능성도 저하되는 문제가 발생하게 되었다. 또한,「상속세 및 증여세법」에서는 공익법인에 대한 투명성을 제고하기 위하여 결산서류의 공시, 외부회계감사 등을 받도록 의무를 부과하고 있다. 그러나 공익법인이 이러한 의무를 이행하고 있지만 표준이 되는 회계기준이 없어 공익법인마다 제각각의 방법으로 재무제표를 작성하더라도 이를 제재할 방법이 없었다. 따라서 공익법인의 재무정보의 신뢰성과 통일성, 비교가능성은 현저히 떨어질 수 밖에 없었다.[6]

이러한 이유로 2016년「상속세 및 증여세법」제50조의4가 신설되었고, 2017년 동법 시행령 제43조의6을 신설하여 기획재정부장관이 공익법인회계기준 심의위원회를 거쳐 공익법인 등에 적용되는 회계기준과 그 밖에 회계제도의 운영과 절차 등을 정할 수 있도록 하였다. 이에 근거하여 기획재정부고시(제2017-035호)의 형식으로「공익법인회계기준」이 제정되었다. 이「공익법인회계기준」은 동법 제50조의4제1항, 동법 시행령 제43조의6제2항 및 동법 시행규칙 제14조의5에 따라「의료법」에 따른 의료법인, 「사립학교법」에 따른 학교법인, 그리고 서울대학교와 인천대학교를 제외한 모든 공익법인에 적용해야 하고,[7][8] 이에 따른 회계감사의무(동법 제50조제3항), 결산서류

---

[6] 변영선·정미향. 2018. 알기쉬운 공익법인 회계기준 매뉴얼. 한국공인회계사회·KB국민은행·삼일회계법인

[7]「상속세 및 증여세법」제50조의4, 동법 시행령 제43조의6, 동법 시행규칙 제14조의5에서 규정하고 있는 공익법인회계기준 적용예외 공익법인과「공익법인회계기준」제6조의 동 기준 적용예외 범위가 다소 상이하다.「상속세 및 증여세법」등에서는 의료법인, 학교법인, 서울대학교, 인천대학교를 제외한 공익법인은「공익법인회계기준」을 적용해야 한다고 하고 있으나,「공익법인회계기준」제6조에서는 공익법인의 회계처리 및 재무제표 작성에 관하여 다른 법령에서 특별한 규정이 있는 경우 외에는 이 기준에 따른다고 규정하고 있다. 즉,「공익법인회계기준」제6조의 적용예외 범위가 더 넓다고 할 수 있다. 이러한 상충문제가 발생할 수 있는 실체는「공기업·준정부기관회계사무규칙」의 적용을 받는 공익법인 공기업과 준정부기관,「국가회계기준에 관한 규칙」의 적용을 받는 기타공공기관,「사회복지법인 및 사회복지시설 재무·회계 규칙」의 적용을 받는 공익법인인 사회복지법인 등이 해당된다고 할 수 있다. 이러한 상충문제는 해결되어야 한다고 보이는데, 동법 시행규칙 제14조의5에서 단순히 서울대학교와 인천대학교만 규정할 것이 아니라 '기획재정부장관이 정하는 공익법인'을 추가할 필요가 있을 것이다. 이러한 상충문제와는 별개로 본 연구에서는 일단「공익법인회계기준」제6조의 적용예외 범위를 기준으로 분석을 진행하기로 한다.

[8] 공익법인은 여러 법령에서 규정하고 있다.「법인세법」의 비영리법인,「상속세 및 증여세법」상의 공익법인,「공익법인의 설립·운영에 관한 법률」상의 공익법인 등이 그것이다. 그런데「공익법인회계기준」이「상속세 및 증여세법」에 근거하여 제정된 것이기 때문에「공익법인회계기준」적용과 관련한 공익법인은「상속세 및 증여세법」상의 공익법인의 범위를 따라야 할 것으로 보인다.

등의 공시의무(동법 제50조의3)가 이행되어야 한다.

〈상속세 및 증여세법〉

제50조의4(공익법인등에 적용되는 회계기준) ① 공익법인등(사업의 특성을 고려하여 대통령령으로 정하는 공익법인등은 제외한다)은 제50조 제3항에 따른 회계감사의무 및 제50조의3에 따른 결산서류등의 공시의무를 이행할 때에는 대통령령으로 정하는 회계기준을 따라야 한다.
② 제1항에 따른 회계기준의 제정·개정 등 회계제도의 운영과 절차 등에 관하여 필요한 사항은 대통령령으로 정한다.

〈상속세 및 증여세법 시행령〉

제43조의6(공익법인등에 적용되는 회계기준) ① 기획재정부장관은 법 제50조의4에 따라 제43조의7에 따른 공익법인회계기준 심의위원회의 심의를 거쳐 법 제50조의4에 따른 공익법인등에 적용되는 회계기준과 그 밖에 회계제도의 운영과 절차 등에 관하여 필요한 사항을 정한다.
② 법 제50조의4 제1항에서 "대통령령으로 정하는 공익법인등"이란 「의료법」에 따른 의료법인 또는 「사립학교법」에 따른 학교법인, 그 밖에 이와 유사한 공익법인등으로서 기획재정부령으로 정하는 공익법인등을 말한다.

제43조의7(공익법인회계기준 심의위원회) ① 제43조의6 제1항에 따른 사항을 심의하기 위하여 기획재정부장관 소속으로 공익법인회계기준 심의위원회(이하 이 조에서 "위원회"라 한다)를 둔다.
②~⑥ 생략

〈상속세 및 증여세법 시행규칙〉

제14조의5(회계기준이 적용되는 공익법인등) 영 제43조의6 제2항에서 "기획재정부령으로 정하는 공익법인등"이란 다음 각 호의 공익법인등을 말한다.
 1. 「국립대학법인 서울대학교 설립·운영에 관한 법률」에 따른 국립대학법인 서울대학교
 2. 「국립대학법인 인천대학교 설립·운영에 관한 법률」에 따른 국립대학법인 인천대학교

## 02. 공익법인회계기준의 주요 내용과 특징

공익법인회계기준은 ① 일반 목적의 재무보고, ② 통합재무제표의 작성, ③ 복식부기와 발생주의 회계원칙의 적용, ④ 재무제표 종류의 규정, ⑤ 공익법인의 특수성 반영이라는 기본원리를 바탕으로 제정되었다.[9]

일반 목적의 재무보고라 함은 「상속세 및 증여세법」상 공익법인에 적용되는 일반적인 회계기준의 성격을 가지는 것을 의미한다(「공익법인회계기준」 제1조 및 제2조). 통합재무제표의 작성은 공익법인을 하나의 작성단위로 보아 통합하여 작성하는 것을 원칙으로 하되, 공익목적사업부문(정관상 목적사업)과 기타사업부문으로 구분하여 표시하는 것을 의미한다. 본점 외 여러 조직(지점, 지사, 센터, 시설, 복지관, 지부 등)이 있더라도 동일한 법인등록번호를 기준으로 하나로 통합하여 재무제표를 작성해야 한다(「공익법인회계기준」 제3조). 통합재무제표를 작성하여야 공익법인 전체의 재무상태 및 운영성과의 파악이 용이하여 보다 목적접합한 재무정보의 제공이 가능하기 때문이다. 한편, 통합재무제표 작성이 원칙이므로 사업부문간에 발생한 내부거래는 모두 제거가 되어야 한다.

복식부기와 발생주의 회계원칙의 적용은 단식부기·현금주의 방식에 근거한 세입세출결산이 아닌 저량정보(stocks)와 유량정보(flows)를 제공할 수 있는 재무제표를 작성하며, 경제적 실질이 변동되는 사건이 발생하는 경우 회계처리를 해야 한다는 것을 의미한다(「공익법인회계기준」 제4조). 재무제표 종류의 규정은 재무상태표(저량정보 표시)와 운영성과표(유량정보 표시), 그리고 주석을 작성해야 하는 것을 의미한다. 현금흐름표는 작성하지 않도록 하였는데, 이는 공익법인의 부담을 완화하고 수지계산서 및 자금계산서 등을 통해 현금흐름의 내역을 파악할 수 있기 때문이다. 자본변동표는 순자산의 변동을 주석으로 공시하는 것으로 갈음한다.

공익법인의 특수성 반영은 고유목적사업준비금의 설정(부채인식 가능), 순자산의 구분, 기부금 등 수익인식 조건 및 분류, 사업비용 등 비용의 인식 및 분류, 일부 유형자산 감가상각 제외 등 자산과 부채의 평가, 주석에 관한 사항 등 세부적인 회계처리

---

[9] 공익법인회계기준 실무지침서 설명회 자료(2019). 한국조세재정연구원.

및 표시방법상 공익법인만의 특성이 반영되어 공익법인회계기준이 마련되었다는 것을 의미한다. 공익법인회계기준의 주요 내용을 일반기업회계기준과 비교하여 정리하면 다음과 같다.<10>

〈표 2〉 공익법인회계기준의 특수성과 일반기업회계기준과의 비교

| 구분 | 공익법인회계기준 | 일반기업회계기준(K-GAAP) |
|---|---|---|
| 재무제표 구성요소 | - 재무상태표, 운영성과표, 주석 | - 재무상태표, 손익계산서, 자본변동표, 현금흐름표, 주석 |
| 재무제표 구분회계 | - 공익법인을 하나의 작성단위로 보아 통합하여 작성하되, 공익목적사업 부문과 기타사업 부문으로 각각 구분하여 표시 | - |
| 사업비용 (영업비용) 표시방법 | - 사업비용은 공익목적사업비용과 기타사업비용으로 구분표시<br>- 공익목적사업비용은 사업수행비용, 일반관리비용, 모금비용으로 구분표시 | - 영업비용을 매출원가와 판매비와관리비로 구분표시 |
| 자본의 분류 | - 기본순자산<br>- 보통순자산: 적립금, 잉여금<br>- 순자산조정 | - 자본금<br>- 자본잉여금<br>- 자본조정<br>- 기타포괄손익누계액<br>- 이익잉여금(결손금) |
| 고유목적사업 준비금 | - 「법인세법」 제29조에 따라 고유목적사업이나 지정기부금에 사용하기 위해 미리 비용으로 계상하면서 동일한 금액을 부채로 계상 가능<br>- 유동부채와 비유동부채로 구분하지 않고 별도의 부채로 표시 | - 고유목적사업준비금은 개념체계상 부채 정의를 충족하지 못하므로 부채 인식 불가 |
| 기부금수익 | - 현금이나 현물을 기부받을 때에는 실제 기부를 받는 시점에 수익으로 인식<br>- 기부금 등이 기본순자산에 해당하는 경우 사업수익으로 인식하지 않고 기본순자산의 증가로 인식 | - |

---

<10> 공익법인회계기준 실무지침서(2019) 부록2 참고. 기획재정부·한국조세재정연구원

| 구분 | 공익법인회계기준 | 일반기업회계기준(K-GAAP) |
|---|---|---|
| 법인세비용 | - 일반기업회계기준 법인세회계에 따라 이연법인세를 인식하는 방법을 적용할 수 있으며, 중소기업 회계처리 특례에 따라 「법인세법」 등에 의하여 납부하여야 할 금액을 법인세비용으로 계상할 수도 있음 | - 「법인세법」 등 법령에 의하여 각 회계연도에 부담할 법인세에 이연법인세 변동액을 가감하여 산출<br>- 단, 중소기업인 경우에는 중소기업 회계처리 특례에 따라 「법인세법」 등에 의하여 납부하여야 할 금액을 법인세비용으로 계상할 수 있음 |
| 유형자산 감가상각제외 | - 전시·교육·연구 등의 목적으로 보유중인 예술작품 및 유물과 같은 역사적 가치가 있는 유형자산은 일반적으로 시간이 경과하더라도 가치가 감소하지 않으므로 감가상각을 적용하지 않음 | - |
| 유형자산 재평가 | - 최초 인식 후에 공정가치를 신뢰성 있게 측정할 수 있는 유형자산은 재평가를 할 수 있음<br>- 유형자산의 장부금액이 재평가로 인해 증가된 경우에 그 증가액은 순자산조정으로 인식함. 그러나 동일한 유형자산에 대하여 이전에 운영성과표에 사업외비용으로 인식한 재평가감소액이 있다면 그 금액을 한도로 운영성과표에 사업외수익으로 인식<br>- 유형자산의 장부금액이 재평가로 인해 감소된 경우에 그 감소액은 운영성과표에 사업외비용으로 인식함. 그러나 그 유형자산의 재평가로 인해 인식한 순자산조정의 잔액이 있다면 그 금액을 한도로 순자산조정에서 차감 | - 인식시점 이후에는 원가모형과 재평가모형 중 하나를 회계정책으로 선택하여 적용<br>- 유형자산의 장부금액이 재평가로 인해 증가된 경우에 그 증가액은 기타포괄손익으로 인식함. 그러나 동일한 유형자산에 대하여 이전에 당기손익으로 인식한 재평가감소액이 있다면 그 금액을 한도로 당기손익으로 인식<br>- 유형자산의 장부금액이 재평가로 인해 감소된 경우에 그 감소액은 당기손익으로 인식함. 그러나 그 유형자산의 재평가로 인해 인식한 기타포괄손익의 잔액이 있다면 그 금액을 한도로 기타포괄손익에서 차감 |
| 투자유가증권 평가 | - 만기보유증권은 상각후원가로 평가<br>- 단기매매증권은 공정가치로 평가하여 당기손익으로 인식<br>- 매도가능증권은 공정가치로 평가하여 순자산조정으로 인식 | - 만기보유증권은 상각후원가로 평가<br>- 단기매매증권은 공정가치로 평가하여 당기손익으로 인식<br>- 매도가능증권은 공정가치로 평가하여 기타포괄손익으로 인식 |

## IV. 공익법인 기타공공기관의 공익법인회계기준 적용 실태 분석

2021년말 현재 우리나라 중앙정부가 관리하고 있는 공공기관(부설기관 제외)은 총 350개이며, 이중 공기업·준정부기관은 130개이고 기타공공기관은 220개이다. 공공기관 중에서 공익법인은 198개로서 약 57%를 차지하고 있고, 공익법인이 아닌 공공기관은 152개로서 약 43%를 차지하고 있다. 전체 공공기관을 기준으로 하면 공익법인 여부가 거의 반반을 차지하고 있다고 볼 수 있으나, 이를 공기업·준정부기관과 기타공공기관으로 구분하여 다시 분석하면 차이가 명확해진다. 공기업·준정부기관의 경우 공익법인은 51개로서 약 39%이고 공익법인이 아닌 기관은 79개로서 약 61%를 차지하고 있다. 이에 비해 기타공공기관의 경우 공익법인은 기타공공기관의 약 2/3인 147개(67%)이고, 공익법인이 아닌 기타공공기관은 73개(33%)에 불과한 것을 볼 수 있다. 공공기관 중 규모가 작은 공공기관일수록 공익법인일 가능성이 높다는 것을 알 수 있다.

※ 공기업·준정부기관은 다시 공기업 36개와 준정부기관 94개로 구성되는데, 공기업 중에서 공익법인인 기관은 한 개도 없으며, 공기업·준정부기관 중 공익법인 51개는 모두 준정부기관임(즉, 준정부기관의 54%). 또한, 2022년 8월 18일에 공표한 "공공기관 관리체계 개편방안"에서는 규모가 상대적으로 작은(정원 300명 미만, 수입액 200억원 미만, 자산 30억원 미만) 공기업·준정부기관 중 42개를 기타공공기관으로 재분류하겠다고 했는데, 42개 중 공익법인에 해당하는 기관이 28개로서 재분류 대상의 2/3(약 67%)를 차지하고 있음

<표 3> 공공기관별 공익법인 현황

| 구분 | 공기업,준정부기관 | | | 기타공공기관 | | | 공공기관 | | |
|---|---|---|---|---|---|---|---|---|---|
| | 공익법인 | 공익법인 아님 | 계 | 공익법인 | 공익법인 아님 | 계 | 공익법인 | 공익법인 아님 | 계 |
| 개수 | 51개 | 79개 | 130개 | 147개 | 73개 | 220개 | 198개 | 152개 | 350개 |
| 비율 | 39% | 61% | 100% | 67% | 33% | 100% | 57% | 43% | 100% |

다만, 공기업·준정부기관의 경우 공익법인회계기준 적용과 관련하여 크게 문제가 되지 않은데, 이는 「공익법인회계기준」 제6조에서 다른 법령에 따른 회계기준을 적용하고 있는 경우 공익법인회계기준을 적용하지 않는다고 규정하고 있고, 모든 공기업·준정부기관은 「공공기관의 운영에 관한 법률」 제39조에 근거하여 「공기업·준정부기관 회계사무규칙」(기획재정부령)을 따르도록 규정하고 있기 때문이다. 즉, 공익법인인 공기업·준정부기관은 공익법인회계기준 적용 여부 이슈와 관계가 없다고 볼 수 있다. 다만, 향후 "공공기관 관리체계 개편방안"에 따라 공기업·준정부기관에서 기타공공기관으로 변경될 경우 공익법인회계기준 적용 문제가 발생할 수 있는데, 이는 뒤에서 다시 논의하도록 한다.

문제는 「공기업·준정부기관회계사무규칙」과 같은 회계기준 강제규정이 적용되지 않은 기타공공기관의 경우 현실적으로 다양한 회계기준이 적용되고 있다는 점이다. 기타공공기관에 적용되고 있는 회계기준의 종류와 성격은 다음과 같다.

〈표 4〉 기타공공기관에 적용되고 있는 회계기준 현황 및 특성

| No | 회계기준명칭 | 법령 | 상위법령 | 비고 및 주의사항 |
|---|---|---|---|---|
| 1. | 한국채택국제회계기준(K-IFRS) | 해당사항 없음 | 해당사항 없음 | 민간부문 상장기업 및 금융기관에 적용되고 있음. 공기업·준정부기관도 회계사무규칙에서 규정하고 있는 사항을 제외하고는 K-IFRS 적용 |
| 2. | 일반기업회계기준(K-GAAP) | 해당사항 없음 | 해당사항 없음 | 민간부문 비상장기업에 일반적으로 적용되는 회계기준임 |
| 3. | 국가회계기준에 관한 규칙 | 시행규칙 | 국가회계법 제11조 | 국가재정법상 기금과 기타공공기관 범위가 동일시 되는 경우 국가회계기준 우선 적용 |
| 4. | 의료기관 회계기준 규칙 | 시행규칙 | 의료법 제62조 | 의료법상 의료기관에 적용 |
| 5. | 사학기관 재무·회계 규칙 | 시행규칙 | 사립학교법 제33조 | 사립학교법상 사학기관 적용(교육부 산하). 과학기술정보통신부 산하 한국과학기술원(KAIST) 등은 적용하지 않음 |
| 6. | 공익법인회계기준 | 기획재정부 고시 | 상속세및증여세법 제50조의4 | 공익법인 적용 일반적인 회계기준. 단, 타 법령에서 규정하고 있는 회계기준 적용시 공익법인이라도 적용하지 않아도 됨 |

| No | 회계기준명칭 | 법령 | 상위법령 | 비고 및 주의사항 |
|---|---|---|---|---|
| 7. | 과학기술분야 정부출연연구기관 등의 회계기준 ※ 미공개 | 해당사항 없음 | 과학기술분야 정부출연연구기관 등의 설립·운영 및 육성에 관한 법률 제14조 | 국가과학기술연구회 소속 기타공공기관의 경우 적용. 단, 법령(법체계, 행정규칙)의 형태는 아니며, 공식적으로 공개되지 않음 |
| 8. | 경제인문사회분야 정부출연연구기관 등의 회계기준 ※ 미공개 | 해당사항 없음 | 정부출연연구기관 등의 설립·운영 및 육성에 관한 법률 제14조 | 경제·인문사회연구회 소속 기타공공기관의 경우 적용. 단, 법령(법체계, 행정규칙)의 형태는 아니며, 공식적으로 공개되지 않음 |
| 9. | 국가연구개발사업 간접비 산출을 위한 회계기준 ※ 미공개 | 해당사항 없음 | 국가연구개발사업 기관별 간접비 계상기준 제5조 | 과학기술정보통신부에서 관련 공공기관에게 법령(법체계, 행정규칙)의 형식이 아닌 형식으로 적용을 요청한 것임. 국가연구개발사업 간접비 산출을 목적으로 함(동 기준 제1조). 공식적으로 공개되지 않음 |
| 10. | 특정연구기관 등의 회계기준 ※ 미공개 | 해당사항 없음 | 특정연구기관육성법 제6조 (주1) | 과학기술정보통신부에서 관련 공공기관에게 법령(법체계, 행정규칙)의 형식이 아닌 형식으로 적용을 요청한 것임. 공식적으로 공개되지 않음 |
| 11. | 자체회계규정 | 해당사항 없음 | 해당사항 없음 | 기관의 정관 등에서 위임받아 자체적인 특성이 반영된 기관 고유의 회계규정으로서 기관마다 다름 |

(주1) 특정연구기관육성법 제6조는 세입세출결산(단식부기·현금주의)에 대한 규정이므로 이를 재무제표에 대한 회계기준 위임 근거로 간주하는 것은 무리가 있어 보임

    기타공공기관의 경우 상기와 같이 다양한 회계기준을 적용하고 있는데, 적용 회계기준이 법령에 규정되어 있는 것도 있고 규정되어 있지 않은 것도 많이 있다. 기타공공기관에 적용되는 회계기준이 이렇게 다양한 이유는 기타공공기관의 업종 및 성격이 다양하기 때문이다. 기타공공기관에는 의료기관도 많고, 학교도 많고, 각종 연구기관도 많이 있으며, 기존에 공기업·준정부기관이었다가 규모 등이 변경되어 기타공공기관이 된 경우도 있다. 또한, 기획재정부에서 통제하는 공기업·준정부기관과 달리 공공정책수행 목적이 강해 각 중앙관서에서 개별적으로 설립·운영·통제되다 보니 기타공공기관 관련 제도가 자유롭게 발전하였기 때문인 것도 주요한 이유라고 볼 수 있다.

    그런데 많은 기타공공기관이 공익법인(약 67%)에 해당되고, 2018년부터 특별한 이유가 없는 경우 공익법인회계기준을 적용하여야 하는 법령이 정비된 이후 자유롭게

적용하여 왔던 회계기준 환경에 상당한 영향을 끼치지 아니할 수밖에 없게 되었다. 2021년 말 현재 공익법인인 기타공공기관이 적용하고 있는 회계기준의 현황은 다음과 같다.

〈표 5〉 기타공공기관의 공익법인 현황 및 적용 회계기준 현황

| 구분 | 공익법인 | | | | | 공익법인 아님 | 기타공공 기관 계 |
|---|---|---|---|---|---|---|---|
| | 공익법인 회계기준 적용 | 타법령 회계기준 인정 | 타법령 회계기준 간주 인정 | 공익법인 회계기준 미적용 | 소계 | | |
| 개수 | 34개 | 23개 | 44개 | 46개 | 147개 | 73개 | 220개 |
| 비율1 | 15.4% | 10.5% | 20.0% | 20.9% | 66.8% | 33.2% | 100% |
| 비율2 | 23.1% | 15.7% | 29.9% | 31.3% | 100% | | |

전체 기타공공기관(부설기관 제외) 220개 중에서 공익법인에 해당되는 기타공공기관은 147개로서 약 67%를 차지하고 있으며, 공익법인에 해당되지 않는 기타공공기관은 73개로서 약 33%를 차지하고 있다.

공익법인 기타공공기관 147개 중에서 2021년말 현재 공익법인회계기준을 적용하고 있는 기타공공기관은 34개로서 약 23%를 차지하고 있다. 「국가회계기준」, 「의료기관회계기준규칙」, 「사학기관재무·회계규칙」 등 타법령 회계기준을 우선 적용하고 있어 「공익법인회계기준」 제6조에서 규정하고 적용예외 대상인 기타공공기관은 23개로서 약 16%를 차지하고 있다. 한편, 타법령이라고는 볼 수 없으나, 해당 회계기준을 적용하는 기타공공기관의 수가 많은(즉, 수용성이 높은) 「경제인문사회연구기관회계기준」 및 「과학기술출연연구기관회계기준」을 적용하고 있는 기타공공기관의 경우 별도로 기획재정부에서 타법령 회계기준으로 인정하고 있으며, 이들 기타공공기관은 44개로서 약 30%를 차지하고 있다. 이들은 제외한 공익법인 기타공공기관이나 공익법인회계기준을 적용하지 않는 기타공공기관은 46개로서 약 1/3을 차지하고 있다.

우선 공익법인회계기준을 적용하고 있는 기타공공기관의 현황은 다음과 같다. 다양한 기타공공기관이 현재 공익법인회계기준을 적용하고 있으나, 생각보다는 그 수가 많지 않은 것(공익법인 기타공공기관 중 23%)을 볼 수 있다.

〈표 6〉 공익법인회계기준을 적용하고 있는 기타공공기관

| 기관명 | 기관유형 | 공익법인 | 주무부처 | 현행적용회계기준 |
|---|---|---|---|---|
| (재)일제강제동원피해자지원재단 | 기타공공기관 | 공익법인 | 행정안전부 | 공익법인회계기준 |
| 국립광주과학관 | 기타공공기관 | 공익법인 | 과학기술정보통신부 | 공익법인회계기준 |
| 국립대구과학관 | 기타공공기관 | 공익법인 | 과학기술정보통신부 | 공익법인회계기준 |
| 국립박물관문화재단 | 기타공공기관 | 공익법인 | 문화체육관광부 | 공익법인회계기준 |
| 국립부산과학관 | 기타공공기관 | 공익법인 | 과학기술정보통신부 | 공익법인회계기준 |
| 국립해양생물자원관 | 기타공공기관 | 공익법인 | 해양수산부 | 공익법인회계기준 |
| 노사발전재단 | 기타공공기관 | 공익법인 | 고용노동부 | 공익법인회계기준 |
| 대한법률구조공단 | 기타공공기관 | 공익법인 | 법무부 | 공익법인회계기준 |
| 대한장애인체육회 | 기타공공기관 | 공익법인 | 문화체육관광부 | 공익법인회계기준 |
| 대한체육회 | 기타공공기관 | 공익법인 | 문화체육관광부 | 공익법인회계기준 |
| 북한이탈주민지원재단 | 기타공공기관 | 공익법인 | 통일부 | 공익법인회계기준 |
| 세종학당재단 | 기타공공기관 | 공익법인 | 문화체육관광부 | 공익법인회계기준 |
| 예술의전당 | 기타공공기관 | 공익법인 | 문화체육관광부 | 공익법인회계기준 |
| (재)장애인기업종합지원센터 | 기타공공기관 | 공익법인 | 중소벤처기업부 | 공익법인회계기준 |
| (재)한국에너지재단 | 기타공공기관 | 공익법인 | 산업통상자원부 | 공익법인회계기준 |
| (재)한국자활복지개발원 | 기타공공기관 | 공익법인 | 보건복지부 | 공익법인회계기준 |
| (재)한국장기조직기증원 | 기타공공기관 | 공익법인 | 보건복지부 | 공익법인회계기준 |
| 재외동포재단 | 기타공공기관 | 공익법인 | 외교부 | 공익법인회계기준 |
| 전쟁기념사업회 | 기타공공기관 | 공익법인 | 국방부 | 공익법인회계기준 |
| 중소벤처기업연구원 | 기타공공기관 | 공익법인 | 중소벤처기업부 | 공익법인회계기준 |
| 한국고전번역원 | 기타공공기관 | 공익법인 | 교육부 | 공익법인회계기준 |
| 한국국제보건의료재단 | 기타공공기관 | 공익법인 | 보건복지부 | 공익법인회계기준 |
| 한국등산·트레킹지원센터 | 기타공공기관 | 공익법인 | 산림청 | 공익법인회계기준 |
| 한국로봇산업진흥원 | 기타공공기관 | 공익법인 | 산업통상자원부 | 공익법인회계기준 |
| 한국문학번역원 | 기타공공기관 | 공익법인 | 문화체육관광부 | 공익법인회계기준 |
| 한국문화예술교육진흥원 | 기타공공기관 | 공익법인 | 문화체육관광부 | 공익법인회계기준 |
| 한국발명진흥회 | 기타공공기관 | 공익법인 | 특허청 | 공익법인회계기준 |
| 한국사회복지협의회 | 기타공공기관 | 공익법인 | 보건복지부 | 공익법인회계기준 |
| 한국여성인권진흥원 | 기타공공기관 | 공익법인 | 여성가족부 | 공익법인회계기준 |
| 한국예술인복지재단 | 기타공공기관 | 공익법인 | 문화체육관광부 | 공익법인회계기준 |
| 한국지식재산보호원 | 기타공공기관 | 공익법인 | 특허청 | 공익법인회계기준 |
| 한국출판문화산업진흥원 | 기타공공기관 | 공익법인 | 문화체육관광부 | 공익법인회계기준 |
| 한국학중앙연구원 | 기타공공기관 | 공익법인 | 교육부 | 공익법인회계기준 |
| 한국한의약진흥원 | 기타공공기관 | 공익법인 | 보건복지부 | 공익법인회계기준 |

그리고 공익법인 기타공공기관이지만, 다른 법령에서 강제적으로 정해진 회계기준을 적용하고 있고, 이러한 상황을 공익법인회계기준에서도 인정하고 있는 기관은 다음과 같다. 의료법에 따른 「의료기관회계기준규칙」(시행규칙), 사립학교법에 의한 「사학기관재무·회계규칙」(시행규칙), 국가회계법에 의한 「국가회계기준」(시행규칙)의 적용이 이에 해당하며, 공익법인 기타공공기관 중 약 16%를 차지하고 있다.

〈표 7〉 타법령에 의한 회계기준을 적용하고 있는 기타공공기관

| 기관명 | 기관유형 | 공익법인 | 주무부처 | 현행적용회계기준 |
|---|---|---|---|---|
| 강릉원주대학교치과병원 | 기타공공기관 | 공익법인 | 교육부 | 의료기관회계기준 |
| 강원대학교병원 | 기타공공기관 | 공익법인 | 교육부 | 의료기관회계기준 |
| 경북대학교병원 | 기타공공기관 | 공익법인 | 교육부 | 의료기관회계기준 |
| 경북대학교치과병원 | 기타공공기관 | 공익법인 | 교육부 | 의료기관회계기준 |
| 경상국립대학교병원 | 기타공공기관 | 공익법인 | 교육부 | 의료기관회계기준 |
| 국립암센터 | 기타공공기관 | 공익법인 | 보건복지부 | 의료기관회계기준 |
| 국립중앙의료원 | 기타공공기관 | 공익법인 | 보건복지부 | 의료기관회계기준 |
| 부산대학교병원 | 기타공공기관 | 공익법인 | 교육부 | 의료기관회계기준 |
| 부산대학교치과병원 | 기타공공기관 | 공익법인 | 교육부 | 의료기관회계기준 |
| 서울대학교병원 | 기타공공기관 | 공익법인 | 교육부 | 의료기관회계기준 |
| 서울대학교치과병원 | 기타공공기관 | 공익법인 | 교육부 | 의료기관회계기준 |
| 영화진흥위원회 | 기타공공기관 | 공익법인 | 문화체육관광부 | 국가회계기준 |
| 전남대학교병원 | 기타공공기관 | 공익법인 | 교육부 | 의료기관회계기준 |
| 전북대학교병원 | 기타공공기관 | 공익법인 | 교육부 | 의료기관회계기준 |
| 제주대학교병원 | 기타공공기관 | 공익법인 | 교육부 | 의료기관회계기준 |
| 충남대학교병원 | 기타공공기관 | 공익법인 | 교육부 | 의료기관회계기준 |
| 충북대학교병원 | 기타공공기관 | 공익법인 | 교육부 | 의료기관회계기준 |
| 학교법인한국폴리텍 | 기타공공기관 | 공익법인 | 고용노동부 | 사학기관재무회계규칙 |
| 한국국제교류재단 | 기타공공기관 | 공익법인 | 외교부 | 국가회계기준 |
| 한국기술교육대학교 | 기타공공기관 | 공익법인 | 고용노동부 | 사학기관재무회계규칙 |
| 한국문화예술위원회 | 기타공공기관 | 공익법인 | 문화체육관광부 | 국가회계기준 |
| 한국사학진흥재단 | 기타공공기관 | 공익법인 | 교육부 | 국가회계기준 |
| 한국전력국제원자력대학원대학교 | 기타공공기관 | 공익법인 | 산업통상자원부 | 사학기관재무회계규칙 |

한편, 「공익법인회계기준」 제6조에서 규정하고 있는 적용예외 사항으로 '공익법인의 회계처리 및 재무제표 작성에 관하여 다른 법령에서 특별한 규정이 있는 경우'를 언급하고 있는데, 이를 다른 의미로 보면 회계처리 및 재무제표 작성에 대해 법령의 형식이 아니면 예외사항이 적용되지 않는 것으로 해석될 수 있다. 그런데, 경제·인문사회연구회와 국가과학기술연구회 소속 연구기관 성격의 기타공공기관들은 비록 관련 회계기준(경제인문사회연구기관회계기준 및 과학기술출연연구기관회계기준)이 법체계(법, 시행령, 시행규칙) 및 행정규칙(고시, 공고, 지침, 훈령, 예규)의 형식을 가지지 않고 있지만, 연구회 소속 기타공공기관들의 수용성이 높아 실무적으로 이를 무시하기 어려운 측면이 있었다. 이에 따라 기획재정부는 「경제인문사회연구기관회계기준」 및 「과학기술출연연구기관회계기준」 역시 타법령에서 규정하고 있는 회계기준으로 간주하였다(권위성과 접근성은 낮으나, 수용성이 높기 때문임). 공익법인 기타공공기관 중에서 「경제인문사회연구기관회계기준」 및 「과학기술출연연구기관회계기준」을 적용하고 있는 기타공공기관 현황은 다음과 같으며, 공익법인 기타공공기관 중 약 30%를 차지하고 있다.

〈표 8〉 타법령에 의한 회계기준으로 간주하고 있는 기타공공기관

| 기관명 | 기관유형 | 공익법인 | 주무부처 | 현행적용회계기준 |
|---|---|---|---|---|
| 과학기술정책연구원 | 기타공공기관 | 공익법인 | 국무조정실 | 경제인문사회연구기관회계기준 |
| 대외경제정책연구원 | 기타공공기관 | 공익법인 | 국무조정실 | 경제인문사회연구기관회계기준 |
| 산업연구원 | 기타공공기관 | 공익법인 | 국무조정실 | 경제인문사회연구기관회계기준 |
| 에너지경제연구원 | 기타공공기관 | 공익법인 | 국무조정실 | 경제인문사회연구기관회계기준 |
| 통일연구원 | 기타공공기관 | 공익법인 | 국무조정실 | 경제인문사회연구기관회계기준 |
| 한국개발연구원 | 기타공공기관 | 공익법인 | 국무조정실 | 경제인문사회연구기관회계기준 |
| 한국교육개발원 | 기타공공기관 | 공익법인 | 국무조정실 | 경제인문사회연구기관회계기준 |
| 한국교육과정평가원 | 기타공공기관 | 공익법인 | 국무조정실 | 경제인문사회연구기관회계기준 |
| 한국노동연구원 | 기타공공기관 | 공익법인 | 국무조정실 | 경제인문사회연구기관회계기준 |
| 한국농촌경제연구원 | 기타공공기관 | 공익법인 | 국무조정실 | 경제인문사회연구기관회계기준 |
| 한국법제연구원 | 기타공공기관 | 공익법인 | 국무조정실 | 경제인문사회연구기관회계기준 |
| 한국보건사회연구원 | 기타공공기관 | 공익법인 | 국무조정실 | 경제인문사회연구기관회계기준 |
| 한국여성정책연구원 | 기타공공기관 | 공익법인 | 국무조정실 | 경제인문사회연구기관회계기준 |

| 기관명 | 기관유형 | 공익법인 | 주무부처 | 현행적용회계기준 |
|---|---|---|---|---|
| 한국조세재정연구원 | 기타공공기관 | 공익법인 | 국무조정실 | 경제인문사회연구기관회계기준 |
| 한국직업능력연구원 | 기타공공기관 | 공익법인 | 국무조정실 | 경제인문사회연구기관회계기준 |
| 한국청소년정책연구원 | 기타공공기관 | 공익법인 | 국무조정실 | 경제인문사회연구기관회계기준 |
| 한국해양수산개발원 | 기타공공기관 | 공익법인 | 국무조정실 | 경제인문사회연구기관회계기준 |
| 한국행정연구원 | 기타공공기관 | 공익법인 | 국무조정실 | 경제인문사회연구기관회계기준 |
| 한국형사·법무정책연구원 | 기타공공기관 | 공익법인 | 국무조정실 | 경제인문사회연구기관회계기준 |
| 과학기술일자리진흥원 | 기타공공기관 | 공익법인 | 과학기술정보통신부 | 과학기술출연연구기관회계기준 |
| 국가과학기술연구회 | 기타공공기관 | 공익법인 | 과학기술정보통신부 | 과학기술출연연구기관회계기준 |
| 기초과학연구원 | 기타공공기관 | 공익법인 | 과학기술정보통신부 | 과학기술출연연구기관회계기준 |
| 한국건설기술연구원 | 기타공공기관 | 공익법인 | 과학기술정보통신부 | 과학기술출연연구기관회계기준 |
| 한국과학기술기획평가원 | 기타공공기관 | 공익법인 | 과학기술정보통신부 | 과학기술출연연구기관회계기준 |
| 한국과학기술연구원 | 기타공공기관 | 공익법인 | 과학기술정보통신부 | 과학기술출연연구기관회계기준 |
| 한국과학기술정보연구원 | 기타공공기관 | 공익법인 | 과학기술정보통신부 | 과학기술출연연구기관회계기준 |
| 한국기계연구원 | 기타공공기관 | 공익법인 | 과학기술정보통신부 | 과학기술출연연구기관회계기준 |
| 한국기초과학지원연구원 | 기타공공기관 | 공익법인 | 과학기술정보통신부 | 과학기술출연연구기관회계기준 |
| 한국생명공학연구원 | 기타공공기관 | 공익법인 | 과학기술정보통신부 | 과학기술출연연구기관회계기준 |
| 한국생산기술연구원 | 기타공공기관 | 공익법인 | 과학기술정보통신부 | 과학기술출연연구기관회계기준 |
| 한국식품연구원 | 기타공공기관 | 공익법인 | 과학기술정보통신부 | 과학기술출연연구기관회계기준 |
| 한국에너지기술연구원 | 기타공공기관 | 공익법인 | 과학기술정보통신부 | 과학기술출연연구기관회계기준 |
| 한국원자력연구원 | 기타공공기관 | 공익법인 | 과학기술정보통신부 | 과학기술출연연구기관회계기준 |
| 한국전기연구원 | 기타공공기관 | 공익법인 | 과학기술정보통신부 | 과학기술출연연구기관회계기준 |

| 기관명 | 기관유형 | 공익법인 | 주무부처 | 현행적용회계기준 |
|---|---|---|---|---|
| 한국전자통신연구원 | 기타공공기관 | 공익법인 | 과학기술정보통신부 | 과학기술출연연구기관회계기준 |
| 한국지질자원연구원 | 기타공공기관 | 공익법인 | 과학기술정보통신부 | 과학기술출연연구기관회계기준 |
| 한국천문연구원 | 기타공공기관 | 공익법인 | 과학기술정보통신부 | 과학기술출연연구기관회계기준 |
| 한국철도기술연구원 | 기타공공기관 | 공익법인 | 과학기술정보통신부 | 과학기술출연연구기관회계기준 |
| 한국표준과학연구원 | 기타공공기관 | 공익법인 | 과학기술정보통신부 | 과학기술출연연구기관회계기준 |
| 한국한의학연구원 | 기타공공기관 | 공익법인 | 과학기술정보통신부 | 과학기술출연연구기관회계기준 |
| 한국항공우주연구원 | 기타공공기관 | 공익법인 | 과학기술정보통신부 | 과학기술출연연구기관회계기준 |
| 한국해양과학기술원 | 기타공공기관 | 공익법인 | 과학기술정보통신부 | 과학기술출연연구기관회계기준 |
| 한국핵융합에너지연구원 | 기타공공기관 | 공익법인 | 과학기술정보통신부 | 과학기술출연연구기관회계기준 |
| 한국화학연구원 | 기타공공기관 | 공익법인 | 과학기술정보통신부 | 과학기술출연연구기관회계기준 |

이렇게 공익법인 기타공공기관 중에서 공익법인회계기준을 적용하고 있거나, 타법령의 회계기준을 적용(간주 인정 포함)하고 있는 경우를 제외하면, 논란이 되는 공익법인 기타공공기관은 다음과 같이 정리될 수 있다.

⟨표 9⟩ 공익법인회계기준 미적용 및 타법령 회계기준으로 인정받기 어려운 기타공공기관

| 구분 | K-GAAP | K-IFRS | 간접비회계기준 | 특정연구기관회계기준 | 자체회계규정 | 계 |
|---|---|---|---|---|---|---|
| 개수 | 10개 | 2개 | 6개 | 4개 | 24개 | 46개 |
| 비율 | 21.7% | 4.3% | 13.0% | 8.7% | 52.2% | 100% |

K-GAAP은 「일반기업회계기준」(일반기업회계기준만 적용하고 있다고 감사보고서에 언급된 경우)을 적용하고 있는 기타공공기관을 의미한다.[11][12] 사실 기타공공기관의 경우 과거에는 특정한 회계기준을 적용하라는 강제규정이 없었기 때문에 민간기업에서 사용하는 일반기업회계기준의 적용은 자연스러운 것일 수 있었다. 그러나 해당 기타공공기관 설치법령 등에서 동 기타공공기관에 적용되어야 하는 회계기준이 일반기업회계기준이라는 명시적인 문구가 없다면, 법령에 근거한 회계기준은 아니라고 해석되어야 하는 것이 타당할 것이다. K-GAAP이 분명 일반적으로 적용할 수 있는 회계기준은 맞지만, 법령에 근거하지 않는다면 단순히 임의규정일 뿐이고 이 경우 공익법인회계기준이 우선 적용되어야 하는 것이 타당할 것으로 보인다.

공익법인 기타공공기관 중에서 2개 기타공공기관이 K-IFRS를 적용하고 있다. 기타공공기관은 공기업이나 준정부기관이 아니기 때문에 K-IFRS를 적용해야 하는 별도의 법령(설치법령 등)이 없는 이상 단순히 임의규정일 뿐이다. 대한적십자사의 경우 대외적으로 정보를 공시해야 하고 많은 해외사업 수행 등을 고려할 경우 K-IFRS의 적용

---

[11] 기타공공기관의 감사보고서를 참고하면 일반기업회계기준 적용과 관련한 유형이 크게 두가지가 있다. 일반기업회계기준만 언급되어 있는 경우가 있고, 다른 회계기준을 언급하면서 일반기업회계기준이 보완적으로 적용되는 것으로 언급되어 있는 경우가 있다. K-GAAP을 적용하고 있는 기타공공기관이란 전자를 의미하며, 후자의 경우에는 일반기업회계기준이 아닌 우선 적용되는 회계기준을 적용하고 있는 것으로 간주하였다.

[12] 기타공공기관의 감사보고서를 참고하면 자체회계규정과 다른 회계기준을 동시에 적용하고 있다고 기재하고 있는 기관이 꽤 많다. 전반적으로 다른 회계기준을 적용하고 있다고 하더라도 일부라도 해당 회계기준이 아닌 자체회계규정을 적용하고 있다면 해당 회계기준을 적용하고 있다고 보기는 어렵다. 따라서 다른 회계기준과 자체회계규정을 동시에 기재하고 있는 기관은 모두 자체회계규정을 적용하는 것으로 간주하였다.

이 적합할 수도 있을 것이다. 그러나 대한적십자사 설치법령에서는 K-IFRS를 적용해야 한다는 규정은 없다. 따라서 대한적십자사가 K-IFRS를 적용하는 것은 임의로 적용하고 있다고 볼 수 있는 것인데, 대한적십자사가 공익법인으로서 공익법인회계기준을 적용해야 한다는 법령 규정을 이길 수는 없다. 또 다른 적용 기타공공기관인 국가생명윤리정책원의 경우 공기업이나 준정부기관이 아님에도 불구하고 「공기업·준정부기관 회계사무규칙」을 적용하고 있어 이에 따른 K-IFRS 역시 임의로 적용하는 것으로 해석할 수 있다. 즉, K-IFRS를 적용하고 있는 2개의 기타공공기관은 분명 더 정교한 회계기준을 적용하고 있는 것임에도 불구하고 법령에 근거한 것은 아니게 되는 것이다.

간접비회계기준(「국가연구개발사업 간접비 산출을 위한 회계기준」)은 「국가연구개발사업 연구개발비 사용 기준」(과학기술정보통신부 고시) 제113조 근거하여 과학기술정보통신부가 연구개발기관별 간접비 고시비율 산출의 기초자료 등으로 활용하기 위한 회계처리 및 재무제표를 작성하는 데 적용하도록 만든 기준을 말한다. 동 기준은 현재 과학기술정보통신부가 법체계 또는 행정규칙의 형식을 가지지 않고 있으며(낮은 권위성), 대외적으로 공개되어 있지 않은(낮은 접근성) 기준이다. 또한, 동 기준은 회계기준의 형식을 가지고는 있으나, 그 목적은 기관의 결산을 위한 재무제표를 작성하기 위한 기준이라기보다는 국가연구개발사업의 간접비 고시비율 산출을 목적으로 한다(「국가연구개발사업 연구개발비 사용 기준」 제113조 및 「국가연구개발사업 간접비 산출을 위한 회계기준」 제1조). 과학기술정보통신부는 동 기준을 정부출연연구기관, 특정연구기관, 전문생산기술연구소, 기타 영리법인 등을 대상으로 하고 있으나, 실질적으로 동 기준을 적용하여 재무제표를 작성하고 있는 기타공공기관은 6개 기관 밖에 되지 않은 점 역시 수용성이 높은 회계기준이라고 보기 어려운 측면도 있다. 따라서 간접비회계기준은 ① 법령의 형식으로 되어 있지 않은 점(낮은 권위성), ② 대외적으로도 공개되어 있지 않다는 점(낮은 접근성), ③ 동 회계기준의 목적이 일반적인 기관의 결산을 목적으로 하기보다는 간접비 고시비율 산출이라는 특정한 목적을 두고 있다는 점, ④ 상기 ③사항으로 인해 많은 기타공공기관이 동 회계기준을 적용하여야 함에도 불구하고 결산 목적의 재무제표 작성에 동 기준을 적용하고 있는 기타공공기관이 소수에 불과하다는 점(낮은 수용성)을 감안할 경우 간접비회계기준은 "타법령"에 근거한 회계기준이라고 보기 어렵다고 판단된다.

특정연구기관회계기준(「특정연구기관 등의 회계기준」)은 「특정연구기관육성법」 제6조의 위임을 받아 정부의 보호육성을 받는 연구기관 회계와 감사인의 감사에 통일성과 객관성을 부여하기 위하여 회계처리 및 보고에 관한 기준을 정하는 것을 목적으로 하는 회계기준이다. 동 기준은 간접비회계기준과 마찬가지로 현재 과학기술정보통신부가 법체계 또는 행정규칙의 형식을 취하지 않고 있으며(낮은 권위성), 대외적으로 공개되어 있지 않은(낮은 접근성) 기준이다. 또한, 동 회계기준을 위임하고 있는 「특정연구기관육성법」 제6조에서는 "특정연구기관과 공동관리기구는 매 회계연도의 세입세출결산서를 과학기술정보통신부장관이 추천하는 공인회계사의 회계검사를 받아 과학기술정보통신부장관과 출연금을 지급한 중앙행정기관의 장 및 지방자치단체의 장에게 제출하여야 한다."고 규정되어 있는데, 여기서 결산보고서는 세입세출결산서를 의미한다는 점이다. 세입세출결산서는 단식부기·현금주의에 근거한 결산서류를 의미하는 것으로 복식부기·발생주의에 근거한 재무제표를 의미하는 것이 아니다. 즉, 상위 법령에서 복식부기·발생주의 재무제표 작성을 위한 회계기준 제정을 위임하고 있다고 보기 어렵다. 한편, 동 회계기준은 2000년대 중반 예전 과학기술부 시절에 제정된 회계기준으로 과학기술부가 '교육과학기술부→미래창조과학부→과학기술정보통신부'로 개편되는 과정에서 동 회계기준에 대한 계승 자체도 명확하지 않은 상태이고, 오히려 앞선 언급된 간접비회계기준에서는 특정연구기관도 이를 적용하라고 규정하고 있는 점을 보면(「국가연구개발사업 간접비 산출을 위한 회계기준」 제1조), 현재 동 회계기준은 유명무실해진 기준으로 여겨진다. 현재 실질적으로 동 기준을 적용하여 재무제표를 작성하고 있는 기타공공기관은 4개 기관 밖에 되지 않은 점(낮은 수용성) 역시 일반적으로 통용되는 회계기준이라고는 보기 어려운 측면도 있다. 결국 특정연구기관회계기준 역시 「공익법인회계기준」 제6조에서 적용예외 사항으로 규정하고 있는 "타법령"에 의한 회계기준으로 보기 어려울 것이다.

이 외에 일부 기타공공기관은 기관 자체적으로 규정한 회계규정을 우선 적용하고 있거나(낮은 권위성 및 낮은 접근성), 경우에 따라서는 자체회계규정의 내용이 충분하지 않을 경우 일반기업회계기준 등을 준용하여 사용하고 있다. 이는 전형적으로 "타법령"에 근거한 회계기준을 적용하지 않은 것이라고 볼 수 있다. 「공익법인회계기준」이 제정되기 전에는 소관 중앙관서 등에서 특별히 회계기준을 규정하지 않은 기타공공기관은 자체적으로 회계규정을 마련하여 이를 적용할 수밖에 없었을 것이나, 이제는 공익법인 기타공공기관이 법령에 근거한 회계기준을 적용하지 않는 것은 문제가 될 수 있다.

2021년말 현재 「공익법인회계기준」을 적용하지 않고 있거나, "타법령"(간주 승인을 포함함)에 의한 회계기준도 적용하지 않은 공익법인 기타공공기관은 다음과 같다.

〈표 10〉 공익법인회계기준을 적용할 필요가 있는 기타공공기관

| 기관명 | 기관유형 | 공익법인 | 주무부처 | 현행적용회계기준 |
|---|---|---|---|---|
| (재)APEC기후센터 | 기타공공기관 | 공익법인 | 기상청 | K-GAAP |
| (재)국제원산지정보원 | 기타공공기관 | 공익법인 | 관세청 | K-GAAP |
| (재)예술경영지원센터 | 기타공공기관 | 공익법인 | 문화체육관광부 | 자체회계규정 |
| 광주과학기술원 | 기타공공기관 | 공익법인 | 과학기술정보통신부 | 간접비회계기준 |
| 국가생명윤리정책원 | 기타공공기관 | 공익법인 | 보건복지부 | K-IFRS |
| 국립낙동강생물자원관 | 기타공공기관 | 공익법인 | 환경부 | K-GAAP |
| 국방기술품질원 | 기타공공기관 | 공익법인 | 방위사업청 | 자체회계규정 |
| 대구경북과학기술원 | 기타공공기관 | 공익법인 | 과학기술정보통신부 | 간접비회계기준 |
| 대구경북첨단의료산업진흥재단 | 기타공공기관 | 공익법인 | 보건복지부 | 자체회계규정 |
| 대한적십자사 | 기타공공기관 | 공익법인 | 보건복지부 | K-IFRS |
| 동북아역사재단 | 기타공공기관 | 공익법인 | 교육부 | 자체회계규정 |
| 신용보증재단중앙회 | 기타공공기관 | 공익법인 | 중소벤처기업부 | 자체회계규정 |
| 아동권리보장원 | 기타공공기관 | 공익법인 | 보건복지부 | K-GAAP |
| 오송첨단의료산업진흥재단 | 기타공공기관 | 공익법인 | 보건복지부 | 특정연구기관회계기준 |
| 울산과학기술원 | 기타공공기관 | 공익법인 | 과학기술정보통신부 | 간접비회계기준 |
| 재단법인 국악방송 | 기타공공기관 | 공익법인 | 문화체육관광부 | 자체회계규정 |
| 차세대수치예보모델개발사업단 | 기타공공기관 | 공익법인 | 기상청 | 자체회계규정 |
| 태권도진흥재단 | 기타공공기관 | 공익법인 | 문화체육관광부 | 자체회계규정 |
| 한국공예디자인문화진흥원 | 기타공공기관 | 공익법인 | 문화체육관광부 | 자체회계규정 |
| 한국과학기술원 | 기타공공기관 | 공익법인 | 과학기술정보통신부 | 간접비회계기준 |
| 한국국방연구원 | 기타공공기관 | 공익법인 | 국방부 | 자체회계규정 |
| 한국나노기술원 | 기타공공기관 | 공익법인 | 과학기술정보통신부 | 자체회계규정 |
| 한국데이터산업진흥원 | 기타공공기관 | 공익법인 | 과학기술정보통신부 | K-GAAP |
| 한국문화관광연구원 | 기타공공기관 | 공익법인 | 문화체육관광부 | K-GAAP |
| 한국문화재재단 | 기타공공기관 | 공익법인 | 문화재청 | 자체회계규정 |

| 기관명 | 기관유형 | 공익법인 | 주무부처 | 현행적용회계기준 |
|---|---|---|---|---|
| 한국법무보호복지공단 | 기타공공기관 | 공익법인 | 법무부 | K-GAAP |
| 한국보건의료연구원 | 기타공공기관 | 공익법인 | 보건복지부 | 자체회계규정 |
| 한국보건의료인국가시험원 | 기타공공기관 | 공익법인 | 보건복지부 | 자체회계규정 |
| 한국사회적기업진흥원 | 기타공공기관 | 공익법인 | 고용노동부 | 자체회계규정 |
| 한국산업기술시험원 | 기타공공기관 | 공익법인 | 산업통상자원부 | 간접비회계기준 |
| 한국세라믹기술원 | 기타공공기관 | 공익법인 | 산업통상자원부 | 간접비회계기준 |
| 한국수자원조사기술원 | 기타공공기관 | 공익법인 | 환경부 | 자체회계규정 |
| 한국에너지정보문화재단 | 기타공공기관 | 공익법인 | 산업통상자원부 | 자체회계규정 |
| 한국여성과학기술인육성재단 | 기타공공기관 | 공익법인 | 과학기술정보통신부 | 자체회계규정 |
| 한국원자력안전기술원 | 기타공공기관 | 공익법인 | 원자력안전위원회 | 특정연구기관회계기준 |
| 한국원자력안전재단 | 기타공공기관 | 공익법인 | 원자력안전위원회 | 자체회계규정 |
| 한국원자력의학원 | 기타공공기관 | 공익법인 | 과학기술정보통신부 | 특정연구기관회계기준 |
| 한국원자력통제기술원 | 기타공공기관 | 공익법인 | 원자력안전위원회 | 특정연구기관회계기준 |
| 한국의약품안전관리원 | 기타공공기관 | 공익법인 | 식품의약품안전처 | K-GAAP |
| 한국잡월드 | 기타공공기관 | 공익법인 | 고용노동부 | 자체회계규정 |
| 한국장애인개발원 | 기타공공기관 | 공익법인 | 보건복지부 | K-GAAP |
| 한국저작권위원회 | 기타공공기관 | 공익법인 | 문화체육관광부 | 자체회계규정 |
| 한국탄소산업진흥원 | 기타공공기관 | 공익법인 | 산업통상자원부 | 자체회계규정 |
| 한식진흥원 | 기타공공기관 | 공익법인 | 농림축산식품부 | 자체회계규정 |
| 항공안전기술원 | 기타공공기관 | 공익법인 | 국토교통부 | 자체회계규정 |
| 환경보전협회 | 기타공공기관 | 공익법인 | 환경부 | K-GAAP |

## V. 결론 및 제언

지금까지 회계기준이 일반적으로 인정되는 회계기준으로서 역할을 하기 위해서는 어떠한 조건이 필요한지 회계기준별로 구조화하여 살펴보았다. 일반적으로 인정되는 회계기준이라는 것은 제정기관의 권위성, 일반인도 쉽게 접근할 수 있는 접근성, 그리고 유사 실체들의 수용성이 주요 요건이라는 것을 알 수 있었다. 이러한 관점에서 보면, 분명 현재 기타공공기관이 적용하고 있는 다양한 회계기준 중 일부는 분명 문제가 있다.

또한 공익법인회계기준의 의의와 주요 내용, 그리고 기타공공기관 중 공익법인에 해당되는 기관의 공익법인회계기준 적용 실태에 대해 살펴보았다. 많은 민간 비영리법인이 「공익법인회계기준」 적용을 일반화하고 있는 현실과 비교하여 오히려 법령을 더 잘 지켜야 하는 공공기관이 「공익법인회계기준」 도입에 주저하고 있다는 사실에 주목할 필요가 있다.

공기업 및 준정부기관은 기획재정부가 통일적으로 「공기업·준정부기관회계사무규칙」 및 K-IFRS를 강제로 적용하도록 하여 크게 문제가 되지 않으나(일부 국가회계기준을 적용해야 하는 준정부기관 제외), 기타공공기관은 중앙관서의 특성, 공공정책수행의 성격이 강한 기타공공기관의 특수성, 관련 법령 등의 이유로 통일화되지 못한 부분이 있었다. 물론 통일화되지 못했다고 해서 문제가 있다고는 볼 수 없다. 그러나 2018년 「공익법인회계기준」이 발효된 이후에는 일부 예외사항에 해당되는 경우를 제외하고 최소한 공익법인인 기타공공기관은 「공익법인회계기준」을 적용해야 할 것이다.

지금까지 살펴본 공익법인 기타공공기관의 「공익법인회계기준」 적용 실태 연구결과에 근거하여 개선될 필요가 있는 사항은 다음과 같다.

첫째, 공익법인 기타공공기관 중에서 법령에 근거를 두지 않고 임의로 K-GAAP 또는 K-IFRS를 적용하고 있거나, 법령이 아닌 간접비회계기준이나 특정연구기관회계기준을 적용하고 있거나, 심지어는 자체회계규정을 계속 적용하고 있는 기타공공기관은 반드시 「공익법인회계기준」을 적용할 필요가 있다고 본다. 만약 개별 기타공공기관의 특성상 「공익법인회계기준」을 적용하기 어렵다고 판단되는 경우 기존 적용하던 회계기준을 법령화 하거나 법령에 기반을 둘 수 있도록 각 중앙관서마다 법령이나 제도를 정비할 필요가 있을 것이다.

둘째, 「공익법인회계기준」을 적용하지 않는 "타법령"에 근거한 회계기준이라고 기획재정부가 별도로 간주 승인한 「경제인문사회연구기관회계기준」 및 「과학기술출연연구기관회계기준」 역시 최소한 해당 중앙관서에서 행정규칙화하여 권위성과 접근성을 강화시킬 필요가 있다. 또는 「공익법인회계기준」 제6조 예외사항과 관련하여 "타법령" 외에 "기획재정부장관의 승인을 받은 경우"의 문구를 추가하여 혹시라도 제기될 수 있을지도 모를 논란을 제거할 필요가 있다.

셋째, 최근 발표된 "공공기관 관리체계 개편방안(2022.8)"을 보면 향후 공기업 및 준정부기관 중 상당한 기관이 기타공공기관으로 재분류될 가능성이 높다. 이들 기관은 지금까지 공기업 및 준정부기관에 적용하던 「공기업·준정부기관회계사무규칙」을 적용하고 있었는데, 향후 기타공공기관이 되면 이는 임의규정이 될 것이다. 이렇게 될 경우 임의규정은 "타법령"이라고 볼 수 없기 때문에 어떠한 회계기준을 적용해야 하는지 상당한 혼란을 가져올 수밖에 없다. 특히 재분류로 예상이 되는 공기업 및 준정부기관의 경우 그 규모나 업무의 복잡성이 기존의 기타공공기관에 비해 상당히 높을 것이기 때문에 무조건 「공익법인회계기준」을 적용하라고 하는 것도 무리가 있을 것으로 충분히 예상된다. 이러한 혼란을 방지하기 위하여 재분류 예정이 되어 있는 공기업 및 준정부기관의 경우 지금까지 적용하여 왔던 회계기준을 관련 법령에 명시하거나, 아니면 「공익법인회계기준」으로 전환할 것을 심각하게 고려해야 할 것이다.

# 참고 문헌

[1] 기획재정부. 2022. 자율·책임·역량 강화를 위한 공공기관 관리체계 개편방안
[2] 기획재정부·한국조세재정연구원. 2019. 공익법인회계기준 실무지침서
[3] 법무부·한국회계기준원. 2013. 중소기업회계기준 해설
[4] 변영선·정미향. 2018. 알기쉬운 공익법인회계기준 매뉴얼. 한국공인회계사회·KB국민은행·삼일회계법인
[5] 정석우·김기영·임태균·정남철·최정운. 2021. IFRS 도입과 회계신인도: 지난 10년과 앞으로의 10년 중 제5장 회계신인도. 한국공인회계사회
[6] 한국조세재정연구원. 2019. 공익법인회계기준 실무지침서 설명회 자료
[7] 현대회계법인. 2022. 연구회 및 출연(연) 회계기준 개선방안 연구보고서. 국가과학기술연구회
[8] 공익법인회계기준, 국가연구개발사업 간접비 산출을 위한 회계기준, 특정연구기관 등의 회계기준. 사회복지법인 및 사회복지시설 재무·회계 규칙, 비영리조직회계기준, 의료기관회계기준규칙, 사학기관재무·회계규칙
[9] 상속세 및 증여세법, 주식회사 등의 외부감사에 관한 법률, 공공기관의 운영에 관한 법률, 지방공기업법, 공익법인의 설립·운영에 관한 법률, 정부출연연구기관 등의 설립·운영 및 육성에 관한 법률, 과학기술분야 정부출연연구기관 등의 설립·운영 및 육성에 관한 법률.
[10] 공공기관 경영정보 공개시스템(알리오), 국세청 홈택스. 법제처 국가법령정보센터

PEN Research 2022 Innovation & ESG

Part **02**

# Chapter 08

## ESG경영으로 친환경 에너지 산업을 선도하는 한국남동발전

전성무·이호성 (한국남동발전 동반성장처)

## I. 서 론

최근 전세계적으로 불기 시작한 『ESG』 열풍이 한국에서도 뜨겁다. ESG는 환경(Environment), 사회(Social), 지배구조(Governance)의 약자로 기업경영을 넘어 국가경영에까지 적용이 확산되는 추세이다. ESG경영이 정부 및 민간에서 크게 주목받는 이유는 기후위기로 불리는 온난화의 가속과 코로나19 팬데믹으로 인한 소득격차 확산 등 변화가 점점 빨라지고 있는 사회적 상황속에서, 과거와 같이 기업이 단순하게 이윤만을 추구하거나 CSV, CSR 활동만으로는 이러한 문제들을 해결할 수 없기 때문이다.

그리고 세계적인 기업들에게 사회적 책임 이행과 사회적 가치 창출 등의 비재무적 요소에 대한 외부적인 요구가 더욱 커지고 있으며, 이러한 요인들이 기업경영 전반의 성과에 더 많은 영향을 미치는 시대로 전환하고 있기 때문에 ESG경영은 기업의 지속가능성 확보를 위한 필수적인 요소로 자리잡고 있다.

한국남동발전(이하 'KOEN')은 한국을 대표하는 에너지 공기업으로서 시대적 흐름에 부응하여 적극적인 ESG경영을 도입하여 기업의 체질을 과감하게 바꾸어 나가고 있으며, 사회적가치 실현에 대한 책임을 다하기 위해 다양한 과제를 설정하여 추진하고 있다.

이하에서는 KOEN의 ESG 경영활동의 대표적인 사례를 알아보고 앞으로 나아가야 할 방향을 제시하고자 한다.

## II. KOEN ESG경영 개론

ESG경영이 세계적인 화두가 되고 있다. 수많은 저서와 보고서에서 이제 ESG경영을 도입하지 않으면 생존할 수 없다고 한다. 세계적으로 기후위기 극복을 위한 탈석탄 요구가 빗발치고 있으며, 실제로 미국기업인 세계적인 전력회사 듀크 에너지는 화석연료를 사용한 전력생산을 이유로 2021년 투자자들로부터 외면을 받았다. 이에 따라 저명한 투자회사들과 국부펀드들의 탈화석연료 행렬을 더욱 가속화 될 것으로 예상된다.

이러한 세계적인 추세에 비춰보면, 국내에서 가장 많은 석탄발전설비를 보유한 발전회사인 KOEN은 이러한 위기에서 자유로울 수 없고, ESG경영이 국내에 본격적으로 도입이 되는 현재 시점에 적극적인 변화를 시도하지 않으면 향후 어려운 경영환경 속에 위기를 맞이할 것으로 판단하고 적극적으로 ESG경영을 도입해나가고 있다.

KOEN은 2006년부터 지속가능경영보고서를 지속적으로 발간하고 있으며, 공기업 최초로 SROI(Social ROI) 경영기법을 도입하여 기존의 경제적 성과를 측정하는 ROI에 사회적 가치(Social Value)를 고려하여 사업의 사회적영향력이 얼마인지 측정하여 사업을 추진하는 등 환경과 사회적 책임 이행에 지속적으로 노력해 온 기업이며, 현재 ESG 경영평가를 시행하는 다우존스로부터 지속가능경영 아시아태평양 부분 3위(72/100점)를 달성하는 등 ESG경영의 기초가 잘 갖추고 있는 기업이다.

하지만 현재 위기상황을 극복하고 ESG경영 명가(名家)가 되기 위해 2020년 7월 국내 최초로 국회에서 탄소중립을 달성하겠다는 포부를 밝히고 탄소중립 로드맵을 수립(2021.7.12.)하였으며, 탄소중립추진위원회 설치, 발전사 최초로 이사회내 ESG위원회 설치, ESG 채권발행 등을 추진하였다. 그리고 차별화된 ESG경영을 위해 이해관계자(Stakeholder)의 니즈를 파악하고 이해관계자들에게 돌아갈 영향을 고려하기 위해 중대성 분석을 시행하여 각 이해관계자별 차별화된 ESG 성과를 창출해나가는 시스템을 도입하는 등 다양한 활동을 통해 2021년 11월 ESG 경영체계를 수립하여 발표하였다.

### 2016년 다우존스 지속가능경영 수준 평가 결과(실사기준, 비상장 기업 대상) (백분위 등급, % 기준)

한국 남동발전은 "아시아 퍼시픽 평가 대상 20개 기업 중 3위"에 해당하는 점수를 획득하였습니다.

| 회사명 | Total | EC | EN | SO | 회사명 | Total | EC | EN | SO |
|---|---|---|---|---|---|---|---|---|---|
| Korea Electric Power Corp | 77 | 84 | 75 | 77 | HK Electric Investments | 53 | 51 | 56 | 53 |
| CLP Holdings Ltd | 68 | 65 | 74 | 63 | Power Assets Holdings Ltd | 51 | 53 | 49 | 51 |
| 한국남동발전 (KOEN) | 64 | 67 | 60 | 66 | Glow Energy PCL | 47 | 32 | 42 | 47 |
| | | | | | Electricity Gennerating PCL | 32 | - | 28 | 37 |
| Meridian Energy Ltd | 60 | 58 | 67 | 58 | AusNet Services | 30 | 42 | - | - |
| Kansai Electric Power Co Inc | 54 | 60 | 51 | 54 | Tenaga Nasional Bhd | 28 | 33 | - | - |

### 공기업 최초 사회적성과평가기준(SROI) 도입(2019)

**군산 수상태양광 발전사업 지분출자** … 사회적 성과 측정 시범사업 #1

- 사업명 : 군산 수상태양광 발전사업
- 설비용량 : 18.7MW
- 총사업비 : 431억 원
- D/E Ratio : 90%/10%(남동 12.5억 원, Equity의 29%)
- 이용률 : 15.46% 적용
- 공사기간 : 9개월(2017.11~2018.07)
- 운영기간 : 준공 후 20년간 (2018.07~2038.06)

| 경제적 가치 재무 모델상 투자비 및 연도별 배당금(Equity 기준)을 SROI 산출시 경제적 가치 반영 | | | |
|---|---|---|---|
| Project 기준 | | Project 기준 | |
| IRR | 6.12% | IRR | 7.18% |
| NPV | 3,796백만 원 | NPV | 2,080백만 원 (배당수익률) |

**SROI 산출**: 경제적가치(B)+사회적가치(C) / 투자비(A) → 남동자본비용으로 현재 가치화 → 1,567백만 원(B)+4,446백만 원(C) / 1,250백만 원(A) → SROI 4.81

[그림 1] KOEN ESG경영 도입을 위한 사전 노력

| KOEN ESG위원회 | 국회 탄소중립선언 | 탄소중립로드맵 |

[그림 2] KOEN ESG 경영체계 도입

KOEN은 「ESG경영으로 미래에너지 NECST Level 달성」이라는 비전을 설정하고, 이를 달성하기 위한 Environment, Social, Governance의 각 분야에 전략방향을 설정하고, 탄소중립 실현, 안전 및 준법경영을 중시하는 경영목표를 세웠다. 내부적으로 선정한 과제 POOL을 바탕으로, ESG 디자인단과 탄소중립 포럼의 사외전문가 등의 자문을 거쳐 9대 전략과제, 53개 세부과제를 최종 선정하여 추진 중에 있다.

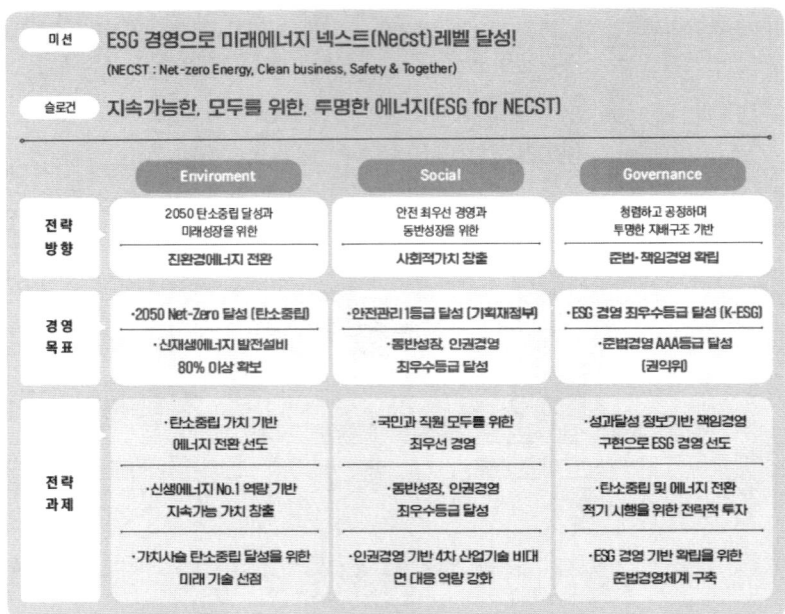

[그림 3] KOEN ESG경영 전략체계도

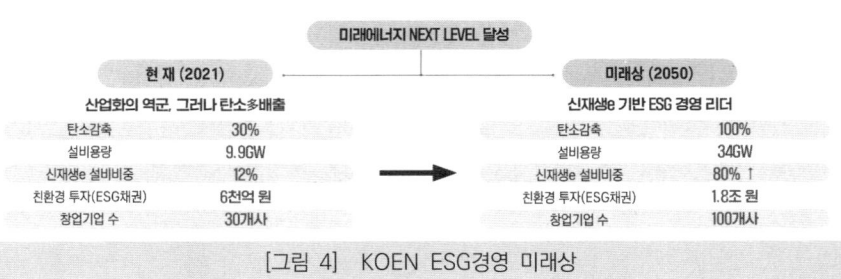

[그림 4] KOEN ESG경영 미래상

# III. KOEN ESG [E] - 환경을 생각하는 넥스트 에너지

## 01. 탄소중립을 위한 석탄화력의 LNG 전환 추진

깨끗하고 안전한 에너지로 전환을 가속화하는 정부 정책에 따라 전원(電源)중 80% 이상을 석탄화력으로 운영하고 있는 KOEN은 "탄소중립 로드맵"을 통해 12개의 석탄화력발전소를 단계적으로 LNG 및 수소발전으로 전환한다는 계획을 수립하고, 신규 LNG 건설사업을 위한 입지를 확보하기 위해 노력하고 있다.

그러나 화석연료 사용에 대한 국민들의 부정적 인식이 급증하는 상황에서 산업부의 '제7차 전력수급 기본계획'에 따라 2018년 대구광역시의 유치 동의를 받으며 추진하던 삼천포화력 3, 4호기 대체건설 사업이 주민들의 여론악화로 대구광역시가 '21년 3월 발전소 건립 반대입장을 공식 발표하면서 사업추진이 무산되어, 정부와 KOEN의 친환경에너지 전환정책에 큰 차질이 발생하였다.

이러한 상황에 KOEN의 CEO인 김회천 사장은 발전소 건설과 관련된 사회적 갈등을 최소화하기 위해 발전사가 직접 건설부지를 찾는 대신 발전소 유치를 희망하는 지자체의 공모를 받는 방식을 도입하는 것을 제안하여, 지자체 주도로 주민과 의회의 동의를 일정이상 확보하여 유치 제안서를 제출한 지자체를 대상으로 건설여건을 평가하여 최종 입지를 선정하는 방식을 개발하여 추진하였다.

기초의회 사업설명회

지역주민 사업설명회

[그림 5] LNG 전환 입지선정을 위한 사전설명회 개최

건설입지선정위원회 / KOEN-고성군 협약

[그림 6] LNG 전환 사업부지 최종 선정

　KOEN의 적극적인 발전소 입지선정 패러다임 전환 시도 결과 '21년 5월, 총 6개의 지자체로부터 유치의향서를 받아 사업설명회를 개최하였으며, 주민, 의회 동의율 과반이상의 지역수용성을 확보한 총 6개의 지자체로부터 유치제안서를 접수받아 전원 외부 전문가로 구성된 '건설입지선정위원회'를 통해 지역 수용성과 건설여건을 종합적으로 평가한 후 같은해 8월 '경남 고성군'을 최종 사업지로 확정하였다.

　이러한 과정을 통해 단 3개월만에 입지선정을 완료하고, 11월에 발전사업허가를 획득, '22년 3월 기재부 예비타당성 조사 통과하며 사업이 본궤도에 오르고 있다. 기존 3년 가까운 시간을 소요하고도 입지선정이 좌초되었던 대구와 비교하였을 때 초단기간에 입지선정에 성공한 이번 사례는 공공정책사업 부지선정의 모범사례이자, 향후 유사 사업추진에 있어서도 사회적 갈등을 최소화 할 수 있는 최고의 방안이 되었다.

　ESG경영과 연계하여 추진한 KOEN의 건설입지선정 패러다임 변화 시도는 주민들의 극심한 반발에 부딪혀 친환경 에너지사업 추진 입지선정에 어려움을 겪고 있는 정부 및 사업자들에게 해법을 제시하였다. 또한 주민수용성 확보를 기반으로 추진한 에너지 전환사업 성공 사례를 확보는 단순히 하나의 사업에 대한 성공사례로 그치는 것이 아니라 원활한 친환경 에너지 전환으로 국민들의 안정적 전력사용과 국가 경쟁력 확보에도 이바지 할 수 있는 토대를 구축하는데 기여할 것으로 기대하고 있다.

## 02. 국내 최대 신재생에너지 개발 10GW 달성으로 에너지기업 Net-Zero 선도

### 가. 대규모 태양광 발전사업 성공모델 제시

KOEN은 정부의 제5차 신재생에너지기본계획(2034년까지 태양광 목표용량 39.3GW) 정책의 선도적 이행과 'KOEN 신재생에너지 3430(2034년까지 태양광 목표용량 4.2GW)' 달성을 위하여, 지역과 상생협약을 통한 주민 수용성 강화, 투명하고 공정한 EPC 발주 등 지자체 맞춤형 사업전략을 구축하였다. 그 결과 고흥호, 해창만, 새만금 태양광과 같은 대규모 공모사업을 3회 연속 수주하며 245MW의 대규모 태양광 발전 사업권을 확보하였다. 특히, 고흥만·해창만 수상태양광은 대상 사업 부지를 자체적으로 발굴하고 지자체의 니즈파악을 통해 맞춤형 사업모델을 제안해 입찰가점을 획득하였으며, 새만금 육상태양광은 지역업체 100% 수행, 지역 기자재 93% 이상 사용 등을 통해 지역경제 활성화를 위한 노력을 인정받고 있다.

[그림 7] 대규모 태양광 발전사업 추진 대표사례

### 나. 국내 최초 해상풍력 기술개발로 사업 확대

정부는 2034년까지 풍력발전 설비용량 24.9GW를 목표로 하고 있으며 KOEN은 정부 목표의 18%인 해상풍력 설비용량 4.5GW 확보를 목표로 하고 있다. 목표달성을 위해 정부는 대규모 프로젝트 착공시기에 발맞춰 2022년까지 8MW급 대형 해상풍력용 터빈개발, 2024년까지 부유식 해상풍력 시스템 개발 완료 등을 강조하고 있다.

이에 따라 KOEN은 해상풍력 기술확보를 위하여 부유식 해상풍력 시스템 개발을 위한 국책과제 수행하고 있으며, 지자체, 국내 터빈제작사, 설계사 등과 함께 전력을 다해 노력하고 있다. KOEN은 100% 국산기술을 활용한 탐라해상풍력(30MW) 사업의 성공에 힘입어 현재 11개 후속 풍력사업을 지속 추진하고 있으며, 현재 3.1GW 국내 해상풍력 발전사업허가를 취득하여 초격차를 가속화하고 있다.

### 다. 해외 신재생에너지 개발 1GW 달성으로 글로벌 Net-Zero 선도

KOEN은 해외 신재생에너지 개발을 통해 국내 기업과 해외사업 동반진출로 해외 수출 및 일자리 창출에 기여하고 있으며, CDM(Clean Development Mechanism, 청정개발체제) 사업을 통한 정부 온실가스 감축정책을 적극 이행하고 있다. 파키스탄에서 추진한 Gulpur 수력사업(102MW)이 2021년 11월 UNFCCC의 CDM 프로젝트로 정식등록되면서 KOEN은 탄소배출권(CER)을 연간 24만톤, 총 사업기간(21년)동안 504만톤을 확보하게 되었으며, SPC 배당수익 외 연간 약 45억원의 부가수익을 기대하고 있다.

뿐만 아니라 칠레 산티아고 외곽 10개 사이트에 총 50MW 용량의 태양광 발전사업을 추진하고 있으며, 칠레 태양광 사업이 CDM 사업에 등록될 경우 약 4.3만톤의 배출권 확보 효과가 있을것으로 기대를 모으고 있다.

탐라 해상풍력 전경

파키스탄 Gulpur 수력 사업

칠레 태양광 사업

[그림 8] 해상풍력 사업 및 해외 신재생에너지 개발 추진 대표사례

# Ⅳ. KOEN ESG [S] - 사회가치를 높이는 넥스트 에너지

## 01. (사회적 가치) 사회적 난제에 해법을 제시하는 Social Value Creator

국내에서 매년 30만톤이 발생하는 굴껍데기의 80%는 통영, 거제, 고성 지역에 집중되어 있고, 비료, 종묘 등으로 재활용하고 있지만 발생량에 비해 재활용량이 턱없이 부족하여 매년 통영시에서는 70억을 들여 해양투기를 해오고 있다. 이마저도 적절한 해결책이 되지 못해 매년 10만톤 이상의 해변에 쌓아놓고 있어 굴껍데기는 지역의 골치덩이가 되어 있다.

통영시에는 굴껍데기 재활용 확대를 위해 같은 경남 지역에 소재하고 있는 KOEN의 삼천포발전본부에 지역현안 해결을 위한 협업을 요청하였고, KOEN은 삼천포발전본부의 환경설비인 탈황설비를 활용해 굴껍데기 재활용 탈황흡수제 활용을 위한 개발과 현장시험을 실시하여 사용 가능성을 확인하였다.

그리고 폐기물관리법에 적용되어 재활용에 규제가 많은 굴껍데기를 원활하게 재활용하기 위하여 경남 통영시 국회의원에게 굴껍데기 탈황흡수제 재활용 가능성에 대해 설명하고 함께 수산부산물법 제정을 위한 활동을 추진하였다. 이러한 노력으로 2021년 6월 수산부산물법 입법안이 국회에 통화하였고, 이어서 KOEN, 통영시장, 통영시 굴수산업협동조합장과 굴껍데기 자원화사업 추진을 위한 MOU를 체결하고 자원화사업을 본격화하였다.

통영시 의원 방문 설명 ('20.10)

굴껍데기 자원화 사업 협약 ('21.6)

자원화 사업 설계용역 착수보고회 ('21.10)

[그림 9] 굴껍데기 자원화 사업 추진을 위한 KOEN의 노력

이러한 사업추진 노력으로 인사혁신처 적극행정 경진대회에서 행정안전부 장관을 수상하였으며, 통영시 굴껍데기 자원화시설이 무난히 추진된다면 2023년 1월부터 연간 1만톤의 굴껍데기 탈황흡수제 사용을 시작으로 약 5만톤까지 사용량을 확대해 나가게 된다.

이를 통해 KOEN은 연간 $CO_2$ 1.2만톤을 저감하고 지역에 약 211명의 일자리를 창출하게 되었으며, 지역의 골칫거리를 해소하고 더불어 지역발전에 기여하는 등 다양한 사회적가치를 창출하였다.

## 02. (안전경영) 근로자 최우선 안전경영체제 구축

KOEN은 현장에 출입하는 모든 근로자에게 안전보건정보를 실시간으로 제공하고 현장의 유해위험요인 신고 및 개선에 대해 실시간으로 Feedback 받을 수 있는 「KOEN Safety 365」모바일앱을 개발하여 운영하고 있다. 이 모바일 앱을 통해 출입자 관리, 근로자에게 필요한 안전보건정보와 필수 안전교육을 제공하고 있으며, 발전소 내 재난 및 위험사항 발생 시 모바일앱을 통한 신속한 재난 상황 메시지 전파 및 공유로 근로자가 즉시 대피할 수 있도록 운영하고 있다.

또한 발전소 정문, 식당 등 근로자의 출입이 잦은 현장 곳곳에 키오스크를 설치하여 안전점검과 순찰시 지적된 근로자의 불안전한 행동을 다른 근로자와 공유하여 동일한 불안전행 행동을 예방하고, 현장의 위험구역에 Safety Voice를 설치하여 위험구역으로 근로자 접근시 위험사항과 지켜야할 안전 수칙을 주기적(10~30분간격)으로 방송함으로써 근로자가 지속적으로 위험사항에 대해 인지하도록 하고 있다.

그리고 QR코드를 활용하여 위험현장에 대한 단계별 안전행동수칙을 영상으로 제공하고 있으며, AI를 활용해 작업자의 불안정한 행동과 위험발생(화재, 누출 등)을 감시하고 경고하는 실시간 영상모니터링(KOEN Cam)을 시범운영하는 등 근로자의 안전을 위한 다양한 노력을 기울이고 있다.

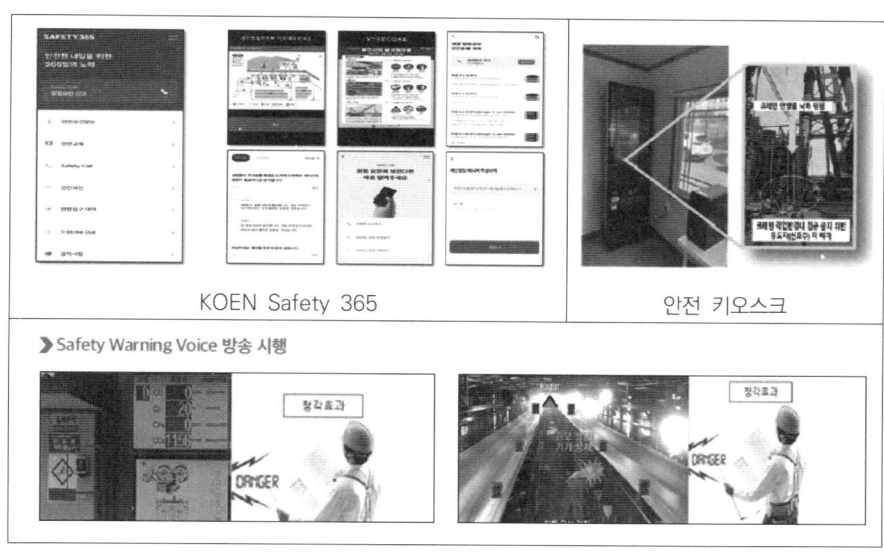

[그림 10] KOEN 안전경영체계 구축 활동 대표사례

## 03. (동반성장) 동반성장 인프라 구축으로 중소기업 활력제고

KOEN은 협력중소기업과의 상생발전을 위해 창업지원, 경영 및 기술경쟁력 강화지원, 판로지원 등 다양한 동반성장 프로그램을 추진하여 사회적가치를 확대하고 있다.

KOEN은 안정적으로 발전소를 운영하기 위해서는 협력중소기업의 기술력 확보가 무엇보다 중요하고, KOEN과 협력중소기업의 관계는 악어와 악어새와 같이 공존해야 하는 관계로 인식하고 있다.

단순한 1회성 지원을 지양하고 다양한 기관과의 협업과 소통을 통해 협력기업들이 걸음마 단계부터 글로벌 기업으로 성장 수 있도록 단계적인 동반성장 프로그램을 추진하기 위해 노력해나가고 있다.

다양한 동반성장 프로그램중 창업해드림(SUN Dream) 사업은 창업진입 지원부터 생존, 성장까지 원스톱으로 지원하는 KOEN의 대표 중소기업 지원프로젝트이다.

창업한 기업들에게 사업화 과정에서 자금조달, 시장진입 등 어려움을 겪게되는 시기가 통상 3~7년차 쯤 찾아오게 되는데 이를 데스밸리(Death Vally)라고 부르며, 통계적으로 기업설립후 이 기간에 폐업을 하는 비율이 약 40%에 이를 정도이다. 이러한 어려움을 극복하기 위해 KOEN은 1단계의 단순한 창업진입 지원에서 그치는 것이 아니라 지속적인 성장지원을 위해 총 3단계의 지원프로그램을 마련하여 지원하고 있다.

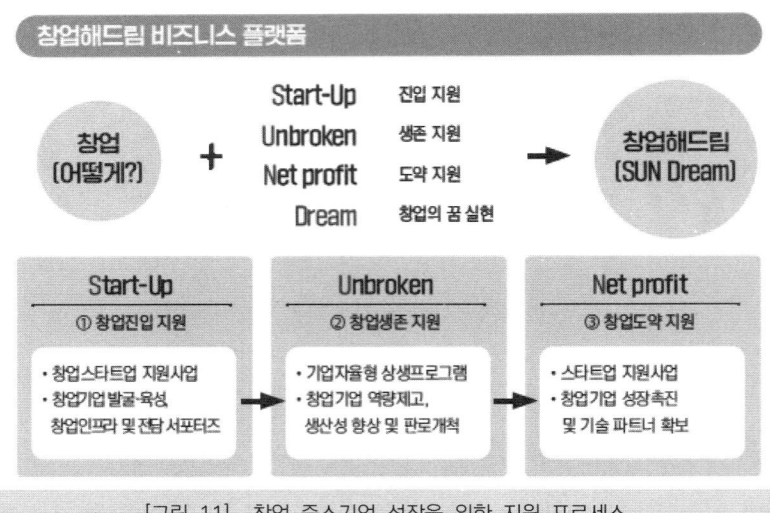

[그림 11] 창업 중소기업 성장을 위한 지원 프로세스

먼저 1단계 진입(Start-Up)단계인 "창업 스타트업 서포터즈 사업"을 통해 유망 창업기업을 집중 발굴하여 창업기반을 마련하고, 2단계 생존(Unbroken)단계로 "기업자율형 상생프로그램"을 통해 사업화 지원 및 전담 멘토제 등을 운영하여 창업기업의 역량을 제고하고 있다. 마지막 3단계로 도약(Net-profit)단계에서는 "집중육성 프로그램"을 통해 창업기업의 매출성장을 위한 지원을 추진하게 된다. 이를 통해 핵심기술을 보유한 혁신적 파트너사를 확보하여 KOEN의 미래성장에도 기여할 수 있도록 지원사업을 추진해 나가고 있다.

이러한 창업지원 프로그램 뿐만 아니라 중소기업의 기술주도 혁신성장을 위한

"KOEN R&D CARE 플랫폼"을 통해 중소기업의 기술개발 초기 아이디어를 기획(Conception) → 추진(Action)→실증(Real test)→확대(Expansion)까지의 과정을 One-stop으로 지원하는 단계별 플랫폼을 운영하고 있으며, 글로벌 중소기업 육성을 위한 "KOEN 성장 사다리" 프로그램을 통해 해외 진출을 지속적 지원해 나가고 있다. 그리고 기업성장응답센터를 운영하여 중소기업의 다양한 애로사항을 발굴하고 규제개선 활동을 추진하는 등 동반성장을 위한 다양한 노력을 기울이고 있다.

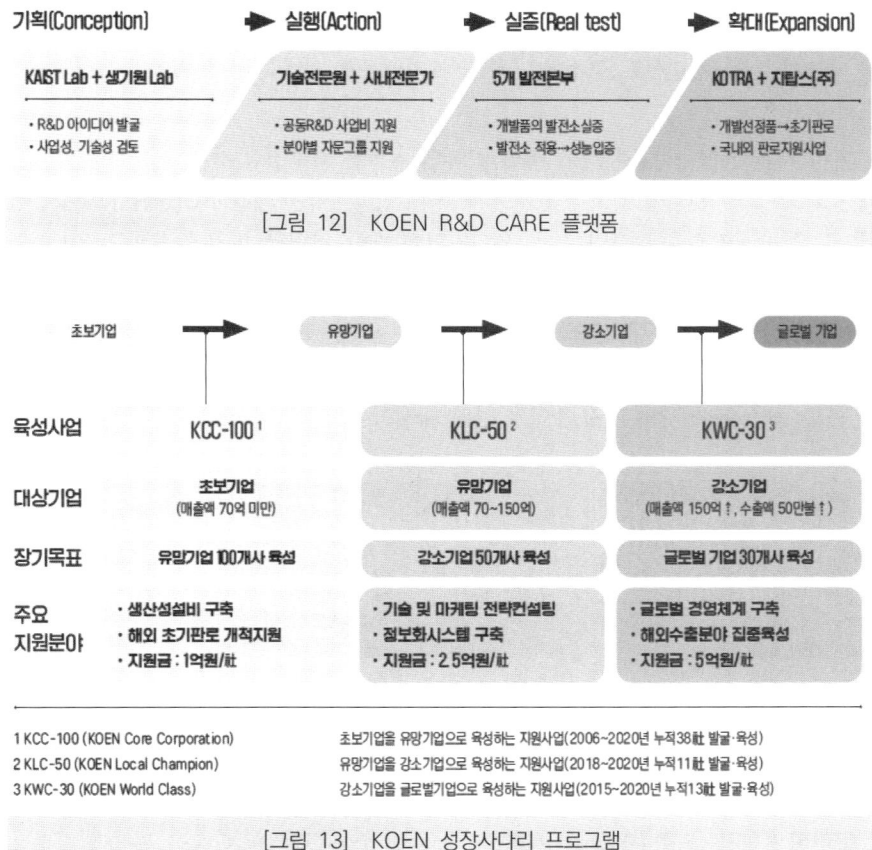

[그림 12] KOEN R&D CARE 플랫폼

[그림 13] KOEN 성장사다리 프로그램

# V. KOEN ESG [G] – 지배구조를 개선하는 넥스트 에너지

## 01. (윤리경영) 투명·공정한 경영혁신으로 글로벌 윤리기업 도약

최근 LH사태 등 국민의 공분을 산 일련의 사건들로 인하여 공기업의 투명하고 공정한 업무처리 요구가 더욱 증대되고 있으며, 이로 인해 공기업의 윤리경영에 대한 관심과 중요도가 매우 높아지고 있다. KOEN은 이처럼 점점 높아지는 이해관계자들의 청렴·윤리 기준에 부응하고자 윤리경영 시스템을 고도화하고 임직원들의 윤리의식을 제고하는 등 청렴하고 공정하고 투명한 지배구조 기반을 구축하고자 지속적으로 노력하고 있다.

특히 지난 2021년 신임 CEO 취임과 함께 임직원 직무청렴 선서식을 시행하며 윤리경영 고도화·내재화를 강조하였으며 사장직무청렴계약을 체결하고 기관장으로서 청렴의무를 공식적으로 선포하는 등 윤리경영에 대한 강력한 의지를 보이고 있다.

이러한 CEO의 경영방침 아래 이해충돌 방지를 위한 윤리혁신 테스크포스(T/F)를 구성하여 "윤리혁신 11대 실행과제"를 수립하여 운영하고 있으며, 사내 임직원은 물론 협력회사까지 윤리·인권 경영이 공유 확산될수 있도록 실태조사, 설명회, 교육, 영상표어 공모 등을 통해 참여형 윤리·인권 경영 내재화 활동을 적극적으로 추진하고 있다.

[그림 14] CEO 중심 윤리경영 내재화 활동 추진

그리고 KOEN은 임직원들과 이해관계자들의 청렴·윤리의식 확산을 위한 노력뿐만 아니라, 시스템을 구축을 통해 윤리경영을 체계화해 나가고 있다. 윤리인권센터 운영,

윤리인권 상담지원제도 마련, 안심변호사 대리신고제 및 레드휘슬과 같은 익명신고 시스템과 같은 신고채널 강화 등 부패방지 및 준법경영을 위한 내부통제를 지속적으로 강화해나가고 있다.

이러한 노력을 통해 KOEN은 2021년 11월 에너지공기업 최초로 "준법경영시스템(ISO 37301)"과 "부패방지경영시스템(ISO 37001)"을 동시에 인증받았으며, 국민권익위원회에서 주관하는 "2021년도 공공기관 청렴도 평가"에서 4년 연속으로 우수등급을 달성, 부패방지 시책평가에서도 반부패 평가 최우수(1등급)를 달성하는 등 윤리경영을 위한 지배구조 혁신에 대한 다양한 성과를 창출하고 있다.

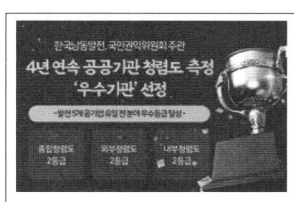

공공기관 청렴도 우수기관 선정

부패방지시책평가 최우수

ISO37301, 37001 인증취득

[그림 15] KOEN 윤리경영체계 운영 성과

## 02. (메타버스 경영) 비대면 뉴노멀 시대, 메타버스로 앞서가는 KOEN

KOEN은 2021년 7월, 공공기관 최초로 ESG경영에 메타버스를 전격 도입하였다. 메타버스는 가상과 초월을 의미하는 메타(Meta)와 우주를 뜻하는 유니버스(Universe)의 합성어로 현실세계와 같은 활동이 이루어지는 3차원의 가상세계를 말한다. KOEN은 제페토와 이프랜드 플랫폼을 활용하여 "KOEN Village"라는 6개의 특색있는 공간을 구성하고 비대면 회의, 행사 등을 통해 다양한 이해관계자들과 소통하고 있다.

2021년 12월 기준 총 28회의 회의 및 행사 개최로 누적방문객이 약 7,500여명에 달하며, 타사 벤치마킹 26회 등 KOEN의 메타버스 도입은 디지털 뉴딜의 우수사례로 자리 매김하고 있다. 특히 메타버스를 통해 ESG경영 10대 혁신과제 성과 점검을 시행하고, ESG 디자인단을 구성하여 발대식을 개최하는 등 최근 2년간 코로나19로 인하여 대면회의가 어려워진 상황속에서도 ESG 경영을 적극적으로 이행해나가고 있다.

특히 전직원과의 ESG 경영공감대 확대를 위하여 "CEO와 MZ세대가 함께하는 경영현황 설명회"를 개최하여 대내 소통을 확대하고, "KOEN ESG Game"과 같은 콘텐츠를 개발하여 전직원들이 참여하는 등 다양한 노력을 통해 ESG경영을 내재화해 나가고 있다.

[그림 16] 메타버스 경영 확대를 위한 KOEN의 노력

KOEN이 개발한 메타버스 컨텐츠를 통해 경영진, 직원간 수평적인 소통의 장을 조성하였으며, 메타버스에 참여한 임직원들은 다양한 미션들을 경험하고, 곳곳에 배치된 카드뉴스, 문제풀이 등을 통해 보다 쉽고 재미있게 ESG경영에 대한 이해도를 제고하고 공감대를 확대할 수 있는 기회를 제공하고 있다.

KOEN은 이러한 메타버스 공간을 단순히 내부 임직원을 위한 공간, 행사를 위한 공간으로 한정하지 않고 KOEN과 국민과의 언제든 소통할 수 있는 대국민 접점 포인트로 활용할 수 있도록 지속적으로 확대해 나갈 예정이다.

# VI. 결 론

오늘날 ESG경영은 기업들에게 생존 및 지속성장을 위한 필수적인 요소로 자리매김하고 있으며, 다양한 기업들은 ESG경영을 추진하기 위해 기업의 체질을 개선하고자 노력하고 있다.

KOEN은 앞서 살펴본 바와 같이 이러한 시대적 변화에 부응하기 위하여 다양한 변화를 선도적으로 추진하고 있으며 수많은 성과를 창출해 나가고 있다.

이사회 내 ESG위원회를 두어 지배구조를 개선하고 다양한 이해관계자와의 소통을 통해 ESG경영이 빠르게 도입될 수 있도록 조치하였으며, 탄소중립을 위한 청정에너지 발전소로의 전환과 신재생에너지 확대 추진, 사회적가치 확대를 위한 지역상생사업 추진, 안전경영 강화, 동반성장 정책 추진 등의 다양한 개선과제들을 발굴하여 성과를 내는 등 공공기관으로서 모범적인 사례들을 만들어 나가고 있다.

KOEN은 현재도 한국을 대표하는 ESG 경영기업으로 성장과 Clean & Smart Energy Leader라는 비전 달성을 위해 노력하고 있으며 계속해서 변화해 나가고 있다. 이번에 소개한 KOEN의 ESG 경영활동 사례가 다양한 기업들로 확산되어 우리나라의 ESG 경영발전에 기여하기를 바란다.

Part 02
Chapter 09

# 캠코, 국민과 함께 ESG의 새로운 미래를 열다

김준형·장수정(한국자산관리공사 ESG성과혁신실)

## Ⅰ. 서론

기후위기의 가속화가 전 세계적으로 중대한 과제로 떠오르고 지속가능한 경제를 비롯한 기업의 사회적 책임에 대한 요구가 증가하면서, ESG는 단순한 투자 분석수단이 아닌 시대의 흐름으로 자리 잡았다. 이에 따라 자본시장 및 산업에 미치는 영향력이 큰 공기업과 금융공공기관에서도 ESG는 경영전략을 수립함에 있어 고려해야할 핵심 키워드 중 하나가 되었다.

한편, 정부는 지난해 8월 「포스트 코로나 시대 지속가능성장을 위한 ESG 인프라 확충방안」을 발표하면서 ESG 인프라 구축, 인센티브 설계 등 공공부문의 ESG경영 선도를 통해 ESG경영 확산을 추진하겠다는 계획을 밝혔다.[1] 이어서 지난해 12월에는 기업의 ESG경영과 평가대응 방향 제시를 위해 「K-ESG 가이드라인」을 배포[2]함과 동시에 공기업 및 공공기관 등의 경영평가에 ESG 평가지표를 도입한 「2022년 경영평가 계획」을 발표[3]하였다. 뿐만 아니라 지난 5월에 발표된 새정부 국정과제[4]에

---

[1] 「ESG 인프라 확충방안」 (기획재정부, 2021.8.)
[2] 「K-ESG 가이드라인 V1.0」 (관계부처 합동, 2021.12.)
[3] 「2022년도 공공기관 경영평가편람」 (기획재정부, 2021.12.)
[4] 「윤석열정부 110대 국정과제」 (제20대 대통령직인수위원회, 2022.5.3.)

도 '공공기관 자체 ESG역량 강화', 'ESG 분야 자금지원 확대', '중소·벤처기업의 ESG 실사·진단 등 맞춤형 컨설팅 지원 강화' 등을 포함시키며 공공기관에 ESG경영 선도와 더불어 민간기업의 체질 개선을 위한 ESG경영 지원업무 수행을 적극적으로 주문하고 있다.

캠코는 국내 유일의 공적자산관리전문기관으로서 대내외 불확실성이 높아진 환경 속에서 취약계층을 선제적으로 지원하는 한편, 국가와 국민의 니즈에 발맞추어 ESG경영, 지역사회와의 동반성장 등의 사업을 선도적으로 전개해 왔다. 친환경 제로에너지 빌딩 건축, 양질의 일자리 창출 노력, 청렴의식 내재화 등 정부정책이 구체화되기 이전부터 다양한 방면에서 ESG 관련 활동을 실천해왔던 캠코는 2021년 11월 '지속가능한 성장을 위한 캠코形 ESG 경영전략'을 내놓으면서 ESG경영 추진체계를 본격화했다.

캠코형 ESG 경영전략의 추진목표는 'ESG기반의 사회책임경영 강화를 통한 지속가능한 공공서비스 플랫폼 전환'으로, 캠코는 탄소중립, 상생·협력, 반부패·투명의 3대 추진방향 아래 이를 수행하기 위해 '도시 저탄소화를 위한 친환경 공공건축 확대', '국민 소통에 기반한 포용적 신용회복 지원', '이해충돌방지를 위한 제도적 기반 구축 및 예방적 관리 강화' 등 15개 세부추진과제와 추진체계를 마련하여 ESG경영을 추진하였다.

본문에서는 국내 ESG 추진 현황을 제도와 정책 등을 통해 짚어보고, 캠코의 ESG경영 추진 과정과 캠코형 ESG경영의 내용, 주요 추진노력과 성과 등을 살펴본 뒤 결론으로 캠코의 ESG경영에 대한 종합 분석과 이에 대한 환류노력을 공유하고자 한다.

## II. 국내 ESG 추진 현황

### 01. 우리나라의 ESG 관련 제도

우리나라에서 ESG에 대한 관심이 높아지기 시작한 것은 국민연금이 UN PRI[5]에 가입한 2009년부터라고 볼 수 있다. ESG라는 개념이 확산됨에 따라 가장 먼저 제도화된 것은 정보공시 부분인데, 이 같은 흐름은 미국, EU 등의 다른 국가들과도 비슷하다고 할 수 있다. EU와 캐나다 등에서는 이미 ESG 정보공시를 의무화하고 있고, 미국은 캘리포니아 등 12개 주에서 ESG 정보공시 및 강화요건을 제정하고 있다. 우리나라는 2010년 한국거래소가 기업들에게 녹색경영정보를 자율적으로 공시하도록 한 것[6]을 시작으로, 2011년에는 환경부에서 환경 측면에 영향이 큰 기업의 환경정보를 등록하도록 하고, 금융위원회도 규정 개정을 통해 일부 분야의 기업들에게 관련 사항을 정기적으로 보고하도록 하고 있다. 또한 2021년 1월에는 금융위원회가 「기업공시 제도 종합개선방안」을 통해 지속가능경영보고서 등 ESG 정보공시를 단계적으로 의무화 하는 방안[7]을 제시하였다.

---

[5] UN PRI는 2006년 기업의 지속가능한 성장 관련 6대 원칙 등을 발표했는데, 여기에는 본격적으로 기업의 비재무적 요소에 대한 공시 및 규율 강화가 포함되었다.
[6] 유가증권시장 공시규정·시행세칙(2010.12.8. 개정 내용)
[7] 1단계(~2025년) : 'ESG 정보 공개 가이던스'를 제공하여 지속가능경영보고서 공시 활성화
2단계(2025~2030년) : 자산 2조원 이상 코스피 상장사를 대상으로 공시 의무화
3단계(2030년 이후) : 모든 코스피 상장사 대상으로 공시 의무화

<표 1> 주요 국가별 ESG 제도화 상황[8]

| 구분 | 주요내용 | 내용 |
|---|---|---|
| 캐나다 | ESG 정보공시 의무화 현대판 노예법 (Modern Slavery Act)발의 | - 공시의무 불이행시 처벌 가능<br>- 강제노동·아동노동을 통해 생산된 제품 수입 금지 |
| 미국 | ESG 정보공시 추진 ESG 강화요건 제정 | - ESG 공시 및 단순화법 하원 통과<br>- 캘리포니아를 포함한 12개 주 ESG 강화요건 제정 혹은 제정준비 |
| EU | ESG 정보공시 의무화 공급망 인권실사 규제 | - 23년까지 전체 상장사 및 대규모 비상장사 ESG 정보공시 의무화<br>- 공급망 인권실사 규제 인권, 환경, 지배구조 감시 실사 의무화 |
| 중국 | ESG 정보공시 격려 및 의무화 | - 상하이증권거래소 ESG 정보공개요구 명확화 제도 발표<br>- 상장기업에 대한 연차 반기 보고서 지침개정을 통해 ESG관련 정보공시 의무화 |
| 한국 | ESG 정보공시 의무화 | - 25년 자산 2조원 이상, 30년 코스피 전 상장사<br>- 국민연금 22년까지 운용자산 50%에 ESG 책임투자 적용 |

## 02. 정부의 ESG 관련 정책

정부가 정책에 ESG를 직접적으로 반영하기 시작한 것은 2021년 8월 「ESG 인프라 확충방안」을 발표하면서부터이다.[9] 여기에는 코로나19로 인한 양극화 우려가 커지고 기후위기 대응에 대한 인식이 확대되는 상황에서 ESG가 포스트 코로나 시대 지속가능성장을 위한 글로벌 핵심 아젠다로 부각되었던 것이 크게 작용했다.

정부는 '저탄소(E)·포용(S)·공정(G) 경제로의 대전환'이라는 목표 아래 2021년을 ESG경영 확산의 원년으로 삼고, ESG 확산을 국가 경제 대전환 전략으로 활용할 계획을 세우는 한편, 「ESG 인프라 확충방안」으로 공공부문을 통해 ESG 인프라를 확충함으로써 ESG경영 확산에 따른 시장 부담을 완화하고자 했다. 「ESG 인프라 확충방안」에서 처음 언급되었던 ESG공시·투자 관련 가이드라인은 「K-ESG 가이드라인」으

---

[8] 장영민·최상성, 「그린뉴딜과 ESG」, 한국통신학회지 '정보와 통신', 2022.7., p. 8
[9] 과거 한국판 뉴딜 종합계획의 한축을 담당했던 그린뉴딜도 ESG 관련 정책으로 꼽을 수 있겠으나, 이는 환경, 사회, 지배구조 전반이 아닌 '환경' 부문에 한정된 경향이 크므로 본격적인 ESG 추진으로 해석하는 데에 한계가 있다.

로 이어져 국내 ESG경영 시행의 지침으로 활용되었다. 정부는 이후 2021년 12월에 'ESG 등을 고려한 경영목표 및 경영전략 수립'과 같은 ESG 평가지표가 반영된 「2022년 경영평가 계획」을 발표했다. 이로써 공기업 및 공공기관 등의 경영평가에도 본격적으로 ESG가 도입되었다.

이렇듯 「ESG 인프라 확충방안」, 「2022년 경영평가 계획」 등을 통해 모습을 갖추기 시작한 '공공부문의 ESG'는 새 정부 들어서 보다 명확한 방향성을 갖게 되었다. 새 정부의 국정과제와 공공기관 혁신방향에는 '공공기관 자체 ESG역량 강화' 뿐 아니라 '민간 협력업체 ESG경영 지원', '중소기업의 ESG경영을 위한 컨설팅·정보·자금 등 지원[10]'과 같은 과제들이 담겼다. 공공기관의 ESG가 조직 안에서의 발전 뿐만 아니라 민간영역으로의 확산까지 그 목표와 역할이 구체화된 것이다.

## 03. 금융관련 공공기관의 ESG경영 추진 현황

금융은 다양한 형태의 투자를 통해 전 산업부문에 광범위한 영향을 미친다. 따라서 금융관련 공공기관은 ESG 이슈에 대해 적극적으로 대응하고 이를 전파할 것을 상대적으로 더욱 강하게 요구받고 있다.

이에 금융관련 공공기관들은 ESG 전담조직을 구성하거나 ESG 강화를 기관의 주요과제에 반영하는 등 다양한 노력을 기울이고 있다. 특히 기금 운용 권한이 있거나 정책금융 역할을 하는 금융 관련 공공기관들은 자산배분 기능을 통해 저탄소 경제로의 전환을 이끌 수 있다는 기대에 부응하기 위해 타 공공기관들보다 적극적으로 움직이고 있다. '책임투자원칙', '스튜어드십코드' 관련 지침을 도입(국민연금공단, 공무원연금공단, 사학연금공단)하거나, 녹색분야 자금공급 규모를 확대(산업은행)하고, 펀드 운용사 설정 시 ESG 요소를 평가(수출입은행)하는 등의 전략을 세워 추진하는 것이 그 대표적인 예이다.

---

[10] 「새정부 공공기관 혁신방향」(기획재정부, 2022.6.21.)

전문가들은 이러한 각 기관의 노력이 글로벌스탠다드에 부합하는 긍정적인 변화라는 데에는 동의하고 있으나, 이들의 ESG 관련 정책이나 전략이 '수립' 단계에 머물고 있으며, ESG 위원회 등 전담조직도 구축 단계를 넘어서 운영 활성화 단계까지 진행되지는 못한 것으로 판단하고 있다.[11] 또한 아직 ESG 지표나 분류체계가 완전히 정비되지 않아 그 실적과 실효성을 구체적으로 평가하기 어려운 수준이라고 보고 있다. 따라서 각 기관들은 자체적으로 수립한 정책, 투자 전략 등이 선언적인 내용에 그치지 않고 구체성을 더할 수 있도록 지속적으로 노력과 관심을 기울여야 한다는 공통의 과제를 안고 있다고 볼 수 있다.

〈표 2〉 공공기관별 ESG 관련 주요 정책 및 투자 관련 계획[12]

| 구분 | 주요내용 |
|---|---|
| 국민연금 | - '책임투자원칙', '스튜어드십코드' 및 관련 지침 도입 후, ESG 등 비재무적 요소를 고려하여 기금 관리·운용<br>- ESG 통합전략 적용 자산군 확대<br>- 위탁운용의 책임투자 내실화(위탁운용사 대상 책임투자 보고서 제출 의무화, 위탁운용사 선정시 책임투자 여부 반영 등) |
| 공무원연금 | - 금융자산운용지침(IPS)에 '책임투자원칙' 명시, '스튜어드십코드' 도입 및 관련 지침 수립<br>- 국내주식의 ESG 평가 체계 구축 연구용역 추진 예정 |
| 사학연금 | - '책임투자원칙', '스튜어드십코드' 및 관련 지침 도입 후, 이에 의거한 ESG 투자 실행<br>- 국내채권의 경우 녹색채권·지속가능채권, 국내주식의 경우 SRI 유형, 대체투자는 친환경 관련 ESG 투자 확대 예정 |
| 산업은행 | - (단기) 'ESG 지원체계 구축 및 녹색·사회 금융지원 확대' 경영전략 도입<br>- (중장기) 기관 역할 재정립 및 ESG경영 반영을 위한 외부컨설팅 추진<br>- 녹색분야 자금공급 규모 확대(에너지 전환, 산업구조 저탄소화, 녹색생태계 구축) |
| 수출입은행 | - 펀드운용사 선정시 ESG 요소 평가(ESG 투자정책 수립, 투자시 ESG 고려, 관련 전문인력, 전문기관 협업체계 구축 여부 등)<br>- ESG 3대 목표 설정(국내 기업 글로벌 ESG 경쟁력 강화 지원, 국가 탄소중립 목표 달성 기여, 사회적 가치 창출 확대)<br>- '30년 목표 수립(ESG 여신 180조원 이상, ESG 채권 200억불 이상 발행, 탄소 배출 50% 이상 감축) |

---

[11] 노종화, 「금융 관련 공공기관의 ESG경영 현황」, ERRI경제개혁연구소, 2021.12.16., p. 22
[12] 노종화, 「금융 관련 공공기관의 ESG경영 현황」, ERRI경제개혁연구소, 2021.12.16., p. 10

# III. 캠코의 ESG경영 추진 과정

## 01. 캠코의 ESG경영 도입

　캠코가 ESG를 경영전략화 한 것은 2020년 11월 수립한 「뉴노멀 포스트코로나 시대 선도 공기업 전환을 위한 대응 전략」(이하 포스트코로나 대응 전략)에서부터 시작되었다. 포스트코로나 대응 전략은 '뉴노멀 선도형 조직 전환', '코로나 극복 민생안정 지원', '경제활력·한국판 뉴딜'이라는 3대 추진 방향으로 캠코형 혁신 생태계 조성을 비롯한 15개 중점 추진과제로 구성된 전략이다. 캠코는 이 전략의 중간점검 단계에서 저탄소 친환경 정책이 강화[13]되고 환경 문제가 핵심 이슈로 부각되는 경영환경의 변화를 읽고, 2021년 1월 '주요사업 추진의 ESG 전환'이라는 중점 추진과제를 추가하고 CEO를 위원장으로 하는 코로나 위기극복 위원회에도 '주요사업 ESG 전환' 분과를 신설했다.

　또한 캠코는 과제 추가를 검토하고 구체화하는 과정에서 '캠코형 ESG 가이드라인 1.0'을 처음으로 도입(2021.1.)했다. 캠코형 ESG 가이드라인1.0은 공사의 주요사업인 기업지원, 공공·국유건축 및 국유물납증권 관리 분야의 ESG 관점 투자원칙으로, 글로벌 환경 기준을 준수하지 않는 기업은 금융 지원 시 불이익을 준다거나, 국유·공공건축분야에서는 제로에너지 빌딩 건축을 강화하는 등 현실적인 ESG 관점 업무수행 방침으로 구성되었다. 이로써 캠코는 ESG경영 패러다임을 선제적으로 파악하고 제도 기반 마련과 함께 조직 내에 ESG 경영DNA를 이식하기 시작했다.

---

[13] 정부는 2020년 12월 「2050 탄소중립」 추진 전략에서 적응적(adaptive) 감축에서 능동적(proactive) 대응으로의 전환과 산업구조 저탄소화 및 신산업 육성 등 선도적 대응으로 '탄소중립+경제성장+삶의 질 향상' 동시 실현 추진할 것임을 밝힌바 있다.

<표 3> 캠코형 ESG 가이드라인 1.0 주요 내용

| 분야 | 항목 | 주요내용 |
|---|---|---|
| 기업 | 선박 인수 심사 | - 인수요청 선박에 대해 현금흐름 등 경제성 관련 사항뿐 아니라 해양 오염사고 발생 가능성 등 환경(E) 관련 사항도 고려하여 인수 적정성 심의 |
| | S&LB 인수 심사 | - 지원 타당성 판단시 회계처리 투명성, 노사관계, 소송·분쟁 등 기업의 윤리성(G)을 감점요소로 심사 |
| | 회생기업 DIP금융 기업 심사 | - 지원 기업 심사시 대표자의 리더십, 산업 전망 등 비계량 요소를 고려하여 심사하며, 직전년도 적정의견 감사보고서 발행 등 재무자료의 신뢰성(G) 높은 경우 가점 부여 |
| 건축 | 제로에너지 빌딩 건축 | - 제로에너지 빌딩 인증 상향 적용 및 태양광·전기차 충전시설 등 확대 |
| 증권 | 물납법인 ESG 점검 기준 수립 | - 중장기 관점에서 Focus List 기업별로 효과적인 주주 활동을 수행하고 공사의 사회적 책임투자 원칙에 부합하도록,<br>- 지배구조(G) 점검기준 16개를 공통 적용하고 26개의 ESG 이슈를 각 업종별 특성 고려하여 점검 기준 제시 |

한편, 비슷한 시기 부사장 직속의 캠코연구소에서는 '사회책임경영을 위한 ESG의 주요 내용 및 시사점'이라는 주제로 연구를 수행했다. ESG가 이슈로 떠오른 배경부터 정부정책, ESG 평가, 가치산정(valuation) 등을 다각적으로 분석한 이 연구를 통해 캠코연구소는 기존의 사회적 가치 제고 노력을 견지·강화하는 동시에, ESG 현행 이슈들에 긴밀히 대응함으로써 공공분야 ESG 선도기업으로 도약하기 위한 발전방안을 제시[14]했다.

이후 2021년 4월, 캠코는 '가계·기업의 취약 분야 지원'과 '친환경 공공개발 확대' 등 공기업으로서 지속가능한 사회적 가치 창출을 위해 2023년까지 총 3조원 규모의 ESG채권을 발행한다는 계획을 발표했다. 실제로 캠코는 2021년 6월, 2,000억원 규모의 '사회적채권' 발행을 성공적으로 완료했다. 이 채권은 국제자본시장협회(ICMA) 사회적채권 가이드라인에 따라 외부 전문기관 검증을 받아 발행한 최초의 ESG채권이었다. 이어 사회적채권 추가 발행을 통해 2021년 중 총 1조원의 ESG채권 발행을 완수했다. 채권발행으로 조달한 자금은 발행 목적에 부합하도록 코로나19로 어려움을

---

[14] 사회책임경영을 위한 ESG의 주요 내용 및 시사점(2021.1.13.)

겪고 있는 취약계층 재기지원과 기업 재도약 기회 확대 및 경제 활력 회복을 위한 지원 사업에 활용되었다.

캠코는 이 외에도 ESG경영의 성공적 추진을 위해 2021년 5월 금융위원회와 공동으로 TCFD[15] 지지선언에 참여하고, 임직원의 ESG 역량 강화를 위한 교육을 진행했다. 또한 한 달간 임직원의 건강 증진과 에너지 절약을 통한 탄소중립 동참, 기부문화 확산과 캠코형 ESG경영 실천을 위해 '임직원 1억 걸음 기부 캠페인'을 진행하는 등 직원 개개인에게 ESG를 내재화하기 위한 활동들을 펼쳤다.

## 02. 캠코의 ESG경영 추진 체계

2021년 5월, 캠코는 사업부문별 ESG경영 추진 전략과 성과 등을 점검할 수 있는 조직으로 'ESG경영위원회'를 구성하였다. ESG경영위원회의 위원장은 CEO이며 그 밖에 부사장, 상임이사 등으로 구성하였으며 사외이사(1명)·외부전문가(3인이내)를 추가하여 전문성·객관성을 확보했다.

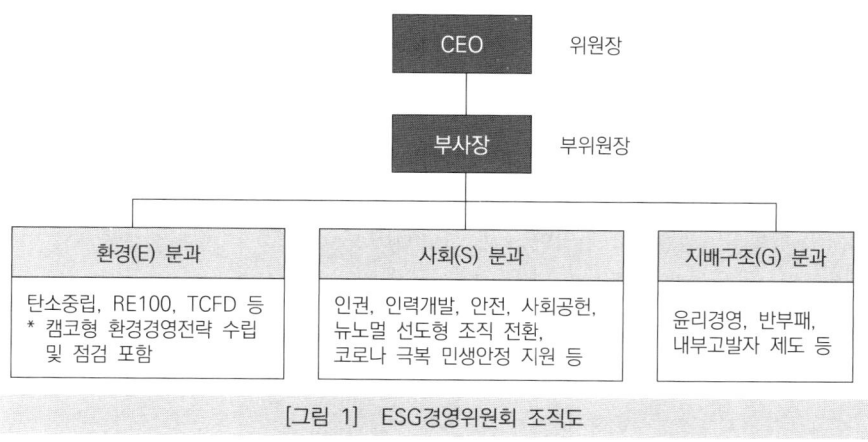

[그림 1] ESG경영위원회 조직도

---

[15] Task Force on Climate-related Financial Disclosure

그 외에도 캠코는 전담 실행조직인 'ESG경영팀'을 신설하여 실무추진 현업부점과 함께 전략수립·성과관리·교육·성과공유 등 실행체계를 구축하도록 함으로써 체계적인 ESG경영 추진의 토대를 마련했다. 이러한 노력의 결실로 캠코는 2021년 6월 10일 '대한민국 ESG경영대상' 공공부문 준정부기관 우수기관상을 수상했다.[16]

〈표 4〉 ESG 담당 조직 및 역할

| ESG경영위원회 | ESG경영팀 | 현업부서 |
|---|---|---|
| - 전략 및 계획 승인<br>- 중요 ESG이슈 검토<br>- 분기별 ESG실행 모니터링<br>- 성과평가 | - 전략 및 계획 수립<br>- 중요 ESG이슈 분석 및 보고<br>- 성과분석 및 개선방향 도출<br>- 대외평가 대응<br>- 보고서 발간 등 성과공시 | - 중점관리사항 도출<br>- 추진계획 실행<br>- 투자집행<br>- 결과보고 및 개선방안 도출 |

## IV. 캠코형 ESG경영

캠코는 ESG경영 추진동력을 강화하기 위해 2021년 11월 '2021년 제1차 ESG경영위원회'를 개최하고, 내·외부위원의 의견을 수렴하여 2022년 1월 '지속 가능한 성장을 위한 캠코형 ESG 경영전략'을 확정했다. 위원회에서는 분야별 외부 전문가의 의견을 반영하여 ESG 경영전략의 3대 추진방향을 저탄소·친환경 공공자산 확대(E), 사회책임경영 강화(S), 청렴하고 투명한 조직 실현(G)으로 정하고, 15개의 전략과제와 이를 달성하기 위한 구체적 목표도 제시했다.

특히 15개의 전략과제는 과제 중대성 평가를 통해 도출한 것으로, 이는 국제 가이드라인에 따라 중대성 평가를 실시해 주요 과제를 선정했다는 데에 의미가 있다. 중대

---

[16] 산업통상자원부와 행정안전부가 후원하고 대한민국 ESG경영 포럼이 주관하며 '대한민국 ESG평가모델'에 근거해 ESG 관련 종합평가의 결과로 선정된 우수기관을 시상함.

성 평가의 구체적인 방식을 살펴보면, 대내외 이슈를 파악해 이슈 Pool을 구성하고, 환경 분석 및 이슈 검토 결과를 바탕으로 60개의 주요 과제를 도출한 후, 마지막으로 이해관계자 중요도와 비즈니스 중요도를 기준으로 한 중대성 평가를 통해 15개의 추진과제를 도출했다. 이 같은 과제도출 방식을 통해 캠코는 ESG경영에 영향을 미치는 대내외 환경과 주요 이해관계자들의 다양한 관심을 전략과제에 반영할 수 있었다.

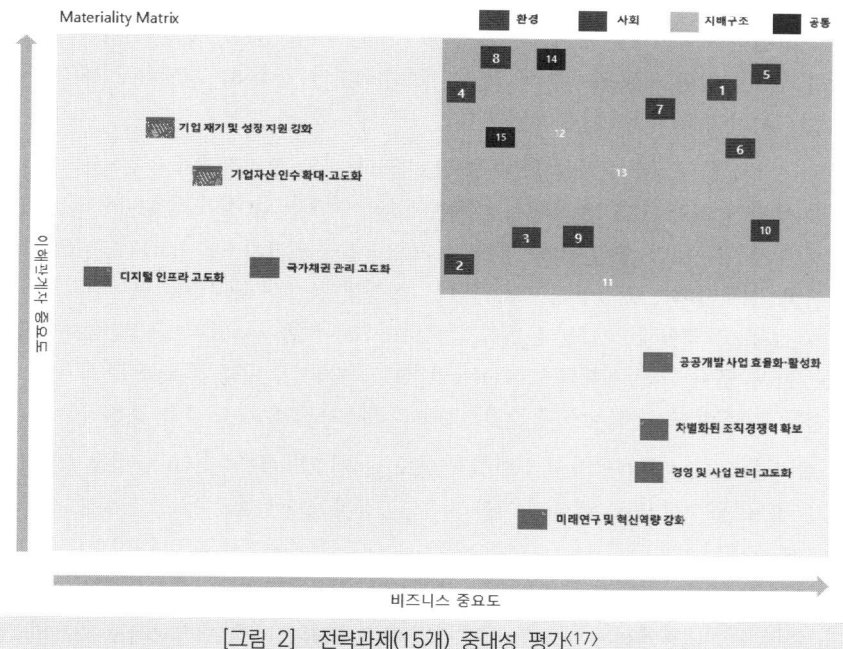

[그림 2] 전략과제(15개) 중대성 평가(17)

캠코는 그 외에도 ESG경영의 성과를 체계적으로 측정·관리·전파하기 위하여 캠코 맞춤형 'ESG 지수'를 개발하고 ESG 경영이행보고서를 발간하는 한편, 캠코 ESG경

---

⟨17⟩ ESG 전략과제도출 표준모델을 활용한 매트릭스 분석

영 중장기 로드맵을 구상 해 향후 10년간의 중장기 계획을 바탕으로 단계별 ESG경영을 추진하고 있다.

## 01. 캠코형 ESG경영전략 추진과제

2022년 1월 확정한 캠코형 ESG경영전략의 추진목표는 'ESG기반의 사회책임경영 강화를 통한 지속가능한 공공서비스 플랫폼 전환'이다. 캠코는 앞서 언급한 3대 추진방향(저탄소·친환경 공공자산 확대(E), 사회책임경영 강화(S), 청렴하고 투명한 조직 실현(G)) 아래 전략과제들을 선정했다.

추진과제의 확실한 추진을 위해 캠코는 캠코형 ESG경영전략의 추진체계와 성과방향을 명확히 했다. 먼저 추진체계는 총괄·점검·실행체계와 성과 공유·확산을 위한 체계로 다시 나누었다. 총괄체계는 캠코형 ESG경영의 최고기구인 ESG경영위원회로 설정하고, 점검체계는 전담팀인 ESG경영팀, 실행체계는 각 과제별 추진부서 15개 부점으로 정해 그 역할과 책임을 분명히 함으로써 추진력을 제고했다. 성과 공유·확산 체계는 대내 공유·확산 체계인 K-Square와 경영전략회의, 대외 공유·확산 체계는 성과 공유회, 기획보도, 카드뉴스 등으로 정해 다각적인 공유와 전파를 꾀했다.

캠코형 ESG경영전략의 성과방향은 '2030년 캠코ESG지수 100 달성을 통한 ESG 경영 선도 공기업'으로, 캠코는 이를 다시 '공공자산의 탄소중립 조기 실현으로 가치를 더하고(환경)', 'ESG기반 사회책임경영 확대로 국가경제에 활력을(사회)', '청렴·투명 캠코 실현으로 국민에게 신뢰를(지배구조)'이라는 내용으로 부문에 따라 세분화 했다. 이어지는 내용에서는 캠코형 ESG경영전략 체계의 15개 추진과제를 과제별 세부 추진 내용과 기대효과 중심으로 살펴보도록 한다.

| 추진<br>목표 | ESG기반의 사회책임경영 강화를 통한<br>지속가능한 공공서비스 플랫폼 전환 | | |
|---|---|---|---|
| 3대<br>추진<br>방향 | E : 탄소중립<br>저탄소·친환경 공공자산 | S : 상생·협력<br>사회책임경영 강화 | G : 반부패·투명<br>청렴하고 투명한 조직 |
| 15개<br>추진<br>과제 | ① 도시 저탄소화를 위한 친환경 공공건축 확대<br>② 제로웨이스트, 업싸이클링 등 친환경 기업문화 조성<br>③ 2040 RE100, 2030 EV100 실현으로 탄소중립 가속화<br>④ 자회사 환경경영 지원 | ⑤ 국민소통에 기반한 포용적 신용회복 지원<br>⑥ 동반성장을 위한 상생·협력 프로그램 강화<br>⑦ 지속가능한 안전·인권·정보보호 중심 경영 추진<br>⑧ 캠코판 뉴딜을 통한 양질의 일자리 창출<br>⑨ 지역사회 문제 해결을 위한 사회공헌활동 지속<br>⑩ 일·가정 양립 지원, 역량 개발 등 안정적 인재경영 | ⑪ 반부패·청렴 최고의 공공기관<br>⑫ 이해충돌방지를 위한 제도적 기반 구축 및 예방적 관리 강화<br>⑬ 국민 참여 활성화로 투명 캠코 실현 |
| 공통 | ⑭ 캠코형 ESG 가이드라인 이행강화 및 지속적인 고도화<br>⑮ 지속가능경영보고서 등 ESG정보 공개 활성화 | | |
| 추진<br>체계 | 실행·점검 체계<br>·(총괄) ESG경영위원회<br>·(점검) 사회적가치구현실(ESG 경영팀)<br>·(실행) 과제별 추진 부서(15개) | 성과 공유·확산<br>·(대내) K-Square, 경영전략회의<br>·(대외) 온라인 성과 공유회, 기획보도, 카드뉴스 등 | |
| 성과<br>방향 | 2030년 캠코 ESG지수 100 달성으로 ESG경영 선도 공기업<br>❶ (환경) 공공자산의 탄소중립 조기 실현으로 가치를 더하고<br>❷ (사회) ESG기반 사회책임경영 확대로 국가경제에 활력을<br>❸ (지배구조) 청렴·투명 캠코 실현으로 국민에게 신뢰를 | | |

[그림 3] 캠코형 ESG경영전략 체계도

### 1) 도시 저탄소화를 위한 친환경 공공건축<18> 확대 E

캠코는 친환경 공공건축 확대를 제로에너지 빌딩 선도, 인증 취득, 그린 리모델링의 세 가지 방향으로 실천하고자 했다. 국유재산 중 대상지를 발굴하여 법정 기준 대비 2단계 높은 3등급 기준 적용한 친환경 청사 건립 추진함으로써 제로에너지 빌딩을 선도하고, 제로에너지빌딩 의무화 전 旣 추진사업(6건)을 포함하여 총 25건의 공공개발 건물에 대한 ZEB 인증을 추진하며, 舊동남지방통계청 그린리모델링을 통해 혁신 창업 공간인 부산형 청년창업허브로 조성하는 것이 그 내용이다. 이를 통해 캠코는 제로에너지 빌딩은 기존 에너지효율 1등급보다 에너지 소비량이 50%에서 최대 80%까지 감소하고, 그린리모델링은 구 건축물 대비 에너지 사용량을 48% 절감할 것으로 기대하고 있다.

### 2) 제로웨이스트, 업싸이클링 등 친환경 기업문화 조성 E

업싸이클링 실천과 텀블러데이 운영, Up&Down 챌린지, 친환경 제품 구매는 캠코의 친환경 기업문화 조성과제의 주요 내용이다. 먼저 캠코는 민간기업과 협업을 통해 가방, 의류, 인형 등 리싸이클링 제품 제작했고, 매월 둘째, 넷째 월요일을 '캠코 텀블러데이'로 지정하여 운영했다. 또한, 개인별 친환경 실천 아이디어를 사내 인트라넷에 공개하는 'Up&Down 챌린지'를 실천하고, 소모성 사무용품 사이트에 친환경 제품인 무라벨생수를 추가하고 종이컵 등 일회용품 구매 제한 조치를 취했다. 캠코는 이 같은 노력으로 업싸이클링 시장에 활력을 더하고 자원순환 문화 확산에 기여하는 동시에, 친환경 기업문화 조성 및 제로웨이스트를 실현할 수 있을 것으로 내다보았다.

### 3) 2040 RE100, 2030 EV100 실현으로 탄소중립 가속화 E

탄소중립 가속화를 위해 캠코는 한전 녹색 프리미엄제 입찰 참여 등 재생에너지를 구매하고 전국에 있는 공사 사옥에 재생에너지 설비 설치를 확대하는 등 RE100 실현

---

<18> 제로에너지 빌딩, 그린리모델링을 말함.

과 업무용 차량을 전기차·수소차로 교체하여 EV100을 달성하는 계획을 세웠다. 이로써 2030년까지 전기차·수소차 100% 전환을 달성하고, 2040년까지 재생에너지 사용률 100%를 달성하는 것이 과제의 목표이다.

### 4) 자회사((주)캠코CS) 환경경영 지원 E

캠코의 자회사인 주식회사 캠코CS에 대한 환경경영지원은 예산반영 지원, 노하우 공유, 평가체계 반영으로 이루어져 있다. 환경경영체계 구축을 위한 비용을 예산에 반영하고, 공사의 환경경영체계 및 친환경제도 BP사례를 공유함으로써 노하우를 전수하며, 2022년 자회사 경영목표 평가기준에 '환경경영 체계 구축의 노력과 성과' 지표를 신설하여 평가체계까지 마련한다는 계획이다. 캠코는 2022년 8월 현재 이들 계획을 모두 완료했으며, 이를 통해 캠코는 모회사-자회사 간 통합 환경경영체계를 구축했다.

### 5) 국민 소통에 기반한 포용적 신용회복 지원 S

캠코는 채무자의 정상경제재기를 위한 발판을 제공하고, 수혜자 참여 강화를 통해 국민 중심의 ESG경영을 실현하기 위해 '국민 소통에 기반한 포용적 신용회복 지원' 과제를 수립했다. 이 과제는 크게 두 가지 세부추진 내용으로 구성되었는데 바로, 채무부담 경감과 시효부담 해방이다. 채무부담 경감은 금융취약계층의 포용적 신용회복을 위한 '채무조정심의위원회' 운영과 국민소통채널 강화로, 시효부담 해방은 장기연체채권의 관행적·일률적 소멸시효 연장을 개선하고 불필요한 관리비용 절감 등을 위한 '시효관리심의위원회' 신설로 실현한다는 계획이다.

### 6) 동반성장을 위한 상생·협력 프로그램 강화 S

동반성장을 위한 상생·협력 프로그램으로는 공정거래 제도 확립, 자회사 상생·협력 강화, 판로개척 지원, 중소기업 금리지원, 협력이익 및 성과공유가 있다. 공정거래 제도 확립의 구체적인 방법으로는 계약심사, 분담사 사전등록제 등이 있고, 자회사 상생·협력 강화 방안으로는 노사공동협의회, 시설환경 개선 등이 있다. 판로개척 지원은

'웃음가득 상생마켓', '온스토어' 등 온라인 플랫폼을 통한 중소상공인 소득증대 지원 방안 마련을 통해 실현하고, 중소기업 금리지원은 '캠코·IBK 업무협약'을 통한 부산·경남지역 중소기업 활성화 지원을 통해 실행에 옮길 계획이다. 또한 중소IT업체와의 협업과제 공동수행으로 지역 소프트웨어 개발업체를 육성함으로써 협력이익 및 성과를 공유할 계획이다. 이를 통해 캠코는 지속가능하고 균형 있는 성장을 위한 동반성장 기업생태계 구축에 기여할 수 있을 것으로 기대하고 있다.

### 7) 지속 가능한 안전·인권·정보보호 중심 경영 추진 S

캠코는 사회적책임경영 강화를 위해 안전, 인권, 정보보호 세 가지 방면에서의 경영방침을 세웠다. 먼저 임직원, 협력업체 등 근로자의 안전사고 예방 및 안전관리 체계를 구축함으로써 스마트 안전관리시스템을 구축하고, 인권경영체계 고도화, 인권 문화 내재화, 인권경영확산을 추진하여 대내외 이해관계자 인권존중에 대한 내재화 및 확산을 준비했다. 마지막으로 개인정보 보호 및 사이버 안전을 위한 정보보호 관리체계 구축·운영으로 Secure KAMCO를 구현함으로써 대외적인 정보보호 안전성 수준을 높이고 고객 신뢰성을 제고하고자 했다.

### 8) 캠코판 뉴딜을 통한 양질의 일자리 창출 S

캠코판 뉴딜을 통한 양질의 일자리 창출은 사회적 약자의 창업을 통한 일자리 창출 지원, 공공개발 연계 일자리 창출 강화를 그 내용으로 한다. 이로써 캠코는 휴먼 뉴딜과 그린 뉴딜 중심의 캠코판 뉴딜 일자리 창출을 달성할 수 있을 것으로 기대하고 있다.

### 9) 지역사회 문제 해결을 위한 사회공헌활동 지속 S

지역사회 문제 해결을 위한 사회공헌활동의 주된 내용으로는 이주배경가정 아동통합 지원, 부산 남구 안전 인프라 구축 지원, 부산지역 대학생 역량강화 네트워크 운영, 부산지역민을 위한 다목적 사업 시행 등이 있다. 캠코는 이 같은 활동을 통해 지역상생 및 지역경제 활성화에 기여하고 지역사회 안정과 경제적 어려움 해소에 기여하고자 했다.

### 10) 일·가정 양립 지원, 역량개발 등 안정적 인재경영 S

안정적 인재경영에 있어서는 일·가정 양립 지원과 정책사업 수행 전문역량 확보를 중점에 두었다. 먼저, 모성보호 지원, 초과근로 해소, 자유로운 휴가 사용 등 다양한 제도 운영으로 직원이 안정적으로 근무할 수 있는 기반을 조성하기 위해 지속적으로 노력하고 있다. 또한 정책사업 수행 전문역량 확보를 위해 이론과 실무를 겸비한 전문인력을 양성함으로써 임직원이 역량을 발휘할 수 있는 업무환경을 조성할 수 있을 것으로 기대하고 있다.

### 11) 반부패·청렴 최고의 공공기관 G

캠코의 반부패·청렴 주요 추진 내용은 크게 네 가지로, 선도하는 청렴, 실천하는 청렴, 체계화된 청렴, 캠코다운 청렴이다. 선도하는 청렴의 주요 방식은 CEO청렴메시지 전파 등 내부 청렴분위기 확립과 청렴 이미지 제고이다. 실천하는 청렴은 '청렴대나무숲' 운영, '부패행위 모의신고' 훈련 등 적재적소의 청렴시책을 운영하는 방식으로 이루어져 있다. 체계화된 청렴의 경우 '부패유발요인 찾기' 콘테스트 등을 통해 부패위험 발생을 사전에 차단하는 노력들로 구성되어 있고, 캠코다운 청렴은 국유재산 실태조사 강화 등 업무영역의 청렴성 향상 노력으로 이루어졌다. 이 같은 과제를 통해 나아가고자 하는 캠코의 지향점은 국민 신뢰의 기본인 반부패·청렴 노력을 통해 지속가능성을 확보하는 것이라고 할 수 있다.

### 12) 이해충돌방지를 위한 제도적 기반 구축 및 예방적 관리 강화 G

캠코는 이해충돌방지를 위해 제도적 기반 구축과 선제적 모니터링을 실시하는 동시에 이해충돌방지 문화 공유를 통해 조직내재화를 추진하고자 했다. 캠코가 마련한 제도적 기반으로는 내규 제정 등 직무관련 부동산 취득제한 방안 마련이 대표적이고, 선제적 모니터링의 경우 관리시스템, 특정감사 등을 통한 이해충돌방지 선제적 점검 및 개선을 통해 실현 가능할 것으로 예상하고 있다. 이 같은 활동을 통해 캠코는 임직원 비위 근절 및 부정적 이슈 발생 사전차단으로 대국민 신뢰를 제고할 수 있을 것으로 보고 있다.

### 13) 국민 참여 활성화로 투명 캠코 실현

캠코는 투명 캠코 실현을 위한 방법으로 소통창구 운영, 모니터링단 운영, 대국민 공모전 실시를 계획했다. 소통창구로는 VOC, 국민제안 등이 있고, 모니터링단으로는 시민참여혁신위원회, 청년참여혁신단 등의 국민 참여 협의체가 있다. 캠코는 또한 윤리경영 아이디어 공모전 등 대국민 공모전을 지속 시행할 계획이다. 이를 통해 궁극적으로는 국민 중심 서비스를 제공하고, 각종 비위행위를 방지하며, 국민 체감형 사업을 추진할 수 있을 것으로 보고 있다.

### 14) 캠코형 ESG 가이드라인 지속적 고도화

캠코는 내·외부위원 의견을 수렴하여 모든 분야를 아우르는 공통과제를 신설했는데, 그 중 하나가 바로 캠코형 ESG 가이드라인 이행강화 및 지속적인 고도화이다. 캠코형 ESG 가이드라인 2.0에는 'LNG운반선 등 친환경 선박 인수 확대', 'DIP금융 사업중 ESG 관련 소송 및 산업재해 등 발생 시 감점' 등 6개의 신규과제와 'S&LB 대상 기업 선정 시 환경오염물질 배출, 에너지효율 등 평가' 등 3개의 보완사항이 반영됐다. 이를 통해 캠코는 공공기관의 사회책임투자 모델을 선도하고, 민간기업의 ESG경영 활성화를 적극 유도 할 수 있을 것으로 기대하고 있다.

### 15) 지속가능경영보고서 등 ESG정보 공개 활성화

캠코는 자율적인 ESG 정보공개의 일환으로 TCFD 권고안에 따른 정보공개를 포함한 지속가능 보고서를 발간하기로 하고, 공시 프로세스 개선 및 관리 체계를 통해 공시정확성을 제고함으로써 정부발표 K-ESG 가이드라인을 충실히 이행하고 경영 투명성 제고 및 국민 알권리를 실현할 계획을 세웠고, 지난 3월 2021년 ESG경영이행보고서를 발간했다.

**〈표 5〉** 캠코형 ESG 가이드라인 2.0

| 구분 | 분야 | | 가이드라인 |
|---|---|---|---|
| 환경(E) | 기업 | DIP | 국제녹색인증 등 환경기술력 평가 |
| | | 선박 | LNG운반선 등 친환경 선박 인수 확대 [신규] |
| | | | IMO 환경규제 준수 여부 반영 |
| | | S&LB | 환경오염물질 배출, 에너지효율 등 평가 [보완] |
| | 건축 | | (인증) 제로에너지빌딩 인증 상향 적용<br>(신기술) 설계단계부터 환경 신기술 도입 제도화<br>(인프라) 태양광, 전기차 충전시설 등 확대 |
| | 증권 | | (개선권고) 사업 분야별 환경 기준 준수 등 |
| 사회(S) | 기업 | DIP | 4대보험 체납, 사회적 물의 기업 제외 |
| | | | ESG 관련 소송 및 산업재해 등 발생시 감점 [신규] |
| | | 선박 | 소송 피소, 임금체불 등 각종 클레임 평가 |
| | | | 인수선박 안전점검, 실시간 모니터링 강화 [신규] |
| | | | 자회사 인권·복지 증대 [신규] |
| | | S&LB | 근로자 안전 및 보건 등 평가 [보완] |
| | 건축 | | (상생) 공정계약, 협력업체 지원, 안전 강화 등 |
| | 증권 | | (개선권고) 품질인증, 하청업체 지원 등 |
| 지배구조(G) | 기업 | DIP | 경영진의 자금 횡령 등 기업 제외 |
| | | 선박 | 자회사 상임감사 제도 도입 등 내부견제기능 강화 [신규] |
| | | | 자회사 윤리경영 활동 강화 [신규] |
| | | S&LB | 이사회·주주총회 및 감사제도 운영 현황 등 [보완] |
| | 증권 | | (개선권고) 이사회 운영, 주총 등 16개 기준 |

보고서 발간을 통해 캠코는 ESG경영 성과를 투명하게 공개함은 물론, 지속적으로 강화해야할 사항과 개선·보완해야할 사항을 도출하여 ESG경영의 계속적 발전을 도모하고자 하였다. 향후 캠코는 ESG경영 가이드라인에 따라 ESG경영이행보고서를 계속해서 발간하고, 대외 공시를 통하여 공사의 ESG경영 성과 공유 및 지속적 개선을 추진할 계획이다.

## 02. 캠코 맞춤형 ESG지수

캠코는 연간 ESG경영 성과의 객관적 측정 및 관리를 위해 캠코 맞춤형 ESG지수(이하 '캠코ESG지수')를 개발했다. 자체 개발한 ESG경영지수에 전문가 컨설팅을 반영한 결과 캠코ESG지수(ESG-KS)는 표준측정값인 전문기관 평가지수(ESG-Korea, 대한민국 ESG경영대상 지수)와 고유측정값인 캠코 ESG경영전략 실행지수(ESG-Strategy)로 결합하여 측정하게 되었다. 특히 ESG-S지수는 캠코형 ESG경영전략의 15개 과제에 대해 총 31개의 KPI 및 2026년까지의 중장기 목표를 설정함으로써 그 객관성과 합리성을 높이기 위해 노력했다. 이렇게 도출한 2021년 캠코ESG 지수는 ESG-K 88.9점, ESG-S 91.2점으로 최종 90.1점을 기록하여 목표치인 88점의 102%를 달성했다.

〈표 6〉 캠코 맞춤형 ESG지수 측정방법

| 캠코 ESG지수 (ESG-KS) = | ESG-Korea | 가중치 50% | + | ESG-Strategy | 가중치 50% |
|---|---|---|---|---|---|
| | 대한민국 ESG경영대상 지수 | | | 캠코 ESG경영전략 실행지수 | |
| | - '외부' ESG전문 평가기관에서 표준 ESG지표를 활용하여 측정 | | | - '내부' 캠코 ESG전략과제 15개의 개별 KPI(31개) 설정 및 목표 달성도를 측정 | |

## 03. 캠코 ESG경영 중장기 로드맵

ESG경영전략을 수립하면서 캠코는 ESG경영 중장기 로드맵을 구상했다. 이는 캠코의 ESG경영이 단기적인 전략 수립에 그치지 않고 향후 10년간의 중장기 계획 수립까지 이어졌고, 이를 통해 공사 ESG경영의 현재와 미래를 구체적으로 그려냈다는 데에 그 의미가 있다. 캠코 ESG경영 중장기 로드맵에 따르면 캠코는 2020년부터 2021년까지 약 2년간의 도입기를 지나 2022년부터 2026년까지 5년간 정착기를 가지게 된다. 이 기간 동안 캠코는 조직 내 ESG경영 내재화를 추진함과 동시에 지역공동체 등 이해관계자의 ESG경영 활성화를 지원할 예정이다. 이후 2027년부터 2030년 확산기

동안 ESG 경영모델의 자회사·협력사 공유와 ESG 관련 글로벌 이니셔티브 가입확대를 통해 이해관계자 상생형 경영모델을 확산시킬 계획이다.

<표 7> 캠코 ESG경영 중장기 로드맵

| 도입기('20~'21) | |
|---|---|
| ◆ (ESG-K) 글로벌 기준에 따른 점검 및 개선<br>　○ TCFD, RE100, EV100 등 글로벌 이니셔티브 가입 및 적용<br>　○ 글로벌 기준에 따른 ESG 정보공개 실시 | ★ 캠코 ESG지수<br>A등급, 85점~90점 |
| ◆ (ESG-S) 경영전략 도입 및 사업모델 전환 추진<br>　○ ESG경영전략수립, 조직구성, 평가지표 마련 등 ESG경영체계 구축<br>　○ ESG에 기반한 사업모델 발굴 및 전환 추진 | |

| 정착기('22~'26) | |
|---|---|
| ◆ (ESG-K) 이해관계자 ESG경영 활성화 지원<br>　○ 이해관계자 및 공급망 ESG경영 지원 확대<br>　○ ESG 리스크 관리 등 공사의 지속가능성 확보<br>　○ 지역공동체와 상생·협력 강화로 동반성장 선도 | ★ 캠코 ESG지수<br>A+등급, 91점~95점 |
| ◆ (ESG-S) 사업·경영관리분야 ESG경영 내재화<br>　○ 공사 사업모델의 ESG 전환 가속화 및 환경분야 신사업 발굴·도입<br>　○ 글로벌 ESG 관련 규제 대응 관련 사업기회 모색 | |

| 확산기('27~'30) | |
|---|---|
| ◆ (ESG-K) 이해관계자 상생형 경영모델 확산<br>　○ ESG경영모델의 자회사·협력사 공유·확산<br>　○ ESG 관련 글로벌 이니셔티브 가입 확대 | ★ 캠코 ESG지수<br>S등급, 96점 이상 |
| ◆ (ESG-S) 지속가능한 공공서비스 플랫폼 전환<br>　○ ESG 기반 공공서비스 및 2050 ESG 전략 고도화<br>　○ 탄소중립·글로벌 ESG 규제 대응을 위한 신사업 모델 정착 | |

# V. 캠코의 ESG경영 추진 노력과 주요 성과

캠코형 ESG경영전략과 CEO를 비롯한 경영진의 적극적인 지원 속에서 캠코는 공공부문 ESG경영을 선도하는 기관으로 거듭나고자 노력해왔다. 이어지는 내용에서는 캠코가 추진한 ESG경영 추진 노력과 성과를 ①사회책임투자 강화, ②친환경 공공청사 건축, ③친환경·고효율 선박 금융지원 확대, ④중소·중견기업 ESG 전환 선제적 지원, ⑤국세물납기업 ESG 점검 실시 등 파급력과 전파력이 높은 과제 중심으로 소개하고자 한다.

## 01. 친환경 건축의 새로운 표준을 제시하다, "제로에너지 빌딩"

친환경 공공개발은 정부의 '탄소중립 2050' 정책과 연계하여 확대되는 추세이나 법정기준 5등급으로 제시된 ZEB(제로에너지건축물 인증등급)를 어느 수준까지 도전적으로 끌어올릴지에 대한 논의는 시작단계에 머물고 있었다. 이에 캠코는 친환경 건축 선도기관으로서 법정기준 대비 2단계 상향한 ZEB 3등급을 적용하여 국내 최대 규모 제로에너지 빌딩인 '세종 제2국책연구단지'와 도심지 노후청사의 제로에너지빌딩 조성사업인 '성남 선관위 복합청사' 사업을 추진하고 나섰다. 캠코는 세종 제2국책연구단지 조성사업에서만 연간 2.4억원의 에너지 절감효과와 55.4억원의 탄소배출 저감효과를 거두는 것은 물론, 연구 공간 제공 등 사회적 편익 2,600억원을 창출할 수 있을 것으로 기대된다.

## 02. 효과적인 ESG 투자원칙을 세우다, "사회책임투자 강화"

캠코는 2021년 1조원의 사회적채권 발행을 시작으로 2023년까지 3조원 규모의 ESG채권 발행을 계획 중인 바, 이에 따른 ESG 투자원칙을 확립할 필요성이 대두되었다. 이에 캠코는 DIP금융, S&LB, 선박금융 지원·심사 시 기존의 네거티브 스크리닝 방식에 포지티브 스크리닝 방식을 결합하여 기업의 비재무적 요소에 대한 평가를 확대했다. 기존에 행해지던 네거티브스크리닝의 경우 회생기업 지원 시 자금횡령 등 사회적 물의를 일으킨 기업 등의 지원을 제한하고, S&LB 기업이 노사관계, 소송 및 분쟁, 경영진 부정부패, 투명하지 않은 회계처리 등의 문제가 드러날 경우 감점을 실시하는 방식이었다. 캠코는 여기에 가점 부여 등의 방식으로 포지티브 스크리닝을 결합했는데, 이로써 청정기술, 에너지효율 등 환경 관련 기술력을 가진 회생기업들이 계량평가를 받을 수 있게 되었고, 회계법인 평가보고서 등에 ESG 항목을 포함하여 제출할 경우 가점을 부여받게 되었다. 또한 선박금융에 있어서도 IMO 환경규제 준수 여부나 해양오염 위험성, 임금체불 등 각종 클레임에 대해 양호/보통/미흡 등으로 평가받게 되었다.

## 03. ESG 마인드 셋으로 해운경기 지원을 선도하다, "친환경 선박 금융지원 확대"

캠코는 국내 해운업 경쟁력 강화를 위해 지난 2015년부터 2조 5천억원 규모의 캠코선박펀드를 통해 중고 선박을 인수해 해운·조선업의 상생발전을 위해 노력해 왔다. 최근 글로벌 해양환경 규제가 강화됨에 따라 국적 해운사의 친환경·고효율 신조선박 도입 필요성이 높아지고, 노후선박의 교체 수요 또한 증가했다. 캠코는 이 같은 변화에 발맞추어 2021년 한 해 동안 캠코 신조펀드 1, 2호를 조성하고, 친환경 LNG운반선 4척을 인수하는 등 친환경 선박 투자를 확대해 전년대비 495% 증가한 2.1억불 투자를 완수했다.

## 04. 금융지원을 활용해 산업체질을 개선하다, "중소·중견기업 ESG경영 전환 지원"

캠코는 기업지원펀드(PEF)를 통해 회생기업·구조개선기업 등을 지원하여 자본시장을 통한 상시적 구조조정 활성화에 기여해왔다. 최근 캠코는 중소·중견기업의 ESG 체질개선을 목표로 기업지원펀드의 사업방향을 새롭게 설정했다. 친환경·탄소중립 분야의 유망기업을 발굴하고, 공사의 높은 신뢰도와 안정성을 기반으로 기업지원펀드 3개에 1,080억원 투자를 확약한 것이 바로 그 대표적인 사례이다. 캠코는 또한 민간투자자의 참여를 유도하여 총 6,165억원이라는 역대 최대 규모의 투자자금을 조성했다.

이렇게 조성된 펀드는 기존 내연기관 생산기관으로서 전기차 사업으로 진출하기 위해 추가 설비자금을 필요로 하는 자동차 부품업체 등을 지원하는 데에 활용되어 중소·중견기업의 ESG경영 전환을 이끌고 있다.

## 05. 국세물납기업의 가치제고를 견인하다, "국세물납기업 ESG 점검 실시"

캠코는 국세물납기업의 ESG 요소 점검을 통해 사회적 책임투자를 유도하고, ESG 리스크를 제거하여 기업의 지속가능한 성장을 지원하고 있다. 캠코는 2018년 '국세물납법인 사회적 책임투자 도입방안 연구'를 시행하면서 처음 ESG 도입을 추진했다. 이어 2019년에는 주요법인 선정 및 ESG 점검을 실시했고, 2020년부터는 ESG 데이터베이스를 구축하고 평가지표를 고도화해 책임투자 우수성과를 도출하는 등 ESG 확대 실시에 나섰다. 이로써 캠코는 경영관리약정 체결 등 적극적 책임투자 수행으로 물납기업 사업실적 개선 및 경영관리 효율화에 기여하며 국세물납기업 가치 및 지속가능성을 제고하고 있다.

# VI. 결론

지난 7월 캠코는 2022년 제2차 ESG경영위원회를 개최하여 캠코형 ESG경영전략 세부과제에 대한 중간성과를 점검하고, 2022년 캠코형 ESG경영전략 개선안을 의결했다.

1호 안건으로 다뤄진 중간성과 점검에 따르면, 캠코는 '대한민국 ESG경영대상'에서 2년 연속 준정부기관 최고득점을 기록[19]하는 등 ESG경영 수준이 타 기관 대비 우수한 것으로 평가되었다. 또한 2021년 경영평가 '리더십' 지표에서 ESG 추진조직 설치, 실행전략·성과측정 및 환류체계의 수립 등 ESG경영에서 가시적인 성과를 창출

---

[19] 대한민국 ESG경영대상 수상 결과 : ('21) 우수기관상, ('22) 특별상

하고자 노력한 점에 대해 긍정적인 평가를 받았다. 다만 환경 분야의 경우, 별도 관리체계 마련, 환경경영 전략의 수립, 재생에너지·전기수소차 보급 확대 등 일부 보완이 필요하다는 점에 의견을 모았다.

2호 안건에서 의결된 캠코형 ESG경영전략 개선안에는 K-ESG 가이드라인과 새정부 출범에 따른 국정과제를 적극 반영하여 전략을 고도화하는 방향이 담겼다. 이에 따라 캠코는 '이사회 운영 활성화 및 역할 강화' 과제와 '자회사·협력회사·중소기업 ESG경영 지원' 과제를 신설하여 추진할 예정이다. 또한, 환경 분야 과제에 탄소중립 실천포인트제 참여 내용을 추가하고, 기존 '캠코판 뉴딜을 통한 양질의 일자리 창출' 과제를 '창업지원·그린 전환을 통한 민간 주도 일자리 창출 지원'으로 과제명을 변경하며, '일·가정 양립 지원, 역량개발 등 안정적 인재경영' 과제에 ESG역량 강화 관련 내용 추가하는 등 기존과제를 보완하여 추진할 예정이다.

캠코는 국가 위기극복의 최일선에서 가계·기업·공공부문을 포괄하여 지원하는 국가 경제의 안전판이라고 할 수 있다. 이 같은 공적자산관리전문기관으로서 캠코는 업(業)과 ESG를 정교하게 연결하여 공사조직 뿐 아니라 가계·기업·공공 전 부문에 ESG의 DNA를 이식하고 있으며, 이는 금융 공공기관의 ESG경영이 민간영역의 ESG 확산까지 이어진 좋은 사례라고 할 수 있다. 앞으로도 캠코는 지금까지 쌓아온 성과에 안주하지 않고 ESG기반의 사회책임경영 강화를 통한 지속가능한 공공서비스 플랫폼 전환을 이루고, 가계와 기업, 공공 부문에 ESG경영을 확산하고 전파하는 선도 공공기관이 되기 위해 정진할 것이다.

Part 02
Chapter 10

# 한국도로공사, ESG경영의 길로 세상을 넓혀가다

이득순·김찬형(한국도로공사 사회가치혁신처)

## Ⅰ. 시작하며

한국도로공사(이하 '공사')는 도로의 설치·관리와 이에 관련된 사업을 함으로써 도로의 정비를 촉진하고 도로교통의 발달에 이바지함을 목적으로 설립되었다.

지난 '19년 창립 50년을 맞이한 공사는, 현재 전국 약 4,228km에 달하는 고속도로를 운영하고 있으며, 660km를 건설 중에 있다. 일평균 441만대의 차량이 이용하는 고속도로에서 국민의 안전을 지키고, 편리한 이동 서비스를 제공하기 위해 첨단기술 도입과 개발에 최선을 다함은 물론, 공기업의 역할로서 사회적가치 창출에도 앞장서고 있다.

고속도로 건설·운영 중 자연스레 연상되는 환경파괴, 작업장 사고, 수많은 건설 협력업체와의 관계 및 공공기관이 간과할 수 없는 윤리문제 등은 비단 최근에 대두된 ESG경영을 언급하지 않더라도 공사의 존립을 위해서는 반드시 주의를 기울여야할 부분이다.

이에 공사는 ESG경영 전담조직을 구성하고, ESG 추진 T/F를 설치하는 등 관련 조직을 정비하였으며, '25년 에너지 자립, '22년까지 OECD Top5 교통안전 등 도전적 목표 설정과 함께, 도공형 ESG 추진전략을 수립하여 본격적으로 ESG경영을 위한 채비를 완료하였다.

본 글에서는 공사의 ESG경영 추진체계와 주요 추진과제에 대한 내용, 향후계획 등을 기술하고자 한다.

## II. ESG경영 추진체계

### 01. 도공형 ESG 추진전략

기업의 지속가능성을 기본정신으로 하는 ESG는 기업의 비재무 지표인 환경(Environment), 사회(Social), 지배구조(Governance)의 첫 글자를 조합한 것으로, 세계 최대 자산운용사 블랙록의 CEO 래리 핑크가 '20년 초 연례 서한에서 향후 기후변화와 지속가능성이 투자의 최우선 순위라고 공표한 것이 ESG경영을 촉발한 것으로 알려져 있다.

정부는 산업 전반의 ESG 수준 제고를 위한 범용적 가이드라인으로 K-ESG를 제시하고 있다. K-ESG 가이드라인의 진단항목 체계는 정보공시(P), 환경(E), 사회(S), 지배구조(G)로 구성되어 있으며, 각 분야별 항목으로는 정보공시 분야는 방식, 주기, 범위, 검증을 환경 분야는 원부자재 사용량, 온실가스 배출량, 에너지 사용량을, 사회 분야는 신규채용, 정규직 비율, 여성 구성원 비율, 산업재해율을 지배구조 분야는 사외이사비율, 주주총회, 윤리규범 위반 공시, 내부감시부서 설치 등을 제시하고 있다.

이에 따라 공사는 위 체계를 참고·보완하여, SOC 관련 공기업의 기본 책무인 안전부문을 사회분야에서 분리하여 별도의 분야로 설정하고, 지배구조 분야는 윤리에 중점을 두고 ESG 체계를 재구성 하였다.

[그림 1] ESG 비전

여기에 공사의 경영목표 달성을 위한 전략과제 중 환경(E), 사회(S), 안전(S), 윤리청렴(G) 관련 과제를 각 분야별로 분류하여 도공형 ESG 추진전략과 비전을 수립하였다.

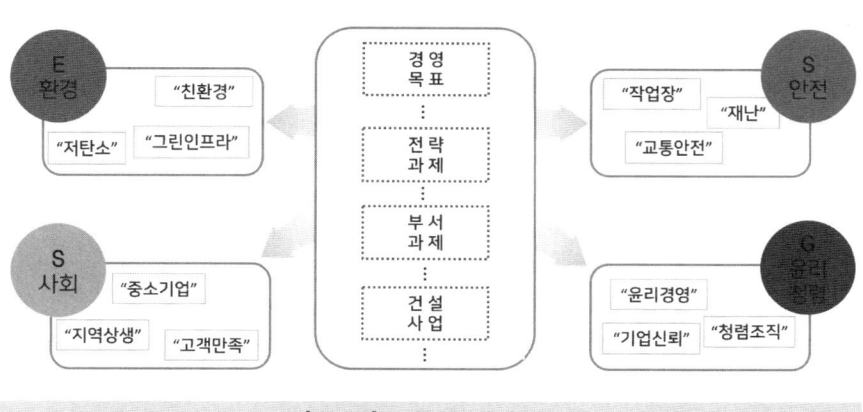

[그림 2] 도공형 E/S/S/G

## 02. 추진체계

'22년도 한국도로공사 ESG경영 추진체계는 상기 기술한 환경, 사회, 안전, 윤리청렴 분야의 추진전략 하에 생애주기별 탄소저감 등 12개 전략과제로 구성되어 있다. 사장 주관 ESG 추진 T/F는 전략을 수립하는 등 ESG경영을 총괄하며, 실무추진 T/F는 과제 발굴·점검을 수행한다.

비상임이사로 구성된 ESG 위원회, 민간전문가 등 16명으로 구성된 ESG 자문단 및 일반국민이 참여하는 국민참여단은 전략·과제의 적정성 검토, 경영현안 대응과 외부 이슈 반영 등 의견개진 및 자문 역할을 맡는다.

분야별 소관위원회(탄소중립, 안전경영, 윤리경영)와 ESG 위원회, ESG 자문단의 성과보고 및 컨설팅을 통해 우수과제를 발굴하고 이를 내부경영평가에 반영함은 물론, 비즈니스 리뷰 발간, 경진대회 참여, 직원교육 등을 통해 공사의 ESG경영에 대한 노력이 내재화 될 수 있도록 한다.

| 비전 2030 | 안전하고 편리한 미래교통 플랫폼 기업 | | | |
|---|---|---|---|---|
| 경영 목표 | ① 모두가 안전한 스마트 도로 구축 | ② 혁신을 통한 미래성장동력 창출 | ③ 국민이 체감하는 공공서비스 향상 | ④ 지속가능한 ESG 경영체계 선도 |
| ESG 추진 전략 | E 환경<br>「생애 주기 친환경 대응체계」 구축 | S 안전<br>「안전중심 디지털 전환」 추진 | S 사회<br>「포용의 사회적 책임경영」 실천 | G 윤리청렴<br>「국민 눈높이 윤리·청렴혁신」 |
| 전략 과제 (12개) | 생애주기별 탄소저감 (저탄소 소재, 탄소중립 숲) | 건설·유지관리 첨단화 (프리팹, 스마트 점검) | 정보·기술공유 플랫폼 (데이터 오픈마켓) | EX-윤리경영 구축 (이해충돌방지, 소통강화) |
| | 친환경 인프라 구축 (신재생 발전, 충전소) | 위험요인별 사전대응 (AI적재불량단속, 구간단속) | 맞춤형 일자리 창출 (일자리 프로젝트, 스마트 일터) | 청렴문화 정착 (EX-고충솔루션센터) |
| | 데이터기반 성과 공유확산 (에너지 포털, ESG채권) | 안전관리 플랫폼 (디지털 트윈, IoT 안전 플랫폼) | 국민체감 사회공헌 (사회적 격차 해소, 간편 서비스) | 국민눈높이 투명경영 (ESG공시, 노동이사제) |

| 내부<br>이행<br>체계<br>외부 | (실행) CEO 주관 ESG 추진T/F + 실무추진T/F |
|---|---|
| | 탄소중립위원회 　　　안전경영위원회 　　　윤리경영위원회 |
| | (자문) ESG 위원회 (지원·소통) ESG 자문단, 국민참여단 |

| 모니터링·환류 | 내부 | 외부 | 환류 |
|---|---|---|---|
| | · 분야별 소관위원회 (담당임원 + 관련 부서장)<br>· ESG경영 전담부서 (부진과제 점검, 우수과제 발굴) | · ESG 위원회, 자문단<br>· ESG경영정보 투명공시 (환경정보, 경영공시, 이행검증) | · 조직업적평가와 연계<br>· 관련 제도, 기준 개선<br>· 우수사례 성과 공유 |

[그림 3] ESG경영 추진체계

# III. 추진내용과 성과

## 01. 친환경의 길(E)

### 가. 협업으로 이루어낸 성과 '휴(休)-사이클'

'20년 세계를 전염병의 공포로 몰아넣은 코로나19 발발 이후, 일회용기 사용 급증에 따른 이유 등으로 폐플라스틱 폭증문제가 대두되었다. '20년 상반기 기준 폐플라스틱 일평균 발생량은 850톤으로 절반 이상은 소각되며 재활용은 41%에 불과하다. 원인은 용기 내 이물질, 포장 비닐라벨 등이 재활용원료 생산과정에 비용증가를 가져오기 때문으로, 폐플라스틱 전국 발생량의 0.5%인 일 4.3톤이 발생하는 휴게소를 운영하는 공사도 이에 대한 문제를 심각하게 인식하고 휴(休)-사이클 캠페인을 추진하게 되었다.

▶ 휴(休)-사이클이란?
휴게소에서 소비·배출되는 다양한 폐기물을 순환형으로 전환하고, 재생산 과정에 투입하여 새활용(upcyling)하는 휴게소 자원순환 시스템

#### 1) 올바른 배출문화 조성

분리배출 대상을 고부가가치 자원인 투명페트병으로 정하고 올바른 분리배출 정착을 위해 '21년 7월부터 전국 고속도로 휴게소 200개에 투명페트병 전용 분리수거함을 설치하여 기반을 조성하였다.

붐업조성을 위해 '21. 7월 휴가철에 「투명페트병 분리수거 및 라벨프리 대국민 캠페인」을 SNS 이벤트로 전개하였고, 이 결과 600여명의 고객들이 이벤트에 참여했다. 코로나19 방역대책 영향으로 인한 대면 이벤트 참여 감소를 상쇄하기 위하여 이 사업

의 취지를 신문, 유튜브 등의 매체를 통해 전파하고, 캠페인 지속을 위한 카드뉴스, 블로그 등 비대면 환경에 적합한 방식에 집중하여 연중 실시하였다.

특히, SK社(이노베이션, 지오센트릭)와의 전략적 제휴를 통해 순환사업 기술협조, 사업비 투자, 홍보비 유치 등 사업 초기 어려움(예산, 사업 노하우 부족)을 해결하였고, 이후 친환경 사업에 박차를 가하고 있는 제주개발공사의 협업을 위해 이벤트 지원협약('21. 11)을 맺고 여러 차례 온라인 이벤트를 진행하여 자원순환 문화 정착에 일조하였다.

[그림 4] 이벤트 포스터    [그림 5] 신문광고

## 2) 휴게소 맞춤형 수거시스템

'21년 SK社(이노베이션, 지오센트릭)와 협업하여 인공지능 분리수거함을 여주(인천)휴게소 등에 5기 설치하여 운영하였다. 수거된 페트병을 현장에서 파쇄 함으로써 부피과다, 보관불편, 물류비 부담으로 오는 장애를 해소할 수 있었다. 이후 제주개발공사도 합류하여 '22. 7월 현재 전국 18개 휴게소에서 운영 중이다.

또한, 수거된 페플라스틱의 정량적 성과를 데이터베이스화 하고 성과관리가 가능하도록 환경부 산하 한국순환자원유통센터와의 협업체계도 구축하였다.

### 3) 새활용 제품 활용

수거된 페트병은 재생업체에서 다양한 제품으로 재탄생했다. 안전조끼, 안전고깔, 교통안전 현수막 등 교통안전용품은 현장에 배치하여 활용하였으며, 캠핑박스, 우산, 장바구니 등은 라벨떼기 고객이벤트 선물로 증정하였다. 또한 버려진 라벨도 가치가 있음에 착안하여 '22년 2차 이벤트에서 모은 페트병 라벨은 열분해 공정을 통해 2톤의 재생유(경질유)로 재생산하였다. 생산된 경질유는 최근 유가 상승으로 운영에 어려움을 겪고 있는 김천 복지시설 2개소에 기부하였다.

[그림 6] 이벤트 선물

[그림 7] 재생유 기부

### 4) 친환경, 새활용 제품 판로 개척

죽전(서울)휴게소 등 2개소에 전시장을, 칠곡(서울)휴게소 등 9개소에 판매장을 유치하는 등 일반고객이 이용 가능한 새활용 전문매장을 '21년 7월부터 휴게소에 오픈하여 새활용 제품 판로개척에 조력하고, 사회적기업의 성장을 지원하였다. 또한, 대구국제섬유박람회에 페트병에서 뽑아낸 원사로 재생한 안전조끼 등을 전시하여 우리나라 친환경 사업을 알리는데도 일조하였다.

[그림 8] 새활용 전문매장   [그림 9] 대구국제섬유박람회

결과적으로, 공사는 휴게소 배출 폐플라스틱 1,650톤(연간) 재활용과 탄소 2,723톤의 저감 기반을 위한 순환모형을 구축하였으며, 공공이용시설의 분리배출 생활실천 문화의식 확산을 도모한 점이 인정되어 '21년 10월 환경부 주관 탄소중립 생활실천 선도 기업에 선정되었다.

또한 공사는 친환경 사회적기업의 제품 판로개척을 지원하고, 스타트업 기업의 실증사업 테스트베드 파트너로 탄소중립 순환경제 실천기업으로의 역할에 최선을 다하는 등 자원순환 전문기업과 민·관·공 협업 클러스터의 중심축이 되어 사업의 조기정착과 체계 확립에 기여하고 있다.

**나. 우리강산 푸르게 푸르게 '탄소중립 숲'**

이산화탄소($CO_2$)는 전체 온실가스 배출량의 77%로 지구온난화의 주범이다. 지금까지의 탄소중립은 $CO_2$ 배출량 저감 측면에 노력이 집중되고 있으나, 흡수량을 증대시키는 방법도 한 방안이다.

공사의 '20년까지 고속도로 식재 수량은 약 28백만주이며, '30년까지 65만주를 추가로 식재할 계획이다. $CO_2$ 흡수능력으로 산출하면 연 18만톤으로 공사의 연간 $CO_2$ 배출량 27만톤의 약 65%를 확보하게 된다. 미세먼지 또한 경유차 500대 배출분량인 23톤을 흡수하여 대기정화에도 장점이 있다. 이와 더불어 공기업 최초로 '탄소저감 인증'을 추진중에 있어, 연간 $CO_2$ 배출권 구매비용도 연간 3억원 정도 절감될 것으로 기대된다.

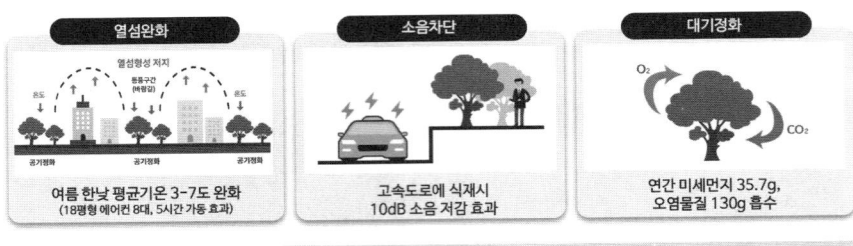

[그림 10]　식재효과

## 02. 안전한 길(S)

### 가. 졸음운전은 이제 그만 '휴식-마일리지'

최근 3년간('18~'20) 고속도로 교통사고 현황을 보면, 사망자 582명 중 화물차 사망자가 302명으로 전체의 절반이 넘는다. 이 중 졸음·주시태만으로 인한 사망자는 240명으로 화물차 사망사고의 79%를 차지한다. 이와 관련하여 '21년에는 기존 4시간 연속운전 시 30분 이상 휴식에서, 2시간 연속운전 시 반드시 15분 이상을 휴식하도록 하는 화물자동차운수사업법 시행규칙이 개정되어 화물차 운전자의 휴게시간 준수 기준을 강화하였다.

이에 공사는 화물차 운전자의 졸음운전 사고를 예방하고, 개정된 시행규칙의 조기 정착을 위해 '휴식-마일리지' 제도를 도입하게 되었다. '휴식-마일리지'는 화물차 운전자가 휴게소나 졸음쉼터에서 휴식을 인증하면 횟수에 따라 상품권(4회당 5천원)을 지급하는 제도로, QR코드 방식으로 쉽게, 직관적 참여가 가능하다. 운전자가 자발적으로 휴식할 수 있도록 운전자의 안전의식 개선을 유도하여, 궁극적으로 화물차 운전자의 쉼문화 확산을 목표로 하고 있다.

'21년 5월, 사망자가 많은 경부선, 중부내륙선, 당진영덕선 3개 노선 93개소에서 시범운영을 한 후 10월에는 6개 노선 159개소로 확대하였고, 올해에는 중부고속도로 등 2개 노선을 추가해 현재 8개 노선 184개소에서 휴식 인증이 가능하다.

<표 1> 휴식마일리지 제도의 개요

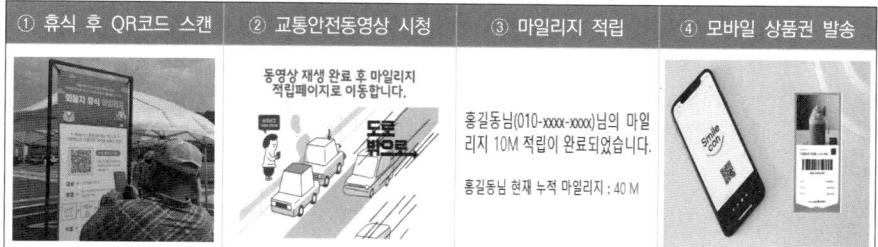

<표 2> 휴식마일리지 제도의 확산

| 제도 시행('21.5.1.~) | 1차 확대('21.10.11.~) | 2차 확대('22.1.1.~) |
| --- | --- | --- |
| 3개 노선 93개소<br>(경부선, 중부내륙선, 당진영덕선) | 6개 노선 159개소<br>(기존+서해안선, 통영대전선, 영동선) | 8개 노선 184개소<br>(기존+중부선, 남해선) |

제도를 도입한 이후 15,470명의 화물차 운전자가 1,263,856회의 휴식을 인증했으며, 시행노선의 졸음·주시태만으로 인한 화물차 교통사고 건수가 미시행노선 대비 25.6% 감소하는 효과를 보였다.

또한 휴식-마일리지 제도를 이용한 화물차 운전자를 대상으로 실시한 온라인 만족도 설문에서, 응답자(2,453명)의 95%가 '휴식에 도움이 된다.'고 응답했으며, 2시간 이내 운전 후 휴식을 취하는 운전자가 기존 35%에서 87%로 대폭 증가하여 해당 제도가 운전자의 의식 개선 및 '2시간 운전 시 15분 휴식' 실천에 많은 도움이 되는 것으로 나타났다. 이는 국무조정실, 인사혁신처, 행정안전부가 공동으로 주관한 「2021년 적극행정 우수사례 경진대회」의 국무총리상 수상으로도 인정받았다.

향후 캠페인 참여자를 대상으로 안전운행을 당부하는 1:1 문자발송 캠페인을 추진하고, 휴식-마일리지 제도를 지속적으로 확대함과 동시에 졸음운전 방지를 위한 졸음쉼터 및 화물차라운지 등의 휴게시설 확충도 지속할 계획이다.

## 나. 적극행정의 좋은 예 '구간단속카메라'

"사고는 절반으로, 안전은 두 배로" 공사는 안전한 고속도로를 실현하고, 교통사고 사망자 감소를 위해 대국민 교통안전 의식 개선과 사고예방 단속체계 구축 등 사고위험요인의 사전 제거를 추진하고 있다.

이러한 노력 중 하나가 구간단속 확충을 통한 안전한 교통인프라 구축이다. 구간단속카메라는 구간단속 시작점에서 종점까지 이동구간 동안의 차량 평균속도를 계산해 과속여부를 판정하는 방식으로, '18년 감사원 조사에 따르면 6.9%의 속도감소 효과와 42.2%의 사고감소 효과가 있는 것으로 나타났다. 이처럼 구간단속 카메라의 교통사고 예방효과가 우수하여, 공사는 교통사고 감소를 위한 구간단속카메라 확충계획을 수립하였다.

### 1) 구간단속카메라 설치의 문제점

도로교통법에 따른 단속카메라 설치 및 운영주체는 경찰청과 지자체로, 기본적으로 경찰청이 단속카메라를 설치·운영하고 있다. 고속도로의 경우 불가피하게 사고예방이 시급한 일부구간에 한하여, 공사는 경찰청과 협의하여 단속카메라를 설치하고 경찰청에 이관한다.

경찰청은 시가지 보행자 사고예방 등 고속도로 외에도 예산지출 분야가 넓어 지속적으로 고속도로에 단속카메라를 설치하기에는 어려움이 있는데다, 공사의 단속카메라 사전설치 후 이관하는 것 역시 법적 근거도 부재하다는 문제점이 있었다.

〈표 3〉 공사의 구간단속카메라 설치절차 및 문제점

| 도로공사(설치) | ▶ | 지자체(이관) | ▶ | 지방경찰청(운영) |
|---|---|---|---|---|
| 설치·이관 법적근거 부재 | | 법적근거 부족으로 이관거부 | | 예산 한계로 설치 애로 |

### 2) 적극행정을 통한 구간단속카메라 설치 확대

"국민 안전제고를 위해서 결과가 효과적인 규제혁신은 적극적으로 활용하라"는 CEO의 경영의지에 따라, 적극행정을 통해 설치권한 확보 전 구간단속카메라 확대 설치 방안을 수립하였다.

구체적인 추진내용은 다음과 같다. 첫째, 규제혁신위원회에 구간단속카메라 설치권한에 대한 적극행정 심사를 요청하였다. '20년에 도로관리자의 무인 교통단속시설 설치권한을 확보하는 도로교통법 개정을 제안하였고, '22년 4월 현재 소관위원회 심사단계에 있다.

둘째, 공사의 예산을 활용하여 경찰청의 예산문제를 해결하였다. 단속카메라 설치 후 공사 지역본부에서 지방경찰청으로 직접 이관하고, 경찰청 예산확보 등 준비기간을 고려하여 설치 후 최초 2년간은 공사 예산을 사용하여 유지관리를 시행한다.

'21년에는 구간단속 카메라를 전년 대비 3.3배 확대설치(12→39개소)함에 따라 평균속도는 6.1% 감소하고, 1개소당 12억원의 편익이 발생되었다. 또한, 구간단속 구간의 과속으로 인한 사망자는 최근 3년 대비 38.5% 감소하는 성과를 거두었다. 올해에는 추가설치가 필요한 구간을 조사하여, 현재 28개소에 대해 관계기관과 협의가 완료된 상태이다.

〈표 4〉 구간 과속단속 시설 설치현황

| 구 분 | 계 | ~'18 | '19 | '20 | '21 |
|---|---|---|---|---|---|
| 계 | 113 | 49 | 3 | 16 | 45 |
| 공 사 | 61 | 10 | - | 12 | 39 |
| 경찰청 | 50 | 37 | 3 | 4 | 6 |
| 기 타 | 2 | 2 | - | - | - |

〈표 5〉 과속카메라 설치구간 사망자 현황

| 구 분 | '18~'20년 | '21.9~12월 | 비 고 |
|---|---|---|---|
| 사망자수(명) | 45 | 3 | - |
| 월 평균(명/월) | 1.3 | 0.8 | △0.5(38.5%) |

### 3) 운전자 심리를 고려한 종점 후방 안전시설 개선

구간단속카메라를 지속적으로 확대하고 있으나, 단속 종료 이후 구간에 대한 교통안전 대책은 부재한 상황이었다. 구간단속 종점 통과 후, 운전자 보상심리에 의해 차량의 주행속도는 평균적으로 증가하여 과속관련 사고가 지속적으로 발생하였다. '21년 1년간 구간단속 108개소의 종점 후방구간 도로교통현황을 분석한 결과, 단속 종료 이후 후방에서 평균적으로 5.9km/h 초과하는 속도를 보였다.

이러한 운전자 심리를 고려하여 공사는 구간단속 종점 중 과속이 잦은 구간과 사고다발 및 내리막 구간에 과속 제어시설을 설치해 나갈 예정이다. 감속을 유도하는 홍보배너와 이동식 단속함체를 설치함으로써 운전자의 과속심리를 억제하여 사고 예방에 만전을 기하겠다.

단속 종료지점 감성 배너

속도감지 VMS+경고음

[그림 11] 구간 과속 제어시설 시범 설치

## 03. 포용의 길(S)

### 가. 고속도로에 병원이? '안성휴게소 공공병원'

공사는 ① 생업으로 인해 치료는 물론 예방접종마저 제때 할 수 없는 화물차 운전자, ② 장거리 여행 중 고속도로에서 발생한 응급상황에 조치가 필요한 이용고객, ③ 인근 병원시설이 부족한 의료취약지역 주민 모두가 꼭 필요한 공공의료서비스를 언제든 편리하게 이용할 수 있도록 고속도로 휴게소 공공병원을 도입하였다.

'19년 공공병원 수요를 조사하고, 적절한 부지를 선정한 후, '20년 6월 경기도와 고속도로 휴게소 공공의료기관 운영을 위한 업무협약(MOU)을 체결하였다. 공사는 휴게소 내 223㎡ 상당의 부지를 무상으로 제공하고 임대료를 면제하는 등 병원의 운영지원과 홍보를 맡고, 경기도는 건물 신축 및 의료진 채용과 연간 6.5억원의 예산을 지원한다. 이 밖에 고속도로나 휴게소에서 응급환자가 발생했을 시 치료나 후송에 필요한 지원은 상호 협조하기로 협의했다.

이러한 준비 끝에 '21년 7월 전국 최초, 경부고속도로 안성휴게소(서울방향)에 경기도립 안성휴게소의원이 개원했다.

〈표 6〉 경기도립 안성휴게소의원 (현황)

o 소 재 지 : 경기도 안성시 원곡면 경부고속도로 37
             (안성휴게소 상행선 내)

o 시   설 : 면적 223㎡ [1층 137㎡, 2층 86㎡]

o 인   력 : 총 6명(의사2, 간호(조무)사3, 행정원1)

o 진료시간 : (평일·공휴일) 10:00~19:00
             (월·목) 10:00~22:00

안성휴게소의원은 가정의학과·내과·정형외과·통증클리닉의 4개 과목을 진료한다. 당뇨나 고혈압 등 만성질환과 장염 등의 급성질환을 비롯하여 각종 관절질환에 대한 통증치료가 가능하다. 뿐만 아니라, 고속도로 응급환자 처치와 이송 서비스를 제공하고, 365일 연중무휴로 운영하며, 매주 이틀(월, 목)은 야간에도 운영하여 인근지역 주민의 접근성을 확대하고 긴급한 상황에 의료공백을 최소화 하였다. 특히, 안성휴게소는 보건복지부 고시에 따른 의약분업 예외 지역으로 진료부터 약 조제까지 모든 과정을 원스톱(One-Stop)으로 진행하여 갑작스럽게 병원을 방문하는 이용객에게 편리한 의료서비스를 제공한다.

경기도와 안성시보건소는 안성휴게소의원을 통해 코로나19 백신접종을 추진하여 평소 시간을 내어 병원을 찾기 어려운 화물차나 버스 운전자에게 편의를 제공하였다. '21년 안성휴게소의원 이용자수는 총 3,447명이며, 백신접종실적은 2,134건에 달한다. 이 결과, '21년 이용고객을 대상으로 실시한 만족도 조사에서, 이용고객의 99.6%가 시설과 서비스에 대해 만족하며, 99.1%가 재이용의사가 있다고 밝혔다.

〈표 7〉 안성휴게소의원 '21년 이용자 수

(단위 : 명)

| 구 분 | 계 | 일 상 (감기) | 아응급 (복통) | 응급 (사고) | 만성 (당뇨) | 기타 (수액) | 백신접종 | |
|---|---|---|---|---|---|---|---|---|
| | | | | | | | 코로나 | 독감 |
| 이용자 수 | 3,447 | 895 | 243 | 1 | 81 | 93 | 1,898 | 236 |

공사는 의료취약지인 고속도로 휴게소 내에 공공의료를 실현해 인근 주민과 휴게소 이용객들의 의료서비스를 제공하였다. 향후 운영실적 및 이용고객 만족도 등을 고려하여 타 지자체와의 협의를 통해 고속도로 내 공공의료기관 확대를 검토해나갈 계획이다.

### 나. 중소기업 성장파트너 '기술마켓'

공사는 중소기업 신기술의 공정하고 투명한 시장진입을 위해 중소기업 성장파트너인 기술마켓을 운영하고 있다. 중소기업 신기술의 도입·활용·판로를 지원하는 기술마켓 제도는 SOC, ICT, 에너지 분야로 확대되었고 중소기업을 뒷받침하는 공공기관의 사회적가치 창출 모범사례로 인정되어 새정부 국정과제*로도 선정되었다.

　* 국정과제 15 : 공공기관 혁신을 통해 질 높은 대국민 서비스 제공

### 1) 기술마켓 추진경과

공사는 '17년 공공기관 최초로 도로기술 분야 중소기업 신기술 도입 공식창구인 '도공기술마켓'을 오픈하였다. 기존에는 기술을 보유한 기업이 판매를 위해 현장을 방문하여야 했으나, 기술마켓이 출범한 이후 사이트에 신기술을 등록하면 별도의 검증·홍보 없이 필요기관에서 검색 및 구매가 가능하게 되었다.

'19년에는 도공기술마켓을 모태로 하여 SOC 분야 공공기관 간 협업과제로써 'SOC 기술마켓'이 출범하였다. 기술마켓 운영에 대한 노하우 및 전문성을 인정받은 공사는 SOC 기술마켓의 운영기관으로 선정되었고, 현재('22년 7월 기준) 29개 기관이 참여하고 있다.

'21년에는 13개 공공기관이 참여하는 'ICT 기술마켓'이 출범하였다. 공사와 한국지능정보사회진흥원이 공동으로 운영하는 ICT 기술마켓은 ICT 중소기업이 보유한 우수 신기술을 대상으로 참여기관 공동검증을 통해 판로·홍보를 지원한다. 공사는 SOC 기술마켓에 이어 ICT 기술마켓 운영기관에 선정됨으로써 정부가 역점을 갖고 추진 중인 통합기술마켓 총괄운영기관이 되는 발판을 마련하였다.

〈표 8〉 기술마켓의 성과

| 구 분 | 계 | ~'18년 | '19년 | '20년 | '21년 |
|---|---|---|---|---|---|
| 등록기술 수(건) | 723 | 289 | 205 | 89 | 140 |
| 수혜기업 수(개사) | 236 | 71 | 116 | 125 | 137 |
| 활용기술 수(건) | 311 | 77 | 136 | 149 | 157 |
| 금액(억원) | 8,060 | 1,771 | 2,644 | 1,727 | 1,918 |

### 2) 기술마켓을 통한 중소기업 신기술 활용

활용실적은 '21년 기준 등록기술 723건, 관련 매출은 8,060억원이다. 특히, 수혜기업과 활용기술 건수는 기술마켓 도입 후 지속적으로 증가하고 있다.

### 3) 중소기업 성장 도우미 역할을 통한 동반성장 실현

공사는 중소기업 성장 동력 마련을 위해 연구개발 비용을 지원하고, 의무구매로 안정적 수익창출을 보장한다. 현재 구매조건부, 도공 테스트베드 등 5개 지원 사업을 통해 총 379억원, 67건의 기술개발을 지원하였다. 또한, 박람회를 통해 기술마켓 제도와 우수기술 홍보로 판로개척을 지원하고 있다. '22년 조달청 주관 나라장터 엑스포에는 39개의 홍보부스를 운영함으로써 신기술 사용의 활성화를 도모하였다.

이러한 결과로 공사는 기획재정부가 주관한 「제2회 혁신조달 경진대회」에서 공공기관 부문 대상을 수상하여, 온라인 플랫폼을 활용하여 혁신조달을 리딩하고 있다는 평가와 함께, 중소기업 기술개발과 판로확대 지원 등의 노력을 인정받았다.

향후에는 정부 국정과제의 성공적 수행을 위해 공공기관 협업의 중소기업 지원제도를 적극적으로 구축하고자 한다. 기술개발, 금융, 해외진출, 디자인 등을 종합적으로 지원하여, 참여기업이 하나의 허브에서 전 분야 마켓을 편리하게 이용할 수 있도록 통합 추진할 예정이다.

## 04. 혁신의 길(G)

### 가. '도공형 부패영향평가제도' 도입

부패영향평가제도란 법령 등에 내재하는 부패유발요인을 체계적으로 분석·평가하고 그에 대한 사전정비 및 종합적인 개선대책을 강구하는 부패방지시스템으로, 법령 내 불필요하게 사용된 불확정 개념, 공백규정, 비현실적 기준 등을 사전에 제거하여 부패발생의 가능성을 차단하는 역할을 한다.

지금까지 공사는 부패방지권익위법에 의한 중앙부처용 체크리스트를 활용하여 사규 제·개정 사전절차로 부패영향평가를 수행해 왔으나, '21년 10월 공사 사규 부패영향평가 강화 방침을 수립하여 공사에 특화된 자체 부패영향평가를 도입하였다.

### 1) 평가대상의 구체화 및 평가절차 명확화

제·개정 사규 외에 현행 사규도 평가대상으로 추가하고, 부패영향평가의 의뢰부터 결과 통보까지 구체적인 절차를 마련하였다. 또한, 사회적 이슈 발생 등으로 현행 사규에 대한 부패영향평가가 필요한 경우 상시평가가 가능하도록 하였다. 2~3년마다 외부 정기평가를 시행하고, 사전점검 체크리스트를 도입하여 실무부서의 자가검증을 강화하였다.

### 2) 쑓 특성을 반영한 자체평가기준 신설

당초 공사는 기관특성이 반영되지 않은 획일적인 중앙정부용 체크리스트를 사용하고 있어 요식화 될 우려가 존재했다. 따라서 공사는 정부 권장 체크리스트를 고려하되, 고속도로 건설 및 유지관리 사업 특성을 반영하여 자체기준을 신설하였다. 6개 항목을 추가하여 총 5개 기준 15개 항목의 평가기준을 제정함으로써 공사만의 차별성을 확보하였다.

### 3) 평가자의 전문성 강화 및 외부평가를 통한 객관성 제고

평가자를 실무자에서 사내변호사와 외부전문가로 변경하여 평가의 전문성을 확보하였다. 이전까지는 부패영향평가의 수준이 실무 담당자 개인의 역량에 따라 다르고, 조직 내부자로만 평가자가 구성되어 온정적인 평가로 객관성이 결여된다는 문제점이 있었다.

따라서 사규 각 분야별(경영관리, 노무, 회계, 사업계획 등)로 사내 변호사를 지정하여, 정기 평가과정에 참여를 의무화하고 운영기준에 이를 반영함으로써 전문성을 제고하였다. 또한, '21년 6월 모든 사규에 대한 부패영향평가를 외부 전문기관에 의뢰함으로써, 객관적 시각의 평가 결과를 도출하고 전문성을 보완하였다. 컨설팅 실시 결과, 전체 49개 사규 중 부패가능성을 내재한 34개 규정의 87개 조항에 대해 개정의견을 권고 받았으며, 이를 대상으로 실무부서와 협의를 진행하여 65%에 해당하는 32개 규정 68개 조항을 수용하여 부패위험을 제거하였다.

〈표 9〉 부패영향평가 절차

| 평가의뢰 | 평가실시 | 평가결과 통보 | 결과활용 |
|---|---|---|---|
| 사규 제·개정시<br>(자체평가 후 제출) | 평가기준에 따라<br>부패위험요소 발굴 | 원안동의 또는<br>개선의견 통보 | 사규 제·개정(안)<br>이사회 상정·의결 |
| (실무부서) | (사내변호사) | (법무실) | (법무실) |

## 나. 이사회 역할강화

### 1) ESG 위원회 신설

공사는 '21년 4월 ESG 부문에 대한 전략적이고 체계적인 관리를 위한 목적으로 이사회 내에 비상임이사 5인으로 구성된 ESG 위원회를 설치하였다. 위원회는 ESG와 관련된 주요 안건에 대해서 보고를 받고, 자문을 제공한다. 위원회 신설로 비상임이사의 참여 위원회는 인당 1.3개에서 1.9개로 경영참여가 확대되었다.

### 2) 최고수준의 수정의결

CEO는 이사진의 경영제언을 적극 수용함으로써 이사회 역할을 강화했다. 대표적으로 반영된 내용을 살펴보면, 탄소중립 고속도로를 실현하기 위해 고속도로 건설 全과정의 탄소배출량 연구가 필요하다는 의견은 탄소저감 마스터플랜 연구 추진 시 건설과정 탄소배출량을 포함하도록 하였다. 예산준칙 준수를 위해 자금수지를 합리화하여 예산안을 재편성해야 한다는 의견은 경상지출 113억원 감액으로 이어졌으며, 공공부문은 4~5년차 KPI 목표치를 낙관적으로 설계하는 경향이 있다는 지적은 디지털·비대면 결재율 목표 조정 등으로 반영되었다.

결과적으로, 수정의결은 전년대비 14% 상승하고, 수정의결률은 28.6%로 공기업 1군 최고 수준을 달성하였다.

### 3) 이사회의 전문성과 다양성 제고

자문역량을 갖춘 전문가와 재무전문가를 확보하려는 노력으로, 전문성 높은 후보자 선임을 위한 숙의와 토론을 통해 해외사업, 인력개발 전문가와 공인회계사, 회사법 전문가를 신임이사로 임용하였다. 한편, 성별 다양성을 통한 균형 있는 의사결정을 위해 이사회 내 여성이사의 참여 기반을 확대했는데 이는 여성임원 증가와, ESG위원장과 감사위원장의 여성이사 선임으로 나타났다.

〈표 10〉 이사회 운영성과 (공기업 1군 평균대비)

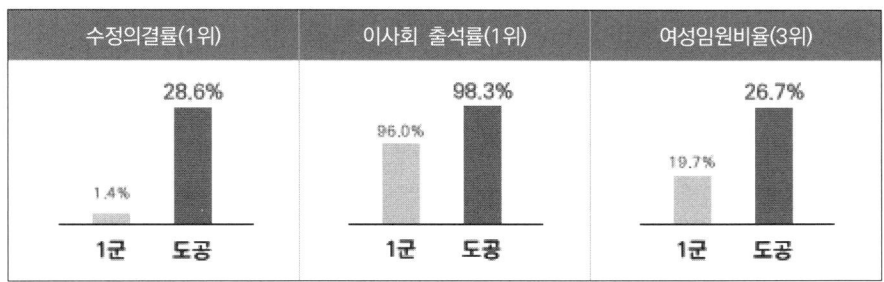

### 다. 투명한 정보공개

공사는 기관의 경영 투명성 및 국민감시 강화는 물론 국민이 원하는 정보를 편리하게 이용할 수 있도록 정보를 선제적으로 공개하고 있다.

### 1) 환경정보공개를 통한 환경경영 확산

공사는 환경경영에 대한 기관의 자발적 추진의지를 제고하고, 사회전반의 녹색경영 기반조성을 위하여 환경정보공개제도를 이행하고 있다. 의무공개 9개 항목 외에도 10

개 항목을 자율적으로 등록하여 총 19개 항목을 공개한다.

여기에, 환경경영체계 국제표준(ISO14001)과, 온실가스 감축 경영시스템(ISO50001) 인증을 취득하고, 2050 탄소중립추진위원회를 구성하여 운영함으로써 체계적인 환경경영시스템을 구축하였다.

이러한 노력의 결실로, 환경부 주관 「환경정보공개 우수기관 공모」에서 대상을 수상하였다. 이는 국민의 알권리 충족과 자발적 환경경영 확산을 위한 노력을 대외적으로 인정받은 것으로, 중앙행정기관, 공공기관, 녹색기업 등 총 1,683개의 환경정보공개 대상 사업장 중 최우수 기관(1위)에 선정되었다.

### 2) 국가교통 데이터 오픈마켓

공사는 '19년 교통 빅데이터 플랫폼 시스템을 구축한데 이어 '20년 4월 교통 빅데이터 거래소를 오픈하였다. 이 데이터 거래소는 공급자 기반의 데이터 위주로 13개 참여기업만 데이터 거래가 가능하였다.

이를 개선하여, 교통데이터의 완전 개방형 유통체계로의 전환을 위해 '21년 「국가교통 데이터 오픈마켓」을 구축하였다. 오픈마켓은 개인, 기업 누구나 판매·구매자가 되어 거래가 이루어지는 온라인 공간이다. '21년 기준 유통된 무료 데이터는 총 53,480건으로 전년에 비해 7.2배 증가하였다.

# IV. 맺음말

ESG경영은 경제, 사회, 환경, 문화 등 모든 영역에서 공공의 이익과 공동체의 지속가능한 발전을 위해 요구되는 중요한 과제이다. '22년 출범한 새정부 역시 120대 국정과제 중 공공기관 혁신의 주요내용으로 공공기관 자체 ESG역량 강화를 요구하고 있다.

공사는 오랜 시간 축적된 정보와 전문성을 바탕으로 고속도로의 질적 성장, 도로인프라 디지털 전환 등 첨단기술 도입과 기술발전에 앞장서 왔으며, 선제적 ESG 경영체계 구축을 통해 기존의 환경에 대한 관심이나 고민, 사회적 책임활동, 청렴·윤리문화 등에 대한 정비를 추진하고 있다. 이러한 노력과 성과는 대국민 서비스에 적용되어 국민 삶의 질을 높이는 데 기여하는 지속가능한 발전을 담보할 것이다.

공사의 기업이념은 '우리는 길을 열어 사람과 문화를 연결하고 새로운 세상을 넓혀간다'이다. 내일을 준비하는 적극적인 자세와 상생의 인류애를 갖춘 환경·안전·포용·혁신의 ESG경영으로 미래의 길을 열어가겠다.

# Chapter 11

## 한국동서발전, ESG경영으로 에너지 현안 해결 '총력'

김지현(한국동서발전 기획처)

## I 시작하며

한국동서발전은 정부의 전력산업 구조개편 촉진에 관한 법률에 따라 2001년 한국전력공사에서 분리된 발전 자회사 6개사 중 한 곳이다. 전력자원의 개발과 발전을 통해 국민 생활의 필수재인 전기를 안정적으로 공급하여 국민의 일상을 지키고 국가 경제발전을 이끌고 있다.

국내에서 당진발전본부, 울산발전본부, 동해발전본부, 일산발전본부, 음성그린에너지건설본부, 신호남건설추진본부의 6개 사업소를 운영하고 있으며, 현재 국내 전력량의 약 7.1%(설비용량 9,564MW)를 안정적으로 생산하고 있다. 해외에서는 미국, 자메이카, 인도네시아 등에 진출해 총 1,264MW 규모의 발전소를 운영 및 건설 중이며, 탄소중립 실현을 위해 해외 청정수소 확보도 추진하고 있다.

한국동서발전은 기후위기에 대응해 지난해 '친환경 에너지전환 선도기업'이라는 새 비전을 정립하고, 발전사 중 최대규모의 신재생 개발조직을 꾸리는 등 탄소중립에 대응한 미래성장 기반을 마련했다. 정부 정책에 맞춰 신재생에너지를 확대하고, 발전연료를 석탄에서 LNG로 전환하는 등 에너지전환에 앞장서고 있으며, 미래 에너지 개발, 에너지 안보와 수요관리, 수소경제 선도 등 에너지 현안 해결과 신사업 생태계 조성에도 기여하고 있다.

최근 ESG 관련 글로벌 규제·정책이 강화되는 가운데 과도한 기후변화 대책 우려, 에너지안보 이슈 등이 대두되고 있고, 국내에서는 新정부의 NDC 재설계 및 합리적인 에너지믹스 추진, 재무건전성 개선 등으로 각 ESG 부문의 중요도는 상대화될 것으로 예상된다.

이에 따라 한국동서발전은 변화된 경영환경과 국민 눈높이에 맞춰 ESG 규제 및 리스크에 선제적으로 대응하면서 ESG 기회를 발굴할 수 있도록 선택과 집중을 통한 전략적 ESG경영을 추진하고 있다. 다음으로는 한국동서발전의 ESG경영 추진체계와 우수사례를 소개하고자 한다.

## II ESG경영 추진체계

### 01. 추진체계

한국동서발전은 공공기관으로서 사회적 책임을 이행하고, ESG경영 실행력을 강화하기 위해 2021년 6월 ESG경영 전략체계를 구축했다. '환경·사회 중시와 투명경영을 선도하는 글로벌 에너지기업'이라는 비전 아래 '친환경 선도를 위한 선제 대응', '신뢰받는 사회적가치 실현', '소통 중심의 투명한 관리체계 확립'의 3대 추진방향에 따른 12대 중점과제를 추진하고 있다. 국제사회의 지속가능한 발전에 기여하기 위해 ESG경영 중점추진과제와 UN 지속가능발전목표(SDGs)를 연계해 중장기적 추진목표와 성과를 관리하고 있다.

### 02. 추진조직

한국동서발전은 ESG 실천의지를 경영에 반영하고 이사회 차원에서 기후변화 이슈가 논의될 수 있도록 2021년 6월 이사회 내 ESG위원회를 신설했다. ESG위원회는 비상임이사 3인과 외부 자문위원 2인으로 구성되어 있으며, 기후변화 대응 활동을 포함하여 ESG경영 전략 수립과 ESG 성과 및 리스크 점검 등의 역할을 수행한다. ESG위원회는 분기 1회 개최를 원칙으로, 필요시 임시위원회를 개최하여 운영한다. ESG위원회에서 논의된 기후변화 대응 활동과 관련한 주요 성과는 이사회에 보고된다.

| ESG 비전 | 환경·사회 중시와 투명경영을 선도하는 글로벌 에너지기업 | | |
|---|---|---|---|
| 추진 방향 | 환경(Environment) | 사회(Social) | 지배구조(Governance) |
| | 친환경 선도를 위한 선제 대응 | 신뢰받는 사회적가치 실현 | 소통 중심의 투명한 관리체계 확립 |
| 중점 추진 과제 | ① 저탄소 전환을 위한 기후변화 대응체계 구축 | ⑤ 지역사회·중소기업과의 상생기반 확립 | ⑨ 이사회 역할 강화로 지배구조 투명성 확보 |
| | ② 미세먼지 고강도 감축으로 쾌적한 대기환경 조성 | ⑥ 재난안전관리 및 정보보안체계 고도화 | ⑩ 윤리준법경영 및 반부패 추진체계 고도화 |
| | ③ 친환경 신재생에너지 확대 및 연구개발 | ⑦ 인권경영을 통한 사회적 책임 완수 | ⑪ 주민참여형 플랫폼 구축으로 소통 활성화 |
| | ④ 에너지효율 혁신을 통한 업(業)의 영역 확대 | ⑧ 사회적 약자를 고려한 공정한 인사관리 구현 | ⑫ ESG 공시 확대를 통한 경영투명성 제고 |

[그림 1] 한국동서발전 ESG경영 추진체계

한국동서발전은 ESG경영의 체계적인 실행을 위해 운영 중인 ESG경영추진단을 중심으로 본사와 사업소의 전 조직이 환경·사회·지배구조 관점에서 유기적으로 업무를 추진하고 있다. ESG경영 총괄부서인 기획처 경영기획실은 전사 차원의 ESG경영 추진계획을 수립하고, 중점과제 발굴과 성과 모니터링 등의 업무를 담당하고 있다. 대내외 이해관계자의 의견수렴을 토대로 진정성 있는 ESG경영을 실현하기 위해 시민참여혁신위원회, EWP탄소중립위원회, 인권경영위원회 등 다양한 자문기구와 국민 소통 플랫폼을 운영하고 있다.

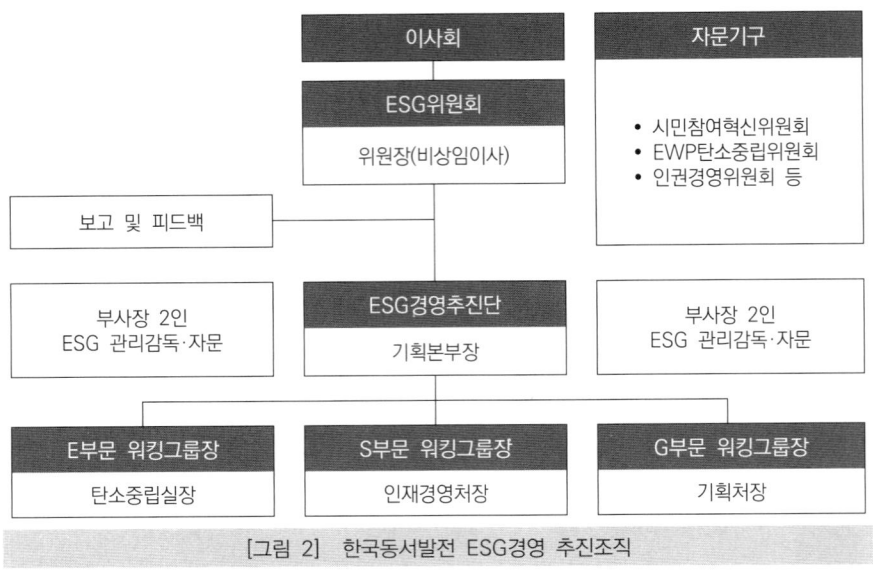

[그림 2] 한국동서발전 ESG경영 추진조직

## 03. 추진방향

### 1) E(환경) : 친환경 선도를 위한 선제 대응

기후변화 문제는 환경 문제 수준을 넘어 인류의 지속가능성을 위협하는 전 지구적인 안보 문제와 경제 문제로 다가오고 있다. 한국동서발전은 국민들에게 안정적이고 경제적으로 전력을 공급하기 위해 환경성, 경제성, 기술성 등을 종합적으로 고려, 2035년까지 신재생에너지 발전 비중 30% 달성을 목표로 하는 발전 포트폴리오를 마련하여 에너지 패러다임 전환에 대응하고 있다. 대기오염물질 배출 농도를 법적 기준치 보다 엄격한 자체 기준으로 관리하고 있으며, 석탄발전 감축운영, 환경설비 성능 개선사업, 친환경 연료 사용 등을 추진하고 있다. 외부 온실가스 감축을 위해 배출권 거래제 상쇄제도를 활용하여 중소기업 온실가스 감축 사업 지원, 청정개발체제(CDM) 사업을 추진하고 있다.

## 2) S(사회) : 신뢰받는 사회적가치 실현

한국동서발전은 국민, 근로자, 임직원 생명과 안전을 최우선하는 안전우선 경영체계를 강화하고 있다. ISO 45001(안전보건경영시스템) 국제 규격에 부합하는 사업장을 바탕으로 정부지침인 작업장 안전강화 대책과 공공기관 안전관리 지침을 성실히 이행하고 있다. 특히, 안전보건수준을 고도화하기 위해 인공지능(AI)기술, 가상현실(VR)기술 등 4차산업혁명 기술을 안전보건 분야에 접목하여 사고 발생 가능성을 최소화하고 있다. 취약계층 태양광설비 지원 등 본업 특성을 반영한 사회공헌활동으로 지역사회와 상생협력하고 있다. '기업과 인권 울산컨퍼런스'를 개최하는 등 다양한 인권경영 활동을 통해 인권경영 체계를 고도화하고 있으며, 사회적약자를 고려한 맞춤형 취업지원 제도를 추진하고 있다.

## 3) G(지배구조) : 소통 중심의 투명한 관리체계 확립

근로자 참관인 제도를 운영하면서 다양한 구성원을 확보해 경영 투명성을 제고하고, 감사위원회의 제언과 견제활동으로 내부통제를 강화하고 있다. 2020년부터 공정거래 자율준수 프로그램(CP)을 도입해 운영하고 있으며, 윤리경영 내재화를 위해 윤리교육, 윤리서약 등을 시행하고 경영진의 강력한 윤리경영 의지를 선포하는 등 다방면의 노력을 기울이고 있다. 시민참여혁신단 등 국민 참여형 플랫폼 구축으로 지역사회와의 소통을 활성화하고 있다. 공공기관의 ESG 관련 공시항목 확대에 대응해 공시항목을 적기 공시하고, 글로벌 탄소정보공개 프로젝트(CDP)에 자발적으로 참여하는 등 투명한 정보공개에 앞장서고 있다.

## 04. 중대성 평가를 통한 이해관계자 의견 반영

한국동서발전은 글로벌 지속가능경영 보고 가이드라인 GRI(Global Reporting Initiative)에 따라 중대성 평가를 실시하고 있다. 중대성 평가는 내·외부 이해관계자 설문조사를 중심으로 언론 보도 분석, 국·내외 기업 벤치마킹, 글로벌 지속가능경영

표준 및 평가 지표 등을 종합적으로 고려하여 실시하고 있다. 내·외부 이해관계자들이 선정한 '중대 이슈'에 대응한 ESG 활동과 추진방향 및 성과를 지속가능경영보고서를 통해 투명하게 보고하고 있다. 나아가 국제 표준에 부합하는 지속가능경영 활동 보고를 통해 지속가능경영(ESG경영) 성과와 전략을 점검하고 개선·강화해 나가고 있다.

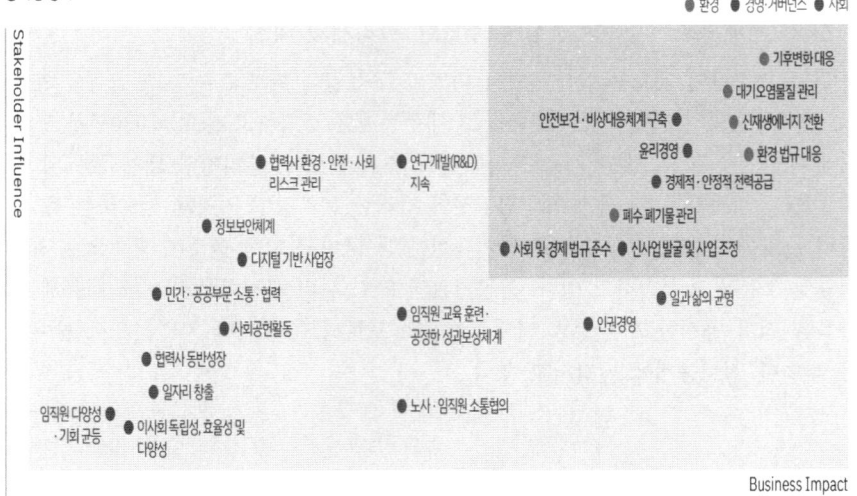

[그림 3] 중대성 평가 프로세스

# III ESG경영 주요 활동 및 성과

## 01. 환경

### 1) 탄소중립 대응

한국동서발전은 2050 탄소중립 달성 기반을 마련하기 위해 지난 1월 'EWP 탄소중립위원회'를 출범하고, 탄소중립 선언을 통해 전사적인 탄소중립 실천의지를 표명했다. 2030년까지 탄소배출량을 44.4% 감축하고, 국가 목표인 2050년까지 재생에너지 발전비중 65%를 달성해 탄소중립을 실현한다는 내용의 로드맵도 마련했다. 이에 따라 '탈탄소 에너지전환 사업 운영', '친환경 재생에너지 사업 선도', '미래에너지 신사업 역량 확보'의 3대 추진전략, 10대 핵심과제를 실행에 옮기고 있다. 이해관계자 인식 제고와 탄소 감축 실천을 위한 'EWP 탄소중립 1.5℃' 프로젝트도 연중 전개하고 있다.

### 2) 온실가스 감축활동

정부의 탄소중립 정책에 따라 2035년까지 온실가스 배출량 50% 감축(2018년 대비)을 추진하고 있다. 당진발전본부의 석탄발전 1~4호기를 호남발전본부·울산발전본부에 LNG발전으로 대체 건설하는 등 저탄소 에너지전환에 적극 나서고 있다. 수소, 암모니아 등 탄소배출이 없는 새로운 발전을 위한 R&D도 추진하고 있다. 중소기업에 폐열회수시스템, 고효율 공기압축기를 지원하고, 개발도상국에 고효율 스토브, 정수기를 보급하는 등 국내외 온실가스 감축사업도 지속적으로 추진하고 있다.

### 3) 신재생에너지 및 에너지효율화 사업

지역주민이 재생에너지사업에 투자자로 참여해 수익을 나눠 갖는 '이익공유 모델'을 확산하며 재생에너지 보급과 지역 상생을 주도하고 있다. 국내 주민참여형 풍력 1호인 태백가덕산풍력사업과 폐염전을 활용한 신안자라태양광사업 등을 통해 주민소득을 높여 지역경제 살리기에 기여하고 있다. 지역주민들이 협동조합을 꾸려 유휴부지를 찾고 시민 자본을 모집하는 등 사업 전 과정을 주도하는 '시민가상발전소'도 구축해 운영 중이다.

<표 1> 중소기업의 에너지효율화 지원

| 공기압축기 스마트화 | 폐열회수시스템 구축 | 선순환형 탄소상쇄숲 조성 |
|---|---|---|
| · 중소·중견기업 302개사 참여<br>· 전력소비 패턴현황 등 제공 | · 농가·중소기업 11개사 참여<br>· 설비운영 헬프데스크 제공 | (1단계) 산림피해목 혼소(1만톤) |
| ▼ | ▼ | ▼ |
|  |  | (2단계) 신규 산림 조성(1ha) |
|  |  | ▼ |
| · 17.3만톤 $CO_2$ 감축(10년간) | · 1.4만톤 $CO_2$ 감축(5년간) | (3단계) 탄소상쇄 숲 확대(3.3ha) |

건물일체형 태양광(BIPV), 노면블록형 태양광 등 재생에너지 신기술을 적용한 태양광발전 사업모델을 발굴하고, 울산 대규모 부유식 해상풍력단지 개발을 추진하고 있다. 수소경제 활성화를 위해 수소사업 전담 TF를 가동하고 청정수소 생산, 빈틈없는 인프라, 수소 활용 다변화, 수소산업 역량 강화의 4대 전략에 맞춰 수소 기술을 확보할 방침이다. 동해 북평국가산단에 국내 유일의 MW급 그린수소 생산 R&D 실증단지를 구축하고 있다.

자체 개발한 맞춤형 솔루션을 토대로 에너지 다소비 기업, 지방자치단체, 대학 등의 에너지비용과 탄소절감을 돕는 에너지효율화 사업도 적극 확대하고 있다.

**〈표 2〉** 이익공유형 신재생에너지 사업 사례

| 태백 가덕산 풍력 발전사업 | 시민가상발전소 구축사업 |
|---|---|
| 한국동서발전은 강원도 태백시 원동 일대에 43.2MW급 풍력단지를 조성하면서 주민참여형 이익공유 모델을 풍력사업에 적용했다. 지자체, 발전사, 민간기업이 공동출자로 SPC를 만들고, 국내 최초로 주민들이 마을기업을 설립해 사업에 참여했다. 강원도 지역경제 활성화와 함께 연간 약 10만 톤의 온실가스 및 미세먼지 저감 효과가 기대된다. | 한국동서발전은 울산 시민 소유의 주택·공장 등 빈 옥상 18곳을 활용해 태양광 발전설비 1,500kW를 조성했다. 지역주민이 협동조합을 꾸려 사업에 참여할 조합원 92명과 유휴부지를 찾고 시민 자본 7억 5천만 원을 자체 모집했다. △태양광설비 시공 △발전소 운영시스템 △설비 유지·관리는 모두 지역기업이 맡았다. |
|  |  |
| 태백 가덕산 풍력발전단지 전경 | 시민가상발전소(10호기) 전경 |

**〈표 3〉** 이익공유형 신재생에너지 사업 사례

| 사업명 | 내 용 |
|---|---|
| ESS MSP(Management Service Provider) 사업 | 에너지 다소비 기업을 대상으로 에너지저장장치(ESS)를 활용해 전기요금을 절감(전국 17곳에서 약 600MWh의 ESS 구축·운영) |
| 스마트 에너지시티 사업 | 전력사용량이 많은 지역의 에너지비용을 절감해 지자체와 이익 공유(서울 서초구 등 협업, 연간 온실가스 7천 톤 저감 예상) |
| 캠퍼스 에너지효율화 사업 | 에너지 진단부터 설계·구축·운영 등 대학의 에너지효율 향상을 위한 통합 솔루션 제공(7개 대학 128개관 구축·운영 중) |

## 02. 사회

### 1) 업의 특성을 반영한 사회공헌활동

한국동서발전은 2004년 발족한 '사랑의 손 희망의 빛' 봉사단(전 사업소 11개 팀 2,500여명의 직원들로 구성)이 지역사회에 나눔을 실천하고 있다. '한국동서발전 e-함께가다[동행]'이라는 슬로건 아래 청년, 지역사회, 사회적 약자를 3대 중점 테마로 하는 다양한 사회공헌 프로그램을 추진하고 있다. 대표적인 활동으로는 본업과 연계해 소외계층에 태양광 발전설비를 기부하는 'EWP에너지 태양광 1004'를 운영하고 있으며, 환경을 보호하기 위한 '새활용 쓰임의 재발견' 캠페인을 2019년부터 시행하고 있다. 공기업 중 유일하게 3년 연속 전 사업소 지역사회 인정 우수기업(C마크)을 획득했다.

〈표 4〉 주요 사회공헌 프로젝트

| 프로젝트 | 내 용 |
| --- | --- |
| EWP에너지 1004 | 일상 속 걸음으로 소외이웃에 태양광 쉼터 17곳 지원(86.93kW) |
| 신박한 에너지 정리 | 사회적기업과 협업해 취약계층의 주거환경과 에너지효율 개선 지원 |
| 행복에너지 바우처 | 에너지복지 사각지대에 놓인 차상위계층의 여름·겨울철 에너지비용 지원 |
| 농어촌 태양광 지원 | 농어촌지역 마을회관 등 복지시설 40곳에 태양광(5kW) 설비 지원 |
| 새활용, 쓰임의 재발견 | 자원순환 실천을 위해 쓰임 다한 물품을 복지기관에 전달(13회, 8,896점) |

### 2) 중소기업과의 동반성장

성장잠재력을 가진 중소기업이 강소기업으로 커나갈 수 있도록 친환경 에너지전환 등과 연계한 맞춤형 지원사업을 추진하고 있다. 국내 최초로 태양광 발전예측 시스템을 구축하는 탄소중립 중소기업을 육성하고, 노면 태양광 발전모듈 개발과 실증을 이어오고 있다. 공기업 최다 구매조건부 신제품 개발을 통해 2011년부터 현재까지 69건, 총 연구비 382억 원을 지원했다. 한국동서발전은 2021년도 동반성장 평가에서 '최우수' 등급을 획득하면서 최고등급 11회를 달성해 공기업 중 최다 기록을 세웠다. 최근 '2035 동반성장 중장기 전략('22.8)'을 수립하고 친환경·신재생에너지 '전환' 유도,

'동행'을 통한 에너지시장 선도, '성장'을 위한 에너지기술 선점의 3대 전략방향에 따라 10개 전략과제를 발굴하여 추진하고 있다.

### 3) 재난안전관리 고도화

한국동서발전은 안전 최우선 경영을 바탕으로 안전보건 추진체계를 구축했다. 안전보건 위험을 사전에 예방·개선하기 위해 ISO 45001(안전보건경영시스템) 인증을 유지하고, 정부지침인 작업장 안전강화 대책 및 공공기관 안전관리 지침을 성실히 이행하여 안전경영체계를 강화했다. 특히, 안전보건수준을 고도화하기 위해 인공지능(AI)기술, 가상현실(VR)기술 등 4차 산업혁명 기술을 안전보건 분야에 접목하여 사고 발생 가능성을 최소화하고 있다. 그 결과, 지난해 5년 연속 사고사망 '제로(0명)', 공공기관 최저수준의 발주공사 재해율을 기록했으며, 3년 연속 공공기관 안전관리 평가(수준평가 A등급(고용노동부), 등급평가 2등급(기획재정부))에서 최고등급을 유지하고 있다.

〈표 5〉 사업장 안전관리 성과

| 구 분 | | 2019 | 2020 | 2021 |
|---|---|---|---|---|
| 임직원 | 재해율 | 0.04 | 0 | 0.04 |
| | 사망만인율 | 0 | 0 | 0 |
| 협력사 | 재해율 | 0.05 | 0.11 | 0.09 |
| | 사망만인율 | 0 | 0 | 0 |

### 4) 공정한 인사채용

채용 시스템의 공정성을 확보하기 위해 제3자 인증의 '바른채용 경영시스템 인증'을 취득했으며, 균등한 취업기회 보장과 청년·고졸자·지역인재 등 사회형평적 채용을 통해 고용형태의 다변화와 소외계층의 불평등 완화를 위해 노력하고 있다. 2021년에는 사회형평적 채용 관련 전 분야에서 정부기준 및 자체목표를 100% 초과 달성했다. 성별 다양성을 존중하기 위해 여성의 직급과 생애주기 단계에 맞춘 교육 프로그램을 운영하여 여성 리더를 양성하고 있다. 2020년 여성 최초 1직급 승진자를 배출했고, 2021년 3직급 이상 여성관리자 수 및 비율에서 역대 최고(48명, 7.3%)를 달성했다.

⟨표 6⟩ 사회형평적 채용 목표 및 실적(2021년)

| 구 분 | 청년 | 보훈 | 장애 | 고졸 | 이전지역 | 비수도권 |
|---|---|---|---|---|---|---|
| 목표(기준) | 3%(정원) | 9%(현원) | 3.4%(상시근로자) | 7%(채용인원) | 27%(의무채용) | 35%(채용인원) |
| 채용실적 | 3.4% | 9.2% | 4.3% | 10.6% | 30.6% | 68.1% |

## 03. 지배구조

### 1) 이사회 투명성 및 독립성

한국동서발전 이사회는 최고 의사결정기구로 사장을 포함한 4인의 사내이사와 5인의 사외이사로 구성된다. 이사회 독립성 확보를 위해 의장은 공공기관 운영에 관한 법률 제21조에 따라 선임 비상임이사가 되며, 상임이사의 정수는 사장을 포함한 이사 정수의 2분의 1미만으로 하고 있다. 이사회 내 위원회는 분야별 전문 회의체로 감사위원회와 ESG위원회가 설치돼 있으며, 감사·자문 역할을 지원하여 이사회의 합리적인 의사결정을 지원한다. 한국동서발전은 노동조합을 경영파트너로 존중하여 발전공기업 최초로 근로자 이사회 참관제도를 운영하고 있으며, 내실 있는 제도 운영으로 산업부 산하기관 중 유일하게 정부 우수사례에 선정됐다.

### 2) 윤리경영

한국동서발전은 경영진의 솔선수범과 행동하는 리더십으로 전 직원의 청렴윤리 의식 제고와 청렴 공감대 형성에 노력하고 있다. 직급별 타운미팅과 부서별 청렴간담회를 열어 CEO가 직접 청렴가치를 설명하고 의견을 나누고 있다. 부패경험 Zero화를 위해 '청렴도 향상 TF'를 운영하며 조직문화, 예산집행, 정보공개 등 회사 전반에 걸쳐 청렴도 향상을 위한 실질적인 변화를 이끌어내고 있다. 익명 소통채널인 'E심전심 소통하기' 게시판을 통해 청렴한 조직문화에 대한 직원들의 의견을 공유하고 자유로운 토론을 시행하고 있다. 또한 협력회사에 '행정업무 가이드북'을 배부하고 계약상대자에게는 계약 단계별로 부패신고 절차 등에 대한 정보를 제공하고 있다.

### 3) 이해관계자 소통

한국동서발전은 국민 참여형 소통 플랫폼을 구축·운영하고 투명한 경영체계를 확립하기 위해 노력하고 있다. 시민참여혁신단, 인권경영위원회 등 이해관계자별 소통 채널 운영으로 이해관계자들의 경영 참여를 활성화하고, 의견을 적극 수렴하고 있다.

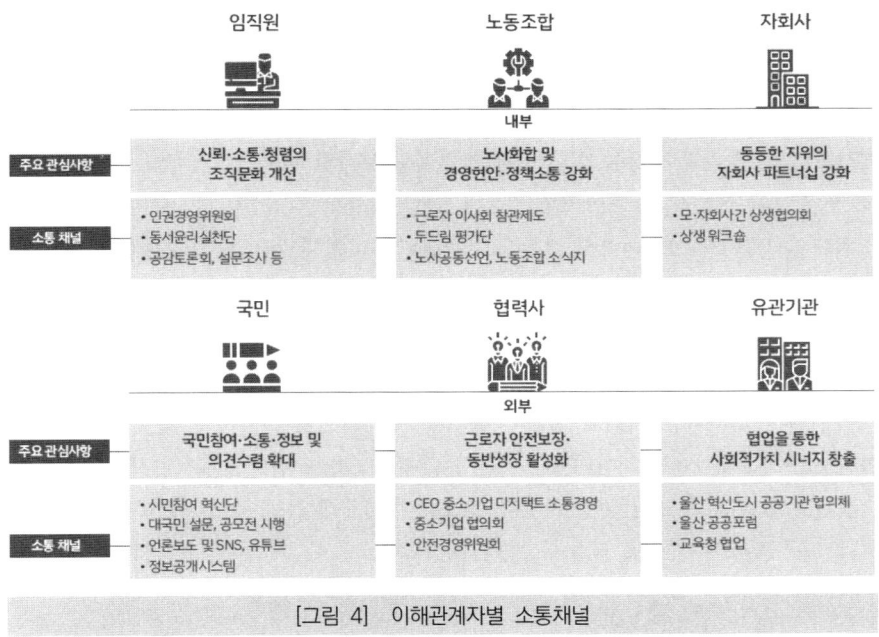

[그림 4] 이해관계자별 소통채널

### 4) 투명한 공시 확대

경영 투명성을 높이기 위해 기관 운영 및 주요 사업, 경영 현황 등 최근 5년 자료를 공공기관 경영정보 공개시스템(알리오)에 공시하고 있으며, 사용자 중심 정보를 제공하기 위해 만족도 조사를 실시하여 개선사항을 발굴하는 등 지속적으로 관리·개선하고 있다. 정보공개는 생산문서 목록 100% 공개를 원칙으로 하며, 비공개 결정시 법조항 외 구체적 사유를 제시하고 있다. 한국동서발전은 기후변화대응 의지를 확산하기 위해 정보공개 의무가 없음에도, 탄소경영정보 공개(CDP)에 2012년부터 매년 자발적으로 참여해 기후변화대응 전략을 공유하고 경영 투명성을 높이고 있다.

## IV 맺음말

최근 글로벌 정세 변동과 정부 정책의 변화에도 불구하고 ESG경영은 장기적 관점에서 기업의 생존과 성장을 위한 중요한 가치로 부각되고 있으며, 국민, 임직원, 협력사, 지역사회 등 대내외 이해관계자들의 ESG 인식과 이행 요구도 강화되고 있다.

한국동서발전은 기후위기에 대응한 신재생에너지 확대, 에너지효율 혁신 등 중장기적 관점에서 주요 사업과 연계한 중점과제를 지속적으로 추진해갈 계획이다. 정부 정책에 발맞춰 자체 ESG 역량 강화와 중소기업 ESG경영 지원 등을 통해 국내 ESG 생태계가 성공적으로 안착될 수 있도록 공공기관으로서 책무를 적극 이행할 방침이다.

그린워싱 우려가 제기되고 있는 만큼 리스크요인으로 작용하지 않도록 ESG경영 관리도 강화해나갈 계획이다. ESG 인식 향상과 내재화를 위한 교육 및 참여형 활동을 추진하고, ESG 추진조직 운영 활성화, PDCA 관리체계 강화 등으로 ESG경영에서 앞서나가는 한국동서발전이 되도록 노력할 것이다.

Part 02

Chapter 12

# K-water, 지속가능한 사회를 위한 ESG경영과의 공진화 노력

이주연(한국수자원공사 경영혁신실)

## Ⅰ. 들어가며

촉발. 닿을 촉(觸), 필 발(發). '닿거나 부딪쳐 폭발함, 또는 그렇게 폭발시킴'. ESG 개념이 확산하게 된 계기를 설명하는 데에 이보다 더 적절한 표현이 있을까? 사실 ESG라는 용어가 정식으로 사용된 지는 약 20여 년이 흘렀다. 2004년 유엔글로벌콤팩트가 스위스 정부와 함께 발의한 「Who Cares Wins」 이니셔티브가 시작이니 말이다. 이후 유엔은 2006년 책임투자원칙(PRI; Principles for Responsible Investment)을 발표하였고 연기금 등 기관투자자를 대상으로 기업의 ESG 여건을 투자 의사결정 등에 반영하도록 촉구했다. 그래서일까. 2~3년 전까지만 해도 최소한 우리나라에서 ESG란, 몇몇 관심 있는 투자자, 혹은 투자기관에서만 논의가 이루어지던 이슈였다.

같은 맥락에서 2020년 1월, 세계 최대 자산운용사 블랙록(Blackrock)의 회장 래리 핑크(Larry Fink)는 최고경영자들에게 보내는 연례서한에서 "기후변화를 고려해 투자 포트폴리오를 변경하겠다"고 밝혔다. 어쩌면 또다시, 투자기관의 원칙적 선언에 불과한 사건에 그칠 수 있었다.

그러나 이번에는 달랐다. 2019년 12월, 그야말로 갑작스럽게 등장해 인류에 큰 위협을 가했던 코로나19. 그 발생원인이 기후변화와 무관하지 않다는 연구결과가 속속 발표되기 시작하면서 이대로 환경문제를 간과해서는 인류가 생존할 수 없다는 인식이

팽배해졌다. 전염병학, 차단방역 및 공중보건 전문가들은 빈번한 산불, 가뭄 등으로 서식지를 잃은 야생동물이 사람이 거주하는 지역으로 이동함으로써 인류가 신종 바이러스에 노출될 확률이 높아졌다고 보고 있다. 과거보다 빈번해진 산불과 가뭄 등은 모두 기후변화에 기인한다. 이제는 위기가 되어버린 기후변화를 막아야 한다는 전세계적인 공감대가 형성되자 마침내 국내에서도 ESG의 바람이 몰아치기 시작했다.

특히, 한국수자원공사(이하 'K-water')는 ESG경영의 중요성을 빠르게 감지하고 한 발 앞서 추진한 기관으로 주목받고 있다. 이는 급격한 경영환경 변화에 창의적으로 대응한 CEO의 리더십에, 혁신에 민감한 조직이 반응한 결과라 하겠다. 지금부터는 K-water가 2021년 3월, ESG경영을 선언한 이래 2년간 추진해온 ESG 혁신 노력을 소개하고자 한다.

## II. ESG 경영체계 구축을 위한 K-water의 선도적 노력

가장 먼저, ESG 경영체계 확립을 위해 추진한 내용을 전략, 예산, 조직 등 각 항목별로 소개하고자 한다.

### 01. 「물 특화 ESG경영」 선언으로 최고경영자의 변화의지 대외 선포

2021년 3월, K-water는 공기업 1군 최초, 노·사 공동으로 ESG 경영 도입을 선언했다. 2020년 11월, 공기업 최초로 선언했던 기후위기경영이 환경(Environmental) 이슈에 대한 적극 대응의지를 표명한 것이라면, ESG경영 선언은 기후위기경영의 확대·발전적 형태도 선도적으로 추진하겠다는 K-water의 의지가 담긴 행동이었다. 이후, 공기업 최초 글로벌 RE100 가입('21.4)에 이르기까지 K-water의 혁신적 행보는 지속되었다.

## 02. 진화형 ESG 경영전략 수립

□ **2021년 ESG경영 추진계획 및 방향 : 전략 롤링을 최우선 과제화**

ESG경영 선언 이후 가장 먼저, 변화한 경영환경에 전략을 매칭시키기 위해 기존에 추진 중인 68개 중장기('21~'25) 전략과제를 ESG 관점에서 재조명해 보았다.

- (1단계) 과제가 E, S, G 중 어디에 중점을 두고 있는지 파악
- (2단계) 과제의 성격과 시급성 등에 따라 '대응', '회복', '도약'으로 전략방향(3R)*을 설정

> \* 대응(R1, Response, 위기상황에 대한 조치),
> 회복(R2, Recovery, 위기 이전 수준으로 복구),
> 도약(R3, Resilience, 위기 이전보다 더 높은 수준으로 발전)

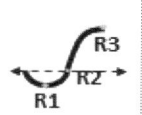

- (3단계) 각 과제를 3R 전략방향과 ESG 해당 분야를 고려하여 분류(전략연계과제), 기존 중장기 전략과제에 포함되지 않았으나 ESG 경영추진에 필수적인 과제 신규발굴(신규발굴과제)
  * 전략연계과제 12개, 신규발굴과제 8개 도출

이렇게 도출한 ESG경영 핵심과제는 다음 표와 같다.

〈표 1〉 2021년 K-water ESG경영 20개 핵심과제

| | 환경(E) | 사회(S) | 거버넌스(G) |
|---|---|---|---|
| Response 대응 | ① 하천 자연성 회복 등 생태계 복원사업<br>② 홍수·가뭄·수질 등 물재해 대응 체계 구축 | ⑦ 물이용 취약지역 물복지 향상 및 물복지지수 고도화 [신규]<br>⑧ 스마트검침 연계 취약계층 사회안전망 서비스 제공<br>⑨ CSV 활동 확대를 통한 복지 사각지대 물수익 환원 [신규] | ⑮ 국민 중심의 공공성 혁신 지속추구 [신규]<br>⑯ 노사협력체계 강화를 통한 지배구조 투명성 개선 [신규] |
| Recovery 회복 | ③ 수상태양광, 수열에너지 등 신재생에너지 개발<br>④ Net-Zero 정수장 도입 | ⑩ 물산업 협력스타트업, 유니콘기업 배출 및 물산업혁신펀드 조성<br>⑪ 디지털 인력양성을 통해 위기 극복 특화 조직 구현<br>⑫ 물공급 디지털화(대응체계)를 통한 스마트 물공급체계 구축 | ⑰ 주민참여형 홍수조절 의사결정기구 운영 [신규]<br>⑱ ESG 경영 진단체계 확립 [신규] |
| Resilience 도약 | ⑤ 스마트워터시티 (기후탄력도시, 에코도시 등) 개발<br>⑥ 탄소 중립 지향형 물관리 및 대체 수자원 이용 활성화 | ⑬ 공정·상생 경영현황 진단 및 개선방안 도출 [신규]<br>⑭ IoT 기반 스마트 안전관리 시스템 구축 | ⑲ 물데이터 기반 국민 소통·참여 플랫폼 구축<br>⑳ ESG 3.0 전환을 위한 최고의사결정 기능 강화 [신규] |

아울러 20개 중점추진과제 및 추진계획 수립과 더불어 ESG경영 가치체계를 설정하였으며 2021년에는 다음 그림과 같이 전사 가치체계와 ESG경영 가치체계를 이원화 구조로 운영하였다.

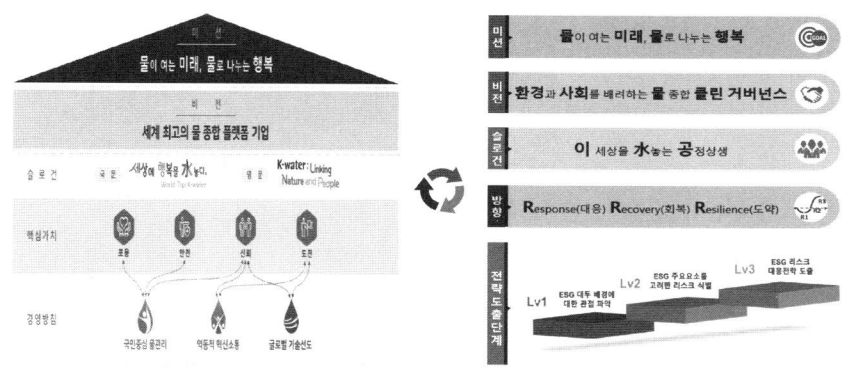

[그림 1] 2021년 전사 가치체계(좌) 및 2021년 ESG경영 가치체계(우)

□ **2022년 ESG경영 추진계획 및 방향 : 전사전략체계와 일원화**

2022년에는 2021년 ESG 경영전략의 Version up을 단행했다. 2021년 ESG 경영전략과의 연계성은 유지하되 ESG 경영원칙을 별도 신설함으로써 이원화 구조인 ESG 경영 가치체계와 전사 가치체계의 일원화 방안을 마련했다. 핵심가치는 유지하되 ESG 지향가치를 전달하기 위한 보완책을 확보한 것이다. 이로써 최종적으로 K-water 가치·전략체계를 완성할 수 있었다.

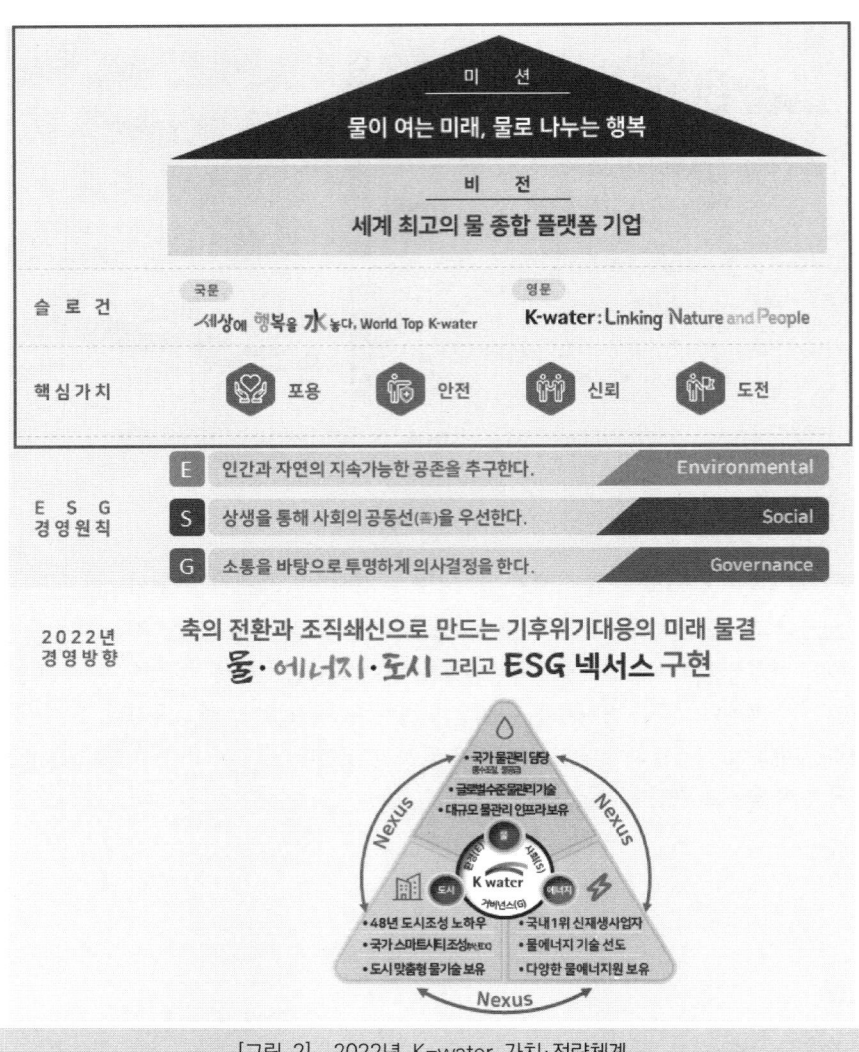

[그림 2] 2022년 K-water 가치·전략체계

더불어 2022년 경영방향을 '물·에너지·도시 그리고 ESG 넥서스'로 설정함으로써 K-water의 사업영역 간 넥서스, 그리고 사업영역과 ESG 간 넥서스를 통하여 분야별 개별적인 대응을 넘어 토탈 솔루션을 도출하겠다는 목표를 수립했다. 그리고 2022년 ESG경영 세부 추진계획을 "3대 혁신방향" 기반 "9대 추진과제"로 구성하여 전사 전략과제와의 연계 하에, ESG 내재화 및 체화 중심으로 추진하고 있다.

〈표 2〉 2022년 K-water ESG경영 추진체계도

| 전사미션 | 물이 여는 미래, 물로 나누는 행복 |
|---|---|
| 전사비전 | 세계 최고의 물 종합 플랫폼 기업 |
| ESG 경영원칙 | (E) 인간과 자연의 지속가능한 공존을 추구한다  **공존**<br>(S) 상생을 통해 사회의 공동선을 지향한다  **공생**<br>(G) 소통을 바탕으로 투명하게 의사결정을 한다  **공영** |
| K-water ESG | 「물특화 ESG 경영」을 통한<br>"지속가능 경영역량 강화", "사회적 가치 확대" 선도 |
| '22년 목표 | K-water 全사업·조직 단위에 ESG 경영을 촘촘히 체득시켜<br>진정성 있는 ESG 경영 실현 역량 강화 |
| 3대 혁신 방향 | **인식 혁신**<br>① (변화관리) ESG 인식 제고 및 실행력 강화방안 마련<br>② (참여유도) Bottom-up 형태 개인 실천모델 발굴 등 직원 이해도 제고 활동 추진<br>③ (성과공유) 성과 홍보를 통한 ESG 경영 선도·확산문화 정착<br><br>**사업 혁신**<br>④ (사전진단) 물순환 全과정 ESG 추진여건 및 강·약점 점검, 사업추진 프로세스 혁신과 연계한 미흡항목 도출<br>⑤ (로드맵수립) 사업부문별 방향성 제시 등 중장기 로드맵 수립<br>⑥ (혁신활동연계) 사업추진 프로세스 혁신과제의 ESG 가치 확산효과 평가<br><br>**프로세스·제도 혁신**<br>⑦ (사규정비) ESG 관점으로 업무 프로세스 혁신<br>⑧ (의사결정체계 고도화) ESG 경영위원회 활동 및 전문성 강화, 오피니언 리더, 대국민 ESG 현안 자문·모니터링 활성화<br>⑨ (성과평가) ESG 제도화를 위한 ESG-성과평가 연계방안 마련 |

## 03. ESG경영 '자문-의결-실무' 유기적 조직체계 마련

새로운 경영가치 또는 이념이 도입되었을 때 중요한 요소 중 하나는 '그에 부합하는 의사결정이 이루어질 수 있는 시스템이 갖춰져 있는가'라는 점이다. 결국 실무적으로, 그리고 의사결정체계상 유기적으로 대응할 수 있는 조직구성이 필수적이다.

K-water는 「ESG 경영위원회 운영규정」을 제정하여 이사회 내 소위원회로써 'ESG 경영위원회(의결)'를 설치할 근거를 마련하였고('21.8) 분기별 정례운영을 통해 위원회에 ESG경영 체화를 위한 Accelerator 역할을 부여했다. 또한, Player 역할을 수행할 실무조직을 신설(ESG경영部)하고 ESG 전문성을 강화하기 위해 외부위원으로 구성된 'ESG 경영자문단'을 발족했다.('21.12) ESG 경영자문단은 오피니언 리더로서 K-water ESG 성과 홍보 및 전문성 기반 자문가 역할을 수행하고 있다.

## 04. 기관 ESG 수준 진단·평가를 통한 강·약점 파악

실무자가 ESG경영을 추진하면서 아마도 가장 궁금해할 부분은 바로 기관의 강·약점일 것이다. K-water 역시 마찬가지였다. 지속적인 ESG 성과향상을 위해서는 우선 개선과 보완이 필요한 항목을 확인해야 하기 때문이다. 이에 따라 기관 현황점검을 위한 컨설팅과 ESG 등급평가를 시행했고 향후 자체 점검 Tool로 활용할 ESG 진단체계를 확보함과 동시에 비상장공기업 최초로 기관 ESG 등급을 획득할 수 있었다.

그 결과, K-water는 1,004개 상장기업과 동일 기준으로 평가한 결과는 우수(A)등급으로, 공공부문 진단 프레임 기준으로는 최우수(AA)등급으로 평가되었다. 참고로 해당 평가사의 등급체계는 'AA-A-BB-B-C-D-E'의 7등급이다.

▸ ※ 상장기업 진단 프레임 vs 공공부문 진단 프레임
   □ 상장기업 진단 프레임 : 상장기업으로서 갖춰야 하는 ESG 항목을 담은 지표
   □ 공공부문 진단 프레임 : 공공기관으로서의 사업목적을 수행하는 데 있어 정부의 지속가능발전 및 사회적 가치 구현 기치에 발맞추어 공공기관이 나아가야 할 방향성을 담은 진단체계로, 기존에 평가사에서 상장기업 평가 목적으로 개발한 상장기업 진단 프레임을 공공부문에 더 적합하도록 조정한 진단 프레임

## 05. ESG(녹색) 채권 발행으로 ESG 연계사업자금 확보

K-water는 2021년 3월, 공기업 1군 최초로 ESG(녹색)채권을 발행하여 500억원 규모의 독일계 환경 투자자금 유치에 성공했다. 이는 재원확보의 실질적 의사결정에 ESG 패러다임을 반영한 것으로, 유치한 자금은 물환경 개선사업 등에 활용하고 있다. 또한, 2021년 연간 총 800억원 규모의 ESG 채권을 발행하여 ESG 연계사업자금을 신속히 확보하였을 뿐만 아니라 민간 평균 대비 최대 10bp 낮은 금리로 채권을 발행, 1.65억원의 조달비용을 절감하는 성과를 창출했다.

## 06. 공공기관 최초 온실가스인지예산제 도입

정부는 2023년 예산 수립 시, 온실가스 감축인지 예산제를 도입할 것임을 밝혔다. 이에 K-water는 2050 탄소중립 실행력을 제고하고 정부 정책변화에 선도적으로 대응하고자, 공공기관 최초로 온실가스인지예산제를 도입했다. 2021년, 우선 예산편성 全과정 온실가스 관리를 위한 Tool을 도입하여 수도·재생에너지 분야에 시범 적용하였고, 사업별 온실가스 배출영향평가(감축, 중립, 증가, 혼합)를 태깅하여 2022년 예산편성에 반영하였다. 2023년 예산편성 시에는 이를 보다 확대 적용할 계획이다.

## 07. ESG와 연계한 「혁신 추진계획」 수립·시행

2022년, K-water는 ESG와 연계한 혁신 추진계획을 수립하여 전사 혁신활동과 연계한 ESG 과제를 발굴하고 P-D-C-A 관점에서 관리하고 있다. 또한, 우수과제는 「혁신챌린지」라는 K-water만의 '혁신 페스티벌'에서 확산·공유할 수 있는 기회를 제공하고 있으며 입상과제는 포상 등 다양한 인센티브를 부여하고 있다.

## 08. '근로자 이사회 참관제'의 선도적 시행

K-water는 노동이사제 도입을 위한 노사공동 전담반 및 근로자 이사회 참관제를 선도적으로 운영하였고 이를 바탕으로 2020년 12월에는 공공기관 최초, 제도 도입을 위한 노·사 공동합의를 도출했다. 1년 뒤인 2021년 12월에는 노동이사제 도입을 명문화하여 단체협약을 개정하는 등 제도 도입기반을 선제적으로 확보하였으며 현재 노동이사제 전격 시행을 위한 마무리 조율이 진행 중이다.

# III. ESG 성과확보를 위한 K-water의 추진 노력

ESG경영에서 관련 사업을 발굴하고 성과를 도출하는 것은 물론 중요하다. 하지만 무엇보다 중요한 것은 CEO와 경영진, 그리고 조직의 변화 의지다. 지금부터는 K-water가 실질적인 ESG 성과확보를 위해 노력한 내용을 소개하도록 하겠다.

## 01. CEO의 혁신적 리더십

앞에서도 설명한 바와 같이 他 기관보다 앞선 K-water의 추진력은 급격한 경영환경 변화에 주체적으로 대응한 CEO의 리더십에 혁신에 대한 민감도가 높은 조직이 녹아든 결과라고 할 수 있다.

CEO가 위기진단과 미래비전을 바탕으로 제시한 이니셔티브는 K-water의 방향성을 만들었다. '포용, 안전, 신뢰, 도전'의 핵심가치를 비롯하여 ESG 경영 도입 비전을 먼저 제시한 것도 CEO의 판단이었다. K-water 청렴도 평가 결과가 낮은 이유부터 분석해야 한다는 문제 제기에서 시작한 국민권익위원회 윤리준법경영 인증 시범운영기관 참여, CEO의 청렴문화 확산 노력은 결국 종합청렴도 1등급 향상을 이루어냈다.

또한, 기존에 사업별 현황보고 중심이었던 경영회의를 CEO 주재의 핵심과제 숙의 중심으로 전환함으로써 회의 자체가 소통을 통한 현안 해결의 場으로 탈바꿈할 수 있도록 과제해결 및 성과 집중형 리더십을 발휘했다. 숙의토론을 통해 비로소 초순수 진출, 청렴도 향상, 낙동강 물문제 등 다양한 현안에 대한 전방위적 대응방안을 도출할 수 있었다. 또한, 현장과의 소통 강화로 全 직원 동기부여를 촉진, Team K-water를 완성했다.

## 02. ESG 혁신을 위한 팔로우십

이어서 ESG 혁신을 위한 K-water의 노력을 대표사례 중심으로 소개하겠다.

---

(대표사례1) ESG 융합형 사업의 시작, 합천댐 수상태양광  **E**  **S**  **G**

---

댐 수면 활용이라는 새로운 관점에서 태양에너지와 해양기술을 결합한 수상태양광은, 다목적댐이 수력발전을 넘어 탄소중립의 기반이 될 신재생에너지 생산기지로 도약할 수 있는 전기를 마련했다. 2021년 11월에는 합천댐 수상태양광 상업발전을 개시하여 글로벌 탄소중립이 나아가야 할 모범적 방향을 제시했다. 특히, 합천댐 수상태양광 사업은 환경(E)과 사회 가치(S)를 창출하고, 투명한 소통과 국민의 참여(G)를 이끌어 낸, 대표적인 ESG 융합형 사업모델에 해당한다.

### 1) 환경

우선 육상태양광과 달리 호수나 댐·저수지 물 위에 태양광 모듈을 설치하므로 산지 또는 농지의 훼손 없이 개발이 가능하다는 점에서 환경부담을 최소화할 수 있다. 물의 냉각효과로 인해 발전효율이 육상태양광보다 높다는 것도 장점이다. 여기에 설비에 들어가는 자재를 먹는 물 수질기준보다 엄격한 '수도용 자재 위생안전기준' 적합 제품만 사용하고 있다. 이러한 환경친화적 성격을 인정받아, 국내 신재생에너지 최초로 환경성적표지 인증을 획득, 석탄발전 대비 무려 90%의 탄소 저감효과가 있음을 인정받았다.

### 2) 사회

합천댐 수상태양광 사업은 이른바 민·관 협력 新사업모델의 시초로, 지역주민이 사업에 참여하고 수익을 공유할 수 있도록 설계되었다. 사업에 참여한 지역주민은 20년간, 연 10%의 투자수익을 얻을 수 있어 소득 증대에 큰 도움을 받을 것으로 기대된다. 또한, 태양광 패널을 합천을 상징하는 군화(郡花)인 매화로 디자인하여 향후 관광자원으로 활용 가능하도록 했다. 뿐만 아니라, 수익금을 활용하여 지역 복지시설을 운영하거나 장학사업과 연계하는 등 지속가능한 지역공동체 기반을 조성하는 데에 기여하고 있다.

### 3) 거버넌스

환경과 사회 측면에서 모두 우수하다고 평가받는 수상태양광 사업이지만, 사업 초기에는 식수원에 미칠 부정적 영향과 경관 훼손 우려로, 사업을 반대하는 주민들이 많았다. 반대하는 주민의 마음을 돌린 것은 다름 아닌 거버넌스적 접근이었다. 사실, 주민들의 반대는 오해에서 시작된 부분이 컸다. 이에 K-water는 전문기관(KEI), 주민과 함께 환경성을 검증함은 물론, 주민협의체를 구성하여 20차례 이상 수시로 소통하며 검증결과를 투명하게 공개함으로써 주민 우려를 불식시켰다. '물'이라는 공공재를 다루기에 지역사회의 공감을 얻지 못하면 사업추진이 어려운 K-water의 사업 여건 하에서는, '아는 것이 병'이거나 '모르는 것이 약'이라는 속담은 통용될 수 없음을 자각할 수 있었던 일례라 하겠다.

> (대표사례2) ESG형 댐 오염원 저감모델 최초 개발  E  S  G

댐으로 유입되는 각종 부유 쓰레기는 늘 골칫거리이다. 수생태 오염, 악취, 그리고 경관 훼손의 주범이기 때문이다. 기존에는 운영 여건상 홍수기에, 댐 유입 쓰레기 중심으로, 용역업체에 위탁하여 수거하는 시스템이었기에 처리에 2주 이상 소요될 수밖에 없었다. 하지만 만약 K-water, 지역주민, NGO, 그리고 지자체가 협업하여 댐 오염원을 즉시 수거하면서 지역경제 활성화에 이바지할 수 있는 물관리 모델을 만들 수 있다면? 이러한 착안점에서 K-water가 제시한 해결방안은 주민자립형 물관리 모델인 '하천 자율관리 협동조합' 설립이었다.

우선 K-water 주도로 육상쓰레기의 위치를 공유할 수 있는 모바일 어플을 개발하고 NGO의 자문을 받아 협동조합 플랫폼을 설계했다. 지역주민은 유역 쓰레기를 발견하면 어플에 등록하고 협동조합을 통해 즉시 수거함으로써 쓰레기의 댐 유입을 사전 차단하는 역할을 맡았다. 마지막으로 지자체는 협동조합 설립에 필요한 각종 인·허가 등 행정사항을 적극 지원했다. 본 물관리 모델은 대청, 용담, 주암, 합천, 소양강 5개 댐에 협동조합 형태로 설립되어 다음과 같은 ESG 융합성과를 이끌어냈다.

### 1) 환경

유역감시를 통한 즉각적인 육상쓰레기 수거로, 댐 유입 쓰레기를 최대 90% 저감하고 수생태 오염 방지, 경관생태계 회복 등의 성과를 일구어냈다.

### 2) 사회

댐 주변지역은 기본적으로 인구 감소로 인해 지역소멸 위기에 놓인 곳이 대부분이다. 자연히 양질의 일자리가 지속 감소하는 추세이다. 이 같은 상황에서 지역주민만으로 구성한 협동조합은 152개 일자리와 3.5억원의 소득을 창출하는 등 지역경제 활성화에 기여하는 수단으로 기능했다. 향후 전국 12개 댐으로 하천 자율관리 협동조합

운영 대상지역을 확대할 계획으로, 이 경우 최소 360개의 일자리를 추가 창출할 것으로 기대된다.

### 3) 거버넌스

K-water, NGO, 지자체 등 유관기관 간 적극적인 소통을 통해 상호협력방안을 도출하고 거버넌스를 구축하여 오랜 기간 미해결 과제였던 댐 오염원 관리의 새로운 지평을 열었다.

---

**(대표사례3) 2050 대한민국 탄소중립을 위한 로드맵 수립** **E**

---

2021년 K-water는 탄소중립을 위한 목표, 감축수단, 속도 등에 대한 방향성을 제시한 'K-water 2050 탄소중립 로드맵'을 확정했다. 로드맵의 주축이 되는 4대 전략은 다음 그림과 같이 탄소 zero 물관리, 물에너지 확대, 그린수소 활성화, 그리고 흡수원 조성이다.

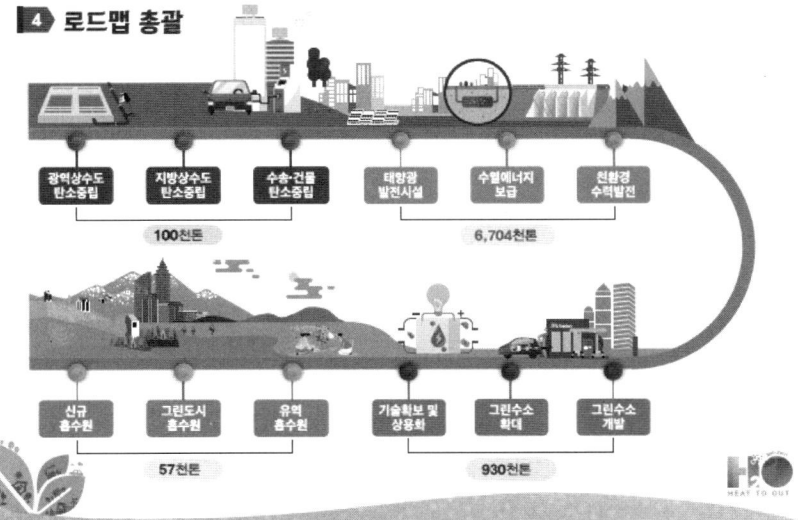

[그림 3] K-water 2050 탄소중립 로드맵

2020년 K-water의 연간 탄소배출량은 환경부 인증 결과, 약 73만톤 수준이다. 로드맵에 따르면 K-water는 2050년까지 이의 약 11배에 해당하는 780만톤의 온실가스를 감축할 계획이며 이는 국가목표(NDC; Nationally Determined Contribution)의 1%에 해당하는 감축량으로 소나무 11억 그루의 식재 효과와 같다.

K-water 탄소중립의 핵심전략은 앞서 (대표사례1)로 소개한 합천댐 수상태양광을 비롯하여 수열에너지 등 물을 활용한 친환경 신재생에너지 확대와 물 공급과정의 탄소 감축(탄소 zero 물관리)이다. '탄소 zero 물관리'의 핵심내용을 소개하자면 광역상수도 탄소중립의 일환으로 추진 중인 全 광역정수장의 Net-Zero 정수장 달성을 꼽을 수 있겠다. Net-Zero 정수장이란, 재생에너지 발전설비를 설치할 공간자원(침전지, 정수지 등)이 있는 광역정수장을 대상으로 고효율 설비 도입, 태양광, 수열에너지 등 재생에너지 개발 확대, 건축물 그린리모델링 등 다양한 기술을 적용하여 탄소 순배출량이 '0'이 되도록 만든 정수장이다.

[그림 4] Net-Zero 정수장 개념

이미 2021년까지 3개의 광역정수장(시흥, 자인, 석성)을 Net-Zero 정수장으로 만드는 데에 성공했으며 2025년까지 24개소, 최종적으로 2030년까지 K-water에서 관리하는 43개 全 광역정수장을 모두 Net-Zero 정수장으로 전환할 목표를 가지고 있다. 이를 통해 연간 온실가스 71천톤을 감축할 수 있을 것으로 내다보고 있다(소나무 약 100만 그루 식재 효과).

현재 K-water는 로드맵 고도화 및 실행력 강화를 위해 세부 Action Plan을 수립 중이다.

> (대표사례4) 공정경제 실현, 중소기업 경쟁력 강화 지원 S

K-water는 중소기업 성장을 위한 지원전략 역시 다양하게 추진하고 있다. 특히, 공공기관 최초로 중소기업 선금보증수수료 특별지원제도를 도입하여 운영하고 있다. 코로나19로 경기침체가 우려되자 정부는 업체가 받을 수 있는 선급금 지급률을 상향하는 계약지침을 시행했다. 하지만, 중소기업 배려 정책에도 불구, 정작 중소기업의 선금 신청은 늘어나지 않았다. 이유는 바로 높은 선금보증수수료에 대한 부담 때문이었다. 결국 K-water는 2021년 3월부터 선금보증수수료 특별지원을 시행했으며 2021년, 291개 기업 대상, 2.1억원의 보증수수료를 지원한 결과, 전년 대비 선금 지급액이 13%(973억원) 증가하여 중소기업 자금난 해소의 물꼬를 텄다. 이를 우수사례로 벤치마킹한 서울시 역시 지난 12월부터 선금보증수수료 특별지원을 도입했다.

또한, K-water는 물산업 혁신 생태계 조성을 위한 노력도 꾸준히 이어가고 있다. 특히, 그간 기관 테스트베드를 운영하며 쌓은 노하우와 역량을 인정받아 45개 기관 대표로 국가 K-테스트베드 운영기관으로 선정되며 중책을 맡았다. 작년 한 해, 132개 실증지원 수요를 발굴하여 101개 기술을 실증하고 있으며 全 산업 통합 테스트베드를 운영함으로써 중소기업 성장사다리 역할을 수행하고 있다. 아울러 물산업 강소기업 육성 중심이던 전략을 물산업 및 지역 혁신기업 육성으로 전환하고 기존 물산업 혁신성장펀드를 지역뉴딜 벤처펀드로 확대하여 물산업 중심 지역기업 육성과 균형발전을 촉진하는 전략을 추진하고 있다. 그 결과, 지역뉴딜 벤처펀드 2,500억원 조성, 516개 유망 스타트업 육성을 통한 일자리 1,806개 창출을 이루었다. 이로써 4조 9천억원의 기업가치 성장기반을 구축했다.

> (대표사례5) 댐 주변지역, '에코마켓'으로 활력 소생 S

댐 주변지역은 앞서 언급한 바와 같이 인구 감소로 인해 지역소멸위기에 놓인 지역이 대부분이다. 더욱이 코로나19로 인해 지역축제 등이 취소되면서 지역경제가 급격히 침체되는 등 위기가 가중되었다. 이에 K-water는 사업지에 활력을 불어넣는 프로젝트부터 시급히 추진했다. 우선 댐 유휴부지를 활용하여 지역 농산물을 전시·판매하는 공간을 조성하고 직판장을 활용한 온·오프라인 판매로 농가 판로 확대 지원은 물론, 직판장 운영에는 지역 청·장년층을 채용함으로써 지역 일자리를 신규 창출했다. 또한, 운영수익은 친환경 영농에 재투자하는 선순환체계를 마련했다. 주암댐 '승주 에코마켓', 남강댐 '에코마켓 그루'는 이 같은 아이디어에서 시작하여 1.5억원 규모의 농산물 소비, 주민소득 3.7억원, 지역일자리 134개 창출 등의 혁신성과를 거두며 지역사회에 활기와 에너지를 전파하고 있다.

> (대표사례6) ESG 경영위원회, 자문단 신설 등 조직역량 강화 G

진정성 있는 ESG경영 추진을 위해서는 경영진이 컨트롤타워의 역할을 할 수 있도록 의사결정체계를 정비하는 것이 필수적이다. 이를 위해 대부분의 기업들이 ESG경영을 위한 위원회 조직을 신설하고 있으며 K-water 역시 이사회 내 ESG 경영위원회를 설치하여 ESG경영 고도화를 위한 초석을 다졌다. 2021년, ESG 경영위원회 설치 당시에는 ESG경영에 대한 비상임이사의 높은 관심을 반영하고 논의의 다양성을 위해 비상임이사 전원이 참여하는 것으로 의결되었다. 하지만 올해, 「K-ESG 가이드라인」

의 권고내용(G-2-3)에 따라 위원회 구성을 조정하는 등 보다 합리적인 운영을 위하여 개선을 거듭하고 있다.

2021년 12월에는 ESG경영의 분야별 전문성을 강화하기 위한 ESG 경영 (외부)자문단도 발족하여 ESG경영 방향성에 대한 거시적이고 객관적인 고견을 청취하고 있다.

> (대표사례7) 낙동강 하굿둑에 얽힌 장기 갈등 해소  G

마지막으로 소개할 대표사례는 낙동강 하굿둑 개방과 관련된 오래된 갈등을 해소한 사안이다. 가장 큰 문제는 그간 주민들이 바닷물 염분으로 인한 농작물 피해를 걱정하며 하굿둑 개방을 반대해왔음에도, 정확한 데이터 기반의 상호소통이 부족했다는 점이었다. 이에 거버넌스적 접근을 통한 해결방안 마련에 나섰다. 민·관협의체를 구성하여 하굿둑 개방영향을 검증함과 동시에 검증결과를 투명하게 공개하였으며, 4차례에 걸친 개방 실증실험도 지역주민과 함께 진행했다. 또한, 5개 유관기관 간 협업과 실무협의회를 통해 개방영향을 최소화할 수 있는 방안을 모색했다. 결국, 염분으로 인한 피해가 없음을 서로 명확히 확인한 끝에 합의에 도달하였고 2022년 2월, 드디어 35년 만에 하굿둑 상시개방을 확정함으로써 장기 갈등을 해소하는 성과를 거뒀다.

## Ⅳ. K-water의 ESG 경영 확산·환류 노력

여기서는 ESG 성과를 확산하고 지속적으로 개선해나가기 위한 K-water의 노력을 소개하고자 한다.

## 01. ESG 성과 공유·확산

ESG경영에서 기업의 지속가능성을 판단하는 기준은 환경, 사회, 거버넌스지만, ESG경영의 근간은 공시라는 데에 별다른 이견이 없을 것이다. K-water는 「2022 ESG 정보공시 운영계획」을 수립하여 ESG 관련 공시 및 사전정보공표를 적극 이행하고 있다. 또한 홈페이지와 지속가능경영보고서를 ESG 체계로 전면 개편하여 이해관계자의 니즈를 충족하는 정보를 투명하게 공개하기 위해 노력하고 있다. 지난해에는 대학생 산학교류 인턴십을 운영하며 K-water의 ESG 성과를 공유하고 MZ세대 대상 인식 제고 활동을 추진한 바 있다.

## 02. 내부 ESG 성과평가 확대

내부적으로는 ESG 성과에 대한 환류 활성화를 위해 ESG 관련 성과평가지표의 비중을 높였다. 본부장 이상 경영진의 개인평가에서 ESG경영 혁신 노력 비중을 확대하였으며 조직(부서)평가에서는 공시항목 확대 운영계획에 따라 공시 지표에 대한 평가 적용부서를 확장하는 등 ESG 성과 환류를 위해 관련 제도를 지속 개선하고 있다.

## 03. '지역문제해결플랫폼'을 통한 혁신정책 전파 추진

K-water는 물과 관련한 다양한 현안을 해결하기 위하여 다방면으로 노력하고 있으나 날이 갈수록 복잡해지는 사업지 여건 하에서 모든 이해관계자를 만족시키기에는 한계가 있음을 절감할 수밖에 없었다. 이에 지역의 다양한 문제를 발굴하고 해결하기 위해 거버넌스 개념을 접목하여 민간, 지자체, 공공기관 등이 참여하는 지역 단위의 협업체계로 '지역문제해결플랫폼'을 구성하기에 이르렀다. 지역문제해결플랫폼은 생태문화 활성화, 댐 상류 수질개선, 소멸위험 지역 소생 지원 등 다양한 지역 물 문제를 적극적으로 해결하고 ESG경영을 실천하는 것을 목표로 삼고 있다. 현재 K-water가 직접 발굴한 지역 현안 5건에 대해 자체 조성한 기부금 2억 5천만원을 투입하여 문제를 해결하고 혁신을 전파하기 위해 노력하고 있다.

특히 특징적인 포인트는 혁신의 진화를 기반으로 하고 있다는 점이다. 기존에 '하천 자율관리 협동조합(대표사례2)' 운영을 통해 수거된 쓰레기는 이미 97%를 재활용하고 있었다. 하지만 단순한 리사이클링에 머무르지 않고 업사이클링 방안을 도출하기에 이르렀다. 주암댐 상류 부유물 중 폐플라스틱을 활용한 실질적 지역상생 비즈니스 모델 구축으로 ESG 가치를 추가 창출할 수 있는 방안을 고안한 것이다. 이는 새로운 ESG 융합형 사업모델로 발전할 수 있는 가능성을 보여주고 있다. K-water, 순천시, 전라남도의 홍보캐릭터 등 폐플라스틱 업사이클링 제품을 개발하여 탄소감축을 실현하고(E), 지역 자원순환센터에는 업사이클링 제품 제작·판매라는 新사업모델을 제안하여 지역경제 활성화(S) 방안을 제시했다. 그리고 이 모든 과정은 지역문제해결플랫폼을 활용한 유관기관 간 협업체계(G) 기반으로 이루어질 것이다. 현재 5건의 지역문제해결플랫폼 추진과제가 진행 중에 있으며 빠른 시일 내 최종 성과를 확보하고자 노력하고 있다.

## V. 마무리하며

ESG는 이제 더 이상 한때 스쳐 지나가는 바람으로 볼 수 없다. 기후위기가 일상이 되고, 그로 인해 발생한 신종 감염병이 인류를 위협하며 빈부격차 등으로 사회갈등이 지속되는 한, 비록 우리가 추구하는 가치를 지칭하는 용어는 달라질지언정 핵심 개념은 사라지지도, 버릴 수도 없을 것이다. 그 과정 속에서 K-water와 ESG는 서로 진화하며 서로에게 더욱 잘 맞는 방향을 찾게 될 것이다. 그리고 그 길이 앞으로도 공공기관인 K-water가 사회에 기여하는 방식이 될 것이다. ESG경영이 지향하는 바는 일개 기업 또는 기관의 지속가능성이 아닌, 결국 사회의 지속가능성이기 때문이다.

# Chapter 13 데이터 기반 LX ESG경영 실현

Part 02

송창용(한국국토정보공사 ESG경영처)

## I. 들어가며

과거 기업가치는 재무제표와 같은 정량적 지표들에 의해 주로 평가가 되어 왔다. 하지만 전 세계적인 기후변화 위기와 코로나19 팬데믹 등을 거치면서 최근에는 ESG와 같은 비재무적 가치의 중요성이 커지고 있다. ESG는 Environmental(환경), Social(사회), Governance(지배구조)의 영문 첫 글자를 조합한 단어로, 기업의 친환경 경영, 사회적 책임, 투명한 지배구조 등을 의미하는데, 사실 이러한 직관적 의미보다는 기업의 지속가능한 비즈니스 달성을 위한 세 가지 핵심 요소라고 할 수 있으며, 재무제표에는 직접적으로 보이지는 않지만 중장기 기업가치에 막대한 영향을 미치는 비재무적 요소라고 할 수 있다.

이러한 ESG를 중시하는 기업경영을 바로 ESG경영이라고 한다. 최근 공공·민간할 것 없이 ESG경영은 이슈가 되고있으나, 사실 알고보면 ESG 개념은 오래전에 이미 등장했다. 지난 1987년 UN 세계환경개발위원회 브룬트란트 보고서에서 '지속가능발전'이 전 세계적 의제로 등장한 것을 기점으로(그 이전부터라는 관점도 존재함), 1992년 UNEP 리우선언 채택, 2006년 UN PRI(책임투자원칙) 등 ESG와 관련된 논의는 과거부터 이어지고 있다. ESG 유사용어로서 지속가능성(Sustainability), CSV(공유가치, Creating Shared Value), 사회적 가치(Social Value) 등이 있다. 이 용어들은

ESG와 별개의 개념이 아닌 상호 보완적인 개념으로 함께 논의되어야 하고, 현재도 공진화(共進化) 중이다.

한국국토정보공사(이하 'LX')는 일찍이 ESG에 중점을 둔 기업경영을 실천하고 있다. 지난 2019년, UN-SDGs와 연계한 「LX 사회적 가치 중장기 추진계획」을 수립하여 기관의 주요사업과 연계한 사회적 가치 실현을 추진해왔다. 이를 통해 일자리 창출(7,814개, '18년부터 누계), 2020년 동반성장 평가 '최우수기관', 안전보건경영시스템(ISO 45001) 인증, 2021년 인권영향평가 '우수기관' 인증 등 괄목할만한 성과를 달성하기도 했다.

지난 2021년에는 국내 기업문화에 ESG라는 개념이 본격적으로 등장하기 시작하였다. '공공기관 공시항목에 ESG 관련 항목 대폭 확대(기획재정부, 2021.03.04.)', 'K-ESG 제정 추진(산업통상자원부, 2021.04.21.)' 등 정부 차원에서 공공기관의 ESG 경영 참여와 확산을 유도하는 정책들이 다수 발표되었다. 이에 LX는 정부정책과 CEO의 평소 경영철학을 바탕으로, 2021년 6월 개최된 제44주년 창사기념식 행사에서 'ESG경영 선포식'을 개최하며 본격적인 ESG경영 도입을 대내외에 천명했다. LX가 제시하는 ESG경영의 3대 전략방향으로는 '대한민국 탄소중립 2050 선도', '국토정보로 사회적 가치 실현', '국민과 함께 공정·투명 경영'이 확정되었다.

이후 전담부서(ESG경영처) 설치, 추진전략 및 계획 수립(2022년 LX ESG경영 추진계획) 등을 통해 ESG경영 실천을 위한 노력을 하고 있다. LX는 공공기관으로서 기본적으로 참여해야 하는 환경·사회적 책임 이행과 더불어, '한국국토정보공사'라는 기관명에서 알 수 있듯 다양한 '국토정보'라는 데이터를 취득하고 활용하는 고유 업(業)의 특성과 보유 역량을 ESG경영 실천의 수단으로 활용하고 있는데, 메타버스·디지털트윈 등이 바로 그것이며 자세한 내용은 다음장에서부터 공유하도록 하겠다.

## II. LX ESG경영 추진전략

### 01. 추진배경 및 방향

　지난 2021년은 정부 차원에서 공공부문의 ESG경영 참여와 확산을 본격적으로 유도한 한 해였다. 정부는 민간과 공공의 논의 동향을 고려하여 부문별 ESG경영을 강조하고 제도화에 착수하였다. 주요내용으로 가장 먼저 기획재정부는 "공공기관 공시항목에 ESG 항목을 대폭 확대" 한다고 했으며, 산업통상자원부는 지속가능경영 평가측정지표인 'K-ESG' 제정을 추진하겠다고 밝혔다.

　LX는 그간 사회적 가치 창출 업무를 담당하는 '사회가치실현처'에서 UN-SDGs와 연계한 「LX 사회적 가치 중장기 추진계획」을 수립('19.11.), 기관 전사 차원의 사회적 가치 실현을 위한 노력을 경주한 결과, 일자리 창출(7,814개, 누계), 2020년 동반성장 평가 '최우수 기관', 안전보건경영시스템(ISO 45001) 인증, 2021년 인권영향평가 '우수기관' 인증 등 눈에 띄는 성과를 창출했다. 그러나 내부분석 자료에 따르면 기존 사회적 가치 추진계획의 세부과제 대다수가 'ESG' 중 'S' 중심으로 편중되어 있음을 확인할 수 있었다. 아울러 정부 차원의 ESG 논의가 활발했던 지난 2021년 여름, 내부 임직원과 전문가를 대상으로 LX의 ESG경영 인식수준을 분석했다. 먼저 내부 인식도 조사 결과 'ESG에 대한 인지도가 다소 낮은 결과(잘모르거나 전혀모름 58%)'로 표출되었으며, 자체수준진단 결과 ESG 중 E(환경) 부문이 가장 취약하다는 결과가 나왔다. 외부 이해관계자는 공사의 '투명한 지배구조 확립', '친환경 실천 활동 전개' 부문에서 대응이 미흡하다고 응답했으며, 전문가들은 환경경영 강화, 업(業) 기반의 사회가치 창출과 준법 윤리경영 강화노력을 강조하였다.

　이렇듯, LX ESG경영 현 상황을 점검한 결과, 그리고 ESG의 중요성에 대한 사회·경제적 인식의 확산속도를 감안할 때 '전사적 차원의 대응이 필요한 시점이다'라고 판단하였다. 이에 LX는 ESG 각 부문별 외부 Risk와 現 이행수준에 따라 취약부분을 우선 보완하고 ESG경영 기반마련에 초점을 두어 추진하기로 했는데, 그 추진방향으로 첫 번째, 취약점으로 도출된 '환경경영체계 기반'을 조속히 마련하여, 정부의 친환경 정책을 선도하고, 범지구적 기후변화 위기 대응에 동참하는 것. 두 번째, 공사의

'업(業) 기반의 사회적 가치 창출'과 UN SDGs 목표를 달성하는 것. 세 번째, '공정하고 투명한 경영체계 강화'를 통해 대국민 신뢰도를 제고하는 것. 네 번째, 공사 '중장기 경영계획'과 연계한 과제를 발굴하여 ESG경영 이념의 효율적인 정착과 확산을 도모하는 것이었다.

LX는 앞서 언급한 추진방향에 따라 공사의 주요 업무 특성과 대내외 환경분석 결과 등을 종합해 LX ESG경영 비전과 전략방향을 마련하였고, 지난 2021년 6월 30일 한국국토정보공사 제44주년 창사기념식 행사에서 대내외에 'LX ESG경영 선포식'을 개최하고 비전과 전략방향을 발표했다.

| 비전 | 국토정보로 미래를 On하고, 사회 溫한다 | | |
|---|---|---|---|
| 전략 방향 | E | S | G |
| | ① 대한민국 탄소중립 2050 선도 | ② 국토정보로 사회적 가치 실현 | ③ 국민과 함께 공정·투명 경영 |

[그림 1] LX ESG경영 비전

## 02. 추진전략 및 운영체계

ESG경영 선포와 더불어 ESG경영 비전 및 전략방향을 발표한 이후, LX ESG경영의 기본적 '가이드라인' 제시를 위해 각 부서별로 Botoom Up 방식의 자율적 과제 발굴을 추진하였고, ESG 각 부문별 위험요소 대응망의 고밀도화를 도모하였다. LX ESG경영 최초의 지침서라고 할 수 있는 「LX ESG경영 가이드라인('21.09.)」에는 모든 직원이 ESG경영에 참여가 가능하도록 부서별 고유 사무분장에 맞는 '자율적 과제' 도출 및 '전사 경영목표와 연계'를 유도하였다. 또한 ESG 각 부문별로 '예시과제'를 제시하고 '자발적 참여'를 독려하였다.

2022년에는 공사 내에 ESG경영을 전담하는 부서를 설치하였다. 조직개편('22.1.)을 통해 기존의 부사장 겸 기획혁신본부 산하 '사회가치실현처'를 부사장 산하 'ESG

경영처'로 개편하였다. ESG경영처는 LX ESG경영 기획·총괄 및 문화 확산 등을 추진토록 했는데, 특히 정부 정책방향 및 공사 비전과 연계한 ESG경영 추진계획 수립·이행관리, ESG 분야별 지원, ESG 관련 정부평가 대응, ESG 교육·공모전 등 ESG 가치 내재화 추진 등을 수행하도록 역할을 부여했다. 또한 내외부 설문조사, 전문가 분석결과 등을 통해 도출된 환경·윤리 분야 취약점 개선을 위해 기존의 부서 사무분장(일자리 창출, 동반성장, 지역발전 등)에 환경경영, 윤리경영을 추가하였다. 특히 윤리경영의 경우 ESG경영처 내에 '윤리경영센터'를 두고 공공기관 윤리경영 표준모델('21.12, 기재부) 발표에 따른 선제적 대응조직을 구축, 윤리경영 관련 별도의 관리체계를 두었다.

[그림 2] LX ESG경영처 주요업무

이후 기존의 사회(S) 중심의 추진전략 및 운영체계를 ESG 전반으로 포괄할 수 있도록 전면 개편을 추진했다. ESG와 연관된 대내외 환경분석, SWOT분석을 통해 시사점을 도출했다. 또한 기존의 사회적 가치 추진전략의 전략과제중 중복적이고 형식적인 단순과제는 삭제하거나 실효성을 반영하여 과제를 보완했으며, 추진실적에 대한 분석을 통해 ESG경영 전략 내 반영 여부를 결정하였다. 이러한 사전작업과 더불어 공사가 보유한 역량(본 업의 특성, 보유 인적·물적 자원 등)을 기반으로, ESG경영에 전사적 참여를 위한 「2022년도 LX ESG경영 추진계획('22.5.)」을 발표했다. 본 추진계획은 LX가 ESG경영 추진을 위해 수립한 최초의 계획이며, 공사 중장기 경영전략과 ESG경영 선포식에서 발표한 비전 및 3대 전략방향과 연계한 20개 전략과제를 담고 있다. 전략과제를 살펴보면 먼저 E(환경) 분야에서는 환경경영계획 구축, 업무용 차량의 100%를 그린 모빌리티로 교체, 탄소배출 Zero화 캠페인 추진, 에너지 고효율 및 친환경 소재전환 가속화, 탈(脫) 플라스틱 캠페인 및 업사이클링 추진 등 5개 전략과제를 마련했다. S(사회) 분야에서는 도시·사회문제 해결형 및 국민안전 확보를 위한 공간정보체계 구축, 일자리창출 구현 및 동반성장을 위한 상생프로그램 확대, 지역사회 활성화 및 인재육성, 공간정보 분야 국제허브 역할 수행, 개도국 공간정보 협력센터 구축·운영, 안전중심의 경영체계 구축, 국민권리 침해 최소화를 위한 책임보험제도 운영, 인권존중문화 확립 등 8개 전략과제를 마련했다. 마지막으로 G(지배구조) 부문에서는 감사활동의 전문성 강화, 국민 권익 대변인 제도 강화, 국민의 재산권 보호를 위한 투명하고 공정한 민원처리, 건전하고 공정한 윤리경영 활동 강화, LX 경영보고서의 공시 강화, ESG항목을 강화한 보고서 발간, 이사회 및 LX ESG 위원회 운영으로 소통채널 확대 등 7개 전략과제를 마련했다.

| LX 중기 경영계획('22~'26년) |||||
|---|---|---|---|---|
| 비전 2030 | 스마트 사회를 선도하는 국토정보 플랫폼 ||||
| 전략 방향 | 국토정보 혁신성장 선도 | 국민 중심 국토정보 서비스 | ESG 가치 실현 | 혁신 친화적 경영체계 구현 |

**LX ESG경영 전략 체계**

| 비전 | 국토정보로 미래를 ⏻n하고, 사회 溫한다 |||
|---|---|---|---|
| 전략 방향 | E ① 대한민국 탄소중립 2050 선도 | S ② 국토정보로 사회적 가치 실현 | G ③ 국민과 함께 공정·투명 경영 |
| 전략 과제 | E | S | G |
| | ① 환경경영계획 구축[계속] | ① 도시·사회문제 해결형 및 국민안전 확보를 위한 공간정보체계 구축[계속,보완] | ① 감사활동의 전문성 강화[계속] |
| | ② 업무용 차량의 100%를 그린 모빌리티로 교체[계속] | ② 일자리창출 구현 및 동반성장을 위한 상생프로그램 확대[계속,보완] | ② 국민 권익 대변인 제도 강화[계속,신규] |
| | ③ 탄소배출 Zero화 캠페인[계속] | ③ 지역사회 활성화 및 인재 육성[계속] | ③ 국민의 재산권 보호를 위한 투명하고 공정한 민원처리[신규] |
| | ④ 에너지 고효율 및 친환경 소재 전환 가속화[계속,신규] | ④ 공간정보 분야 국제허브 역할 수행[계속] | ④ 건전하고 공정한 윤리경영 활동 강화[계속] |
| | ⑤ 탈(脫) 플라스틱 캠페인 및 업사이클링 추진[계속] | ⑤ 개도국 공간정보 협력센터 구축·운영[계속] | ⑤ LX 경영보고서의 공시 강화[계속] |
| | | ⑥ 안전중심의 경영체계 구축[계속] | ⑥ ESG 항목을 강화한 보고서 발간[계속] |
| | | ⑦ 국민권리 침해 최소화를 위한 책임보험제도 운영[신규] | ⑦ 이사회 및 LX ESG 위원회 운영으로 소통채널 확대[계속,신규] |
| | | ⑧ 인권존중문화 확립[계속] | |

[그림 3] LX ESG경영 전략체계

LX는 원활한 ESG경영 추진을 위해 운영체계를 마련했다. 전담부서(ESG경영처)에서는 공기관 ESG 요구 대응, 전사 차원의 총괄계획 수립, LX 내 초기 ESG경영 안정적 정착을 지원하도록 하였다. 또한 공사 ESG경영에 추진에 있어 비상임이사, 외부 전문가가 참여하는 최고 자문기구인 'LX ESG위원회'를 신설('22.6.)하고, ESG 각 분야 전문위원 소통 및 참여를 통한 공사 ESG경영 정책 논의·자문을 통해 ESG경영 실행력을 강화하도록 했다. 아울러 전라북도 혁신도시 이전기관간 협의체를 통해 ESG경영 추진 관련 협력방안 마련, 주요이슈 논의 및 참여, 협업사업 추진 및 결과 공유가 이뤄질 수 있도록 하였다. 또한 분기 1회 'LX ESG담당자 회의'를 개최하고, 각 부서별 추진과제 점검, 신규과제 발굴, ESG경영 활성화 방안 등을 논의한다.

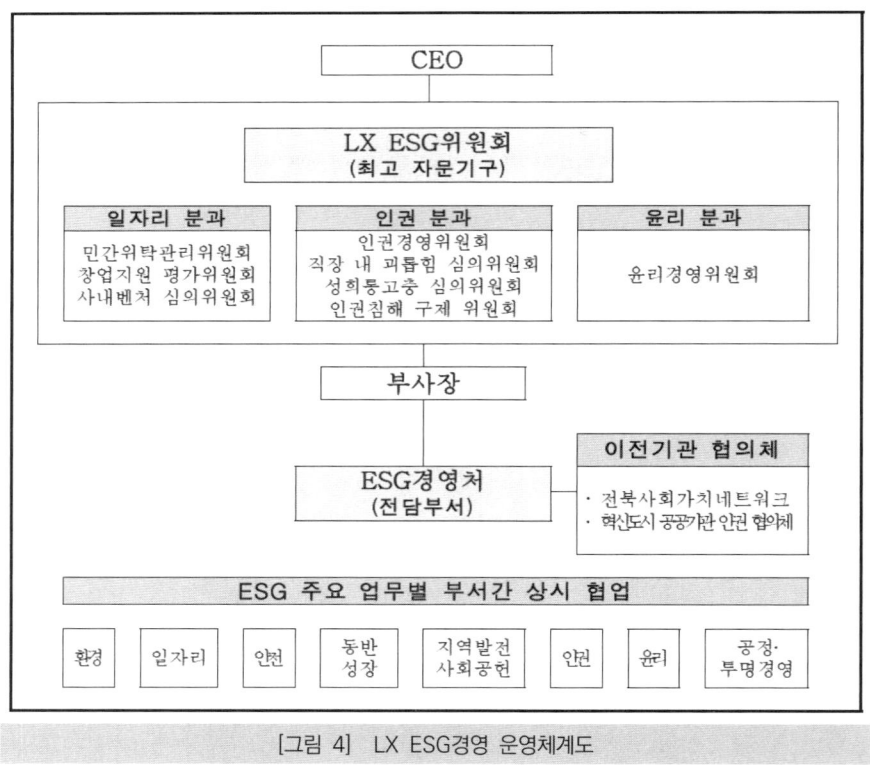

[그림 4] LX ESG경영 운영체계도

# III. LX ESG경영 우수사례

## 01. E(환경) 분야

　LX는 주요사업인 '지적측량'을 수행하는 과정에서 솔선수범으로 친환경 정책을 이행함으로써, 탄소중립에 기여하고 있는데, '친환경 경계점표지' 제작 사례에 대해 안내하겠다.

　먼저 경계점표지의 경우, LX는 매년 약 300만개의 경계점표지를 지속적으로 사용하고 있고, 이 경계점표지는 '플라스틱캡'과 '붉은색 페인트'가 도색된 것이다(연간 약 15톤). 공사는 경계점표지 생산 시 발생하는 환경오염을 줄이고자 친환경 소재로 바꿀 수 있는 방향을 국토교통부와 지속적으로 협의했다. 그 결과 경계점표지 페인트 도색 규정 삭제 등 제도개선을 이끌어냈으며, 플라스틱 보호캡 또한 재생 플라스틱으로 사용할 수 있도록 하였다. 이러한 노력의 결과로 300만개의 경계점을 친환경제품으로 생산할 수 있도록 하였고 약 90톤의 온실가스를 감축하는데 기여할 수 있었다.

[그림 5] 경계점표지 '친환경소재' 전환

## 02. S(사회) 분야

LX는 공간정보 전문 공공기관으로써 공간정보 중소기업 상생·협력과 창업기업 지원 생태계 조성을 위해 창업기업 육성공간인 'LX공간드림센터(17년 개소, 서울 강남)'를 조성해 운영하고 있다. 매년 「공간정보 활용 창업 아이디어 공모전」 개최를 통해 (예비)창업기업의 혁신 아이디어를 발굴하고, 기업선발을 거쳐(연 10개 社) 창업프로그램을 지원하고 있다. 공모전 순위에 따른 사업화자금 지원(총 2.5억 원), 창업오피스 무상지원, 국내·외 공간정보 전시회 참가지원, 판로개척 프로그램 지원, 투자자매칭 프로그램 등이 바로 그것이다.

그간 LX는 62개 창업기업을 대상으로 약 21억 원 규모의 프로그램을 지원했고, 그 결과 창업기업이 약 255억 원의 매출 신장 및 225명의 신규고용을 창출하는 데 기여했다. 또한 몇몇 창업기업은 대기업에 인수·합병되거나 대규모 투자금을 유치하는 등 괄목할만한 성과를 달성하기도 했다. 대표 기업으로는 ㈜어썸텍과 ㈜스트리스라는 기업이 있다. 각각 한컴과 카카오모빌리티에 합병이 되어 다양한 사업을 진행중에 있다.

〈표 1〉 LX가 지원하는 창업기업이 창출한 실적 총괄

| 구분 | 매출 | 신규고용 | 지식재산권 | 국가인증 | 국외진출 | 투자유치 |
|---|---|---|---|---|---|---|
| '17년 | 3.4억 원 | 28명 | 11건 | 1건 | 6건 | - |
| '18년 | 24.9억 원 | 60명 | 40건 | 17건 | 12건 | 1기업 |
| '19년 | 39.6억 원 | 42명 | 22건 | 5건 | 6건 | - |
| '20년 | 70.0억 원 | 30명 | 26건 | 12건 | - | - |
| '21년 | 117억 원 | 65명 | 34건 | 22건 | - | 4기업 |
| 소계 | 254.9억 원 | 225명 | 133건 | 57건 | 24건 | 5기업 |

## 03. G(지배구조) 분야

기업의 ESG경영에 있어, ESG 성과를 투명하게 공시하고 이해관계자와 소통하는 게 무엇보다 중요한데, LX는 지난 2009년부터 매년 'LX지속가능경영보고서' 발간을 통해 대내외 이해관계자에게 ESG성과를 공개하고 있다.

LX는 지난 2007년, UN글로벌콤팩트 한국협회 회원사 가입 후 2008년에 최초의 지속가능경영보고서를 발간했고, 최근에는 2021년도 LX ESG경영 성과를 종합한 '2021 LX지속가능경영보고서'를 발간했다('22.7.). 그간 발간한 모든 LX지속가능경영보고서에는 UN SDGs, ISO26000 등 국제표준과 연계한 주요실적(계량, 3개년), 그리고 자체 추진한 ESG 활동성과(비계량) 등의 내용이 담겨있다. LX지속가능경영보고서는 정부·유관기관·국민, 주요국 대사관 등 이해관계자에게 무료로 배포하고 있고, LX 홈페이지, UN글로벌콤팩트 홈페이지 등에 게시해 누구나 쉽게 접할 수 있도록 하고 있다. 특히 해외사업 추진을 위한 각종 입찰참가 시 지속가능경영보고서를 첨부해 ESG를 실천하는 글로벌기업 이미지 제고에도 힘을 싣고 있다.

지금까지 꾸준히 보고서 발간을 통해 ESG경영 성과를 투명하게 공시해 왔고, 이런 노력을 인정받아 국내외 주요 시상 및 인증행사에서 수상하기도 했는데, 미국 LACP (커뮤니케이션연맹)에서 주관하는 Vision Award에서 3차례('17, '21, '22) 'Gold' 등급 및 'Global Top100 보고서' 인증을 받았고, 지난 2021년 「지속가능경영 유공 정부포상」 행사에서 모범적인 ESG경영 실천을 통하여 지속가능경영 문화 확산에 기여한 공로를 인정받아 '산업통상자원부장관상'을 수상('21.12.)하기도 했다.

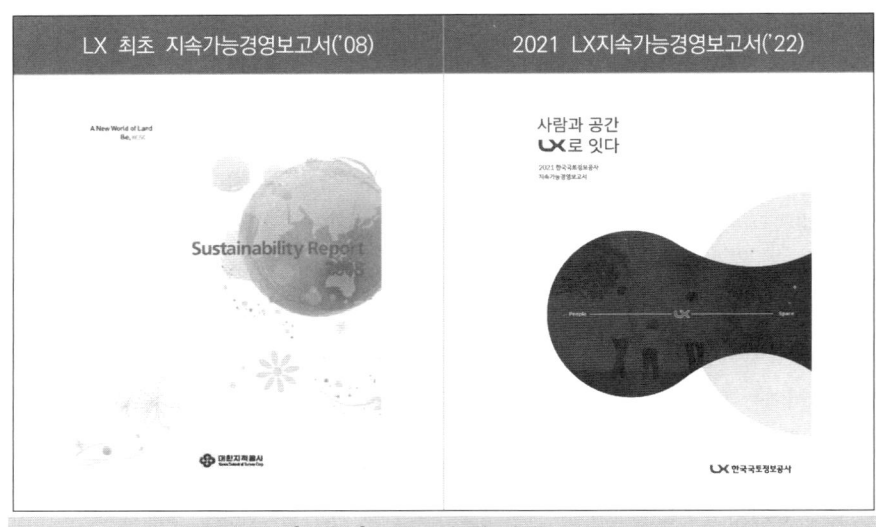

[그림 6] LX 지속가능경영보고서

# Ⅳ 핵심역량 기반의 LX ESG 실현

## 01. LX 핵심역량: 데이터(공간정보)

　　LX는 공간정보와 지적측량 등 고유업무를 바탕으로 핵심역량을 쌓아왔다. 국토를 대상으로 한 디지털트윈 구축 사업은 그 결실 중 하나이다. 디지털트윈 개념을 처음 사용한 것은 미국 GE(General Electric)社로, 2016년 항공기 엔진 부품의 내구성 등을 확인하기 위해 실제 실험하는 대신에 부품을 3D 데이터로 모델링하여 시뮬레이션 한 사례가 있다. 공간정보 분야의 디지털트윈은 현실의 지형, 건물, 도로, 가로시설물 등을 3D 형상과 속성 그대로 모델링한 것으로, 여기에 다양한 데이터를 융합하여 분석·시뮬레이션이 가능하다.

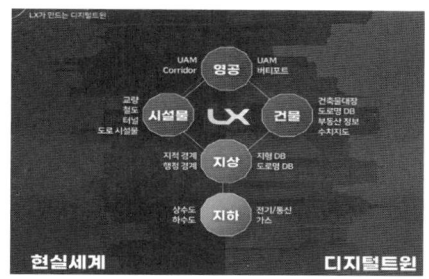

[그림 7] LX 디지털트윈 개념　　　[그림 8] LX 디지털트윈 모식도

　　LX는 2018년부터 전주시(약 206㎢)와 전북혁신도시(약 7㎢)를 대상으로 디지털트윈 구축을 시작하여 2021년에 완료하였다. 특히 LX의 본사 사옥을 대상으로 실내공간까지 세밀하게 디지털트윈을 구축하여 실내공기질 센서 데이터를 가시화하였으며, AI 열화상카메라를 활용하여 출입자 발열체크 결과를 연계하는 등 디지털트윈과 IoT 데이터 연계를 시도하였다. 그리고 사옥 디지털트윈을 활용한 화재 대피 시뮬레이션, 내부 설비, 집기 등 시설물 자산관리 방안도 연구하였다.

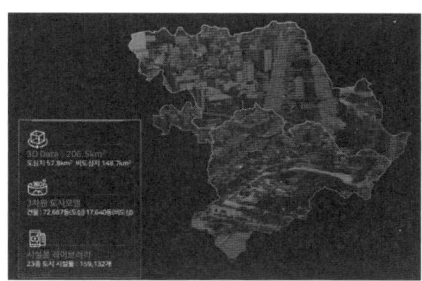

[그림 9] 전주 디지털트윈 구축범위　　　[그림 10] 전주 디지털트윈 가시화

[그림 11] 디지털트윈(LOD 1)   [그림 12] 디지털트윈(LOD 2.5)

이를 발판으로 LX는 디지털트윈과 관련한 다양한 사업에 참여하여 현재도 노하우를 축적하고 있다. 2019년에는 '스마트도시 서비스 지원기관'으로 지정되어 국가 스마트시티 시범도시(부산)의 디지털트윈 분야를 담당하였다. 2020년부터는 한국판 뉴딜의 '한국형 디지털트윈 표준모델 구축 및 확산'을 목표로 2021년에는 새만금·충북혁신도시·춘천 지역 맞춤 행정서비스 모델을 개발하였으며 현재는 국토교통부로부터 디지털 트윈 국토 시범사업 관리기관으로 지정받아 전국 10개 지자체를 대상으로 디지털트윈 구축 시범사업을 진행하고 있다.

또한 디지털트윈 구축에 안주하지 않고 이를 활용할 수 있는 새로운 영역으로 확장을 준비하고 있다. 3D 공간 데이터가 필요한 영역, 바로 메타버스이다.

메타버스는 2020년 COVID-19 창궐로 인해 대면 활동에 큰 제약이 생기면서, 비대면 행사·협업 등 도구로서 각광받았다. 2020년 한국판 뉴딜 1.0의 디지털트윈에 이어 2021년에 새롭게 발표된 한국판 뉴딜 2.0에서 정부는 메타버스 등 초연결 신산업 육성을 예고하였고, 이는 2022년 1월 발표된 메타버스 신산업 선도전략으로 구체화되었다. 정부는 메타버스를 '가상과 현실이 융합된 공간에서 사람·사물이 상호작용하며 경제·사회·문화적 가치를 창출하는 세계(플랫폼)'로 정의하고, '디지털 신대륙, 메타버스로 도약하는 대한민국'을 목표로 다양한 전략과제를 도출, 추진하고 있다.

〈표 2〉 국토교통부 디지털트윈 국토 시범사업 목록

| I. 기반구축사업(5개 지자체) | |
|---|---|
| 선정지자체 | 사업주제 |
| 인천광역시 | 디지털 트윈 기반 화재대응 현장지휘 통합플랫폼 구축 |
| 제주도 | 디지털트윈 기반 제주환경평가 Open플랫폼 구축 |
| 전남 장성 | 옐로우시티 장성! 스마트 성장 프로젝트 |
| 충남 아산 | 드론 및 지하공간DB를 활용한 지능형 하천 관리체계 구축 |
| 경북 울진 | 디지털 트윈 기반 해안도로 침하예측시스템 구축 |
| II. 균형발전사업(5개 지자체) | |
| 선정지자체 | 사업주제 |
| 경남 남해 | 다시 찾고싶은 디지털 국토 보물섬 남해 |
| 충북 진천 | 진천군 토지개발 인허가 지원시스템 구축 |
| 전남 곡성 | 디지털 트윈국토 기반 '지역 발전 G-메타버스' 구축 |
| 부산 기장 | 오시리아 관광 단지 디지털 트윈 플랫폼 구축 |
| 전북 완주 | 전북혁신도시 디지털 트윈 국토 미래도시 구축 |

## 02. 디지털트윈과 메타버스의 관계

거울세계 메타버스는 현실공간과 동일한 형태를 한 메타버스이므로, 현실공간을 3D로 본뜬 디지털트윈은 메타버스 공간 구현에 한걸음 가까이 다가가도록 하였다. 그러나 여전히 넘어야 할 산은 많다. 분명 디지털트윈과 메타버스 공간은 현실공간을 3D로 구현한다는 점에서 유사한 점이 있지만 그 3D 공간이 활용되는 목적에 차이가 있기 때문이다.

디지털트윈 구축의 주 목적은 현실 객체를 데이터로 구현하고 사용자가 객체를 전체적으로 조망하며 자유롭게 분석·시뮬레이션에 활용하는 것이다. 즉, 현실에서는 막대한 비용 때문에 실험할 수 없었던 재난재해 시뮬레이션, 교통사고 발생 시뮬레이션 등을 자유롭게 구현할 수 있는 도구인 것이다. 이에 비해 메타버스는 그 공간을 배경으로 다양한 사용자가 몰입감을 가지고 상호작용을 하는 장으로서 활용된다. 체험하고, 모험하며, 커뮤니케이션하는 사용자경험이 중요시 된다.

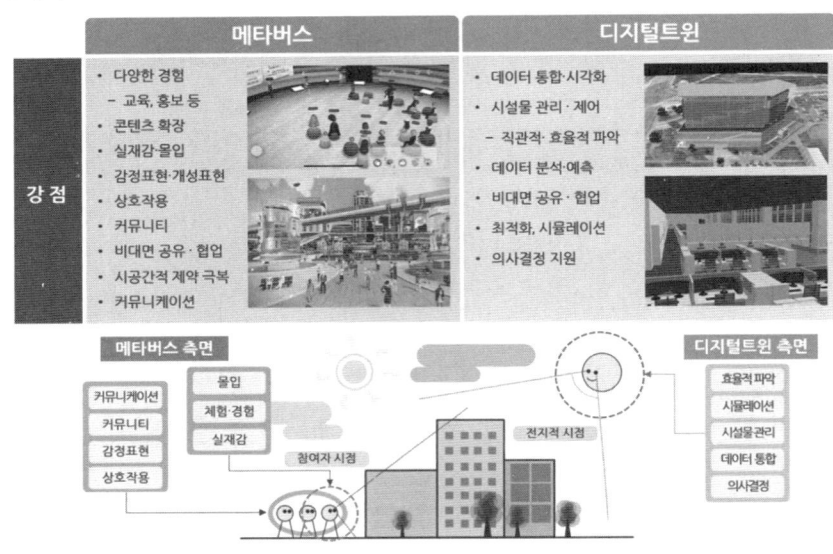

[그림 13] 메타버스와 디지털트윈 비교_1

요약하자면, 디지털트윈과 메타버스 모두 가상공간이지만 전자는 주로 전지적 시점에서 객체를 효율적이고 효과적으로 조망하고 실험할 수 있는 공간이고 후자는 사용자가 그 속에 뛰어들어 다양한 경험을 할 수 있는 공간이 되어야 한다.

이러한 점에서 단순히 디지털트윈에서 메타버스로 사업 영역을 확장하기 위해서는 추가로 고려되어야 할 것이 많아 보인다. 기존의 디지털트윈 구축 방식은 광범위한 국토공간을 대상으로 항공측량, MMS 차량 등을 통해 단기간에 저비용으로 데이터를 구축하는 방식을 채택하고 있기 때문이다. 디지털트윈으로 구축된 공간은, 사용자가 보기에 건물, 도로, 하천, 교량, 가로시설물 등으로 인식할 수 있는 적당한 세밀도와 텍스처 퀄리티만 갖추어도 된다. 오히려 지나치게 세밀한 객체 묘사나 고해상도 텍스처는 데이터 가시화에 고사양의 컴퓨팅 사양을 요구하여 도시 전체를 빠르게 조망하는 것을 저해하게 된다.

그러나 메타버스 공간에 요구되는 것은 이와 다르다. 디지털트윈에서는 수용되었던 텍스처링 및 모델링 세밀도 수준이 메타버스 공간이 추구하는 사용자 경험 수준에는 미치지 못하는 경우가 있다. 특히 항공측량을 통해 구축되는 디지털트윈은 조감도 시점에서 보이는 건물 상층부, 지붕, 건물 외벽 등은 잘 구현하지만 좁은 건물 사이나 지면에 가까운 부분은 세밀함이 다소 떨어진다. 이러한 시사점에 비추어 볼 때, 향후 디지털트윈 구축계획 수립 시 메타버스 공간 구현까지 염두에 둔 품질기준을 설정하는 등 세심한 설계가 요구된다.

[그림 14] 메타버스와 디지털트윈 비교_2

## 03. LX ESG경영에서 메타버스의 활용

LX는 ESG경영을 위해 다양한 현안을 발굴하고 해결책을 강구하고 있다. 그 중 하나는 환경경영 분야이다. 이미 지속가능경영, 사회적가치 실현을 위해 지역사회와 다양한 활동을 수행하고는 있지만, 자체 진단 등을 통해 환경경영 분야의 취약점이 지속적으로 발견되고 있어 이에 적극 대처해야 하는 상황이다.

$CO_2$ 배출의 경우, 2021년 연간 온실가스 배출량을 기준치 대비 32% 절감하는 것이 목표였으나 실제는 5.7% 감축에 그쳐 대대적인 감축이 필요한 상황이다. 특히 전력부문은 전체 $CO_2$ 배출의 60% 이상 차지하여 지속적인 관리가 필요한 상황이다. 뿐만 아니라, LX는 전국에 지역본부·지사를 둔 전국조직으로서, 내부 협의 및 행사 등을 위한 장거리 출장이 필수이며 이로 인해 업무용 차량, 대중교통 이용에 의한 $CO_2$ 발생은 필연적이다.

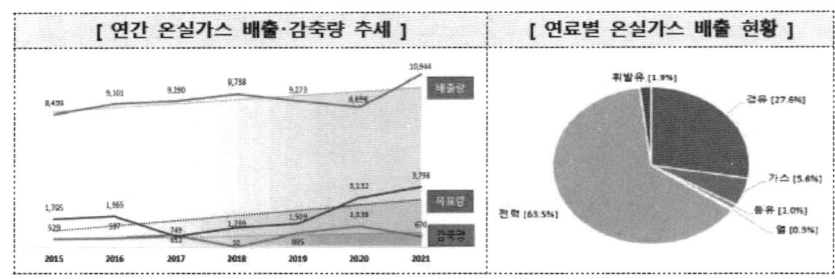

[그림 15] 한국국토정보공사 온실가스 배출 현황(2015~2021)

이러한 현안을 해소하기 위해 LX 본연의 업무인 공간정보 분야를 활용하여 에너지 소비 등을 모니터링하고 비대면 협업 등이 가능한 환경경영 지원 솔루션 개발이 필요하다고 판단하였다. 특히 LX 고유 업(業)인 공간정보, 특히 디지털트윈과 메타버스를 활용한다면 환경경영 현안인 에너지 소비 모니터링과 차량을 이용한 장거리 이동을 대체할 수 있을 것으로 보아, 각 요소기술의 구체적인 활용성을 고민하고 있다.

먼저, 메타버스는 비대면 협업에 가장 특화된 기술이라는 점에서 현실공간에서의 차량 운행을 대체할 수 있을 것으로 보인다. 본사-지역본부 간 협업의 경우, 장거리 출장이 빈번하다는 점에서 이를 대체한다면 차량 운행에 따른 $CO_2$ 배출을 줄일 수 있다.

LX 본사 조직 중 공간정보본부는 본사 사옥 외부에 별도 사무실을 임차하여 활용 중이며, 이에 따라 주차공간 부족 등 여러문제가 대두되고 있다. 메타버스 오피스를 활용한다면 출퇴근을 위한 자가용 차량 운행도 줄이고 주차 수요를 저감하여 별도로 주차공간을 확충하지 않아도 된다. 이러한 장점 때문에 메타버스 오피스를 시범 구현하고자 한다.

현재 여러 기업들이 앞 다투어 메타버스를 활용한 비대면 협업 공간을 구축하고 비대면 행사를 실시하고 있다. 이러한 시도가 일회성에 그치지 않기 위해 LX도 고민하고 있다. 예를들어, 비대면 활동으로 인한 $CO_2$ 배출 감소량을 가시화하기 위해, 실제로 차량으로 이동한 경우 화석연료 소비로 인해 발생했을 $CO_2$ 발생량을 지속적으로 산출하고 집계할 수 있을 것이다.

다음으로, 디지털트윈은 에너지 소비 등 환경경영 현안 모니터링에 활용하고자 한다. LX의 환경경영 취약점은 외부평가나 진단을 통해 사후적으로 확인되는 경우가 종종 있다. 예를 들어, 전력·화석연료 등 소비를 통한 $CO_2$ 배출이 실시간으로 점검되기보다는 월별·분기별 전력사용량 등을 집계하고 $CO_2$ 배출량으로 환산된 후에 그 규모가 확인된다.

물론, 스마트빌딩을 중심으로 BEMS(Building Energy Management System)가 활용되고 있으나 LX 본사 사옥 건설 시 도입되지 않아 이를 대신할 도구가 필요하며 디지털트윈과 센서를 활용한다면 이를 대체할 수 있을 것으로 보인다.

만약 환경경영 관련 다양한 현황이 조금 더 신속하게 모니터링 된다면 유연하면서도 효과적인 내부 정책 수립이 가능할 것으로 보이며, 디지털트윈을 접목한다면 현황을 더욱 직관적으로 파악할 수 있을 것이다. 건물 층별 전력 및 가스 사용량 등을 센서를 활용하여 실시간으로 집계하고 $CO_2$ 배출량으로 환산하여 LX 사옥 디지털트윈 상에 시각적 애니메이션 등을 활용하여 효과적으로 표출하는 것이다. 이를 통해 시설물 관리 담당자가 신속하게 현황을 파악하고 $CO_2$ 배출량 절감 목표 달성 가능성을 점검하며 후속적인 조치를 결정할 수 있을 것으로 보인다.

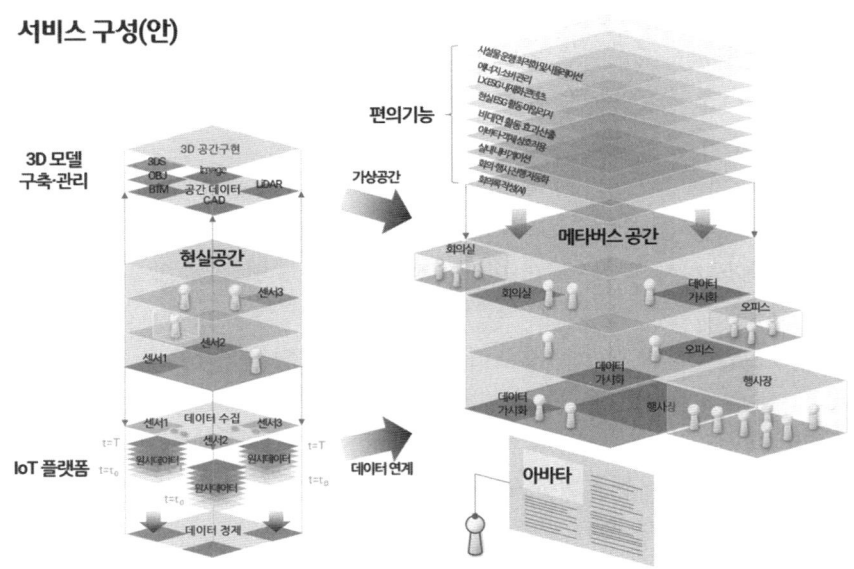

[그림 16] 환경경영 지원을 위한 메타버스-디지털트윈 활용 개념도

그러나 이것만으로는 환경경영을 보완하기에 부족한 점이 있다. 환경경영은 특정 담당자에 국한된 현안이 아니라 전사적 참여가 요구되기 때문이다. 본사 외에도 전국에 걸쳐 분포하는 지역본부-지사 역시 LX 환경경영의 현주소를 확인하고 체감하여 동참하기 위한 동기부여 방안이 필요하며, 이를 위해 메타버스와 디지털트윈을 결합하여 활용할 수 있을 것이다.

## V 마치며

지금까지 LX의 ESG경영에 대해 소개하였다. 공공기관으로서 누구나 이행해야 할 '사회적 책임 중심 ESG경영' 사례와, 한국국토정보공사만의 본 업(業) 기반의 '데이터 기반 ESG경영' 사례로 나누어 기술하였음을 다시 한 번 상기시킨다.

ESG경영은 이미 현대 기업경영의 패러다임으로 자리잡은지 오래고, 더 이상 선택이 아닌 필수요소라고 말한다. LX도 이미 ESG경영 선포, 전담부서 설치, 전략 수립 등을 통해 ESG경영 실천을 위한 채비를 마쳤으며, 자체 ESG역량 강화와 더불어 지역사회·협력 중소기업 등에 ESG 문화확산을 위한 노력도 병행하고 있다. 이를 통해 다양한 우수사례를 발굴했고 앞으로도 지속적으로 이런 활동들을 이어나갈 계획이다.

그 중 LX의 장점, 본 업(業)을 활용한 ESG경영 사례는 향후 타 공공기관이나 민간영역에도 적용이 가능하다 판단된다. 그 이유는 LX는 다양한 데이터(공간정보)를 활용하여 실내외 디지털트윈을 구축하고 있고, 이를 기반으로 메타버스 영역으로 확장을 목표로 하고 있다. 디지털트윈 기반 메타버스를 통해 환경경영을 지원하기 위한 솔루션을 도입하여 실용적이고 지속가능한 메타버스 활용 사례를 제시하고, 공간정보가 ESG 경영의 핵심 인프라로 자리 잡도록 기여하고자 한다. 추후에는 여러 공공기관·지자체·민간기업 등과 성과를 공유하고 개선방안을 논의할 수 있기를 기대해본다.

Part 02

Chapter 14 | K-sure, 노사 합심으로 전직원 대상 직무급제를 완성하다.

이경헌(한국무역보험공사 인사부)

## Ⅰ. 직무중심 보수체계의 도입에서 정착까지(~2019년)

### 01. 간부직에 선진화된 보수체계인 직무급제를 도입하다(최초 ~ 2010년)

한국무역보험공사(이하 '공사')는 무역이나 그 밖의 대외거래와 관련하여 발생하는 위험을 담보하기 위한 무역보험제도를 효율적으로 운영함으로써 무역과 해외투자를 촉진하여 국가경쟁력을 강화하고 국민경제의 발전에 이바지함을 목적[1]으로 무역보험법(구 수출보험법)에 의거 1992년 7월 7일 설립되어 올해로 창립30주년을 맞이한 기금관리형 준정부기관(산업통상자원부 산하)이다. 과거 수출보험 업무를 수행하던 한국 수출입은행으로부터 1992년 수출보험 관련 업무와 인력, 그리고 수출보험기금을 포함한 자산을 공사가 포괄적으로 승계하게 된다. 이에 따라, 공사의 최초 임금체계는 당시의 한국수출입은행의 전형적인 호봉제기반의 임금체계로부터 출발하게 된다.

공사 설립 초기에는 호봉테이블과 시간외근무수당, 수출보험수당, 업무수당, 책임자수당 및 가족수당 등의 각종 수당을 포함하는 전형적인 호봉제기반의 임금체계를 운영하였지만, 1997년 IMF 외환위기 이후 국민의 정부에서 추진한 '정부개혁'과정에

---

[1] 한국무역보험공사 정관 제1조(목적)

서 최초 도입한 공무원 성과급제도에 발맞추어 1999년 기존의 호봉테이블을 연공성 급여인 근속급과 직무수행능력 등을 반영한 직무직능급으로 분할하였다. 이때가 공사의 임금체계에 직무와 직능이라는 개념이 최초로 도입되어 지금 현재 공사의 우수한 직무급제도의 기초 바탕이 된 개편시기로 평가된다.

이후 공사는 2010년 6월 정부의 「공공기관 성과연봉제 권고」 발표와 동시에 2010년 7월 1일자로 동 권고안에 부합하는 간부직 성과연봉제를 공공기관 최초로 도입하게 된다. 전 직원 임금체계를 연봉제로 전환함에 따라 호봉 테이블을 폐지하고, 법정수당(시간외근무수당 및 연차수당)을 제외한 모든 수당을 폐지하여 기본연봉, 직무연봉, 성과연봉의 3대 요소로 단순화한 임금체계로 개편하게 된다. 특히, 팀장급 이상의 간부직에 대해서는 기존의 직무직능급과 이에 연동되었던 상여금, 각종 수당 중 직무관련성이 높은 수당 등은 직무연봉으로 통합 개편하였고 간부직의 전 직위에 대해 연 1회 직무평가에 따른 5단계 직무등급으로 구분하여 담당직무에 따라 급여가 달라지는 선진적인 급여체계를 간부직에 도입하여 생산성과 효율성을 극대화하고자 하였다.

〈표 1〉 간부직 성과연봉제 도입 후 임금체계

| 구 분 | | 주요내용 |
|---|---|---|
| 기본연봉 | 기본급 | 연공에 따라 지급되는 급여 |
| | 차등기본급 | 기본급의 100%를 기준으로 간부직은 차등인상 |
| 직무연봉 | | 담당직무에 따라 지급되는 급여 |
| 성과연봉 | 기본성과연봉 | 직무연봉에 연동하여 지급 |
| | 차등성과연봉 | 연간성과평가(조직평가) 결과에 따라 지급 |
| 법정수당 | | 법정수당인 시간외근무수당 및 연차수당만 유지 |

특히, 직무급제도의 본질에 맞도록 최초 직무연봉표를 직무난이도 및 조직성과기여도에 따라 신설함에 따라 상위 직무등급의 팀장이 하위 직무등급의 부서장보다 직무연봉이 높아지는 역전현상도 발생하였다. 당시 대부분 회사, 특히 공공부문의 기업에서는 찾기 어려운 보수체계인 직무급제 시행에 따라, 일부직원의 반발도 물론 있었다.

당시 공사가 도입한 직무평가 방법론은 공정성과 수용성에 대폭 초점을 맞추었다.

직무급제 대상자(간부직)가 직접 수행직무에 대한 정의, 직무요건 및 필요역량, 직무내용, 자기진단, 주요 실적 등을 직무기술서에 도출하도록 하였으며, 이를 기반으로 간부직 전 직원이 참여한 직무평가단이 상호 평가하는 방식으로 설계하였다. 직무평가단의 상호평가를 기반으로 하여 도출된 직무평가 결과를 인사위원회를 통해 직무등급 미세조정 등을 확정하는 방식이었다. 직무평가단 자체가 간부직 전 직원이라는 점과 최종 직무등급도 인사위원회에서 결정된다는 점이 공정성과 수용성이라는 측면에서 인정받을 수 있었다.

다만, 직무급제를 최초 도입한 2010년은 우리나라에 직무급에 대한 이해가 깊지 않은 상황이며 시행하고 있는 기업도 많지 않은 상황이었던 도입초기였던 바, 직무평가 방법론 자체가 지금과 같이 고도화 되어있지 않은 상황이었다. 이에 주무 팀에서는 개인별 직무기술서 작성에 대한 조직 이해도 확충 및 직무평가단의 직무평가시 발생할 수 있는 오류유형을 소개하였고 평가기법 등을 세세히 가이드하여 직무급제 대상자인 간부직에 직무급제 이해도를 높이는 노력을 하였다.

## 02. 직무에 따른 정당한 보상을 받는 문화가 스며들다(2010년 ~ 2016년)

공사도 간부직 직무급제를 도입한 초반에는 많은 문화적인 어려움이 있었다. 연공을 중심으로 하는 인사관리체계에 익숙한 구성원이 직무의 상대적 가치에 따른 인사관리체계로의 변화를 단시간에 수용하기 어려웠기 때문이다. 사회전반에 만연한 장유유서 정신 및 공채 기수 중심으로 하는 선후배 간의 위계에서 후배가 담당하는 직무가 선배의 직무보다 상대적으로 높게 평가되고 직무급이 높게 책정되어 후배의 연봉이 선배의 연봉보다 높게 되는 결과를 단기간 내에 납득하기 어려웠다. 하지만, 해외 선진국 근로자와 교류가 많은 업무특성상 해외에서 넓게 통용되고 있는 직무중심의 보수체계에 대한 수용성이 점차 확산되기 시작하였다.

특히, 직무급 제도의 안정적인 정착을 위해 직무중심의 인사관리 인프라 구축에 착수하였다. 첫 번째로는 상위 직무에 대한 직위공모를 실시하여 특정 직무에 대해 조직구성원을 대상으로 공모하여 지원할 수 있도록 하여 인사제도의 경직성을 보완하였으며 직무와 역량중심 평가를 통해 직무에 알맞은 간부직에 보직 부여한다는 점에서 비단 직무급제 적용대상자인 간부직뿐 아니라, 비간부직 직원에게도 동기부여를 제공하여 조직 전체적으로 직무급제를 사내 문화로 안정적으로 정착시키는 발판이 되었다.

두 번째로는 이때부터 직무와 개인의 성과 등을 반영, 연계한 HRD 관리체계를 고도화하는 노력도 시작되었다. 상위등급 직무 및 고성과자에 대해서는 전문가 교육기회를 확대하고 낮은 등급 직무 및 저성과자에 대해서는 역량개발 관리절차 및 명예퇴직절차를 도입하기도 하였다.

이에 내부 수용성제고를 위한 공사 보수체계 관련 모니터링을 내부 직원 대상 설문 방식으로 2013년 3월 실시하였다. 직무급제가 도입된 지 만 3년이 채 안된 상황으로 직무급 수용도가 상대적으로 취약하다고 분석되었다. 이에 주무 팀에서는 원인을 크게 두 가지로 분석하였다. 원인중 하나는 직무난이도와 직무 등급 간 괴리현상이 존재한다는 것이다. 예를 들어, 급작스러운 외부환경으로 인해 실제 직무난이도는 변화하지만 당시 직무평가를 연 1회 실시하여 직무등급의 업데이트는 직무난이도의 변화를 최대 1년 후행하게 되는 상황이 발생하게 되어 직무난이도와 직무등급의 괴리가 발생한다는 점이다. 이에 연중 직무특이사항 발생 시 직무등급을 변동하는 절차를 도입하여 2013년 연중 약 30%의 직무등급을 업데이트 하여 이 문제점을 적극 해소하고자 노력하였다.

다음 원인은 직무등급별 직무급 격차가 저조하다는 점에 있었다. 당시 보수규정상에 부서장 기준 최상위 직무등급 최하위 직무등급의 직무급 차등은 연 9.4백만 원에 달하였으나, 팀장급은 4.7백만 원에 불과하여 부서장급이 팀장급보다 1.9배 차등되는 구조였다. 따라서 상위 직무를 수행하는 팀장급은 직무에 따른 보상이 상대적으로 약하다고 생각되어 조직 내 근무사기에 까지 영향이 있을 수 있는 상황이었다. 이에 관리자급 직무연봉의 차등 폭을 대폭 확대하였다. 부서장의 직무연봉의 차등 폭은 9.4백만 원에서 9.5백만 원으로 2%확대한 반면, 팀장급의 직무연봉의 차등 폭은 4.7백만 원에서 6.1백만 원으로 28%확대하여 조직 내에서 중요한 업무를 수행하는 상위 직무 등급 팀장급에 대한 보상을 공고히 하였다.

팀장급 이상의 간부직에 대해 동종업계에 비해 이른 시간에 직무급제를 시행하였으나 이에 따른 직원들의 피드백을 적극적으로 반영하여 수용성제고에 지속 노력하는 등 직무급제도의 안정적인 정착을 위한 사측의 진정성이 팀원급 등의 비간부직에 대해서도 이와 같은 기류가 확산되었으며 이러한 사내문화의 확산이 추후 직무급제 선도기관의 기틀이 되었다고 평가된다.

## 03. 성과연봉과 직무급제도를 비간부직까지 적용하다(2016년~2017년)

한편, 정부의 '2단계 공공기관 정상화' 추진과제의 일환으로 2016년 1월 「공공기관 성과연봉제 권고안」이 발표되었고, 공사는 성과연봉제 조기 확대도입을 목표로 임금체계의 개편을 추진하게 된다. 이러한 개편과정에서 법원이 통상임금으로 인정한 차등기본급은 기본급에 통합하고, 성과연봉은 지급방식을 변경하여 통상임금에서 제외하기로 노사 간 합의를 하였고, 이에 따라 총연봉에서 차지하는 통상임금의 비중은 소송전 약 50%에서 70~75% 수준으로 확대되게 된다. 통상임금 개편과 성과연봉제 확대 도입 과정에서 사실상 정기상여금의 성격을 가진 비간부직 직원에 대한 기본성과급은 정기상여금으로 그 명칭을 변경하였고, 새로운 성과연봉제 대상이 되는 직원의 기본성과급은 내부평가급으로 변경하였다. 이렇게 정부 권고안을 모두 만족하는 수준에서 적용대상을 기존 1, 2급 간부직에서 비간부직을 포함한 1~4급 직원으로 확대하였다. 절차의 합리성을 위해 조합원총회 찬반투표를 2016년 4월11일에서 12일 양일간 실시한 결과 찬성률 72%를 얻었으며 이에 투표결과대로 2016년 4월 12일 노사합의를 거쳐 4월 27일 이사회 결의를 통해 산업통상자원부 산하 공공기관 중 최초로 2017년부터 적용되는 성과연봉제를 확대 도입하게 된다.

이때, 고난이도 직무에 대한 보상강화라는 대원칙 하에 간부직 대상으로 운영되었던 직무급제도를 비간부직 적용하는 것을 포함하여 노사합의가 되었으며, 이에 따라, 전체직원의 27%에 불과한 간부직에 적용하던 직무급제를 최하위 직급을 포함한 전 직원 100%에 적용하고 직무난이도를 기준으로 직무급을 적용하여 회사 내 직무몰입도를 극대화하였다. 물론 간부직과 같은 5등급의 직무등급은 팀원들 간의 수행하는 직무의 난이도 차등에 따른 갈등이 상존할 수 있다는 점에서 3등급의 직무등급으로 도입하였으나, 사내문화 자체가 일한만큼 받아가는 합리적인 직무중심 보수체계가 확립되었다는 점에서 긍정적이었다. 이때부터 공사의 직무급비중이 20% 중후반대 수준의 공공기관 최고수준의 직무급을 운영하게 되었다.

하지만, 새 정부 출범 후 2017년 6월 발표된「공공기관 성과연봉제 관련 후속조치 방안」에 따라, 노사 간 자율적으로 성과연봉제 도입을 정할 수 있게 하여 2016년 1월 지침은 사실상 폐기되었다. 2017년 7월에는 공사 노동조합의 임원진이 새로 선출됨에 따라, 노사합동 TF팀으로 '평가 및 보상체계 개선TF팀'을 구성했고 특히 노측구성원의 경우 단순히 노조 간부들만을 대상으로 하지 않고, 16개 공채기수별로 오피니언 리더를 각각 1명씩 포함하였다. 이렇게 노측과 사측에 더불어 16명의 오피니언 리더들이 컨설팅 전 과정에 참여하였고 덕분에 상향식(Bottom-Up)의 폭 넓은 논의가 이루어질 수 있었다.

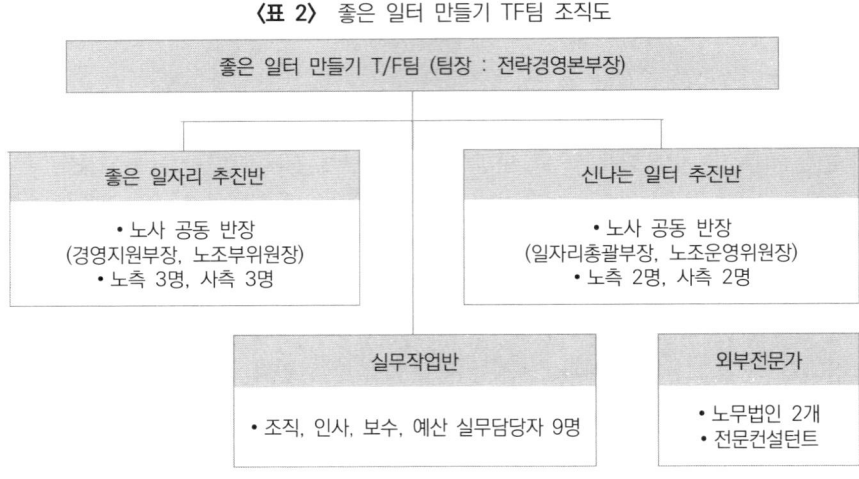

〈표 2〉 좋은 일터 만들기 TF팀 조직도

TF팀을 주축으로 한 전사적인 논의를 통해 2017년 10월 노동조합원에 대한 성과연봉제 확대 도입을 중단시키고 기존 임금체계로 환원하는 것으로 합의하였다. 하지만, 이미 '일한만큼 보상'이라는 직무급제도의 대전제가 회사전반에 문화로 자리 잡은 상황이고, 이를 보다 확고히 하고자 하는 경영진의 철학으로 노동조합을 설득하였고 이에 따라, 성과연봉제와 같이 도입한 직무급제도는 성과연봉제가 폐기되었음에도 불구하고 유지할 수 있었다.

따라서 2급 이상 간부직은 기본연봉, 직무연봉, 성과연봉으로 구성된 '성과연봉제 기반의 직무중심 보수체계', 3급 이하 비간부직은 기본연봉, 직무연봉, 정기상여금(각각 경평성과급 별도)으로 구성된 '경력연수 기반의 직무중심 보수체계' 투트랙(two-track) 임금체계로 개편되게 된다. 직무급제 도입 및 성과연봉제 확대 후 성과연봉제 파기 과정에서 통상임금 소송을 포함하여 여러 가지 우여곡절은 있었지만, 결과적으로는 공사 창립 이래 가장 단순화된 임금체계로 확립되는 계기가 되었다는 데에 의미가 있는 것으로 보인다.

〈표 3〉 현재의 임금체계

| 비간부직(3급 팀원급 이하) ||| 간부직(1~2급) |||
|---|---|---|---|---|---|
| 구 분 | 세부구분 | 비 고 | 구 분 | 세부구분 | 비 고 |
| 기본연봉 | 기본급 | - | 기본연봉 | 기본급 | - |
| 직무연봉 | - | 3개 등급 | 직무연봉 | - | 5개 등급 |
| 정기상여금 | - | - | 성과연봉 | 내부평가급 | 2배 차등 |
| 성과연봉 | 경평성과급 | 2배 차등 | | 경평성과급 | |

※ 3급 팀장급 직원은 비간부직 임금체계 적용(5개 직무등급)

이 시기에 일부 국내기업도 직무급제도를 도입하여 운영하는 등 우리나라에서도 직무급에 대한 이해와 인식이 높아지고 있는 상황이었던 바, 보다 체계적인 프로세스 확립이 필요하여 직무평가 방법관련해서도 의미 있는 개편이 착수되었다. 직무급 설계를 위한 직무가치 분석을 위해서는 먼저 전사적인 직무분석을 통해 표준 직무를 선정하고, 직무평가요소를 확정하여 선정된 표준 직무별로 직무평가요소에 따라 평가하는 과정이 필요하다. 즉 전사적인 직무조사를 통해 어떤 단위로 직무를 정의하고 정리할 것인지 정하고 각 직무에 필요한 조건, 역량 등에 대한 직무기술서를 기반으로 직무체계를 정립하는 작업이 선행되어야 한다. 공사의 전사 직무분석의 경우, 직무급 설계와는 별개로 인사제도 개선의 관점에서 몇 차례 컨설팅을 통해 수행되었다. 2008년 '직무역량 중심 인사제도 설계 컨설팅'을 통해 처음으로 59개 직무를 11개 직종 및

6개 직군으로 카테고리 화하여 분류했고, 2011년 '인사제도 개선 컨설팅' 수행 결과 5개 분야 51개 직무로 분류한 바 있다. 몇몇 직무의 개폐 등으로 2022년 8월 기준 최신 직무분류체계는 'K-SURE 직무중심 인사관리를 위한 직무분류체계 고도화 컨설팅'에서 공사 업무특성과 주요기능 분석에 근거한 체계적 직무분류를 통해 76개의 직무분류체계(지원적 기능 44개, 본원적 기능 32개)로 구성된다.

〈표 4〉 공사 직무분류체계

| 지원적 기능(44개) | 본원적 기능(32개) |
|---|---|
| 경영관리, 인사관리, 계약관리, 법무관리 등 | 국가조사, 보험관리, 리스크관리, 보상심사, 환위험관리 등 |

앞서 공사 임금체계 변천과정에서 간단히 언급했지만, 공사의 직무급 체계의 발전과정을 간단히 살펴보면, 먼저 1999년 직무직능급이라는 이름으로 직무와 직능의 요소를 혼합한 항목을 임금체계에 포함시켜서 운영한 것이 공사 직무급 체계의 기원이라고 할 수 있다. 이후 2010년 임금체계 개편 시에 기존 직무직능급을 직무급으로 전환하고 직무평가를 통해 M1부터 M5의 5단계 직무등급체계로 개편하였다.

2010년 이전까지의 직무평가는 연 1회 3급 이상 직원 9명으로 구성된 직무평가단이 명확한 평가요소의 특정 없이 전체 회의를 거쳐 마련한 방안을 인사위원회 의결로 확정하는 과정을 거쳤다. 하지만 직무평가단의 대표성과 객관성에 문제가 내부적으로 지적되었고 2010년 본격적인 직무급 도입 시 직무평가단을 팀장급 이상 전 직원으로 확대하고, 직무기술서를 기반으로 직무등급 평가서에 따라 평점을 부여하는 방식의 평가를 도입하였다. 다만, 심의결과를 그대로 의결했던 기존과는 달리 인사위원회에서 20% 범위에서 등급을 조정할 수 있게 함으로써 객관성을 확보하고자 하였다. 팀장급 이상 직원 전원이 직접 직무평가 절차에 참여하여 결과를 도출하는 것은 제도 수용도 측면에서 긍정적인 역할을 했다고 할 수 있다.

공사는 기관의 특수성으로 인하여 동일직무에 대한 직무가치가 일정하다고 할 수 없기 때문에, 외부환경 변화에 따라 지속적인 직무가치 재평가가 필요하다. 이렇게 외부환경이 급변하면서 직무평가의 문제점이 노출되었는데, 직무난이도와 직무등급 간의 괴리 현상이 대표적이었다. 다시 말해 이는 '시차' 문제라고 할 수 있는데, 직무가치 재평가가 연 1회 사후적으로 실시되기 때문에 환경 변화에 따른 급격한 직무난이도 변화를 제대로 담아내지 못하는 경우가 발생하였다. 따라서 2013년부터는 수시 직무평가 실시요건을 완화하여 수시평가를 확대하여 이러한 시차 문제를 해결하고자 하였다.

이렇게 평가단의 구성과 재평가 주기 조정을 거쳐 직무평가 방법론이 완성되었다. 직무평가는 앞서 설명한 직무분석 결과를 바탕으로 업무의 특성을 대표하는 직무평가 요소를 선정하고, 요소별로 직무평가점수를 산출하고 직무 값을 도출하는 과정을 거친다. 즉, 공사는 대표적인 직무평가 방법인 서열법, 분류법, 요소비교법, 점수법 중 점수법을 택하고 있다. 점수법은 각 요소의 중요성을 반영하여 지식, 스킬, 책임, 문제해결능력 등 수치적으로 가중된 요소를 활용하는 방법으로, 명확성, 일관성, 객관성, 범용성 등의 장점을 가진다. 일반적으로 점수법에서는 직무특성 및 요건(Input), 직무수행과정(Throughput), 직무수행결과(Output)의 세 가지 측면에서 평가요소를 선정하여 점수를 산출하며, 자체적인 직무평가요소를 선정하였다. 직무급을 시행하고 있는 기관의 직무평가요소 가중치 선호도를 참조하여 8가지 직무평가요소를 1순위에서 8순위까지 도출하고, 이 중 선호도 상위 6가지 요소를 선정하였다.

이들 평가요소는 각각 투입(Input) 측면에서의 직무특성/요건을 결정하는 직무수행 노하우와 직무복잡성, 직무수행과정(Throughput) 측면에서의 문제해결능력과 의사결정능력, 그리고 직무수행결과(Output) 측면에서의 직무영향력과 관리책임의 정도로 구분된다.

최종적으로 직무별로 작성된 직무기술서를 바탕으로 요소별 직무평가점수를 산출하고 자체적인 점수분포표에 맞게 직무 값을 결정하여 직무등급을 부여하게 된다.

한편, 직무평가 절차의 안정화와 더불어 공사는 직무가치 차등을 점차 강화하는 방향으로 직무급 체계를 개편해왔다. 먼저 직무가치에 따른 직무등급이라는 1차원적인 개념에서 벗어나 직무역량을 감안하여 동일 직무등급에서도 직급 및 직위에 따라 직무급이 차등되도록 하였다. 또한, 직무급에서도 최고등급과 최저등급 간의 차등 폭을 지속적으로 확대하여 (직무난이도가 높아 상위 직무등급인) 기피부서에 능력 있는 직원이 지원할 수 있는 인센티브가 되도록 하였다.

**〈표 5〉** 2차원 직무급 테이블

- 단위 : 천원

| 구분 | | M1 | M2 | M3 | M4 | M5 |
|---|---|---|---|---|---|---|
| 부서장 | 1급 | 41,580 | 38,250 | 35,820 | 33,390 | 27,690 |
| | 2급 | … | … | 33,990 | … | … |
| 팀장 | 2급 | … | … | 32,910 | … | … |
| | 3급 | … | … | 30,630 | … | … |

## Ⅱ. 본론(점진적 고도화를 통한 도약)

### 01. 직무급제 확산의 저지선을 만나다(2020년)

성과연봉제 자율화 이후 출범한 노사 공동의 '좋은일터만들기' TF는 순조롭게 진행되었다. 직원의견 수렴을 위한 대면조사를 실시하고 노사공동의 워크숍에서도 명확한 직무분석 및 직무분류 관련 의견이 주요의제로 토의되는 등 직무급의 확대에 걸림돌은 없어보였다.

그러나 2020년 7월, 직무급 확대 저지를 당선 공약으로 내세운 신임노조가 출범하였다. 기존에 노사 간에 진행되고 있던 직무급 확대 관련 모든 협의는 중단되었고, 팀원들을 중심으로 직무급제 확대에 대한 거부감이 다시 강해지고 있었다. 성과연봉제 도입

당시에도 공사는 선제적으로 신속하게 성과연봉제를 도입하였으나 결국 환원되면서 인센티브를 반납하는 등의 불편했던 과정을 대다수 직원들이 경험하였기 때문이다.

공사는 이 과정에서 기존에 회사중심으로 추진하던 직무급 고도화 추진과제의 조정이 필요함을 인식하였고, 신임노조를 비롯한 직원과의 소통확대 및 상설소통채널이 필요함을 절실하게 깨닫게 되었다.

신임노조 출범이후 경영진은 노조와 직무급제 확대에 대하여 수시로 협의하였고, 일반 직원들에게는 의견수렴을 위한 대면조사 및 직무급 설명회를 통해 직무급 고도화의 필요성을 지속적으로 피력하였다. 또한 경영진은 팀원급 직원과의 간담회 개최를 통해 직원들과 감성소통을 통한 공감형성에 주력하였고, 회사는 타기관 직무급제 추진현황, 정부 방침 등의 대외정보도 직원들에게 실시간으로 공유하였다.

사장과 팀원급 오피니언 리더로 구성된 퓨처보드 멤버간 현안사항 공유

[그림 1] 열린 토크 콘서트

신입급 직원과 사장님과의 격의 없는 대화의 장

[그림 2] 사장과의 대화

이러한 경영진의 여러 노력들로 직원들이 조금씩 마음을 열기 시작하였고, 직원들의 요구사항 이었던 팀원급 직무기술서 작성 참여 및 직무가치 평가 실시를 성공적으로 수행해 내면서 직원들에게 공정하고 합리적인 직무급제에 대한 믿음을 심어줄 수 있었다. 이런 직원들의 믿음을 바탕으로 노조를 설득할 수 있었고, 2022년 12월, 마침내 회사와 노조는 '팀원급 직무급 고도화 노사합의서' 체결 및 '노사공동 직무급 협의체 구성'에 합의하였고 직무중심 보수체계 고도화를 위한 본격적인 협의를 진행할 수 있었다.

특히 직무분석, 직무가치평가 직무등급 확정 등 직무중심 보수체계 고도화에 대한 노조 수용성 제고를 위해 기존 '좋은일터만들기TF'를 개편하여 구성한 '노사공동 직무급협의체'는 직무급제도에 보다 포커스가 맞춰져 있어서 빠르고 효율적인 의사결정이 가능하였다. 특히, 활발한 논의를 위해 실무자 중심으로 한 수시협의를 원칙으로 하고 필요 및 주요내용 추진 시에는 전체협의를 정례화하는 등 형식적이고 피상적인 추진에 그치지 않고 실무자 중심의 실질적인 직무급제가 정착에 기여하였다.

직무평가 방법론 고도화를 위해 직무기술서 작성을 팀원 급으로 확대하였다. 이로 인해 도출한 직무기술서 작성 대상이 기존 부서장, 팀장 등 간부급 직원에서 팀원 급으로 넓힘에 따라 기존 119명에서 207명으로 확대되었다. 이로 인해 직무평가에 대한 수용성과 공정성이 강화되었으며, 다층구조의 직무기술서를 통한 종합적인 직무분석이 가능해졌으며 직무가치평가와 직무등급 개편 등 지속적인 직무급체계 개편을 위한 자료를 축적하는 기반이 되었다.

팀원 급의 직무평가 수용성 제고를 위해 노사는 외부전문가가 참여하여 팀원 급 직무가치평가를 수행하기로 하였으며, 노무사로 구성된 6가지 직무평가요소에 따른 평가를 80%반영하고 소속 팀장의 평가를 20% 반영하여 상대평가를 수행하였다. 직무평가 방법론 자체가 노사 간 합의하에 도출된 사항이고 실제 직무평가가 외부전문가인 노무사에 의해 시행되었다는 사항으로 절차 관련하여 내부적인 반발을 최소화할 수 있었다고 평가된다.

이러한 노사 간 직무급제의 고도화 노력을 통해 2021년 7월에 발표된 '2020년도 공공기관 경영실적 평가결과'에서 선도적으로 직무급을 도입한 3대 기관으로 평가하여 공사의 직무급제 우수성을 대외적으로 인정받는 첫 계기가 되었다.

## 02. 노사가 합심하여 공공부문 최고수준의 직무급제를 완성하다(2021년)

공사는 직무분류, 직무평가, 직무등급 확정 등 일련의 직무평가과정에서 노동조합을 존중하고 진정성 있는 협의과정을 선행하였고 외부전문가와 인사위원회 등의 위원회를 적극적으로 활용하는 등으로 절차상 수용성을 충분히 확보하고 있는 상황이었으나, 적극적인 對직원 소통과정 및 직무급 관련 시뮬레이션 과정을 위한 전담 조직의 필요성이 대두되었다. 이에 2021년 2월 '노사공동 직무급 협의체'를 협의체 내 '간부위원회'와 '실무소통위원회'의 분과위원회를 신설하였다. 간부위원회는 부사장과 노조부위원장으로 구성하였으며 노사 간 다이렉트 대화채널을 담당하였고 실무소통위원회는 실무진이 대폭 충원되어 직무분석, 직무평가, 對직원설명회, 시뮬레이션 등 실무와 소통을 담당하는 역할을 하였다. 협의체 개편하면서 노사는 자체진단과정을 통해 2021년도에 추진할 세 가지 세부과제를 설정하였다.

첫 번째 추진과제는 전직원에 대한 직무평가 기반의 직무급제 운영하는 것이었다. 이미 간부직, 비간부직에 대해 직무평가 기반의 직무급제를 운영하고 있으나, 일부 절차상 완전한 의미의 직무급 운영이라고 보기 어려운 임원급(본부장) 등에도 평가 기반의 직무급제로 운영하는 것을 목표로 삼았다.

두 번째는 비간부직 직무급제를 간부직 수준으로 끌어올리는 것이었다. 기존 비간부직의 직무등급은 3개 등급으로 운영되었으며, 최고와 최저등급의 연간 직무급 차이가 연 100만원 수준이었던 바, 5개 직무등급으로 연간 최대 직무급 차이가 1,200만원 수준까지 벌어지는 간부직 직무급제에 비해서는 실효성이 부족하다는 자체 진단이 나왔다.

세 번째는 직무평가에 대한 수용성 확대를 위한 다각인 방법을 확충하는 것이었다. 직무급제를 10년 넘게 운영해오면서 가장 절실하게 느낀 것이 직무평가 관련 직원이 의문을 가지지 않도록 체계적이고 투명하게 운영해야한다는 것이었다. 이것이 안정적인 직무급제의 전제조건이라는 노사 합치된 의견이 있었던 바, 이를 과제로 설정하였다.

'K-SURE型 직무급제 컨트롤 타워'인 노사공동직무급협의체를 통해 모든 직무급제 논의를 단일채널로 일원화하였다. Top-down방식의 소통노력으로는 총 13회의 정례회의, 각 기수별 직원대표와의 정례적인 퓨처보드를 통한 경영진의 對직원 소통강화, 중요 사항의 최종협의시 노동조합 위원장과 사장과의 Top미팅 진행 및 직원 대상 공개설명회 등을 총 18회진행하였고 코로나19 방역상황과 지방직원의 접근성 보장을 위해 온라인 설명회도 병행하여 진행하였다. Bottom-Up 방식의 소통노력으로는 실무소통위원회를 통한 對직원 익명설문조사, 노동조합 대의원 대회 때 직무급제 관련 이슈를 보고안건으로 부의하여 노조대의원, 노조간부, 사측간의 공개토론을 진행하기도 하였다.

실무소통위원회에서는 국내외의 여러 기관 및 HR전문기관의 자료 등을 통해 직무가치평가를 리뉴얼하는 작업에 착수하였다. 직무기술서도 기존 간부직과 비간부직(팀원)일부에만 도출하였으나, 팀원별로 수행직무의 양과 질의 편차가 상당하고 직무수행에 따라 팀원별 보상강화가 필요하다는 인식하에 팀원 중에서도 준 팀장급인 파트리더와 비파트리더로 세분화하여 직무분석을 세분화 하였다. 직무평가요소 부문도 전면 리모델링을 하였는데, 기존 직무평가요소인 '의사결정능력'과 '관리책임의 정도'는 팀원 직무수행 특성상 평가요소로 부적절하는 등의 익명조사를 통해 수렴된 바, 해당 직무평가요소는 팀원 급 직무평가요소에서 제외하고 다른 직무평가요소로 대체하는 등의 절차를 확정지었다. 또한, 기존에는 기본적으로 6개의 직무평가요소를 동일가중치로 평가하던 것에서 직무평가의 타당성 확보를 위해 과학적인 통계기법인 분석적계층화방법을 도입하여 직무평가요소를 그 중요도에 따라 차등화하였다. 마지막으로는 직무가치평가부문에서는 간부직과 비간부직을 이원화하여, 간부직은 직무에 대한 이해도가 높은 간부직 당사자들이 직접 평가를 진행하고 그 평가결과를 단순 평균하여 진행하는 방식으로 하였다. 비간부직의 경우, 직접하기에는 인원이 과다하여 '노사공동직무급협의체' 내부위원과 외부 노무사로 구성된 10인이 평가하되 추가적인 공정성을 확보하기 위해 특이값인 최대치, 최소치를 제거하여 산술평균하는 방법으로 평가하였다. 이렇게 K-SURE型 직무가치평가를 리모델링 및 평가 완료하였다.

이러한 투명한 직무급제 고도화 과정을 통해 2021년 11월 17일 공공 최고수준의 직무중심 보수체계 고도화 노사 합의하였고 이에 따른 보수제규정을 2021년 12월 24일에 개정 반영하였다. 주요 개정사항은 다음과 같다.

첫 번째로는 전 직위 전 직급의 직무급제도를 고도화 하였다. 임원급인 본부장도 본부장 군내에서 직무평가 시행하여 직무등급을 부여하였으며, 팀원 급의 경우 기존 3단계의 직무등급 체계에서 5단계 직무등급으로 개편하였다.

두 번째로는 비간부직의 직무급제 실효성을 확대하였다. 기존 최대 차등 폭을 연 100만원 수준에서 220%증가시켜 290만원 수준으로 확대하였다. 이로 인해 직무급 차등 폭을 팀장의 약 75%수준까지 확대하는 등으로 직무에 따른 확고한 보상체계를 구축하였다.

세 번째로는 공사 직무급제의 트레이드마크라고 볼 수 있는 하이브리드형 직무급제를 도입하였다. 저성과 등으로 장기 미승진자에 기본급 인상을 중단하는 동시에 해당 직무급 인상 중단한 재원 등을 통해 직무급 재원으로 편입시켰다. 이러한 장치를 통해 기본급 재원의 일부가 지속, 자동적으로 직무급 재원으로 확충되는 효과를 제도화 하였다.

물론 직무중심의 보수체계가 일부 직원의 장기적인 급여수준에는 부정적인 영향이 될 수 있겠지만, 노동조합과 경영진 모두가 공감하는 내용은 이러한 직무급제가 장기적으로는 공사의 생산성을 높이고 상위 직무에 대한 수행의지와 근로의욕을 고취시킬 수 있는 제도적인 장치라는 점에 공감하였고 이러한 같은 인식하에 한국무역보험공사의 직무급제도가 공공기관 최고수준이라는 명예로운 타이틀을 얻을 수 있다고 생각한다.

## III. 결론(앞으로 나아가야 할 길)

현재 운영 중인 직무급제도가 공공기관 범위 내에서 최고수준이라고 하더라도 지속적인 고도화를 위해 노력해야 한다는 인식은 노조와 사측이 다르지 않다. 이에 보수체계를 직무중심으로 고도화하기 위해 2021년 2월에 직무급제 중장기 로드맵을 설정하였다.

현재는 비간부직 직무급 운영이 노동조합과의 합의하에 '노사공동 직무급협의체'에서 지속적으로 안건을 발굴하여 연간 세부과제를 추진하는 방식으로 운영하고 있으나, 기본적으로 직무평가 등 인사 관련 사항은 사측의 고유권한인 바, 중장기적으로는 비간부직에 대한 직무평가 사항도 사측에서 운영하되, 노측에서 참여하는 형식을 고려하고 있다.

또한 직무분류체계가 2019년 12월에 도출된 76개의 직무분류로 구성되어 있어, 해당 직무분류의 업데이트를 짧게는 1년, 길게는 2년마다 업데이트하는 것을 규정화하여 보다 시의성 있는 직무급제도가 되도록 할 예정이다.

게다가, 매년 인건비 잔여재원 활용방법을 노동조합과 협의하여 임금협약을 진행하였으나, 이를 직무급으로 우선 충당하는 것을 디폴트화하여 노동조합과의 불필요한 논의과정을 축소시키는 방안도 구상하였다.

마지막으로는 기존 직무중심 '보수체계'라는 시스템에서는 급여(보상)에만 초점을 맞춰서 진행하였으나, 중장기적으로는 직무중심 '보수체계'를 직무중심 '인사체계'로 확대·구축하여 전사적인 HR 프로세스를 직무중심으로 경력관리, 교육훈련체계를 수립할 예정이다. 물론 공사는 현재에도 직무와 성과가 중심이 되는 특별승진제를 운영하고 전문성이 요구되는 고차원적인 직무에는 내부공모제를 운영하며 커리어로드맵, 핵심직무 전문가를 선정하는 등 직무중심의 인적자원관리를 시행 중이지만, 이동배치에서 직무와의 연계성을 강화하고 직무와 연계된 평가시스템을 구축하는 등 보다 전면적이고 혁신적인 시스템으로 발전이 필요하다.

2022년 이후에도 인건비 재원은 직무연봉 확대에 활용하는 등을 통해 현재 34.3%인 기준보수 대비 직무가치보수 비중을 5년 내에 40%를 목표로 하고 있으며, 직무급제의 점진적인 강화 기조 속에서 직원들의 공감대 형성을 위한 설명회 및 감성소통도 놓지 않을 것이다.

시대의 변화에 따라 직무도 변화하기 때문에 직무에 대한 모니터링 및 환류, 이를 통한 직무 분류·분석·평가의 고도화를 상시적으로 진행할 수 있는 시스템을 구축할 예정이다. 또한 배치·승진·연수 등과의 연계를 통해 직무급 체계가 시스템 전반적으로 확산될 수 있도록 하겠다.

한국무역보험공사는 노사가 합심하여 완성한 직무급제가 멈춰있지 않고 지속적으로 진화하기 위해 공사와 구성원 모두 오늘도 최선의 노력을 다하는 중이다.